国家出版基金项目
NATIONAL PUBLICATION FOUNDATION
"十三五"国家重点
图书出版规划项目

晚清思想史资料选编
1840—1911

第七卷

主编　郑大华　俞祖华

选编　刘　平　俞祖华　贾小叶

　　　任　青　刘　纯　周　游

　　　马守丽　朱映红　郑大华

岳麓书社·长沙

第七卷目录

3. 义和团运动的反帝爱国思想和盲目排外思想 / 84

十三、戊戌政变后维新思想家的启蒙思想 / 107

导　论 / 107

1. 译介西学和批判封建思想 / 108

引　言 / 108

· 梁启超

十二、反洋教与义和团运动

导　论

本章主题是"反洋教与义和团运动"。早在鸦片战争之前，西方教会和传教士即开始了在中国的非法传教，尽管人事非常有限。鸦片战争后，为了实现"用十字架征服中国"的企图，欧美的天主教、基督教和沙俄的东正教纷纷派遣大量的传教士来到中国。传教士来到中国后，尽管他们中的一些人在传播西学和兴办文教慈善事业方面做了一些工作，但总的来看他们充当的是西方侵略中国特别是西方文化侵略中国的急先锋，因而引起了中国人民的反感和痛恨，再加上中西文化之间的隔阂和冲突，所以自19世纪60年代起，中国人民的反洋教斗争（或称之为"教案"）就此起彼伏。1899—1900年的义和团运动是此前风起云涌的反洋教斗争的继续发展，其性质是反帝爱国运动，其结果也在客观上阻止了帝国主义瓜分中国的阴谋，具有历史意义，但同时它又盲目排外。实际上，无论反洋教斗争也好，义和团运动也好，都是近代中国人民反帝爱国运动的重要组成部分。爱国主义是中华民族的优良传统，也是晚清思想史最重要的内容之一。自鸦片战争起，中国人民就前赴后继，与外国列强的侵略和掠夺进行了不屈不挠的英勇斗争。晚清爱国主义的一个重要特点是广泛的群众性，广大人民群众是反对外国列强侵略的主力军。因此，本章由三部分组成，即：一、鸦片战争以来下层群众反侵略的爱国思想；二、反洋教思想及其局限性；三、义和团运动的反帝爱国思想和盲目排外思想。

1. 鸦片战争以来下层群众反侵略的爱国思想

引　言

　　爱国主义是中华民族的优良传统，也是晚清思想史最重要的内容之一。晚清有见识的或进步的思想家也都是爱国者，从龚自珍、包世臣、林则徐、魏源、姚莹，到洪秀全、洪仁玕；从冯桂芬、左宗棠、郭嵩焘，到王韬、薛福成、马建忠、郑观应；从康有为、梁启超、谭嗣同、严复，到孙中山、陈天华、邹容、章太炎，爱国思想是他们整个思想的重要组成部分。至于广大人民群众，他们更是晚清爱国主义的主力军，正是他们所掀起的一次又一次的爱国运动，以及在反对侵略战争的战场上的浴血奋战，给了侵略者以沉重打击，才阻止了帝国主义企图瓜分中国的阴谋。纵观晚清爱国主义思想的发展，其特点之一就是广泛的群众性。晚清爱国主义的这一特点，是由当时社会的主要矛盾决定的。晚清社会的主要矛盾有两个：一是资本主义列强亦即后来的帝国主义与中华民族的矛盾；二是封建主义与人民大众的矛盾。这第一个矛盾决定了晚清的爱国主义是在统一的中华民族反抗资本主义列强亦即后来的帝国主义侵略的斗争中表现出来的，因此具有广泛的群众性。这体现在两个方面：一方面，在资本主义列强亦即后来的帝国主义的侵略面前，中国各族人民空前团结，联合作战，同仇敌忾，共同抗击侵略者；另一方面，在抵御外侮、捍卫国家的独立和主权的斗争中，除少数的民族败类外，社会各阶级、阶层和各政治集团都做出了他们自己的贡献。本节主要选录了反映鸦片战争时期、中法战争时期和甲午中日战争时期的反侵略爱国思想，尤其是下层人民群众反侵略爱国思想的有关资料。

谕林家义勇文

辛丑七月，夷兵既往江、浙，而粤省遂议修筑猎德等处炮台矣。然防夷兵之作梗也，予又奉团练水勇之令矣。

谕我林家义勇知悉：照得英夷犯顺，破我炮台，焚我房屋，残害生灵，淫污妇女，官兵任其残虐，玉帛任其取携，此真有知识者之所恶闻，亦有血性者之所共愤者也。

本统领前次督师五百，与其接战四回，始则击破其尾棚，继复击沉其华艇，以龙梭而当其火船（四月之役，予以水勇半住龙梭。龙梭，小战船也），以塔堤（小炮名）而当其巨炮，竟能挫彼凶锋，振我义旅，则水战之不畏他也可知。

至于西村之役（四月初五），水勇虽有杀伤，而逆夷尤多死毙。三元里之役（事在四月初十），率乡民以举义旗，策义勇以当头阵，杀其酋目多名，天亦助予雷雨，歼其骁兵数百人，皆报厥仇雠，竟使义律涕泣求生（十一日余太守出城弹压，义律握手大哭求救），担臣长跪乞命（担臣，亦兵头也，十一日跪求本府）。若非大宪开一面之网，则逆丑当一鼓而擒，是陆战之不畏他也可知。

逆夷之所恃者大炮，不知大炮能击远而不能击近，诚能奋勇向前，一近夷船，则大炮竟成无用之物。况逆夷之声势，借汉奸以虚张。我退一步，他即进一步，我进一步，他即退一步矣。

本统领今再奉将令，团练义兵，以图进剿，有功则赏必从重，虽远不遗；有罪则罚必从严，虽亲不讳。此后固贵操尔技艺，操尔材能，尤要操尔有尊君亲上之心，操尔有敌忾同仇之气，操尔有奋不顾身之胆。有此心，有此气，有此胆，则富贵可立而求，妖氛无难尽灭。尔等既有义勇之名，毋负义勇之实。今于大宪赏格外，另立规条。于戏，执干戈以卫社稷，用率子弟之兵；草露布以奏肤功，共雪君父之耻。勉之，慎之！（《三元里人民抗英斗争史料》）

三元里等乡抗英长红

长红一

三元里西村南岸九十余乡众袷耆，为不共戴天，誓灭英逆事：照得向来英逆素不安分，屡犯天朝。昔攻沙角炮台，戕害官兵，我皇上深仁，不忍加诛，且示怀柔，彼尚不知感恩，犹复包藏祸心，深入重地，乱施火箭，烧害居民，攻及城池，目无各宪。钦差大臣见城厢内外遭殃，议约戢兵安民。英逆理宜得些好意即休，胡乃贪胜不知输，得尺则尺，得寸则寸，容纵兵卒，扰乱村庄，抢我耕牛，伤我田禾，锄坏我祖坟，淫辱我妇女，鬼神共怒，天地难容。我等所以奋不顾身，围困义律于北门，斩首百墨于南岸。尔等逆党，试思此时，若非我府尊为尔解此厄，各逆其得保首领以下船乎？今闻尔出示当途，辱骂将军大人无功，扬言于众，与百墨申雪，其卑视我此地无人实甚。我等用是气愤成云，志除妖孽，饱德之义士，签助兵粮，荷锄之农夫，整坚利刃，务使鬼子无双影留存，鬼船无片帆回国而后已。示到，尔其卜日交战。为此特示。

长红二——三元里等乡衿耆说帖

三元里西村南岸九十余乡众衿耆等，为不共戴天，誓灭英逆事：照得向来英逆素不安分，屡犯天朝，昔攻沙角炮台，侵害兵卒，我皇上深仁，不忍加诛，且示怀柔，彼尚不知感恩，犹复包藏祸心，深入重地，乱施火箭，烧害民房，攻及城池，目无各宪。钦差大臣见城厢内外百姓遭殃，方议息兵安民。该逆夷理亦得些好意，即当俯首速退。胡乃贪得无厌，得寸入尺，纵容兵卒，扰害村庄，抢我耕牛，伤我田禾，淫欲妇女，锄我祖坟，鬼神共愤，天地难容。我等所以奋不顾身，将义律围困于北门，咭唎斩首于南岸。尔等逆党，试思此时此际，若非我府尊为尔解此危，则各逆党何能得首领以下船乎？今闻尔出示，尚敢辱骂我众，是以奋急成云，定诛妖孽，饱德之义士，襄助口粮，荷锄之农夫，操戈御敌。纠壮士数十万，何英逆之不可剪除？水战、陆战之兼能，岂惧夷船之坚厚？务必使尔丑类片甲无存，逆船片帆无归而后已。示到，议期卜日交战。特示。四月十七日特示英逆知悉。

◎《三元里等乡痛詈鬼子词》文末附记

各大宪见此字骂得英逆妙极，故着首府两县十九晚在大佛寺请各乡绅士畅饮，谨将在席各衿耆姓名开列：番禺职员苏英，监生何桂、张光赞，举人何玉成，职员区瑶阶，武生张声扬，生员何壮昭，文童黄梓材，并南海举、监、生员同列。晚上在总局饮毕，即赏各乡被伤受杀者，共银五千两，被杀者每名银一百四十两，重伤者二十一两，轻伤者每名十元，将来再赏牌匾。

◎《犀烛留观记事》长红文末附记

大宪见示，即谕首府两县请各绅士十九日于大佛寺宴饮。

职员苏英、区瑶阶，举人何玉成，文生何壮昭，武生张声扬，文童黄梓材，耆民刘耀典，以上番禺人。监生陈镰，南海县人。监生王韶光，客籍。

是晚总局饮毕，即出银五千两赏恤，被杀者每名二百两，重伤者每名三十两，轻伤者十两，约续给奖匾。十九日辰刻，先请羊城掌教陈其琨，前西湖书院掌教曾钊两师于大佛寺早饭。（《中国近代史资料丛刊·鸦片战争》第四册）

邓淳等联恳严行剿办英夷呈文

绅士邓淳等，呈为英夷肆扰，志切同仇，联恳严行剿办，以顺舆情而靖海疆事。

窃以地方利害，舆论合得上陈；时势机宜，迩言不嫌兼听。况英夷逞逆，为情理所难容，而将弁被戕，实神人所共愤。既造鸦片，久毒害夫人民；复纵狼贪，遽潜图夫岛岸。虽在前明之中叶，曾借澳门与西洋，然不过纳租赁屋，仅同蜗之寄居，未闻据地域民，欲效兔之营窟。乃蠢尔逆夷，公然出示，侈谈听断，妄冀租粮。不独包藏祸心，抑显著恶状。即定海已作前车之鉴，则香港当为先事之防。盈天之地，莫非版章所存，一丸之泥，难等珠厓之弃。倘或聚徒蚁穴，窥近虎门，将水陆大费张罗，斯省会岂能安枕。切肤之痛，振臂而呼。淳等素习遗经，稍知大义，怀隐忧而莫释，笃桑梓以弥殷。白叟黄童，群思敌忾；耕氓贩竖，共切同仇。仰惟宪台大人，为国宣猷，为民除害，佇望陈师鞠旅，彰天伐之明威，禁暴锄强，顺舆情以挞伐。将见势同沃雪，事等浇荧。挽天河洗甲兵，筑鲸鲵为京观；俾士庶同伸义愤，寰海共乐升平矣。为此切赴。

◎附：批文

二月初一日，抚部院怡批：据呈，具见该绅士等，忠诚笃棐，义胆轮囷，同深敌忾之心，倍切澄清之志。舆情若此，嘉尚殊殷。英逆种种披猖，人神共愤，天地不容，仰蒙圣明烛照，续奉钦授靖逆将军奕、参赞大臣隆、杨来粤办理。即日大兵云集，小丑芟夷，用张挞伐威灵，共快搀枪电扫。奸除指顾，海隅乂安，本部院所愿与该绅士同听凯歌也。

二月初二日，将军阿批：据呈，见尔等素怀经济，家国视为一体；志切同仇，士民具彰大义。兹逆夷不法，恳达天听，现简调各省精兵，协力痛剿。一俟大兵云集，不难逆夷授首，以伸天讨而慰民望。

二月初六，藩司批：英夷犬羊成性，蛇蝎为怀，挟鸦片之不能售其私，遂豕突之日以逞其毒。狡焉思逞，包藏祸心，洵国法所难容，亦神人所共愤。该绅士等爱深桑梓，议及久长，即此众志之成城，定卜肤功之先奏。现在天威震怒，特张靖逆之军，云集师徒，决扫尘氛之焰。行见凯成露布，有以慰各绅众之志切同仇也。（《三元里人民抗英斗争史料》）

各乡仗义讨英夷檄

僭称公使大臣义律者，内原无济，外假威权。昔林大人在粤，远遁外洋。今集小丑成群，屡犯吾境，占踞沙角，戕害官兵，滋扰内河，流毒黎庶，围困城池，烧毁房屋，朋奸日甚，丧尽天良。钦差大臣恐生灵涂炭，通和说好，逆贼恃火炮凶狼，复肆猖獗，劫掠村庄，淫辱妇女，践踏田禾，发掘坟墓。天地之所不容，神人之所共愤。是以乡民绅耆，亲率义勇，牧子樵夫，共图残暴。义律亡魂，伯麦授首，犹幸大人解释，姑且饶尔残躯，逆贼得返原巢。胡乃复萌故智，伪出告示，声言与伯麦伸冤，聚集残兵，必欲与乡民再战。汝等罪恶贯盈，死有余辜。

我粤东乃文物之邦，岂容社鼠；人才皆英勇之士，尽识黔驴。爰举义旗，誓除妖孽。南极省垣，北抵韶郡，不期而会者二百余乡，守望相扶者数千余里。山林隐士，展诸葛之机谋；旷野农夫，施卞庄之勇略。筹运决策之士，车载斗量，执戟荷戈之徒，漫山遍野。呐喊似鸣雷，咳唾如流水，共立奇勋，各思敌忾，上报国恩，下除民害。逆贼自当潜身缩首，私逃回国，苟全性命。若尚执迷，胆敢登岸决战，必尽绝根株，决不姑留异类。先此告知，毋贻后悔。（《三元里人民抗英斗争史料》）

附省各乡士民公启

启者，顷闻英夷欲迁入内地居住，自省城外滨海岸边，以及河南一带地面，俱各绘图，将恃势占踞。夫华夷相杂，实逼处此，深为心腹之患。凡我士民身家性命所关，断不能容。计河南堡及沙螺堡各乡民不下二十余万，大小箍围各乡民不下十余万，鹿步司沿海各乡民不下十余万，西北乡民约五六十万。若英夷安分不入内地居住，我士民不必与之计较，倘要入内地居住，立即飞柬通知，齐心奔赴堵御，务使一人不留，片帆不返，以伸公忿。盖天视自我民视，天听自我民听。先此奉闻，各宜踊跃。（《三元里人民抗英斗争史料》）

广东乡民于十三行口出示晓谕

四月初十日，广东乡民出示贴于十三行口，晓谕英夷。因初六、七日，闯入西村、南岸，抢掠奸淫，乡人公愤，富者出钱，贫者出力，约有三四千，杀毙夷人三四百人。迨后，约数十村。夷人虽有大炮，亦不可抵当，当即弃炮逃回。

十三四日，于增木〔步〕登岸，阴水一勾，大炮尽行毁碎。

五月二十七日到浙。

乡民第二次出示，晓谕夷逆。为申谕示，为尔等抗拒天兵，闯进内河，擅出伪示，邀劫居民，目无法纪事：照得尔义律等，本化外顽夫，我虽乡愚小民，乃亦天朝赤子，惜身家亦惜土地，终怀父母之邦，保土地即保身家，愿作干城之寄，因仇同愤，何烦长官操戈，振臂一呼，自足歼诸丑类。尔等私行诈术，妄肆鸱张，于香港即安取钱粮，踞定海则奸淫妇女，种种不法，罪恶贯盈。我等兆民，岂忍坐视？所以隐而未发者，盖因仓猝之际，众志未联；迨后集众公盟，又阻于官帅之和议，故尚退居自保，未敢擅行。窃思我辈，素娴遗经，深知大义，室家之迁徙，虽属过半，而成城之众志，终始无殊。岂俟尔等指陈，而我始行聚处。自示尔等之后，倘敢执迷不悟，故轍〔辙〕仍循，即修我戈矛，整我义兵，壮夫尽力，壮士尽谋，举手则江海可平，埋伏则鬼神莫测。务必扫除净尽，使尔等片帆不返，乃可彰大义于寰区，并足复群黎之本业矣。尔等一隅僻处，诚未周知，宜速布告同类，使各凛遵，毋贻后悔。特示。(《三元里人民抗英斗争史料》)

告示

道光二十一年五月初八日告示。奉上谕："本日据奕山等奏：广东夷匪船只现经退出城河，各乡义勇分路搜捕，杀死汉奸夷人二百余名，实属可嘉。惟各省调集官兵甚众，何以反不如区区义勇？皆由管辖提镇督率不严，着该部查取职名，交部议处。此项夷船已退，是当设计剿灭，该大臣再不竭力尽心，惟有与琦善一律严办。将此由五百里谕令知之。钦此！"

上不能以护圣主，下不能以安庶民之营生，乃使庶民走单城，败北门，无一策可退嘆夷之寇。义民一怒，以保尔之官军性命。如今示民自卫，有何面目见广东之士民？何颜上圣主之金銮？前者我之百姓，在北门之外攻击嘆逆，可来巧，何其官遵极力弹压（原编者按：此句似有脱误），未审如何主见？看其情形，颇有与嘆夷同心同志，何其前后之言不对？由此观之，尔等狗官军，与禽兽何异！我今睹示谕，请百姓多设壮勇，御敌嘆夷。其薪水何人捐助？吾等用命剿灭逆夷，无非尔等官军袖手旁观哉！要尔何用，秽臭万年也。(《三元里人民抗英斗争史料》)

广东商民呈诉冤词

闻之："普天之下，莫非王土，率土之滨，莫非王臣。"我粤生民遭罹兵燹之苦，命悬旦夕之危，幸得各省大兵，奉王命以剿嘆夷，效戎行以苏民命，不胜雀跃之至。

惟是湖南之兵，自二月到广，徒有剿夷之名，反有害民之实，动辄欺良害善，滥冒邀功，种种罪恶，发数难堪。且于本月初二、三日，当居民仓皇奔走之时，或乘机抢夺者有之，或乘势奸淫者有之，甚至以壮勇为汉奸，不容审讯私自杀戮，削其骨，食其肉，剖其心。是可忍也，孰不可忍也？

呜呼！壮士助兵以抗敌，而兵反将壮士作奸民。无罪受毒，见者伤心，闻者流涕。以湖南之兵如此作为，定必倚势作威，常存杀民之心，不奋杀夷之志。不祥之兆，早已先形，无怪乎遇敌之不克也。伏惟侯爷，为国保民，何忍此兵残虐生灵？若不执军法以壮天威，窃恐容纵养奸，壮勇之冤魂何慰？商民之行旅何安？况蒙出示晓谕各兵归寨，不得占踞民房，而湖南兵仍然占踞，将来为祸，不知何底也。今此冤气，沧海难填，恨不能转达圣主，尽沥苦情。既蒙大人启城以放生民，无如湖南兵在城抢夺行李，虽生犹死，不啻遭夷人之戮也。悲夫！

四月初七日，督抚告示，为晓谕城内商民人等知悉：据呈惶恐呼号，读之泪随声下。尔等皆天朝赤子，本部堂院无日无时，不以安全保护为念，而惊惶至此，本部堂院既愤且惭。现据联名吁恳，惟有极力设法，以图拯救。但有一分之力，必尽一分之心，断不稍容膜〔漠〕视，尔等其共谅之可也。（《三元里人民抗英斗争史料》）

粤省将军参赞报两江总督裕札

四月望日，接读云翰，欣悉二兄大人荣膺简命，总制两江，想见圣主之善任知人，正符鸿才之宣猷布化，台垣翘企，抃贺莫名。

浙省善后完竣，一切防堵，具见筹画周密，不胜钦佩之至。闻该夷分驶兵船，前往浙省滋扰之说，谅尊处业已备戒甚严，即可大加创惩。惟粤省夷船逼近省河，办理殊难措手。初一日因见该夷兵船似有攻击之势，虽我军器尚未齐备，不得不先发制胜，遂于是夜督率兵勇，同时并发，焚烧夷船十余只，杀毙夷匪汉奸溺水死者不计其数，人心为之稍快。岂意自烧夷船之后，该夷兵船源源而来，而省河之快蟹等船纷纷四散，汉奸登岸窃伏，乘机纵火，抢掠沿河居民，业经被焚烧者，不一而足。至初五日，外洋夷船，复有数十，驶至省河，攻逼城池。连日两军互相攻击，新城商民咸相避入老城，人心惶惧，奔驰恐后。惟时百姓相率递禀求怜，该逆亦以请偿商欠，准其通商为请。据云允其通商，即将船只退出虎门，不敢再行滋扰等语。

弟等再四思维，我军陆路兵卒，无所施其伎俩，仅于沿海要口分屯，以张声势，水面攻剿，所恃者只有水勇而已，而水勇又皆乌合，与汉奸息息相通，胜则纠合求赏，败则反戈相向，原非平日训练、素有纪律之师。至汉奸四下焚掠，居民惊疑靡定，使再相持日久，势必激成内变，省城仓库、监狱，在在可虑。况该夷得以肆其猖獗者，总缘虎门失守，要隘为其所踞，以致毫无忌惮。与其必欲争城，百姓受其荼毒，不若暂时议和，俟夷船退出，收复各处要隘，然后杜绝商贩，庶为得计。但事关重大，未敢擅便，适阖城文武弟等公同商酌，均以为然。刻下该逆现已允准，即陆续撤兵外飏。在弟等奉命而来，固惟知有战阵，而阖城文武，则有地方之责，我军连日战守，业已疲敝，窃恐汉奸乘间发伏，即为省城大患，是以彼此筹商，众论金同。弟等复思此举，具有天良，且屡奉上谕严饬，何敢以身试法，稍存通商之见。然以目前之兵力时势度之，是弟等待罪于斧钺鼎镬者其罪轻，致苍生于盈野盈城者其罪更大也。至于详细之虑，一时未能覼缕，容再为渎布。

特此复请勋安不具。(《三元里人民抗英斗争史料》)

署两江总督裕札

署两江总督裕札为咨行严密防御事：

道光二十一年正月初五日，准钦差大臣署两广总督琦善咨，由驿驰奏，嘆夷占夺沙角炮台、大角炮台攻破缘由折，知会查照，等因。准此，本署督查：用兵之道，全在有备无患。前次粤东，专心议抚，于夷船轰击之案，方咎责我兵先开枪炮，又令副将备文认错，以该夷求抚为可恃，而以我兵严堵为非计。讵知奸夷即乘其弛防懈备之时，突然反击，以致弁兵伤亡，炮台被抢，距前责兵认错之时，相去不过数日。可见逆夷以战胁抚，又以抚误战，自堕奸计，以致挫锐损威，深为前车之鉴，非逆夷之果能鸱张为患也。不然，何以粤东前两载夷船屡闯口岸，均被官兵击退，屡获胜仗，从来未闻稍有折伤耶？

即如粤东此次折中所称，逆夷一面击大角、沙角，一面即分黑夷数百，或数千，绕山出炮台之后，以致我兵众寡不敌等语。查粤中水师船炮，纵不如该夷之坚利，至陆路官兵，则省城有驻防满兵，有督标、抚标兵，已逾万计，加之乡勇、团练，更不下数万，奚啻十倍于夷？果能多派陆兵防山后，则区区千百夷兵，何能登岸？何致众寡不敌耶？

前次粤中称该夷新到打水鬼船两只，系该国陆路兵丁，甫经装载到粤，即使每船数百人，两船亦不及千人，此次绕出山后之黑夷，即系此项陆路夷兵，而粤中前奏，防守山后两处，仅一派抚标兵二百名，一派提标兵二百名，何怪众寡不敌？若以一当一，则中国陆战之技，岂该夷所能抵敌耶？

粤中虎门外，共有十炮台，其大角、沙角两炮台最居虎门之外，本非扼要，亦无重兵。此抵虎门尚有八炮台，层层门户，愈入愈险，距虎门二百余里，始能登岸。又七八十里，至粤东省城，且有提督亲驻虎门，扼要守险，本无庸张皇动听。

为此札饬，札到该司，即便移行沿海各道、府、州、营、厅，一体遵照。自后当以粤东前两载之严备，如法以迎，以近日粤东之偶失疏防为戒，如有夷船驶抵江省口岸，即相度炮台能及，奋力开炮剿击，切不可任其投书求款，堕其诡计。至粤东所奏，该夷用飞炮铁弹中藏火药炸裂焚烧，为从来军器所未有等语。查此即《火器图说》所载钻风神火流星炮，又名八面旋风吐雾轰雷炮，此外如神火飞鸦，及飞空震天雷火器，亦同此用。本中国火攻古法，并无神奇，亦不能摧坚致远。容俟本署督饬令营中仿造，另札颁行，毋得妄为震惊，自形畏葸，是为至要。切切！（《三元里人民抗英斗争史料》）

尽忠报国全粤义民谕嘆夷檄

尽忠报国全粤义民，谕汝逆夷犬羊知悉：

查汝逆夷素习，豺狼成性，抢夺为强，即前明倭寇之党，我天朝曾经将汝诛灭。因大西洋各属求我皇上准其通商，我皇上体天［地］好生之德，容汝畜邦通商交易，不过贪利而来，有何见识？汝之贪利，犹畜生之贪食，不知法度，不知道理。汝试揽镜自照，汝模样与畜生何异？不过能言之禽兽而已。何知忠孝节义？何知礼义廉耻？汝虽［有］大呢、羽毛，非我湖丝焉能织就？虽有花边、鬼头，非我纹银、白铅不能铸成。其余各物，皆学我天朝法度。我天朝茶叶、大黄，各样药品，皆汝狗邦养命之物，我天朝若不发给，汝等性命何在？汝不思报我天朝，反加仇害，用鸦片毒我百姓，骗我银钱。汝畜邦素不食此物，何以毒我天朝？我皇上闻而震怒，特派钦差大臣林公，除尽鸦片之害，先期出示，令汝缴烟免罪。汝畜类尚知畏罪缴烟，所以奏知皇上，赏汝畜大黄、茶叶。汝畜类不知感恩，竟然不领，又不具结。汝既称厉害，何以不敢在林公任内攻打广东？窜走浙江，残害定海百姓，又往天津妄递呈词。汝如果真有冤抑，何不早递呈词？何以先扰定海，后到天津？可见汝明知罪重不能解免，不得已妄捏诳词，希图欺骗。不料贪相受汝蒙弊〔蔽〕，代汝转达天听。我皇上好生为德，一时听信，撤去各省兵丁，饶汝狗命，不开枪炮。汝〔果〕认真恭顺，何不将定海兵船退回广东，听候查办？乃仍在定海骚扰，仍在外洋游弈往来。贪相受汝蒙混，撤去沙角、横挡之兵，拦阻众军，不开炮火，纵汝窜内河。汝勾通无父无君之徒作为汉奸，从中作乱；汝不过使钱哄买而已，有何长处？汝既妄称知兵，何不专用汝嘆夷交战？今用我国人为汉奸，非汝嘆狗之能。我天朝素乃仁义，不制狼毒之物，岂似汝畜类专以抢夺为生。汝船只坚固，炮火惨烈，火箭威猛，汝除此三物更有何能？我天朝平素仁慈，不忍制造此等毒物，伤害汝等。如果狠心制造，何难不诛尽汝等畜类？汝不知自量，妄称强梁。汝前日虽占炮台，而所用火箭等物全不中用，可见汝畜类无才能。其时我们义民，约齐数百乡村，同时奋勇，灭尽汝等畜类。汝如果有能，就不该求广府，善劝我们义民，使之罢战。今各乡义民既饶汝等之命，汝又妄自尊大，出此不通告示。汝不过孽畜而已，竟敢称为上宪，又妄称晓谕百姓。汝知百姓二字作何解？一派混帐，可恼之至！我们义士爷爷，汝竟敢狂呼为百姓耶？汝妄言宽容，试思谁宽容谁？汝前日船只被坑在沙不动，我兵何难将汝焚烧？汝上炮台，我兵何难架炮轰汝？特宽容汝等，留汝一条生路，汝尚反言宽容我百姓耶？汝全以假仁假义哄骗百姓，谓不敢加害，何以屡屡骚扰？一片狂言，焉能骗我？汝装模作样，假杀一二骚乱之人，希图买好，用计骗我。俟我不加防备，汝遂乘间攻我，我们岂受汝愚！汝又卖弄能干，以恐吓我等，岂知汝等技〔伎〕俩，我们早已尽知。汝既知战法，即与汝论战，或阵战、马战，或步战；汝仗炮火猛烈，则汝炮几个，我炮几个，两下对放，看是谁胜；若言水战，则汝等将船退出虎门，候我百日后，将船只做就，与汝外海对战，汝果能胜我，方为厉害。汝一味花钱勾买恐吓，即算你畜类之能乎？我天朝仁慈宽厚，不忍即诛。大将军金枝玉叶，诸大臣厚德君子，众官员亦皆忠厚慈祥，非真无能也。特怜汝等身同畜类，性本乖张，岂有人与畜斗之理？故任汝等猖狂耳。今且不用官兵，专用乡民。非我们乡民不仁，因汝害我乡民乡村，伤我妇女，不得不与畜类同斗。我现在全粤商〔乡〕民数千百万之多，大村富厚者接济小村，兵饷粮足，亦有义士捐资备办器械；有熟识水路、陆路者，各数百万之众。志切同仇，恨声载道，若不灭尽汝畜类，誓不俱生！若不早退出虎门，或有千百般妙法，烧汝片帆不还，不但现在船上畜类全行烧尽，并要灭汝唉夷。我义士爷爷不论男女，每人出钱十文，便足以做船只战具，灭汝有余矣！我们义士受天朝二百年养育之恩，今日若不诛尽汝唉夷，便非人类。汝害杀我众乡百姓，大伤天和，又将各处棺骸尽行残毁，各庙神佛，俱受灾殃，正为天怒人怨之时，神鬼亦容汝等不得的畜类。汝如不信，试看前者大班喇唎，图占澳门，立刻在澳身死；啡唠啤闯虎门，旋即忧惧而死；吗哩呃暗中播弄，是年亦死；其惯卖鸦片之嘎嗌，鬼使神差，令其自刎而死。此等之人个个难逃天谴，何况汝等大逆无道，岂能逃出天网耶？即如汝等现在船只，或遭风大，或陷沙洲，俱是天意。汝所放火箭全然无用，明明是鬼神护佑我们。汝畜生若逆天行事，得罪上苍，天兵雷神何难将汝叹啡等殛死？何难将雷火烧尽汝等兵船？何难一阵狂风掀翻汝等船只，将汝等葬诸鱼腹？况且如今并不用惊动天神，即用我们义民，便足以灭尽汝等畜类，上为天神泄愤，下为冤鬼出气。不用官兵，不用国帑，自己出力，不杀尽汝等猪狗，不消我各乡惨毒之恨也！汝咭唛、嚈哗，平日何等强横，如今二人被我们义士轻施手段，将他擒住，碎尸万段。汝等更有何样本领，敢犯我们，我们何难一鼓而擒，将汝剿灭耶？汝所用汉奸，皆我天朝犯法之徒，或杀人逃走，或舞文弄弊，平日极无本事，天朝所久以〔已〕屏弃不用者，汝乃重用之。此等人乃忘恩负义之辈，既负于我，必负之于汝，将来此等人在于汝处，从中作事，将汝杀尽，亦不可知。汝花银勾买养活此等人物，岂不大愚可笑！汝占据内河，强梁霸道，不过要在此通商，好卖鸦片，岂知买卖要人情愿，如今我们不愿与汝们交易，汝偏要求人，羞也不羞？汝之货物，我们很不希罕，我们要买货物，自有恭顺各国同我交易，货物多得很，何必定与汝交易耶？汝如今如此可恶，我们痛恨已极，若不杀尽汝等猪狗，并非顶天立地男子汉！我们一言既出，万折不回，一定要杀，一定要斫，一定要烧死汝等。汝若请人劝我，我亦不依，务必要剥汝之皮，食汝之肉，方知我们之厉害也。

特此先期示谕汝叹啤、吗哩嚟、嚟咃、咀呕等，及无廉无耻之汉奸知之。

本应措词雅练，因汝等畜生不通文字，故用粗俗言语，浅浅告谕。汝畜类急宜告罪自首，面缚跪求，庶分别首从，不忍加以重诛。如再迟延，后悔何及！特谕。

番禺举人何玉成等请建驱夷忠勇祠督宪衙门批

日前，番禺县属三元里、萧冈等，因被夷人滋扰，奋力杀死夷人甚多。其乡人被逆夷杀死者二十八名，被伤者八十名。兹各绅士赴督宪衙门递呈，欲建忠勇祠一所，以慰忠魂。四月十七奉督宪牌示：番禺县举人何玉成等批：据呈，该逆夷沿乡抢杀淫掠，深堪发指。该举人何玉成等，督同各乡丁勇，奋不顾身，杀毙匪多名。我乡民亦有伤亡，实属志切同仇，深知大义。其杀敌立功者，既堪嘉尚，其毙命受伤者，尤为可悯！自应给赏优恤。军需总局司道，速即按名照册，开列击毙逆夷及被逆夷伤毙各姓名，逐一核明，从优详请赏恤，以昭激劝。毋稍延漏，清册并发。

嘆使照会

道光二十一年四月初九、初十等日，西北门外萧冈等乡，因被夷人滋扰，杀死夷人一百零八名，杀伤夷人数十名，斩获夷人兵头咭唛首级一颗，陆续追杀夷人十余名，才剔汉奸一名。夷人属言，必向各乡寻复。兹各乡人贴一字在十三行门口，将夷人辱骂，并约夷人日期再战。夷人畏极，恐乡人复来寻杀，故作伪文照会督宪。兹谨将嘆夷伪文钞录：

大嘆钦奉全权善定事宜公使大臣驻札中华领事嘆，为照会事：照得本公使大臣，由省会起行之后，闻经大将军会同参赞大臣等，先日出示赏格，令军民人等，生擒大嘆官民及商人等情。现有谕示仍存于市张挂可据。殊属欺凌大嘆国家，而中华该将军等妄行自辱，亦以可见矣！现在既有此谕，自应本公使大臣讨请贵督部堂立刻出谕，晓示众民。此时业经约定戢兵，诸大宪等自将诚心循办，断不失信。并请明白示知，先此妄示赏格各谕，嗣后军民俱不可遵；且与嘆国官民人等，稍不得扰乱相争。本公使大臣特候贵部堂出示斯谕，俾安民心，然后就将横挡缴还。倘有军民者因该将军等谕示，妄行私拿，或致毙嘆国官民商人之情，本公使大臣即当咨请本国水陆军师大官等，再回省河，及河南各城邑，尽行剿灭。先日粤省交战之事，原非大嘆官宪情愿相攻，奈因大将军、参赞等无信爽约，妄行攻战，以致本公使大臣等，不得已交攻矣。然两国相争，诸事既未善定，仍须向皇上讨要伸冤，秉公定事。且未善定以先，仍复强自伸屈，与朝廷交攻，而在粤省经为约议戢兵，如非钦差将军等自行失信，则斯省定无扰害之情矣。兹望大皇帝洞明义理，早准秉公善定诸事，俾得两国常远相安，无不全妥也。为此照会，须至照会者。大嘆一千八百四十一年六月初五日照会。大清四月十六日。（《社会科学丛刊》第2卷第2期，1936年）

全粤义士义民公檄

钦维天朝大一统，岂容裂土以与人？而草野效愚忠，但知杀贼而报国。我大清抚有区夏，二百年来，列祖列宗，以圣继圣，举凡食毛践土，久浃帝德而沾皇仁；即在化外穷荒，亦戴天高而履地厚。四海澄镜，万国梯航，距中国数万里外，西南诸夷，亦莫不候风占月，输诚效顺。乃独嘆咭唎者，其主忽女而忽男，其人若禽而若兽，凶残之性，甚于虎狼，贪黩之心，不殊蛇虺。恒蚕食夫南夷，辄夜郎以自大。乾隆、嘉庆年间，嘆夷叩关纳款，渎请舟山，两圣人洞烛其奸，严行斥绝。然自此勾串粤省奸商，私住粤洋岛上，贩卖鸦片，毒我生灵，伤民命奚止数百万众？耗民财奚啻数千万金？并敢屡杀唐人，匿不交凶抵命，万众痛心疾首，盖数十年于兹；而嘆夷之窥伺天朝，其所由来者渐矣！

道光十八年，我大皇帝察知嘆夷之横，鸦片之毒，急欲培养国脉，护惜黎民，因黄鸿胪之奏，而即如所请，特命公正廉明之林尚书，颁给钦差大臣关防，来粤查办。收逭烟而停市易，清支流而绝来源，猛以济宽，法中寓德。嘆夷不知悔罪，竟尔肆逆称兵。黄阁主和戎之议，自撤藩篱，乌云多蔽日之奸，甘为谬丑。以致三年以来，逆夷恃其船坚炮利，由粤入闽，历浙入江，据我土地，戕我文武，淫我妇女，掠我资财，致使四省生民，惨罹锋镝，九重宵旰，备益焦劳。盖暴其罪状，罄竹难穷；洗我烦冤，倾海莫尽，实神人所共愤，覆载所不容。迩者，江南诸当事，亦效粤东故智，甘为城下之盟，竭百万氓庶之脂膏，保一二庸臣之躯命，诚有如金大理所奏者。夫嘆夷不过荒外一岛夷耳，其来动劳数万里，其众不满数万人，我天朝席全盛之势，灭其跋浪么魔，何啻长风扫箨？奈何疆臣大帅，惜命如山，文吏武臣，畏犬如虎，不顾国仇民怨，遽行割地输金，有更甚于南宋奸佞之所为者，诚不可解者也！尝历观其奏牍，嘆夷本无能也，而张大其强横；兆民本奋勇也，而反谓之涣散；无非胁我君主以必和之势，而得幸逃其欺君误国之愆。试观金大理奏牍，所称借敌要挟一语，其一字之严，甚于斧钺矣。士民等伏读明诏："万无可奈何之中，不得不勉允所请。"又有"朕以重任付诸臣，诸臣无非还朕一欺字"之旨。仰见圣天子英明神武，洞照诸臣之无能，念士民之忠愤，暂为羁縻于目前，而亟图振发于事后，将示天下以不测之神威也！

夫逆夷性等犬羊，贪得无厌，和之真伪，不问可知。试观上年，嘆逆寇粤，自据四方炮台，遂尔肆行奸掠，若非北路各乡社义士，杀其兵头，歼其鬼卒，势必毫无忌惮，破城焚劫，以大快其凶贪，何肯以区区六百万金，即时解围退去乎？所可惜者，困鱼入釜，抽薪来五马之官；放虎还山，曳甲夺万民之气。一日纵敌，数省祸延，兴言及此，真可为伤心痛哭者也！且上年和约之时，原议还出龙穴，退我虎门，香港亦是暂留，兵端从此永息。讵知曾未逾时，而前盟顿背，二虎炮台，木龙横踞，五羊门户，铁牡谁关？于今三年，莫能收复。其谲诈于岭表，更遑问于江南？惟我大皇帝手握金镜，心秉玉衡，循以大事小之义，而由顺于天防，非挟逼处之嫌，而密为之备，恭绎丝纶，照如日月。当事者如谓逆焰方收，甘作处堂之燕雀，设复祸机猝发，徒为入肆之豚鱼；律以负国诛，一死奚能塞责？流芳百世，遗臭万年，青史留传，所争只在几希之顷。当事若念及此，谅必亦知奋发也。

士民等生当景运，世受生成。读书者图报国恩，击壤者敢忘帝力？且矢忠以励节，愿敌忾以同仇！兹闻逆夷将入珠海，创立马头，不惟华夷未可杂居，人禽不堪并处；直是开关揖盗，启户迎狼。况其向在海外，尚多内奸，今乃逼近榻前，益增心患；窃恐非常事变，诚有不可以言尽者；若他国群起效尤，将何以策应？是则嘆夷不平，诚为百姓之大害，国家之大忧。惟不共戴此天，方无愧于血气，如甘同履斯土，是真全无心肝。前者，恭读上谕："士民中果有谋勇出众之材，激于义愤，团练自卫，或助官军以复城邑；或扼要隘以遏贼锋；或焚击夷船，擒斩大憝；或申明大义，开启愚顽，能建不世之殊勋，定有非常之懋赏。钦此。"士民等钦奉王言，共引团练，仿轵里连乡之制，指顾得百万之师，按尝田捐饷之方，到处有三时之乐，无事则各归农业，有事则协心从戎。踊跃同袍，子弟悉成劲旅；婉娈如玉，妇女亦能谈兵。嗟乎！昔日从容坐镇，谁念寇在门庭；只今慷慨指挥，誓看波恬沧海。庶几金汤巩固，纾圣主南顾之忧；鲸鳄歼除，雪薄海敷天之愤。呜呼！结同仇以明大节，鉴此丹忱；伸天讨而快人心，赖兹义举。天神共鉴，莫负初心。

　　天朝大清道光二十二年十月吉日，全粤义士义民公檄。（《中国近代史资料丛刊·鸦片战争》第三册）

告谕嘆商大略

　　昨奉大宪批示，各省口岸应听嘆人租赁房屋，或买地建造，系当时条约所有等谕。我辈自宜仰体大皇帝及大宪存恤远人之苦心，勿与较论。但中国之地，无一非百姓用本置买之业，虽官亦不能夺以与人，即令给回价值，其间亦有愿卖不愿卖之别；今乃指定某处即要某处，倘有不愿，挟以兵威，在嘆人强悍固无论矣。大皇帝子惠元元，恐必无此霸道之事。细思条约之意，原谓准其与民间和商赁买，非强其所不愿也。嘆人虽横，亦必有晓事者，岂全不知理取强取之顺逆乎？嘆国入粤贸易，百余年来，忝有地主之谊，不得不明白告谕，俾深思利害之所在而趋避之，勿萌妄念，勿以诈力欺人，庶几各安生业，主客皆受其益，幸甚！所有利害事宜，详列于左：

　　一、辛丑之后，嘆人侥幸得志，勿视为中国之弱也。我皇帝以天地为心，不欲使沿海百姓，及汝国生民罹于锋镝，故俯允疆臣所请，畀汝招练安集，以成上天好生之德，是何等度量耶？我大宪以皇帝之心，凡事委曲成全，汝等当亦知晓。不然，以中国版图之广，人民之庶，岂真不能制汝远涉万里之数千人耶？

一、嘆人动恃其船坚炮利，任意横行，亦当知自古无不破之敌乎？汝恃大皇帝及大宪宠恃之隆，将百姓欺藐，尤为拙甚；盖人心即是天心，人心愤，天心之所怒也。汝试思嘆兵有多少？即使一可当百，亦不敌吾粤人之无限量也。纵其诱驱外国及中国莠民，滥充兵数，若等受汝欺骗，难保其心不外向乎？

一、嘆人设有大志，或萌非分之想，则更左矣。汝国与中国言语不通，嗜欲不同，汝所重者，中国轻之，中国所重者，汝或轻之。况开天辟地以来，从未有大失人心而能创业者也。

一、嘆国屡次逞强，人心已失，今不时骚扰，使有身家者不能安居乐业，人心愈加愤恨。以数百万愤极之人与汝相杀，能保其必胜乎？且主客之势，劳逸相悬，不待识者，早知其不敌矣。

一、此次惊扰，闻系一二夷商鼓煽所致。在该夷商不过欲报睚眦之怨，夸兵士之雄，独不思人心积恨成仇，积毒成患，倘一朝发泄，其害必先加于汝辈，并恐玉石不分，连累各国，死有余罪，究何益乎？

一、嘆人以后如果安静，我中国亦断无人欺藐之理，请看咪唎喹、咈喃西等国，人人皆敬爱他，不忍加害，由其数〔素〕来安静贸易，我中国虽三尺童子，亦知其为善人君子也，可不鉴诸？

一、中国于各口设兵，原为汝等安心贸易计。汝等抛其妻子，历涉重洋，亦欲安心贸易，今不时惊扰，货物何以流通？更于何处获利？纵能乘势偷漏，亦是无多，且时刻心警备防，恐丧其身家，如此度日，安乎，不安乎？

一、中国君子，惟重礼义，最鄙强梁，故稍知义理者，皆安分守己。其间有不安本分之游民，借端生事，亦所不免。今后嘆商等如肯以君子自居，则当自重自爱，切勿三五成群，浪游各处，至招游民之侮，即能告官惩治，实属吃亏，且又添内地人一番愤恨也。

一、和气致祥，古语不谬。试思汝国与中国贸易以来，汝获中国之利不为少矣，而中国亦获汝之利。自辛丑多事，汝之货物何者不贱，折耗财物量难数计，而中国沿海一带，亦形疲弊。即如今年入口各货，渐有起色，今又停滞矣。所谓必致两败俱伤者非耶？

一、古人云：知足不辱。年来嘆国受大皇帝恩宠，其礼貌仪注，亦既隆重矣。中国人民视前日如彼，今日如此，已不无惊怪；而况时时存得陇望蜀之心，将百姓欺藐，以致人心忿怒，常思剖汝之胸，食汝之肉，何能久远相安？我辈贸易中人，深以一朝决裂为虑，量汝国有识者，亦应明此理也。

以上各条，皆忠告之言，目睹中外情形不能通达，故不惜苦口反覆辩论。聊尽我辈之婆心，汝嘆商亦当三思猛省，分别利害，其有事断不可为者，即宜劝止，勿较强弱，勿煽风波；但知安分营生，彼此视同手足，自然同享升平，均沾乐利，庶不负大皇帝及大宪殷殷相待之美意。我辈今日之喋喋，便不为虚耳，请细思之。（《中国近代史资料丛刊·鸦片战争》第三册）

升平公所绅耆宣言

三元里、南岸九十二乡绅耆集会于升平社学，为不共戴天宣告誓灭英夷事：

英夷悖逆，屡犯天朝。道光二十年，袭击沙角、大角炮台，戕我官兵。随后夺取舟山，直犯天津。我皇上宽大为怀，不忍加诛，且示怀柔。彼等尚不知感恩，犹复包藏祸心，深入虎门。我乌涌守军殊死作战，与阵地俱亡。叛逆犹贪得无厌，秘密闯进省河，据我泥城，焚烧城外民房，占我四方炮台，炮轰贡院。彼等不顾法理，逞肆凶残。此时钦差大臣见城厢内外遭劫，爱民心切，乃同意停战讲和。叛逆理宜体皇上好生之德，与当道爱民若赤之心，安守本份，彼此共享太平。岂意彼等野性难驯，得寸进尺，容纵士兵，扰乱村庄，抢我耕牛，伤我田禾，坏我祖坟，强奸妇女。此实鬼神所共怒，天地所难容。我等爱国乡民，奋不顾身，围义律于北门，斩伯麦于南岸。此时若非我府尊劝谕乡民撤退，解此重围，试问彼辈能逃生于船上者有几人乎？

不意英逆见在广东不能肆其所欲，竟转扰福建之厦门，及浙江之宁波，乘机袭击南京。彼辈向我当局多方压迫，勒诈赔偿白银二千万两，作为抚慰叛逆之用。我大宪转奏朝廷，恳求降旨，而皇恩浩荡，批准如数赐与。至今已过七年。在此期间，彼辈获得天朝之眷顾，进行贸易，获利无算。

苟彼辈有异于禽兽，当感恩戴德，以表对天朝虔心敬顺，但彼辈叛逆成性，冥顽不灵，在得到五口岸居住之后，又要漫游乡村，现竟向总督急切请求准许进入城市。

我天朝国土，得天独厚，天下众生，虽至小之虫，亦有其生长之地，何独番夷反不得乎？恨彼叛逆，仇视中华，荒谬百出，罪行滔天。我等对彼辈欺侮中华，残暴强夺，决不能使其得逞。我各乡英勇爱国之士，其光荣事迹远近皆知。本社同仁，爱国之心不居人后，兹谨将我等之志，向我同胞传告，我等誓本爱国义愤，尽力而为，有始有终，一洗数年耻辱，以期永享太平，幸福无疆。

我各乡村爱国勇士，计算不下十万人，而爱国士绅皆争相捐助军用物品；荷锄负铲之乡人，皆是强兵壮勇，各乡壮丁都随时准备战斗；因此，对彼反复不定之叛番，无须恐惧。水陆已有准备，彼虽凶恶，于我何伤？此辈叛徒，虽船坚炮利，但吾人意志坚若长城，非彼辈所能抗拒也。倘各国与彼辈朋比为奸，则吾人惟有奋不顾身而扑灭之。吾人对此辈畜类，恶毒无赖，必须全数驱逐使其无法生存，片帆不返。

数日前我绅耆等，已将吾人所定办法与步骤备文呈请官帅审核，并蒙批准示复。我当局亦已通告邻近沿海各省当局，吁请采用同样办法，严加防备，以防彼辈侵入，造成灾害。

从此以后，我国臣民必须同仇敌忾，以求国泰民安。吾人希望全体士绅，以及爱国人民，同心合力，以竟全功，使升平景象，百世同庆；而吾人之功，将永垂史册，流芳万年，此是千载一时之机，愿共勉之。（《三元里人民抗英斗争史料》）

刘永福

黑旗布告天下檄文

越南三宣副提督刘永福，为檄告四海事：溯越南自秦汉以降，俱隶中华，至宋始沦为外域，前明犹改行省。逮大清朝，虽越主迭经易姓，而皆递列藩封，纳贡有期，载在盟府。四海五尺之童，谁不知越南为大清属国者？法兰西独不闻乎？既与中国和好，即不应欺其所属。用兵于越南，无异用兵于中国也。兵端开自法人，如中国大皇帝赫然震怒，声罪致讨，法兰西何说之辞？即不然，而遣师救护藩封，亦不得援两国相争他国不得接济之公法相比。前者攘据西贡，遂使越南贫弱。至今同治十二年，突攻北圻，议和通商，迄今十年，未尝稍得罪于法人也。去岁无故堕其河城，总督殉难，兵船盘踞下游。法使宝海，忽在天津有通商分界之议。夫欲通商云南，则通之而已矣；欲往保胜，则往之而已矣；至越南土地，岂法人所得而分之？且久居大皇帝覆载之中，频年出师，剿除土匪，未见法兰西有一矢之助，何所赖其保护？据人之城，戕人之官，掳人之仓库，犹觍然自称保护，岂不可羞？及至天津已约会议，请中国退师，而宝海忽尔西旋增兵，倏已南至，弃礼蔑信，一至于此！不独虐越南，实欺中国也。请质之海外诸大邦，谁曲谁直？谁启兵端？恐亦无辞为法兰西解也。本年二月十九日，击破我南定，三月，阻粮于富春，攻北宁之新河，窃山西之丹凤，志在鲸吞，横暴已极！永福，中国广西人也，当为中国捍蔽边疆，越南三宣副提督也，当为越南削平敌寇。于是恭奉越南国命，督率全军，逼攻河内，慷慨誓师！四月初九夕，焚毁河内教堂，十三日，身率劲兵，与法人血战三时之久，炮声雷动，人肉星飞，我军奋勇直前，无不一以当十。当经斩获该兵头五画一名，三画一名，一画三名，法兵死伤无算，夺获火枪、马匹甚多。彼兵溃遁，追至河内城西，闭关不出。呜呼！法人所为，神人共愤，今受兹大创，天道昭然。如其悔过退师，仍申旧好，则永福为民惜命，抑又何求？倘犹怙过不悛，负固罔服，则永福誓不两立，定当力剪仇雠。设更向我中国妄肆纠缠，则将延礼英才，纠集忠义，一檄之下，万众遂来，更举义旗，往夺西贡。夫天下之积忿久矣！杀机隐伏，如火待然，有倡者必有和之，众愤激发，非条教所能禁，岂独不利于法兰西乎？恐海邦之在中国者，亦因越、法交锋而受累，幸勿束手旁观，致蹈城火殃鱼之祸，何不发一言而辩曲直以解纷也。至于我越教民，食毛践土，受国深恩，乃甘为仇人役使，昔与法和，姑容尔辈，今与法战，则从教者即逆党也，痛杀无赦。如能改过自新，输我以敌情，结我以内应，则赏赉仍有加焉。再如西贡旧民，岂不怀思故国，乃愿为彼前导，丧尽天良！阵前倒戈，即贷一死。若其堂堂衣冠之族，矫矫草莽之雄，亦甘托足其中，阴谋诡计，窃已耳闻姓名而口不忍言。所望今日为汉奸，明日为义士，永福犹尚礼之而敬之也。永福僻处一隅，志虑短少，伏乞大贤硕彦、奇材异能，济其力之未充，匡其术之不逮，谨愿匍匐而受教焉。越南幸甚！天下幸甚！特此檄告四海知之。此檄！（《华洋战书初编》）

谕黑旗将士檄

呜呼！皇天无亲，明德是辅；圣人有训，佳兵不祥。我越南自白雉入贡以来，知中国有圣人，不敢自外，托于帡幪覆帱之中者，数千年于兹。中国亦待之以诚，抚之以惠，爱如骨肉，而亲若家庭，偶有外患内忧，莫不烦天朝之绥靖。越南臣民，惟知有中国，不知有他国，故与各外国绝不相通。蠢兹法夷，逞其强悍，恃其机械，辄敢肆焉蚕食，恣厥鲸吞，毒比长蛇，贪逾封豕。既窃踞夫西贡，又潜窥夫东京，外托保护之名，中怀叵测之志。试思分疆画界，各有臣民，各有政教，何待越俎代谋？是其借辞行诈，包藏祸心，可以不言而喻。况自法兵东来之后，攻城掠地，荼毒越民，越南之仓库据为己有，越南之关税收为私藏，越南之城池遭其蟠踞，越南之元气被其剥丧。招越南之叛民以添其翼，隳越南之险阻以快其心。种种狂悖之行，神人之所共忿，天地之所不容。我越人凡有血气，莫不痛心疾首，透爪裂眦，愿得食法人之肉，寝法人之皮，真有一夫大呼，市人皆左袒之势。永福以羁旅之身，受国王恩遇，资以土地，授以甲兵，其初一成一旅之众，得所借手，十年生聚，十年教训，积数十年之心力，有劲卒数万人，赖以保障东南，用资战守。三军之士，当知食毛践土，恩义并隆，去顺效逆，殃咎立至。越南虽褊小，向为中朝不侵不叛之臣。今越有难，中国必为援助。兹者滇抚唐中丞、粤西抚徐中丞皆已带甲百万，分道出关，天兵遥驻，声势赫耀。粤督张制军、粤东抚裕中丞，亦皆部署周至，转应不穷。近又特简彭宫保来粤督师，以守为战。韩、范坐镇，西贼丧胆，我军有此奥援，士气定当益奋。本提督不过中原一武夫，流寓来越，荷蒙国王恩礼有加，重资委任。尔众士亦屡蒙大惠，禄养有年，三军铭挟纩之恩，多士戴如春之泽，固宜激发忠义，竞作干城。而况中朝大皇帝又特沛殊恩，寄以重任，本提督固责无旁贷，尔众士亦义不容辞：当思受国王之恩养，咸怀报主之忱，荷中朝之化裁，弥切尊王之义。先登陷阵，奋不顾身，饥剥法夷之肤，渴饮法夷之血，灭此朝食，所向无前。法夷之机械适足自阱，法夷之凶暴适足自戕。前者法酋拿破仑第一，颇善用兵，其国人称之天神，擐甲执兵，千人辟易，彼恃其武勇，横暴不已，卒为英人所俘，为世大辱。厥后拿破仑第三，率乃祖之攸行，志在开疆，性喜用武，横征暴傲，戕怨小邦，天怒人愤，蕴久必发，爰假手普国，歼厥巨魁，毁其国都，法人之气为之不扬，欧西各国羞与为伍。似此亦可稍自敛迹矣，而乃犹复怙恶不悛，不敢吐气于他邦，转欲逞志于我国。我越南虽僻处海滨，号称积弱，然师以曲直为老壮，兵以顺逆为胜负，法兵虽强，曾何足惧？自法夷入寇，狼奔豕突，跋扈鸱张，几于目无越人。本提督率尔有众，起而力争，一战而远威悦授首，再战而宝滑遁逃，科力不能逞其凶，夏文不能施其计。大旗所指，蚩尤熸光，长戈所挥，渊日再起。贼军矢穷粮尽，困守一隅。以海防、河内为负隅之恃，而我军分道以扰之，亟肆以疲之。奇兵正兵，互为策应，攻城攻野，动合机宜。南定惊草木之兵，海东懔烽烟之警，贼军皆墨，我武维扬。法夷犹敢执迷不悟，逼我顺化，蹙我都城，乘我国之新丧，利援兵之道远，遂乃抑勒新主，强为要盟。夫要盟神弗之福，盟可要亦可寒，何足措意？而法夷乃自为得志，益复骄横，又敢窥我北宁，侵我桑台。中朝之大度则藐为畏葸，吾军之果毅则视若仇仇。不恤众口之交讥，不顾天心之弗顺。国狗之瘈噬，遍乎友邦；巴蛇之吞侵，思及友郡。贼与我势不两立，我与贼义不俱存。今与尔众共伸天讨，各奋神威，转战无前，有进勿退。得法夷首一级赏银五十两，贼目倍之。获兵船一艘者，赏如其船之数，毁铁舰者倍之。其有我国游民为法夷所罗致，胁令当兵者，倘能悔罪自拔，悉予免究。反戈攻后，因而获胜者，仍论功行赏，弗问前愆。惟法夷及其所部之黑夷，则尽杀毋赦。必使东京之余孽，扫荡无遗；西贡之腥闻，澌除净尽。上以副中朝倚畀之隆，中以报国王休养之德，下以舒越人怨毒之心。成败利钝，所不遑计。尔众士欲建不世之奇勋，成不朽之伟业，惟本提督马首是瞻。功多有厚赏，不迪有显戮。尔众士惟时懋哉！檄到，如律令。（《普天忠愤集》卷五"议论门"）

紧备水军直捣东瀛论

从古大与小敌，利于持久；小与大敌，利于速战。盖大国人民众也，粮食饶也，财用足也，器械备也，凡可以持久者，十倍于小国，与之相持不决，以待其弊，固不战而屈人者也。若夫小国，兵不继，粮不给，财不足，器械不备，与大国争持久之利，败矣，故其势在速战，得寸则寸，得尺则尺，此兵家之常谈也。而吾窃验之往古，按之当今之务，以为大与小敌，小不能分兵扰我，固可持久胜之，小能分兵扰我，则我防不胜防，持久适足以败事也。何以言之？大国地广势散，随处而虑其扰，顾此则失彼，顾彼则失此，处处而备之，则力分，力分则与小国等耳。故与其终岁皇皇备其来，曷若使之终岁皇皇备吾来乎？吾往则彼不能来，彼来而吾则能往，彼来不过扰吾边耳，吾往则直挈其要领，将覆亡之不暇，何暇分兵扰我乎？即能分兵扰我，扰之不克，固取败亡，扰之即克，亦无关要害，而吾军已深入，彼将不国，欲持是安归乎？故大国知用其长，百战不殆；失其所以为大，虽大奚益？昔者匈奴尝扰汉矣，困高祖，辱吕后，至文帝时，烽火通甘泉，西北边之郡，五尺以上，不轻得息，斥候望烽燧不得卧，将吏被介胄而睡，惟汉不能往，而彼则能来也。及至武帝，雄才远略，用卫霍深入其国，登天山，穷瀚海，封狼居胥，而匈奴创艾，三世称藩，盖与其备其来，不如吾往而扰之，使之不能来也。宋之西夏，可谓小国矣。而宋之君臣，举朝旰食，卒不能制其死命，亦惟不能往以止其来，而反备其来，坐而自困也。故元昊之用兵也，虽胜而不前，不败而自退，所以诱宋兵而劳之也。声东击西，诡入诡出，所以使宋分备，而己得专聚也。及宋备多而兵分，兵疲而将倦，乃大出而攻之，故战无不胜，攻无不取。嗟夫！夏能行此，而宋不能，此苏文忠所为扼腕而争者也。故汉能往，遂使匈奴不能来，宋不能往，反时时防西夏之来，其得失之计，相去岂不远哉！今日者，倭贼渝盟启衅，乘高丽东学党之乱，肆然称兵，挠乱我藩属，虔刘我边陲，是宜声罪致讨，不待再计决者。夫倭之崇尚西法，经武整军，二十有余年矣，其贪婪无餍，封豕凭陵之志，未尝一日忘也。往者寇台湾而我纵之，继取琉球而又纵之。惟其纵之于台湾，是以图台湾不已，而取琉球。惟其纵之于琉球，是以取琉球不已，而谋高丽。吾之所让日益甚，彼之所进日益深，彼图之于前，一举而百事集，我为之于临事，仓皇不知所措。语曰：一日纵敌，数世之患。此之谓矣。夫高丽者，为燕京之藩屏，扼北方之咽喉，俄之所以不得逞者，为所塞也。故俄者，秦也，高丽者，韩、魏之三川、河西也。韩失三川，魏失河西，而郑国安邑不能保，控三川而守河西，此时务也。若归之于倭，而藩屏撤，倭不能有，折而入于俄，而北门启矣，是必争之地也。然彼处心积虑，积数十年之财力兵威，骤而发于一旦，而我复包以大度，漫不措意，使高丽八道水陆之险要，悉让后来者据而有之，于此而欲与之争锋，夫固难矣。欲坚持固守，以老其师，抑亦谬矣。然则兵法所谓避实击虚者，此其时也。有可乘之时而不乘，坐而待其扰我，致使自顾不遑，顾为智乎？故直捣东瀛，使之内外震惊，则在高者势必狼狈而归，要而击之，蔑不胜矣。为今日计者，无加于此矣。何以言之？夫以今日之铁舰轮船，纵横溟渤，飞行绝迹，出入于苍茫巨浸之中，而不可测也。虽欲备之，安所备乎？而我中国沿海七省，自锦、奉以迄钦、廉，皆虞其扰，处处而备之，不特所费不赀，亦甚非计。彼方利吾之不出，得以随处而扰吾，使以一二兵船，游弋吴淞、台湾之间，以恫喝我，牵制我，而倾其全力以赴吾北，其患大矣。故曰：大与小敌，小能分兵，而我防不胜防，则持久实足以败事也。攻其无备，出其不意，可以收奇功，倾其本根，则彼不能舍己而图人。不知出此，废奇攻，堕至计，不能制人，而反受制于人，得失之间，不啻有亿万之数。齐之事迹，断可见矣。魏攻赵，围邯郸，孙膑将而救之，直走大梁，卒解邯郸之围，斩庞涓之首，功盖天下，威震四海。魏之事迹，亦断可见矣。五道寇蜀，扼于剑阁，而不得进，邓艾引兵趋阴平，破绵竹，而灭汉祀。袁绍之事迹，亦断可见矣。曹操攻刘备，田丰说绍袭其后，而围许都，绍不能从，卒划大河而守，合四州之地，拥百万之众，相持官渡，折北不救，遂至灭亡。唐之事迹，亦断可见矣。禄山僭叛，郭、李请固守潼关，引兵北趋范阳，覆其巢穴，而不能用，灵宝一战，潼关失守，西京遂陷。其后已平河东，李泌复建议取范阳，永绝根源，肃宗不从，而河北卒不可复。盖天下大变之来，必有一确然不拔之计，足以御天下之变，而不足为我难。故有天下者，不能必天下之不变，而恃我有可以御变之道。然则今日倭寇之变不足怪，紧备水军，倾其根本，彼敌人者，内方寒心独立，不知所为，而外亦孤悬绝岛，将有溃乱之事，起于肘腋。兵法曰：伏如处女，出若脱兔，故天下不患有大变，而患无御变之计，有御变之计，而患不能行，知而能行，而患迟缓不及事。然而轻率进兵，亦所以偾事，不可不慎也。船不足恃，炮不足恃，驶船演炮之人不足恃，虽往亦奚益？适足为敌人之资耳。故为今日计，舍直捣东瀛之计，别无上策。欲行此计，必有可恃以为胜之策，而后可以从事。策何在？一曰，添购船炮。水军之所赖者船，船之所赖者炮，船坚炮利，横行天下可也。今各省筹办防务之款，不下数千万，以此巨款，供无益之守，可惜也。苟将此款为添购船炮之用，船炮足，则水军敢于出海，又何待守乎？一曰，募驶船演炮之人。驰骋于洪涛巨浪之中，非谙练驾驶，熟悉水道，辨识风云沙线者，不可以驶船。摇荡颠簸，或远或近，倏高倏低，非心手相应，长于测量者，不可以演炮。两军相当，子弹雨集，非胆略过人，视死如归，从容不皇遽者，仍不可以驶船演炮。夫船炮已不易猝办，驶船演炮之人，尤难猝求，今请下一令曰：有能驶船演炮者，高爵厚禄吾不惜也。员弁不足，则招之于工匠，中国之员弁工匠不足，则招之于外洋，有不云集响应者乎？而又储煤炭，蓄子药，屯粮积饷，转输不竭，然后萃南北洋铁甲、钢甲、蚊船、鱼雷，各战舰连樯衔尾，鼓轮而东。捣其对马岛，覆其水师后援，而驻高陆兵之归路断，将不战自溃矣。捣其长崎，长崎破而煤源绝矣。捣其神户，神户破，则由大阪铁道直达西京，而其国断而为二矣。捣其横滨，横滨破，则东京震动，势将迁都，全国可传檄而定矣。此万世之功，千载一时也。否则，虚与委蛇，出没不测，今日东，明日西，亟肆以疲乏，多方以误之，不过旬月之劳，一时之役，亦可使之不战而困。故曰：与其终岁皇皇备其来，曷若使之终岁皇皇备吾来乎？苏子瞻有言曰：大国利于战而不利于守。此之谓也。虽然，兵凶战危，海军则有进步，无退步，尤为凶之凶，危之危。苟不言其赏罚，孰肯出死力以撄凶锋，而蹈危机哉？惟船坚炮利，先使之有所恃而无恐，而又重赏以诱之，严刑以驱之，俾知进亦死，退亦死，与其退而必死，曷若进而不必死，而又有重赏随其后，则士气作矣。故置之死地而后生，置之亡地而后存，惟敢死而乃不死，敢亡而乃不亡。夫直捣东瀛，危事也，生死存亡不测，然致力而不顾，不惟无死亡之患，而可收犁庭扫穴之功。夫大国之自恃也重，而行事也疑，迁延不决，畏首畏尾，每为人所乘，是畏事而未必无事，畏事而未必不生事。小国之自恃也轻，其行事也速，败则亡，胜则强，惟敢死乃生，敢亡乃存。古今之生死存亡，此其要矣。今日者，方尚因循，相率偷安于无事，倭日夜图我而不知觉，及变故猝发，又不思所以御变之方，出奇制胜之策。而犹不决于生死存亡之计，执持久敌困之说以误之。嗟夫！汉宋之往事，可不鉴哉！可不鉴哉！（《甲午中日战争文学集》第四卷）

愤言

呜呼！自日本肇衅，朝鲜不守以来，今逾百日。即自师船被袭，牙山获胜，于今亦两月余。我中国调往之兵，有淮军、铭军、毅军、盛军，及奉天之练军西丹队三十余营。统兵之将，有叶、聂、左、马、卫五军门及丰统制六帅。以此言将，将非不勇；以此言兵，兵非不多。乃何以自六月二十九日牙山弃守后，竭各帅各军之力，经之营之，进寸进尺，逾一月之久，始践攻平壤境界者，竟于八月十五、十六两日，一败而遽归义州，既至义州，又不前据白马山，后依鸭绿江，固守待援，而联骑退处九连城。然推诸统领之心，似犹未足。特以朝鲜边境已尽，我国严疆在望，若不于此徘徊，长驱西返，则获咎过重，他时解释为难，故暂时屯扎，实非为大局计也。观初五日本报所载烟台电信云，华军既过鸭绿江，又西退百余里，至奉天九连城屯扎，致倭奴得于大同江东岸沿江，叠筑坚大炮台五六座，连营十数里，造屋建仓，屯粮积资，为长久之计云云。于此可知诸统领之实无能为焉，此陆军之失也。若夫海军，北洋任战之兵轮，大小共二十余艘，南洋江、浙、闽、广又二十余艘，船只既极坚利，所用炮火又甚精良，乃何以高升被击，济远遽逃，广乙败沉，操江遂掳？即上月十八日大东沟之战，亦只以德员汉纳根在前督令，退避无由，不得不死中求活，拼命一战。故虽击沉敌船四只，轰毙敌军多名，而自当日目睹西人言之，以为倭船进退有法，倭炮停放合宜，华人惟知勇往，所放之炮，不顾准否。倭人不知华舰炮弹将尽，惧其猛扑，是以逃遁，实非我各管驾有杀敌致果之心也。观投效西人与中西日报，屡言各口防守自有炮台、水雷，南北洋兵轮宜合为一，先歼敌舰，后袭敌口，庶几倭人畏威降心相从，和战之权得操于我。乃言者谆谆，听者藐藐，一似刍荛之献为多虑者，于此可知诸统将之自有意见焉，此海军之失也。今考由中国入鲜之道，水路自大同江入者，至平壤仅数十里，现既有倭重兵守此，入攻不易，改由烟台，启轮向正东偏南二度越成山，改从一度半计程七百三十里抵朝鲜之马山津，于此登岸，逾南阳府属之岭，不过百四十五里，即是王城。王城北至平壤五百五十里。其自鸭绿江入者，于义州西十里登岸，东南亦只五百三十里，至平壤，南北皆数日即到。陆路向由盛京东南至凤皇城，始达鲜界。兹自天津驰往，可改乘火车，西至山海关，由关折东，步行亦仅五百余里，抵九连城。此水陆两程之大略也。今者鸭绿江下游、大同江上游已失，由海入者，驻足无所，不可仰攻。而诸军之在九连城暂驻者，已奉钦命，着宋祝三宫保驰往统领，节制各将，督师恢复。更发京营练卒，添募各省新军，星驰云集，受命进攻。即仍如前尺寸经营，亦尚可以有为。所虑宋宫保素性谦和，不能威临诸将，使皆奉令惟谨，奋勇从事耳！虽然，宋宫保犹未至彼也，其所筹划犹未见也，设竟行军合法，驭下从严，彼诸将士，亦悔前非，顿尔用命，则失之东隅者，犹可收之桑榆，大功有日能成，大局犹未碍也。惟是海军竟难振作，丁禹廷既置全局于不顾，汉纳根亦觉孤掌之难鸣。书十上而不行，鸿沟终划；策一筹之莫展，龙战无期。借端于堵口防台，计工规避；借词以载兵运药，暗护囊私。十余年宵旰忧勤，无一人仰体；千数万资财消耗，竟半事无成。兴言及此，草莽孤臣，不禁为之泪下如丝！
（《甲午中日战争文学集》第四卷）

曾 之

征倭四宜三益说

倭人不道，袭夺我朝藩属之高丽，皇上赫然震怒，命将出师，大伸天讨，薄海臣民，无不欢欣鼓舞，颂一人之神武焉。草莽微臣，悦服之余，私忧过计，窃虑一二老成持重之臣，狃于议和之易安，主战之多惧，鳃鳃焉但为目前苟且之谋，不为国家万年久远之计，终将以和易战，如曩年法越故事，岂不甚可惜欤？爰作《征倭四宜三益说》，以备葑菲之献。高丽臣服我朝二百余年，春秋朝贡不绝，近年有大事必谘而后行，视他藩之仅以虚文相羁縻者迥别。倭人乃乘叛党之乱，遽以兵袭据其都，虏其君后，易其官守，改其国号，使以后臣事日本，不复臣事我朝，是非夺高丽也，夺我藩国也。此宜征者一。高丽有东学党之乱，我朝遣师征之，保护藩属之常也，与倭人何与？岂意倭人背我盟好，劫我运装之船，断我往来之路，攻我孤悬之军，恣睢自如，无礼无义，是而可忍，孰不可忍？此宜征者二。高丽陆路与我奉天、吉林相壤，海道则与我山东之威海卫、烟台口，直隶之大沽口、山海关等处相望，近者二三百里，远者六七百里，乘轮舟可行，朝发夕至，此岂可以寻常藩属视之哉？盖实我京师之屏蔽也。使倭人据而有之，我尚得一日高枕而卧哉？此倭之宜征者三。泰西各国，名为通商和好，实则以中国藩属土地为公共之利薮，乘间抵隙，计图分肥，一国得利，他国必从而效尤。如前此倭人灭琉球，中国不与之较，法人因而谋据安南矣。法人据安南，我军虽尝复谅山等城，而乍胜旋和，终为所有，英人旋即袭据缅甸矣。此前车之可鉴者也。倭人贫弱，较泰西各国兵力悬殊，倘此次劫我兵船，据我藩属，仍复置之不问，则泰西各国，必以为倭人如是其贫弱也，中国且畏之如此，况富强于倭者哉？于是相顾而起，各择便利，吾恐西北沿边，东南沿海、沿江各地，皆将挟兵以求。彼时若尽许之，则地有限，而敌人之欲无穷；不许，而仍出于战，则动各国之兵，更费朝廷筹画。不如今日就此首先犯顺至贫至弱之倭人，痛加惩创，度德量力，胜彼奚疑，必也使高丽全境肃清，完吾藩属，然后议合南北两洋海军，联舟东讨，必俟倭人畏惧乞和，然后许之。如此，则可潜消各国觊觎之心，海上可三十年无事。此倭之宜征者四。凡此皆天下之公论，非一人之私言也；天下所共知，非一人所独创也。顾或者谓筹饷则虑损财，苦战则虑损将，勤远略则虑损盛德，愚更以三益之说进。国家帑项有数，置之有用之地，则见其功；耗之无用之地，则不见其效。即以海军一事言之，曩时朝廷见泰西诸国，各以利炮坚船称雄海上，欲制其死命，非陆军所能胜任，亦非寻常水军可与争锋，爰设海军衙门，宽筹经费，原拟广制铁甲、蚊子、鱼雷等船，以备驱鳄掣鲸之用，诚至计也。乃数年以来，添设者甚少，致近日仁川之役，海军统领借口于船少势孤，见敌辄避。岂帑项不足，无以供制船之用哉？亦谓和议可恃，海军不过虚设以为壮观，不妨暂移为他项之用耳。今倭事之始，未尝不再三议和，而卒出于战。而今而后，朝野上下，庶晓然于和议之不可深恃，海军之不可虚设。虽平居无事，亦以有用之财，耗之无用之地为戒，则我中国或者尚有富强之一日乎？此征倭之有益者一。国家所恃以为折冲御寇之资者将帅耳，而将帅非身经百战有以练其胆识，则虽才擅六韬，勇敌万夫，器械精良，操演勤敏，恐临敌终仓皇而失措。咸丰初年，承平日久，将不知兵，兵不习战……假使当时无兵事，曾文正不过一能文章之儒臣，左文襄不过一幕游之老孝廉耳，其它诸将皆老死田间，殁世无称者也，国家奚从而收其用哉？安南之役，至不堪矣，然亦有冯子材、苏元春、王德榜诸人，大破法军，又有刘永福崛强其间，以助我而拒敌。至今人知夷兵可战而破者，未始非安南之役为之倡也。（海军见敌辄避，亦以未尝经战故也，得一胜仗，则以后海军可用矣。）今宿将存者仅矣，若再迟十年，不幸而有战事，恐有如咸丰时之故态者矣。倭人无端而犯顺，其殆天赐我国以磨厉将材之地乎？此征倭之有益者二。兵凶战危，国家自以无事为福。然孟子曰：入则无法家拂士，出则无敌国外患者，国恒亡。《易》曰：其亡其亡，系于苞桑。若转以无事为惧，有事为幸者，圣贤岂故作此矫情之论哉？盖国家无事，则晏安鸩毒，出于情之自然，而安者立危矣。多事则忧勤惕厉，迫于势之不得已，而危者复安矣。皇上亲政以来，万几独断，用人行政，事事协乎民心，虽尧舜复生，岂能过此？天纵圣神，万万无始勤终怠之虑。然今以用兵征倭，宵旰忧勤，益自振奋，因而熟知四邻窥伺之情，百职因循之弊，励精图治，持之以恒，将来化洽宇内，威行海外，盛德大业，胥基于此！则此次不得已而用兵，正天之所以开圣人也，其为益岂有量欤？（《甲午中日战争文学集》第四卷）

刘彝等

谏止和议奏

具呈四川举人刘彝等，为协恳代奏事：窃闻立国之道，在乎自强；自强之本，在于得人。我朝文德武功，高掩前代。顷因征倭失利，停战议和，受倭人百端之要挟，大旨重于输金割地。夫输金至数万万之多，任彼屯兵腹地，以索债为名，岁给以养兵之费，已属弱不可言。重以割地数千里，撤我藩篱，制我要害。旅顺、平壤姑云倭人力所自取，台湾全省、辽河以南，非倭人力所必得也。一旦决然舍去，使亿万生灵，如赤子之失父母，旷古以来，中外有此和局乎？伏维皇上大孝深仁，恐兵连祸结，沿海生民，俱遭涂炭；京城距海仅二百余里，防其阑入，上贻皇太后焦劳，奉省陪京，列祖陵寝，尤恐倭寇震惊，故从权议和，暂纾目前。然金地有尽，寇欲无厌。群臣所以报称于国家者，当不如是；即皇上之初心，亦决不如是。或者本计自强，佯为议和之说，以作天下之士气，而隐觇任事者之忠奸，则非臣下所敢知也。

今主和议者有数说：曰火器不精，曰铁船不备，曰士卒不振，曰粮饷不敷。请为分别言之。夫前明之铳炮胜于本朝，然明卒以亡，本朝卒以兴。彼之火器未施，我之刀箭已至。泰西诸国所制明林敦前膛后膛等，俱称轰烈，然法兰西不免于败，土耳其不免于亡。盖同一武备，用之在人。此不足虑者一也。铁船诚防海要务，左宗棠、沈葆桢辈已详言之。然如前日之何如璋，近日之丁汝昌、龚照玙，举连年所费数千百万之铁甲、鱼雷、电机，一朝拱手而授之敌人，船将焉用？况倭人耀兵在海，所贪在陆，我不与之战陆，而偏与之争海。前明唐顺之之水师，戚继光、俞大猷之陆队，孰得孰失，殷鉴不远。此不足虑者二也。凡言兵者，以败为讳，窃独以为不足讳。盖望风而走，谓之溃，力战不支，始可云败。溃之中必有郁怒而不愿溃者，败之后必有忿激而不服败者。此际正可申简练，鼓忠义，韩、岳之劲旅，未必无童贯之逃兵，况倭兵数万，我兵数十万？此不足虑者三也。粮饷诚不支矣，然转饷无费，和敌安得有费？以和敌取费于民，民必怨且咨；以转饷取费于民，民必踊跃输将。此不足虑者四也。

四者不虑，何以捷少败多，愈扑愈炽？此有故焉。赏罚不明，事权不一，而任事非人之过也。以本不知兵之人，贿赂重臣为统领，其下则贿赂统领为营哨官，不问其人有无才略，或亲或友，借军事为安置情面之地，以此辈驭弁统兵，奈之何不败且溃也！诚得其人以练兵，兵在精不在多，行伍进退、测量准拟之法，中西参用；凡老弱骄纵，不堪战事者悉汰去之。

兵少则饷厚，饷厚则勇生，作其必死之心，复予以可生之法，未有不纵横如意者。或恐汰兵足以致乱，岂知不能御贼之兵，乱亦无损。团练谨严，足以制之矣。军械则或购或造，因时因地而为。闻倭人最畏中国抬枪便捷巧中，过于子母弹，工精费约，此物即可多备。必远致德、比、英、法诸利器，恐为怯战者之所借口。且其器来自重洋，我兵素未演习，不谙施放，置之行阵，只娱观瞻。不闻斩木揭竿，陈涉遽以亡秦乎？惟转饷之事，稍费踌躇。然而捐职捐衔，又不足恃。何也？州县为亲民之吏，每得一缺，虽科甲上兑，亦费六七千金不等，他途可知。国负债则取之于官，官负债必取之于民，同是阊阎之膏血。假手而取，何如名正言顺，剀切布告，勖民以毁家纾难。况假手者其数虚，自取者其数实。更进一说曰，裁宫庭之冗费，核关税之厘金，罢无用之委员，严行伍之冒滥。向日素称报效者，不入于私，而入于公。又如叶志超、黄仕林等当斩，则军前正法，否则责以助饷若千万。既见朝廷之宽，又裨疆场之务，饷仍不敷，有是理乎？

且夫能守，然后能战，能战然后能和者，谋国之至计也。为今日计，战似尤急。倭人以劲旅飘忽海上，随地设防，百万之师各不给。试问军兴以来，我军有一人一骑渡长崎之岛，望横滨之埠者乎？果有之，彼方内顾之不暇，何敢肆出骚扰？即不然，守土之臣，清野坚壁而战其地，不敢退缩，互相救援，不敢规避，倭人既惮于深入，我军能截其饷道，何至割肉喂虎，使之肉尽而啖人耶？

且夫兵，人也，将，亦人也。将易帅难，帅为阃臣，相乃枢臣。曩日之职兼枢阃者，失机玩寇，挂名弹章，皇上固已稔之矣。今之督师大帅，去秋九月接旨，行两月余，始抵天津；君父之急，如此逗遛。新春驻兵山海，了无措施。幸兵有约束，不似卫汝贵之据掠耳。帮办大员，平昔自负清流，抗表请缨，与宋庆为声援。一闻倭警，策马先归，使三十余营，不战而溃。始欲追步林则徐，继则酷似张佩纶，天下哗笑，以为必受极刑。孰知皇恩广大，许其再任封圻，与李培荣、田在田等，如国宪何？如天下之义愤何？天下之为皇上计者，请伸独断，破资格，于营务中择其忠勇有劳，如文职之李光玟、魏光焘，武职之章高元、马玉崑、宋得胜者，于废官中择其威望素著如唐炯者，使独当一面，或兼统数军。将得人而后择帅，于督抚中择其曾谙军务、暮气未深如李秉衡者，寄以重任，使人自择人，严行考取，非知兵略而艺冠众人者不得记名统领，或能一艺者始准记名营哨官，无技艺而由贿赂与情面进身之人，概行汰尽。功不必限期，权不可旁挠。勿谓资格稍卑，难资弹压，要知能贵人者，皇上也。枢臣自军机而兵部、户部，择其忠直谙练者与之定计。有魏相之主持于内，乃有赵充国之成功于外。皇上聪明烛照，无俟臣下晓渎；枢臣亦不得借口密勿，掩饰一切。总而言之，曰实心任事。比年来臣下泄沓，而发直言者，目为躁气，持正理者，指为迂疏，辗转迁延，酿此莫大之祸。倘实心任事，何至于此耶？此天下所为皆痛心扼腕，而不以和为可恃，且以得人中兴，为皇上厚望者也。

顷闻倭人师老财费，力已不支，每到一处，犹开仓放赈，量材授官，愚民无知，遭其煽惑。三军裹甲坐食，糜费粮饷，又中其计而饱之。意者人欲烹我，我必助以薪油耶？庸讵知主和议者不于数万万金之中分肥自饱，多树私党，以心制朝廷耶？或谓割地之后，可图恢复。不知倭国大如弹丸，尚扼我吭，而制之命。倘英、法诸国，袭倭故智，何以御之？或谓诸国交伺，不容倭人吞我，借此可施权术。试思不得已而依人宇下偷安，成何体统？况有万不足恃者，军兴一年，奉省王气所在，半已割付他人，再迟一二年，未审枢臣、阃臣辈，将置皇上于何所？举人等百计图维，缮械、练兵、括饷，皆以得人为急。得人者安而久，失人者危而速。若铁路铁船，非今时所能猝办，迁徙之举，尤非今日所宜言。草茅下士，不知政体，不识忌讳，谨胪罪言，干冒天威，不胜惶悚待命之至。此呈。伏乞都宪大人台前俯准施行。（《甲午中日战争文学集》第四卷）

2. 反洋教思想及其局限性

引　言

早在鸦片战争之前，西方教会和传教士即开始了在中国的非法传教，尽管人事非常有限。鸦片战争后，欧美的天主教、基督教和沙俄的东正教，凭借强加于中国的不平等条约和坚船利炮的保护，纷纷派遣大量的传教士来到中国。到 19 世纪末，在华传教士人数已达 3300 多人。这些传教士来到中国后，他们中的一些人虽然也在传播西学和兴办文教慈善事业方面做了一些工作，比如翻译西书、开办学校、创办报刊等，客观上推动了中国的社会进步尤其是教育的近代化，但这只是问题的一方面；问题的另一方面，或主要方面，是传教士们充当了西方侵略中国特别是西方文化侵略中国的急先锋。他们在中国建立教堂，发展教徒，收集情报，干涉词讼，挑拨中国民众之间和民族之间的关系，向中国人民灌输他们的宗教信仰和文化价值观念，以实现"用十字架征服中国"的企图。他们中还有人为本国政府侵略中国出谋划策，干涉中国内政，攘夺中国利权，起到了侵略者的大炮所起不到的作用。西方教会和传教士们的所作所为，引起了中国人民的反感和痛恨，再加上中西文化之间的隔阂和冲突，所以自 19 世纪 60 年代起，中国人民的反洋教斗争（或称之为"教案"）就此起彼伏。这些反洋教斗争的领导者和组织者大多是熟读"四书五经"的士绅，而参加者或主力军多是一字不识的农民和其他下层群众。如果说士绅们反洋教更多的是因为中西文化的隔阂和冲突的话，那么，广大的一字不识的农民和其他下层群众反洋教更多的则是因为传教士和那些加入教会的教民的恶行，当然，其中也有许多非理性因素，即谣言、迷信等。这里收录的是鸦片战争后至义和团运动前的一些反洋教资料，从这些资料所揭示出的思想来看，中国人民的反洋教一方面有它的正义性和正当性，但另一方面也有它的局限性，我们应该对其给予一分为二的分析和评价。

湖南合省公檄

慨自邪说日炽，正道浸微，异类横行，人心共愤。有如逆夷□嗊唎者，僻处海澨，其主或女而或男，其种半人而半畜，山书所谓倮虫，汉译所谓鳀人者也。明纲不振，宣德时利马窦、艾儒略等始以其国之耶稣天主教惑人。当时有识者已为隐忧，至请旨屏逐，遂勒回本国。我朝惠鲜远人，乾隆四十年，准互市广州。盖圣主无外之意，非有所取于彼也。讵意狼心叵测，欲壑准填，不念覆载之恩，反肆猖狂之志，所至传教，诱赚愚氓，刊布邪词，敢为欺诞，彝伦攸斁，廉耻胥亡。始尤畏人攻击，私相授受，今则到处招引，白日连横，四野骚动，人情汹汹，厝薪之忧，贻患胡底。为虺弗摧，为蛇奈何？挟而绝之，乌容稍缓。姑即其说之中人者，指其妄焉。

天一而已，以主宰言之，则曰上帝，乃变其名曰天主，即耶稣以实之。考〈之〉耶稣生于汉哀帝元寿二年，不知元寿以前之天，果虚位以待耶？抑别有一人主之，如六朝之禅代耶？其妄一也。耶稣既为天主，其神圣宜非人思议所及，乃考其所述，不过能医。夫徒能医即为圣人，则扁鹊、华陀等之能起死回生者，皆圣人矣！况天下甚大，耶稣一人，能救几何？其妄二也。天之所降，天必护之。乃耶稣在世，仅三十余年，即为巴斗国王钉死。身且不保，而谓其鬼可福人，此不待智者而知矣！其妄三也。尤可笑者，其死为弟子观音保所卖。夫逢蒙射羿，犹为愈已故，而观音保直贪国主七十余金，而杀其师。弟子不能知，而谓能知人善恶，谁信乎？其妄四也。其教既专奉耶稣一人，而又有伊勒波罗二种，互相诋诃。孰是孰非，迄无所定。其妄五也。彼教言一切罪过，惟天主一人可赦。凡入其教者，悉升天堂。无论苍苍之表，谁见其有堂？即有之，而不问良莠，概登其中，上帝何启宠纳侮之甚耶？其妄六也。日本铸耶稣之像，置海滨及通衢间，令过者污秽而踢击之。彼既云役遣仙佛，何甘受辱，寂无灵响？其形神视无名草木犹不逮，而谓为天之主，有是理乎？其妄七也。

至其害之切肤，则尤有不可究极者。不扫墟墓，不祀木主，无祖宗也；父称老兄，母称老姊，无父子也；生女不嫁，留待教主，无夫妇也；不分贫富，入教给钱，无廉耻也；不分男女，赤身共沐，无羞恶也；剖心剜目，以遗体为牛羊；饵药采精，以儿童为蝼蚁；采妇人之精血，利己损人；饮蒙汗之迷汤，蛊心惑志。总其权者白鬼子，行其事者黑老爷，种种所为，牢不可破。反以禹汤文武，尽为妖魔。是以当日行之利末亚洲，而利末亚洲为其所屠矣！行之印度，而印度为其所并矣！行之日本，而日本为其所乱矣！我中华之庶富，千百倍于诸夷，彼心涎已久。今兹之来，所谓司马昭之心，路人可知者也。不亟防维驱除，将数千年衣冠礼义之邦，一旦易为獉獉狂狂之域，大可恨也。稍有生人之气者，当痛心疾首之不遑，而谓尚可姑待耶！

然而无一人敢倡言其非者，则以愚者为彼所惑，谓可致富获福，能免灾劫。不知挹彼注兹，为所播弄。从其教者，未见其咸称素封，且有赤贫馁毙祸发株连者。其所云者，类皆捕风捉影，徒自入于禽兽而不悟。智者为彼虚声所夺，惧其挑衅结怨。

夫逆夷自道光二十二年陡生叛心，寇粤为患，是谁挑之也？旋寇闽寇越，是谁挑之也？蹂躏江苏，滋扰山东，劫掠天津等处，又是谁挑之也？今既侵凌京师，大伤国体，即不挑之，岂遂敛手而去耶？何尚惧彼虚声，而不为戡靖计？且彼去中国五万里，历大海三重，岂有越海五万里而可制人死命者乎？前之阑入内地，以沿海罢民为其所饵，真夷无几。我南人素矢忠义，断无有为所役遣，且湖水清浅，火轮夷船难至。即至矣，而我用岳武穆破杨么之法，拒之有余，尚何惮其难，而不同心戮力乎？惟是被惑之人，渐染已久，毒入肝脾，不教而诛，有所不忍。先期开导，令其自新。倘仍执迷，族长、乡耆、团总、甲邻共为执之，绥靖地方，投诸海外，异类为伍，断不容邪淫杂种，玷辱中土。今兹之举，上为君父舒旰食之忧，下为生民解荼毒之苦。庶人心益正，而风化弥醇。凡我同侪，当共勉之。毋违。此檄。

谨摘其最恶而毒者十害条于后：

一、该教不敬祖宗及诸神灵，所奉之神，惟吓氏而已。行教者为教父，名曰黑老爷。奉教之时，令人自誓其身为吓氏所出，必先毁其祖考神主，以示归心。噫！自绝其本也，本去则枝叶未有不害者。

一、该教以濂水为令。濂水者，以巴礼（老教父也）之尸，及巴礼王（国王）之尸，煎为膏脂，合以蛊蛳迷药，佐以符咒，教父掌之。初入教者誓毕，即以水滴其头，并滴少许于白水，令饮之，名曰清心水。自是胸腹中有一小竖子，依附其心。虽严刑苦劝，邪祟把持，甘死不改。彼美其名曰菩萨心，此诚不可解也。殆如癫狗噬人，感其气者，腹中即有小犬，亦此意也。

一、从教之人，先本清白，自立誓吃水后，必作怪发狂。先将祖宗牌位劈碎，次及诸神像，以后见庙宇即毁坏无遗。尤可怪者，其发狂之迟速，必如其人归家之远近，有一二日归途者，则发狂在一二日之外，或止有一日归途者，则发狂者在一日之外也。必令其至家数时而发，亦巧于惑人者也。

一、入教者必先书明姓氏、里居、年命，并合家男女几口，不可假报一字。伊传教后随至其家，照册点验，命留一女，终身不嫁，名曰守贞，此女即为传教人正供。其余妇女，凭伊所欲而供之。伊传教人伪为无邪，正襟危坐，妇女皆跪前罗拜之。彼授以丸药，名曰仙丹，实媚药也。服之，欲火内煎，即不能禁，自就之。而伊与淫，名曰比脐运气。伊原习房术善战，而妇女亦贪恋而甘悦之，故被采战者视本夫如粪土。此其教行于衣冠之族，皆易为平康乐户，犹害之小焉者也。

一、该教有取黑枣探红丸者，处女名红丸，妇媪名黑枣。探取之法，传教人嘱从教妇女与伊共器洗澡，皆裸体抱登床上，先揉捻妇女腰脊，至尾闾处，以小刀破出血，伊以股紧靠其际，取其气从血中贯通，名曰握汗，而妇女已昏迷矣。自为仰卧，则子宫露出，已生子者，状如花开，其间有颗粒，黑斑脂膜，伊以刀割取入盒，未生产者，如含葩吐蕊，鲜若珊瑚，伊探其中之似珠者，珍而藏之。其余仍纳入阴窍，而该妇女并不知其为，但气神消阻，纵以药保不死，而终身不育矣！使此教久行在世，而人道必绝，害孰甚焉！

一、该教有吸取童精者，迷骗十岁以外童男，以濂水滴诸顶门，或作膏药贴诸眉额，其童之精，即从下部流出，彼则如吮乳然，尽情取之，彼童瘦软数日而死。又或以药贴足心，以针破泥丸处（气朦子），脑浆并通身骨髓，自顶涌出，伊收取入瓶，余则舐而食之，彼童即死。似此贻害，能不悲哉！

一、从教者将死之时，必有同教数人来，屏去其家之亲属，伊等在内念经求救。其实趁其人尚存气息，即剜其目，剖去其心，为彼国造伪银之药，然后以布束尸，听家人殡殓。盖谓人之精灵在心，而五脏之精华在目，心目存，其人犹未死，对之念经，则必登天堂。至于躯壳，犹传舍也，不必惜之。此害人，终自害也。

一、该教诱人，先持银钱，而不知受伊利者，即受伊害。无论其被买入于禽兽，即自甘为禽兽，只图目前之银钱，而今日贪伊微利，他日百倍取索而无厌。所谓取之内府藏之外府也。何世人不明利害之辨哉？

一、劝教者，有装算命看相，散布四方，男女不一。谈论命相，夸誉之际，婉以甘言诱之。又有拐骗者，假托优人耍把戏及诸色人等，乘其不备，拐取男女，卖与逆夷，甚有以之入海滨钓海参者。以人为饵，则得参最多，深可痛恨。

一、逆夷教匪，外以和约通商，欺蔽中华，关塞不能盘查，官府不能禁止，而其中之包藏祸心，实与寇贼一气。四处之劝教者，即贼之侦探也。今尚任其骄横，一旦毒发，将不可救。又传闻逆夷教匪入山东曲阜，毁坏圣陵及庙殿，圣裔多遭害者。有苗姓统率义兵，驱而戮之，始不敢近境。吁！耶稣之说流行，孔圣之道不作，尚复成何世界也？凡我士农工商，拔剑同仇，有不合志者，即同异类。（《反洋教书文揭帖选》）

天主邪教集说

天主教始自耶稣，乃西洋诸国通行之教。习之者，妄谓耶稣生有天授，能通各国土音，创教劝人为善，后被恶人钉其体于十字架，剖割以毙。其徒号其教曰天主，以耶稣为先天教主，造书曰《天经》，遍相引诱，自郡国至乡间皆建天主堂，供十字架。师其教者，或手执十字架与悬佩胸前不等。偶有轻亵，即为逆天，重罚之。其教之总名有二：一曰洗礼，一曰圣餐。教之分名又二十有五，难悉举。以意大里为天主教之宗国，代有持世教皇谓为代天宣化。凡各国王即位，必得教皇册封，有大事必咨决请命，又令其大弟子数十人，分掌各国教事，曰法王。小部落掌教者号神父。神父多在童时受教，割去肾子，曰弥塞。从其教者，与神父鸡奸不忌，曰益慧。神父在成人受教者鲜。其余随地皆有教主分掌之。至天主堂一切供亿，则皆国王大臣民庶转输不绝。每七日一礼拜，曰弥撒。此日百工悉罢，老幼男女齐集天主堂，教主上坐，赞美先天教主之德。群党喃喃诵经。事毕，互相奸淫以尽欢，曰大公，又曰仁会。其嫁娶不用媒妁，亦不论少长，必男女自愿。惟拜先天教主，祈上帝，且新妇必先令与所师教主宿，曰圣揄罗福。但不得娶二妇，谓上帝原初止造一男一女，故其国皆无妾媵，外奸者不禁，妇死乃可继娶。父死子可娶母，子死父可娶媳，亦可娶己女为妇。兄弟叔侄死，可互娶其妇，同胞姊妹亦可娶为妇。又重女轻男，自国王至臣庶，皆听命妇人。每有妇逐其夫而再赘者。谓男子皆由女出，故其国多女王摄政。与人相接，重则免冠，轻则以手加额，所以示敬。无跪拜礼，即见国王亦不拜屈一膝，持其手嗅之，或拔额毛数茎投地，以为见君父最敬之礼。惟跪拜上帝及先天教主。凡与人相见，问其妻，不及父母，谓父母为已往之人。兄弟及戚友，久不相见，见则互相奸狎，曰合初。君臣父子，皆以兄弟相唤，母女姑媳，皆以姊妹相称。谓世上止有天父、天母、天兄，此外无所为尊卑者。虽西洋习俗类然，而英佛诸国为最。其人外和内猾，貌易欺人，群以海舶贸易为生。凡海口有利埠头，肆行争夺。先止欺陵邻夷，不敢直逼中土。迨明季，西人利玛窦、王丰肃、阳马诺、庞迪我等，先后混入中国，以善作奇技淫巧，兼之推测天文，又有妖术烧炼金银，人多惑之。国初又用其流推演历书，遂敢于京城及通都大邑，造天主堂，而各以西人掌其教。凡士大夫之从教者，称为西儒，并著有《口铎》一书，中云：万物主于天，而天又主于天主，且谓自无始以来，倘非天主操持，则天久倾颓，地久翻覆。一概正祀，均斥为邪，唯一心致敬天主。谓从教者得升天堂，永离地狱，求富得富，求寿得寿，求子得子。愚者闻之有所贪著，即能以符咒迷之，使之欣然入教。其授教之法，较诸自传本国者不同。然国初禁例森严，传习者犹不敢毕露丑态。至道光末年，乃有杨秀清、洪秀全等奉其教，群起倡乱，竟至蔓延东南，迄周纪不得平息。逆夷侦知中国之从教者众，遂敢于戊午年直破广东，庚申八月竟犯都门。今上念切怀柔，俯允和议。该夷反敢逞其狂悖，至分其徒于各省州县传天主邪教及克力士顿教、加特力教、波罗特上等教，均以升天堂离地狱为说，诳惑庸愚。从其教者即等其奴隶，任其驰驱，为害较前倍烈。凡初入教时，师与银四两，丸一枚，服之即惛瞆，自毁祖先神主。惟祀一赤体童神，一手指天，一手画地，曰耶稣太子。又有祀神名葛呢、名巴底行者。否则以赤纸画一长圈，中列十字架，并刀锥钩槊等器，曰圣架，供门首，或置龛中。及欲入天主堂，不问男女，主教者必先为沐浴，曰净体，盖借此行其奸污。以后惟其所悦，而从之者亦不自知，反以为快。又从教家有女，留一不嫁，为守符咒箱，司锁钥，别人不得擅开，名开箱老女。传教者至，即与伴宿。有病不得如常医药，必须教中人来施针灸，妇人亦裸体受治。如不愈，死后剖其脏腑头颅，考验病之所在，著书示后。凡从教者死，割去四肢，曰上圣；断其首领，曰中圣；割其耳鼻，曰下圣。童子死，曰仙童；守箱女死，曰贞仙；孕妇死，曰带子归西。家有丧，教者尽屏退死者亲属，方启门行殓，私取其双睛，以膏药掩之，曰封目归西。并以红布囊纫其项，曰衣胞。有不听其殓法者，谓之叛教，即令多人至其家陵辱百计，权四两子母，而索之。其取睛之故，以中国铅百斤，可煎银八斤，其余九十二斤，仍可卖还原价。惟其银必取中国人睛配药点之，而西洋人睛罔效。故彼国人死，无取睛事，独中国人入教则有之。点银之术，虽中国人之久从教者，皆不得传。惟以药涂镜面，摅人形貌，借此可获重利。此则中国之专心奉教者得授之。其尤谬者，能咒水飞符，摄生人魂与奸宿，曰神合。又能取妇女发爪置席底，令其自至。取童男童女生辰粘树上，咒之，摄其魂为耳报神。星家多师其术者。以搬运之术盗人藏金，曰还本。凡夷中男妇与从教者交，均谙采战术，曰乞仙。以口吸成童之精，并处女红丸，曰开天孔，又曰人剂。与人交臂宿，即知人隐衷，乘机害之，曰测隐。甚或割女子子宫、小儿肾子，及以术取小儿脑髓心肝等事，其名未备详。而推其用心，直欲尽愚我海内人民，假其教以斩绝之，继将大有为于中国也。彼欲从教者，亦何恬而不察哉！吾故广搜往籍，及得之实见实闻，缕揭其弊，以为当门一喝云。

天主教之消〔说〕，散纪他书者甚夥，阅者猝难毕悉。吾友博览群籍，并参以实闻实见，辑为是编，其事情朗如犀照，卒读一过，令人发指心寒。即阘茸嚣悍之夫，亦当闻而知惧。因促付剞劂，棒喝人寰，俾海内士民，见而切齿。虽不获操斧钺之罚，亦能严口舌之诛。由是公愤顿伸，群邪立破。近可为斯人端向往，远可为吾道壮干城，其有裨于天下万世者岂浅鲜哉！子舆氏曰："能言拒杨墨者，圣人之徒也。"吾子是书，其庶几乎？学聋居士跋。

（《反洋教书文揭帖选》）

南阳绅民公呈（同治六年七月八日）

为邪教殃民，恳准驱逐，以安良善事：

窃思人之异于禽兽者，以其有纲纪伦常、廉耻礼义也。尧舜以来，四千余年，生其间者虽识大识小之不同，从未闻紊乱纲纪伦常，弃绝廉耻礼义，犹得谓之人者。查洋夷耶苏，生于汉哀之世，往来海洋诸岛，以其推测之智，妄言休咎之征。巴斗国王怒其惑众，缚于十字架而戮之。厥后其徒遂创立邪教，名曰天主，其意以耶苏为天主。持其教者，妖言诐行，蛊惑奸淫。又恐人之不信从也，恃有铸凝之术，炼银以诱愚。夷谓入其教者不忧贫乏，西洋诸国多从之焉。

二千年来，中国并无此类。有明中叶，西夷利玛窦等仰慕华风，航海至中国，中国始闻有天主教。彼胜国已属季世，故不措意屏逐，然亦未闻其立堂传教也。熙朝因测景授时，参用西洋之法，官其人南怀仁等于朝，授以钦天监监正之职。自时厥后，西洋诸国累世修朝，贡献方物，朝廷亦怀柔而羁縻之。维时薄海遵王，孰敢蹈非圣无法之罪？然而不肖夷徒，潜相煽惑，引诱愚氓，入彼教中。圣祖仁皇帝恶其异端，严定律令，著为训谕，觉世牖民，典册煌煌，亿兆咸仰。间有一二自外生成者，无不戢翼潜鳞，销声匿迹，不敢与齐民齿。不意去岁有习天主夷民，来至南阳，欲买地建堂，传彼邪教。

夫人所持为人者，纲纪伦常与夫廉耻礼义也。彼教无君父之尊亲，惟耶苏之是奉，是无纲纪也。无骨肉之亲爱，惟主教之是崇，是无伦常也。且已有妻女任其与主教亵淫，则廉耻丧。只敬天主而不祀神祇祖考，则礼义亡。此等乱夷，行同禽兽，不待教而诛矣！岂容彼以禽兽之教，化良民为莠民哉！至于欺压农商，鱼肉乡里，尤为常事。闾阎负屈含冤，无所控告。易种可虑，滋蔓难图。

窃思与其戡乱于事后，何如防患于未来，曲突徙薪，惟愿瞻言百里也。且粤西发逆，本系良民，徒以服习其教，久成叛逆。称天父，称天兄，不敬神祇，不祀祖考，迹其言行，无不与彼教吻合。故衡湘被围，彼教人洋洋得意，并云不入我教，宜犯天诛，今之领兵者，即受天命行天讨者也。肆言如是，彼庸愚无识，畏死贪财，遂翕然相从。该夷袭其故智，亦欲行之南阳，是以盗买周姓房屋，急思立堂传教。经周姓族人具控，仍行断归书院。该夷怀恨，勾引县西北乡靳冈破桥曾入其教靳姓、张姓，散布谣言，或传下毒井泉，或传约众报复，人心惶惑，日夜不安。虽讹言未必诚然，而夷性终恐叵测。经云：用夏变夷。今既不能变，何可变于夷乎？

为此公呈叩恳，伏望恩准，饬属亟为驱逐，使蚩氓弗惑于异端，良民各安其素业。回邪不作，正学维新，何莫非除莠安良、防微杜渐之仁政耶？不然，灼艾违病肿之时，痈将遗患；抱火厝积薪之下，势且燎原。即万不至斯，而大人维持风化，辅翼斯民，必不忍无辜赤子，与禽兽等夷，坐视纲纪伦常紊蔑，与夫廉耻礼义之弃绝也。上叩。

具呈人名：（略）（《教务档》第二辑）

遵义绅民公禀（同治八年八月二十日）

洋教士至遵义府属传教以来，凡本地素不安分之杨希伯、刘开文、郑小明、霍闻九、赵文庵等，身入教中，借口在堂办事，欺凌孤弱，磕诈乡愚，出入公门，包揽词讼。遇有教民涉讼，被官审虚，则杨希伯等统领教众，闯入县署，逼官另断。如将教民看管，则用布教士名帖请释放。又复招集早年从逆之宋、唐、谭、塞各伪元帅，以为羽翼，而助凶暴。今将附近等处被害各事，略举十之一二。

如郑小明逼令王三蛮吃教不从，捏造他事送县押卡。敖石受占抢王贵家财，因贵敬神还愿，敖石受指为异端，将王贵吊打，勒令出银三十两方休。赵文庵、杨希伯主使陈忠良占骗孙姓银一百余两，分厘不还。霍闻九、杨希伯主使谭正常占骗姚姓田价。郑小明、杨希伯主使张春林，仗教占奸禹国洪之妹，不依，反持刀将其杀伤。杨希伯主使田兴乾霸种王国士田土。霍闻九、杨希伯主使严志受，私造假约，磕吓黄三银两分肥。郑小明等因汪染匠赴经堂要戒烟丸药，言语不清，当将汪染匠殴打枷示，并令喊街，旋即致毙。杨希伯主使教民张朝楷，占娶有夫之妻为儿媳，并持刀追杀，本夫不敢回家，所有田土全行霸占。教民曾廷春父子亏欠王恒丰银六百余金，已书抵约，杨希伯等扛帮，反捏告王恒丰欠伊银数千两，诬控追逼。刘开文、杨希伯闻吃教之妇李氏，谈说经堂之事，即将李氏剥去衣服，赤身用竹条殴打喊街。霍闻九主使霍龙，占余杨氏为妻，并占余春全业；
又借端占抢李老三家财。杨希伯主使张仕忠，侵吞张严产业，并逐张严母
子出外乞食。霍闻九、郑小明等主使经堂佃户何步瀛，仗教估摊王光辅田
价不偿，将王光辅送县比责多次，随后田土被经堂霸耕，王光辅始得释回。
刘开文仗教，主使陈受山，以假银估买冯双全、冯汝翔田业，假银不换，
反磕诈冯双全银四十两，并将冯汝翔家财猪牛，抢掠罄尽。郑小明、杨希
伯引诱田登龙吃教不允，狭嫌闹事，诬磕银二十两；杨希伯等主使司老六，
估骗本城各铺户账项二千余金，司老六吃教后，杨希伯遂占住司老六房屋
作为谢礼，以致前买司老六坐房之张喜廷，忿郁而死。杨希伯主使胡肇修，
仗教霸耕有主田土，并主使何继堂估骗李世昌，借账一百余金，分厘不偿。
杨斐然主使夏桃幅，仗教透漏牟何氏家财，并逼何氏改嫁。杨希伯主使绿
竹坝何德全，仗教霸占何春田土，反持刀凶寻，何春不得回家。赵文庵主
使田五，仗教窝贼，估窃肖启武家银物布匹，在马蹄石场售卖，莫敢过问。
刘开文等主使刘冬等，仗教估抢云山寺僧牛马谷米，并何老四耕牛。杨希
伯、杨斐然等主使教民胡焦贵，估占郑德崇之妻为室，并主使张子清，估
耕王正云田土数十石之多；又主使陈太平，磕诈祈五十多次，不敢回家。
杨希伯得凶犯何二保银两，藏在经堂念经，押逼尸亲杨姓和息，主教出头，
代为申诉。教民王凤山、米海查、徐团首在两路口地方，谋杀付王氏家二
命，经县拿获到案；杨希伯执主教名帖，在县署估要凶犯二人，出卡不究。
杨希伯、刘开文主使赵吉山，仗教打死李老大，将尸丢入河中，有邻证可
质。杨希伯、郑小明受余吉祥银百余两，包庇余吉祥姊妹成亲。霍闻九、
杨希伯主使王李氏，估骗赵正光当价，告官，官断至明；希伯不依，在衙
将两造抓至经堂，凌辱拷打，押令赵正元不算前交当银十一两外，另立七
十两当契，限三日缴银瓜分；而赵正元当田，又不得耕种。刘开文主使杨
百长之弟，播弄杨百长毁谤天主。杨希伯用铁练锁拿杨百长，到经堂吊打，
送官押卡，勒令吃教，并出甘结，在乡镌碑；出卡后，家业荡然。东乡宋
麻三，仗教占奸婶娘，实为灭伦乱纪。团首邓步高、姚城等具禀，教民估
不当差，系教友何云榭、郑小明把持，并借教名色，磕诈银两，二人瓜分。
晏大才、田双连仗教，估占孀妇姚苏氏、蔡廷升田业，各一分，以作己产。
教恶赵文庵主使赵天申，仗教欺骗康秀廷货债七十余两，勒书抵契，霸耕

康秀廷田土；杨希伯又凶打康秀廷，尚不满意，捏造事端，将其送县管押。杨希伯、郑小明等纵教恶姜天宝，图骗城乡各户债账四千多金，假将铺货顶与曹百长，得银三百余两；摊还各债主后，反仗教党刘开文等捏词上控，将杜万顺屈押。布教士逐日以名帖逼官严办，一面支使教恶龚疯子说合，勒去七百多金瓜分，并将顶出之铺，归天主堂开设。教恶赵文庵私造假信字约，吓磕堂兄赵老四不允，郑小明等出头抓赵老四送官比追，赵老四屈押不过，出银十两，与赵文庵等瓜分。民人詹九皋之父在日，因胞弟詹老二分居多年，困苦不堪，收入铺中帮学生理，每年给有工资。杨希伯等知此事可以讹诈，主使詹老二捏称前未分家，将詹九皋告官，勒逼数千金方休。詹九皋躲避他乡，教党刘开文以布教士名帖，嘱官往拿，谢协成管押詹九皋之母，听教民龚疯子哄骗，出银三百余两与詹老二，交众教恶瓜分。现在詹九皋不敢归家。

以上各事，皆遵城人人所知，事事确实。如有虚言，神明鉴之。合城百姓，含冤积恨，勉强忍耐。本年五月初五日，遵城民人因风俗年例，在炎帝庙祭神演戏，驱除疾疫，新旧两城居民，相率行香。适教民杨希伯因与打醮首事杨树勋，挟有夙嫌，是日午刻，树勋偕同本城民众，正在拈香迎神，捧表在街中徐行，杨希伯适然撞遇，肆口怒骂，并将杨树勋手中表文撕毁，挥拳乱打，当经街邻劝散。讵杨希伯复纠教友数十人，冲入炎帝庙，将庙内神坛经像一切器物，全行打毁。惟时看戏人众，共怀不平，不呼而聚，致有打毁杨柳街经堂之事。皆由民间公忿，向来受教中冤屈，无由而伸。此次起衅，又因杨希伯寻事，先行纠众毁坏神庙，激而致此。此中曲直，共见共闻，百姓何辜而遭此毒耶！(《教务档》第二辑)

遵义城乡合议（同治八年六月初）

盖闻善不积，不足以成名；恶不积，不足以灭身。杨墨之道不息，孔子之道不著。能言拒杨墨者，圣人之徒也。今将公议条规，开列于左：

一、洋人初至我遵行教，以劝人行善，煽惑愚民。设立经堂之后，上欺官长，下压百姓，谋人田产，破人婚姻。杨谓轩娶教民蒋二师之妹为妻，多年，生子。蒋二师押杨谓轩奉教，不从，姑撤其妻，并送杨谓轩押卡，立退婚文约十九张。教中似此退婚者甚多。一大恶也。

一、洋人视人命如草菅，被恶逼绝，不可数计。二大恶也。

一、洋人想谋我国江山，现收伪元帅宋玉山、唐神仙、谭元帅（系湄谭人）、伪元帅塞元渊，均系恶逆弥天之贼首。名为经堂，实是梁山。人人共愤，自取其灭。三大恶也。

一、洋人以传教为名，实是禽兽。教民新接媳妇，须先送至经堂，与主教同歇三夜。倘若不信，有鲁德三儿媳妇可凭。四大恶也。

一、经堂名为传教，实是禽兽。现拆夹墙，私胎赤子甚多，臭气冲天，人神共愤。五大恶也。

一、洋人煽惑愚人吃教，久而肆行敲磕。毁庙以立经堂，丢弃神象，将尼僧押逼群奸，还俗四乡。种种难以枚举。如若不信，现拆毁经魁山虎头峰之庙，有干神怒。此洋人之六大恶也。

一、百姓被洋人哄入伊教，吃了迷药，送去传针，与伊同歇，采补元阳元阴。又教念申尔玛利之经，哄惑愚民愚妇，修灵魂，以上天京。有人将死，先揉筋骨，后拍其眼睛，哄死者之子孙，尔亲已上天京。棺前竖立十字，以为救护灵魂，棺后跟随众逆，以为度尔超升。今日自取其灭，实遭天谴。倘若不信，朱宗保之妹可凭。七大恶也。

一、我遵东门设立以来，并无死者出入。即有功臣阵亡，上为国家，下为百姓，必须奉旨方可穿城。乃洋人一入遵城，实系妖言惑众，谅我官民人等朴弱，无奈伊何。由恶等将死人抬进抬出，城内葬坟，有坏风水，天地共愤。八大恶也。

一、洋人等男女混杂，朝日在巢穴，早晚念他妈的申尔福玛牙，令百姓不敢说一句。我们还愿敬天，反谓异端。我遵城做醮庆祝，被教中毁神扯榜，已非一次。我等同人男女，被伊等诬赖谈经堂是非，多被捆扎，赤身殴打，押逼新旧两城喊街，以彰经堂声势，亦非一次。男女大小，诸人痛恨。现有乡间张盛、何二娘，受屈可质。实城乡万民寒心，九大恶也。

一、恶等恃教为符，上欺天子，下压群臣，欺官藐法，哄惑愚民，夺人田产，退人婚姻，估摊振项，毁庙欺神，敲磕百姓，不敬天地，不孝二亲，谋我中国宝贝，扰我中国百姓。种种恶极〔迹〕，数之不尽，有干天谴，神人共愤。造此弥天大罪，十大恶也。

凡我同人，自今青天委员大人到遵，必须同心协力，听委员将林、布、赵三鬼子，并杨希伯及郑小明等恶党，杀得干干净净，以雪公冤，方消众恨。永不许在我遵城设立天主堂，害我万民，使天下将恶等杀尽。倘委员各官卫护恶等，大家同心协力，将三鬼子并杨希伯一党，搜出杀了，以除祸根，永享太平之乐矣。（《教务档》第二辑）

酉阳州绅民公禀（同治八年八月二十日）

中国与法国换约以来，各省皆有天主教，尚能彼此相安。惟四川范主教到蜀传教，不论其人好歹，一经入教，恃势横行。范主教转喜传教习教之人生事，即可勒赔巨款。如从前之重庆府教堂，赔至十五万两。酉阳州冯教士与冉老五口角互殴，致毙冯教士一案，既将冉老五一犯抵命，复议赔银八万两，始能结案。最不可解者，州中绅富张佩超，闭户畏事，毫不与闻，范教士因其殷富，必欲牵引案内，借可勒令出钱。前后所赔之款，皆系百姓膏血，只图省事，剜肉补疮，已无余力。而教中因此转欲处处寻事，以图事事得利。上年酉阳州城内民教互杀一案，缘教民龙秀元逼勒朱永泰退婚，抢掠家财，烧毁民屋，以致一时激动公忿，州中团民不期而集，报复泄恨，彼此烧杀，各毙二三十人，受伤数十人。经官长悉力劝谕，令教民、团民各将兵械缴出，人众解散，不得再行生事。乃团民已遵谕解众缴械，而教民覃姓并不遵谕，辄于二三月间，两次带领匪徒，至纸房溪一带，肆行焚杀。彼时团民已各分散，且手无寸铁，任听屠戮，至伤二百人命之多。尸身堆积，血肉狼藉，惨不忍言。其被戕尤惨者，如将身体支解之秦心元、魏三元、张狗、黄万、任绍元、石新喜六名，轮奸毙命民妇三名，灌油点灯烧毙之黄老万一名，更为目不忍睹，耳不忍闻。似此光景，百姓实无求生之路，死者亦无可伸之冤。哀哀苍天，曷其有极！（《教务档》第二辑）

江北厅士民禀词（光绪三年十二月四日）

具禀。江北厅士民蔺集成等为沥陈受害情形，恳详作主事：情张府宪奉委来厅办理教案，迭次面谕厅属准其教民复业，一体编入保甲团内，永敦和好，勿再参商。三里士民曾以遵谕禀复呈电。昨蒙委主会同仁宪传谕厅城，医馆系旧有之物，仍在原处，听其修理，不得阻挠。三里士民不胜疑惧。

缘从前初设医馆，原与民无隔阂，是以准其修理。乃彼族肆无忌惮，始则借教为符，阴施奸恶，继则恃有医馆，藏垢纳污。凡奸盗邪淫之人，逐臭附膻，联为一气，无故生事，扰害善良，自知王法所不容，而假馆潜踪。受害者不敢控告，官不过问，差不敢拿。厅属士民吞声饮恨，保全乏术，呼吁皆穷。尤敢设立教差，以医馆为衙署，坐堂问案，出票叫人。桂明恒等亲受其殃，有证有据。而且招纳亡命，以医馆为监牢，捉搕平民，拔须敲齿，湛仕相等频遭其辱，无法无天。与人斗殴，动辄聚众，口食皆由医馆发钱，此教民有府之自具供招也。甚至民间词讼，原被［告］皆无伊教之人，中有理曲词穷畏官究治者，即行诱入医馆，许以奉教后由主教司铎给与名片，向官关说，包管转败为胜。否则，即由司铎逼勒和息。如不允从，借一言不合，即捏毁教灭教大题，纷纷上控，必拖累无辜至于死地而后已。

小民何辜，遭此惨毒，小民何知，谁不畏其声势！故奉教者被胁勉从者居其半，有所求为者亦居其半。每讼总期其必胜，而犹谓教案之不得其平也。即以词讼论之，民与民讼，必先觅代书，取格式，盖戳记，而后递入公门，准驳不能自主。教与民讼，则以白纸一张，由主教帖送入衙，即行批准，不平孰甚？医馆为仁术之一道，去岁竟敢以药投井，毒毙厅属多人，防不胜防，禀明有案。今将医馆复设，诚恐厅属受害，民无孑遗。

现在沐恩劝和，业已准其复业，听其传教。自应前嫌尽释，一了百了，以期无负大宪姑宽既往之恩。乃风闻彼族急欲修理医馆，以便司铎清理各案，民等固知其蓄意不良而和好之不终也。若不禀请明定善后章程，复业以后，必致重理旧事，报复前仇。医馆一修，更有所持而不恐。以素所蓄害之地，似难成于民心疑惧之时，在大宪虽深知民教起衅根由，未必知厅民受害之深，与教中穷凶极恶之状。谨将教中平日恶迹及受害各姓名，开单粘呈。恳移转详督宪，将医馆一节，从缓修理，施补救以苏民命，防后患以全和好。民等不胜沥血捶心之至。优乞公祖大人移请转详施行。（《蜀中洋务密稿》第六册）

南阳绅士恳请辨诬公呈（同治六年十二月四日）

具呈举人曹学彬、廪生张桐霖、候选训导钱献琛、候选训导王漪竹、候选训导乔作楫、进士任辉第、举人任古益、候选知县高树序、廪生乔作璧、照磨王体谦、举人王翰屏、从九谢凤章、候选训导李昂泰、候选训导崔怀玉、从九张镛等，为据实呈明，仰恳转详，以辨诬罔，而安闾阎事：窃职等叩谒行台，面承钧询，案关江浙会馆，去岁经前府张禀称，系由南阳绅耆允还天主教立堂，后来何以反复等因。奉此。职等细绎还字之义，犹彼物初为我借，后复相索，我即应还，此还之说也。若江浙会馆，经前南阳徐令奉文变价，由浙人陈树堂买建江浙会馆，均有案卷可查。如果为其天主堂旧址，我皇朝设立县丞之始，何以不闻其索还？迨变价改为会馆之时，又何以不闻单人片语称其为天主堂者？胡为至今一则曰还堂，再则曰还堂，争晓不已耶？衅由夷人觊觎江浙会馆屋宇修洁，试为侵占之谋，渐作威福之地，捏报通商衙门称其地为天主堂旧址，由通商衙门行咨河南抚宪查办，于上年委令袁牧会同张前府查明是否有堂，旋经张前府禀复，抚县批回。至其如何禀复，如何批回，当时办理秘密，职等在外一概不知。兹奉大人查核，始知张前府禀称，江浙会馆为天主堂旧址，绅耆均愿奉还等语。职等不胜骇异。

查南阳自开国以来，并无天主教在此立堂，郡志可考而知。即职等食毛践土二百余年，自祖父之递更，故老之传闻，亦并不知有天主堂者。今忽造为还堂之说，本无所谓借，又安所谓还？如张前府所禀各情，竟谓绅耆何名，所愿何据，应请大人严切究出，职等甘与对质。至教士盗买崇正书院房地一案，迭经各宪批示，现在房价备齐，经职等缴在县库，并恳饬该教士到县具领结案。所有职等据实呈明江浙会馆实非天主堂旧址，无从议还缘由，伏乞大人俯赐鉴核，据情转详，以辨诬罔，而靖闾阎，实为德便。（《教务档》第二辑）

南阳江浙绅商恳详辨诬禀（同治六年十二月四日）

为历陈始末，恳详办〔辨〕诬事：缘前月二十一日大人行旌来宛，嗣闻

接见城关各绅，昨据绅士转述大人示谕云，去年委员袁牧会同张前府汇禀
抚宪，以江浙会馆系天主教原指之处，可以让给该教作堂，首事陈秉信经
其再三劝谕，情愿将会馆捐让，并有本地绅士，两省各商，无不情愿悦服
之语。听闻之下，不胜骇异。

窃维江浙会馆，旧系县丞衙门，于道光二十二年，经官变价，卖给江浙
绅商，作为会馆。彼时购买修造之费，为〔数〕不少。咸丰年间，天主教屡
次凭空捏诬，谓地系天主堂旧址。本地绅民，暨两省绅商，各具公禀声称，
实系购买县丞旧署，与天主教毫不相干。嗣于同治二年十月间，奉到法国
咨部批回，谓既系江浙人用价赎买，我国亦不能强夺作堂等语。情词平允，
有卷可查。乃忽焉有让给作堂之说，且谓南阳绅民、江浙绅商无不情愿之
语。当即邀集江浙同乡，并遍询南阳各绅，不惟无一人情愿，亦惟无一人
知情，伏维详查。

江浙绅商既无人知，愿于何有？况陈秉信虽隶浙籍，而早年出仕，江浙
会馆实属不与其事，安得以一人而作众绅之主，擅自与之耶！为此陈明实情，
恳恩转详，以凭核夺，庶使澄澈见底，不致诬罔，实为公便。（以下人名略）
（《教务档》第二辑）

南阳绅民恳详辨诬以弭衅端（同治六年十二月四日）

具公呈人进士任辉第等（余名列后）为沥陈实情，恳据前禀转详辨诬，
以弭衅端事：窃职等前将江浙会馆无从议还天主教立堂缘由，具禀在案。
旋经大人接见教士白伯耳，并传职等进谒后，城关居民哗言四起，声称本
地绅士与官长串通，外掩民间耳目，实将江浙会馆许与教士立堂，众情汹
汹，势将内哄。职等百般劝说，不啻舌敝唇焦。在略知大义者，亦知朝廷
抚辑怀柔两不易易，而无知愚氓，愤激跳踉，誓与教士不能并立，且有欲
杀教士先杀绅士等语。

伏思宛南民情向称愿悫，安分守己，不敢妄为。自发捻各逆滋扰以来，
屡次攻扑郡城，危如累卵，均经居民协力防守，绝无叛离，民情大可见
矣！即地方政令，靡不恪遵奉行，翕然帖然，胡为此案明目张胆，群焉奋
起，大有与官长相抗、绅士相仇之势。盖因彼教入城，专以蛊惑人心为事，

声言肯从吾教者，即有贼来，管保无虞；如不肯从，身家必不能保。民间聆其恐吓之语，以为彼教必与贼通，倘容其踞入城关，则异日贼至，人心涣散，何以固守？此百姓疑惧之由也。所以男妇大小，蜂拥蚁聚，无所谓首，亦无所为从，设或酿成事端，又岂能胥合郡之百姓尽置于法耶！在大人惠泽旁流，六载于兹，当此甘雨随车，小民尚敢沸腾，倘星轺去后，即职等身家性命不敢顾恤，深恐政体亦无裨益。再四思维，只得吁恳大人，俯据前禀，转详辨诬，俾得民教相安，则地方幸甚！绅民幸甚！上叩。（人名略）（《教务档》第二辑）

延平城乡百姓呈文（光绪四年六月）

具呈。延平城乡百姓等为无情无理不平则鸣事：切〔窃〕城内铁象坊有罗姓店屋一间，同治十一年间，被洋人勾通地棍叶水水、莫庚明串赎私行买去，邻居地保概不得知，迨至召匠拆卸兴工，始知要造教堂。我百姓素闻设教地方，所收教徒安分者少，为恶者多，控蒙汪前县主断令百姓缴屋价钱三百六十千文，将契交回，给我百姓收领承管。讵教头又说花去木料等项，延至光绪二年，复笪我省宪委员祝到延查办，着令我百姓两次加赔木料等项番银三百元，我百姓勉力遵依，将前项番钱如数备缴，两经范前县主解省转给教士收讫。官绅又劝我百姓将屋重新架造，并奉通商局宪转，奉丁抚宪告示，劝百姓待教民如待僧道。我百姓细想此事，他如照情理将原契爽快交还，另立借住字一纸，与我百姓收执；一面派妥人来住，系属两相和好，只要安分，听他久住何妨。倘有招诱犯事不端之人，再议逐退，亦不为过。谁知洋人听信教头之言，不即派人来住，岂非负我百姓一片好意？且将契措不交还，反要绅民立租约与他，不近情理，如何依得。今知我百姓不允立约，又要地方官出立凭据。独不想我百姓公业，譬如施做庙宇寺院，由他派人来住，事出我百姓愿意。他既不来住，又要取凭据，是他不相信我百姓。他既不相信我百姓，亦因此更多疑虑。其实房屋总属我百姓公业，官出凭据给他，难道百姓之业，官可擅自做人情卖得的？他将缴还原价赔贴木料等钱，指称暂存，无非欲为翻异地步。似此取巧，如见肺肝。而我通商局宪并不代我百姓将情理化导。他反听他所使，地方绅士亦不明理，反代他作说客，劝我百姓听凭地方官立送凭据，岂不是背卖我百姓公业乎？我百姓何能悦服？兹读县主告示，不得不鸣叩作主，保全地方，转请教士，仍照前约，将契交还，即派妥当教民前来安住，断不为难。倘必由官出立凭据，曲在洋人，恐又不能相容也。为此上呈。（《教务档》第三辑）

闽县绅耆何占梅等禀词（光绪八年正月二十七日）

具禀。福州府闽县南台冯巷六铺绅董乡耆何占梅等，为盗卖官山，毁墓抛骸，金恳示禁，饬行律办事：窃梅等忝充该处绅董，敏勉从公，翼图报效。兹缘桥南六铺内有官山一座，名为天安山。全仑原以备无力之家及外来寄籍官宦商旅暨浮尸路毙丛葬之区，迄今数百载，坟碑若鳞，并无隙地。有主者历年奠祭，无主者上、中、下三元由各善社修理布施。旧年冬间，突有附近奸牙程营营勾串棍徒王锡贵子位惠、陈国銮、黄学扬、金帮帮、金殴寇等，胆将该山盗卖洋人，四围筑篱砌基，谋占地界。横直十余丈，内葬古冢四百余穴，洋人出银四五元，买使无赖南棍贪利忘害、冒认族亲，无论有主无主，于两昼夜统被起迁。可怜枯骨并不掩埋别处，抛散满山，夜间阴风惨惨，魂鬼啼号，频眺登临，伤心触目。但棍等反使洋人悬立告白山上，以该山系向天安铺绅董契买，实属骇异。梅等遍查该处绅董，茫然不知。乞察山乃官山，非民间掌管之业，从何契买？显系棍徒朋串渔利盗卖，玩法已极。虽经各善社等纷禀厅县签差访拿示禁，犯无一获，仍是具文。倘各乡人公愤而祸匪轻。非仗宪恩泽及枯骨，雷厉风行，分檄厅县先行示禁；一面并行通商局照会各国领事停止工作，追还原地，以为义冢之所。并分檄厅县查究卖主到案，照律拟办，以靖地方，而杜效尤。幽冥均感。叩乞大人查夺批示。颂德。切禀。（人名略）（《教务档》第四辑）

乡绅何占梅等禀（光绪八年四月）

具禀。乡耆绅董何占梅等，为借符抛毁，金恳面谕追回原地，以免酿祸事：缘六铺天安山无力掩埋公地无异，旧冬被奸牙程营营串通武举朱建勋等将墓地盗卖洋人，贪图厚利，丧人利己，不顾他人父母兄弟骨骸，所有只两昼夜一扫而空，插篱占界，惨莫胜言。先经申明厅县府司宪，俱批照会谕止。洋人屡次不遵，以致冒渎宪辕，叩蒙心有阴骘，三次分檄谕止。该武举如果藐法妄为，亟应详革究惩，亦蒙抚宪回省恩批照会谕止。武举如果多事，即行详革。但卦龟三叩有感，先今蒙各宪辕檄行八次，仰通商局照会，未见遵止。理应云行雨降，雷历风行。从中莫非书吏岩延，檄行未到，以致领事官威亦罔闻，胆敢兴工造作。可恶武举藐法不遵，逐日畅胆在教堂内主使洋人虚张声势，强行兴工，玩法已极。曾蒙邑主堂谕，据言未卖，即将租契驳还领事官，以未成论，总不能起盖。亦蒙通商委员面谕，或洋人不遵，更有大总理领事官理较。绅董等遵宪批邑主堂谕，约束乡民，候官办理。奈各乡民清明佳节上山奠祭，有父母被他毁抛，满腹含冤，俱是勉强听从约束。但武举奸谋百出，贿赂上下书差，犯无一获，仍是虚文。缓延日期，屈指六个月，未见遵止。犹如任视成就，砌基过半。耳闻木料另厂造作，运至起盖。梅等实难对乡民。一则乡人逐日观望，出口怨言，众言千余穴冤沉海底，莫奈伊何。众口嗷嗷与其拼命，亦恐绅董受私徇惰，难以服众。倘酿成公忿，必有祸端。二则绅董等父母祖坟附近相连各国洋楼界边，何以安心，亦恐易于效尤。倘再毁掘谋占，如之奈何！难保父母坟骸，未全子道，罔为人世。事关毁坟抛骸，罪干大辟，无不申究。但法国行道传教已买空地百余丈，起盖教堂，自己居住。亦买业产屋地甚多，暨租华人、洋人。又胆敢串买影射谋占，将该山起盖，租赁法国领事官，以借声势，不遵谕止。起盖洋楼，托言栖止，岂有谋买毁抛义冢公地，遍山起盖，置产厚租起见，逆理难堪。既为领事官，极明条法，何敢种种背约，非仗霜威何能追回原地？恳恩设法认真分檄大总理领事官理论，方保谕止，儆绝效尤。一面饬县按名严拿到案，照律重办，而服民心，阴阳两感。金叩宪辕大人察夺施行。万代公候，颂德无涯。切禀。

光绪八年四月□日具禀。

乡耆何占梅等，余同前禀。

（《教务档》第四辑）

讨西洋教匪檄文

我皇上临御十一载，应天顺人，尊王法祖，本有道之天子。奈世衰道微，邪说诬民，酿成匪类，妄动干戈。七八年，常闻烽火告警；十余省，半是尸骨遍堆。民命伤残，国运否塞，小人道长，君子道消，耻辱已甚，尚未雪其分毫。而洋人忽又起祸于京都，渐流毒于各省，闻之令人魄散，言之令人心伤。粉他身，碎他骨，寝他皮，食他肉，犹不足以泄其恨。不意竟有寡廉鲜耻之徒，懵懵懂懂，不明道理，不辨是非，舍圣朝之正学，而从洋人之邪教焉。

夫洋人之教，非先王之大道，乃夷狄之蛮风。我辈身居中国，为甚不学圣贤，而学蛮夷？蛮夷之人，不敬天地，不礼神明，不奉祖先，不孝双亲，甚至子淫其母，兄淫其妹，父奸其女，翁奸其媳，名为摩缘。黑夜摩著，便是夫妇，有缘。且蛮性属火，最好奸淫。凡从教人所生之子女，任其择选，不准嫁人。现今奉教者，鲜不受其污辱，其子孙多半出于蛮种。彼反洋洋得意，不以为耻，而以为荣。由是观之，洋人之丑行，无异于牛马。我辈秉五行之秀，为万物之灵，岂可同人道于牛马乎？试观孔子云；"攻乎异端，斯害也已。"况洋人所传之教，索隐行怪，悖理之至。刺眼珠于将死，弃字纸于弁髦，不论功德，不讲心性，能奉伊教，便登天堂，不奉伊教，齐堕地狱。无稽妄谈，妖言惑众，更属异中之异，其害尤深，攻之愈不可［缓］。战国时杨墨之言盈天下，孟子比之以禽兽。而洋人之患，较"为我""兼爱"之言，更甚百倍，比之以禽兽且不屑。我辈读圣贤书，所学何事，岂甘居下流，恬不知羞，反以禽兽之所不屑为者而愿为之乎？我圣祖仁皇帝，现有"黜异端，以崇正学"一条，列于圣谕中，颁行天下。近年来各处宣讲，家喻户晓，耳所熟闻，口所常讲，岂忘之乎？我辈生于本朝，长于本朝，自祖宗以来，受本朝之皇思，深仁厚泽，沦肌浃髓，岂忍违圣祖之巨典，而染夷人之陋俗乎？

且洋人所供之天主，历代史书无所考，五经三传未曾闻，诸子百家亦不载。惟无凭之神仙鉴，曾记西洋国起初时，有一女子名玛利亚，于汉元始元年，忽遇淫妖，妄言天主欲选此女为母，并不知天主是谁。后果生一子，取名耶稣，亦不知其父是谁。长至三十岁，常以教传人，收有百余徒，更不知开教是谁。时人恶其荒唐，恐贻害非轻，遂将耶稣束缚，钉手足于十字架上，痛极而死。其徒谬言升天，遂假天主之名号，捏言肇造天地人物，皆伊为之主宰。彼出汉时，汉之前，岂无天地人物耶？何言肇造，胡说已极。可见洋人所供之天主，乃肇造夷人之蛮子头，非肇造天地人物也。今之大英国、大法国皆蛮子头之苗裔也。蛮子蛮孙，尊之为圣人者，窃取中国圣人之名，而僭称其祖宗也。岂可因天主之伪号，遂轻视万年之天子乎？因圣人之妄称，遂压倒三教之圣人乎！

吾既详指其根柢，显揭其诡诈，严定其罪案，彰明较著，虽妇孺亦知其为邪教而不可从矣！乃犹有顽梗难化、执迷不悟之痴人，代洋人遮饰之曰："闻君之言，洋人既造恶已极，天何不诛之，而偏留之。且任其肆行无忌，而安然无恙，窥天之意，似特生洋人大开教化于我国，君未必敢逆天乎？"余笑而答曰："豺狼虎豹，本伤人之物。天为何生之，又为何不灭之。天之量甚大，以彼为无知之物，何足斗较，姑宽之耳。则知天之不灭洋人者，视洋人如豺狼虎豹也，即以姑宽豺狼虎豹之量，姑宽洋人也。洋人之害我辈，犹我辈之受伤于豺狼虎豹也，天岂因伤人而遽加诛戮乎？曾未闻有此速报也。假使天欲特生洋人以开教化于今日，天为何先生尧舜以开道统于上古？尧舜之道百世不易。天岂反复无常，特生此无礼之蛮子，以乱有道之圣人乎？尔妄疑天，恐天不容尔也。"其人不服，又代洋人进一解曰："洋教既非正教，皇上为甚不禁止，而准他通行？足见皇上已深信无疑。君之识见，岂果超出夫皇上乎？"余复笑而答曰："我朝严禁此教，旧有定例。今准通行，不过因洋人蛮气太甚，蛮力太强。姑准入中华，以观其礼教，化其蛮风，乃用夏变夷之意，并非纵夷以乱华也。倘不遵王化，仍逞蛮威而奉蛮教，自有蛮法以处之。如周公之膺夷狄，何难之有？"斯人愈不服，更代洋人设一计以压我曰："洋人奉旨开教，许多官员，忍气吞声，无数士民，趋炎附热。君虽有权势，能听其提调者，不过数千人耳。总之，寡不敌众，弱不敌强，吾恐洋人知之，灾逮其身，后悔无及。不如各安本分，听其自然，免受累也。"余不禁愤激以斥之曰："昔孔子作《春秋》，一字之贬，严如斧钺。乱臣贼子，其如孔子何？孟子拒杨墨，无父无君，比为禽兽。杨朱、墨翟其如孟子何？余虽不敢妄比孔孟，愿学孔孟之一端，洋人又其如我何？我非徒以舌锋攻之，笔尖杀之，我必暗连各州县志士仁人，协力同攻，灭尽夷种，方免尸位素餐之诮，遗臭万年之耻。纵力穷势迫，争不能胜，战不能克，曾记武帝与武侯之言，头可断于疆场，节不屈于贼党，鞠躬尽瘁，死而后已。死得其所，千载下传闻其事迹，尚不磨灭其姓字，较尔等贪生怕死，苟安旦夕之辈，高出万万矣。"其人理屈词穷，含羞而退。未知心服否，姑置诸不论。

吾又想洋人初来我国，必不遽加残害。或诱之以微利，或饵之以异物，或迷之以法术，或动之以祸福，或假仁假义，行一二兴利除弊之事，以要结人心。然后肆其爪牙，阴谋诡诈，包藏祸心。识者早已窥其隐微，看破肝胆。宛若南蛮之许行，阴坏井田之良法。当日若无好辩之孟子，力辟其非，诸夏早变而为夷狄矣。我辈厚食君禄，曾为读书士子，切勿效陈良之徒，下乔木而入幽谷，务须为圣人之徒，息邪说而距诐行。果能同心共胆，迸诸四夷，不与同中国，非特雪当今皇上之耻辱，并将数代先皇之耻辱，而悉雪去矣！非特雪英雄豪杰之耻辱，并将历代圣贤之耻辱而亦雪去矣！外患消而内患易息，大祸除而小祸易平。去邪归正，圣教昌明。太平之象，不难复见于目前矣！（中国社会科学院近代史研究所藏，文物 26 号）

余栋臣发布的檄文（光绪十六年六月）

夫法夷洋人者，今之寇仇，古之杨墨是也。而圣主〔祖〕仁皇帝之圣语〔谕〕中所谓当除异端者也。试举其略，为我军民人等布告之。夫洋人禀夫犬羊之性，假以虎狼之威，不惟凭陵小国，敢又欺侮中华。自火焚圆明园以来，盘据京师，窃窥神器，以至道光〔咸丰〕王受惊而终，其罪不胜诛者一也。……

有此骇天八大罪，欺君二三款，夫以五等之刑，因拟凌迟而处剥。杂于万民之内，何异猪羊而同槽？是以酉阳打于前，贵州杀于后，白果巷夺其巢穴，重庆府毁其房廊。江北创先陈子春，马跑受害雷健侯。不知改性，仍蹈故辙，煮酒熬糖，无所不至。杀牛窝贼，任意施行。使司铎而钻衙门，颠倒是非。买保正以作心腹，别有阴谋。所以大举龙水镇、沧州马跑场。经堂高过文武庙，霸功行了数十年，无法无天，自恶自毒。罢灭灵祖会，杀伤看要人。开门几大炮，死百多而伤百多。银枪数十杆，打一个而藏一个。此是六月之实事，乃千万人所共瞻。上帝不容，雷抓梁头于古井。灵官大怒，仍见鞭借于冤家。此呼彼应，义士来自东南西北，担粮馈饷，妇女亦送箪食壶浆。军声大振，教民远逃。此系我朝开国定鼎，贤圣之君六七作，生养之恩数百年，而始有此一举也。不然，父老扶杖而观，儿童执挺相从哉。兼知军令为严，民不安堵。其各秋毫无犯，俨若夏雨时行。最可恨者，杨体尖老壳，陈典小匹夫，钱爷大啄棒对教主而哭泣，受鼎新之刀摆，不惟助纣为虐，反而与贼同情。……（《近代史资料》1958 年第 1 期）

余栋臣告示（光绪二十四年六月十六日）

大清国义民余栋臣为忠愤冤惨剀切陈告事：窃以二百余年食毛践土，凡我朝廷之臣子孰竟无忠孝之心？十六字舜受尧传，常读阙里之诗书，敢奉夷狄之邪教？今洋人者，海船通商，耶稣传教，夺小民农桑衣食之计，废大圣君臣父子之伦，以洋烟毒中土，以淫巧荡人心。自道光以迄于今，其焰益张，其行强暴。由是煽惑我民心，奸淫我妇女，侮慢我朝廷，把持我官府，占据我都城，巧取我银钱；小儿嗜如莱果，国债重如丘山；焚我清宫，灭我属国，既占上海，又割台湾、胶州强立埠镇，中国意欲瓜分；自古夷狄之横，未有如今日者！我朝文宗皇帝驾逼热河，苟非犬羊之逼，岂抱鼎沸之痛？试问我朝臣子，孰非不共戴天之仇耶！

本义民虽未读儒书，亦略知大义，素安本分，未敢为非。乃作威之教民，先肆虐于蒋氏，官府不察是非，不辨曲直，事非〔本〕出乎众怒，罪乃归于一人。李代桃僵，鸿离〔罹〕鱼网，目之以盗，临之以威；护海外之虎狼，戮国家之赤子。本义民事多天幸，而教民计每险行，本年三月，以重金贿买奸人，擒诣荣昌，特加显戮。本义民行不孚于夷而孚于夏，事不白于官而白于民。连封各县，万众鸣冤，共诣荣昌，求官释放。杨公察其无辜，脱囚归里。而夷又以围城越狱之罪，指为巨盗，请动大兵。本义民实无藏身之地，负屈鸣天，爰起义师，誓雪国耻。凡我大教诸色人等，各安生理，一毫不犯。部下倘有不遵，立正军法。至各府州县，官是朝廷之官，兵是朝廷之兵，差是朝廷之役，如能见容，一切不犯。本义民但戮洋人，非叛国家。倘目为盗贼，反兵相向，则兵丁官役皆畏洋人，并非我朝臣子，于国法正所必诛，于义民碍难束手。其有奉教之家，果能痛改前非，捐金赎罪，亦得自新。更有奇才异能、英流名士，愿从吾游者，必当重隆礼貌，言听计从，帷幄运筹，共集大事。惟是义民今日之幸〔举〕，以剪国仇，以继圣教，以除民害，以洗沉冤。捐躯报国，有兵无饷。义旗所指，伏愿各处绅商，仁粟义浆，量力倾助；居则共〔供〕一日之粮，行则备一夕之卫。本义民行不苦饥，事必有成，则日本兵〔费〕合二百兆之款，本国昭信票十千万之数，仁厚吾民，一切免矣！但望薄海内外，睹时势之艰难，查义民之冤惨；脱目前之祸灾，逐异域之犬羊；修我矛戟，各怀同泽之忠；敌彼凶残，同泄呼天之痛！（谨布告以闻）（《中外日报》1898 年 9 月 19 日）

湖南逐异类公呈

衡清两县耆民等，为异类恣肆，人道沦胥，吁恳驱禁，以除乱本事：

窃为天主教者，肇自岛夷，情同禽兽，前古未之有也。明季西洋国人利玛窦、汤若望、南怀仁等，先后航海阑入中国，浸淫而各省郡邑有天主教堂，浸淫而不根究民习天主教，此外洋入华，而邪教胎祸之始。我朝革故鼎新，涤瑕荡秽，毁其室，火其书，逐其人。凡传教习教者，皆罪所不赦，载在宪章，著为律令。盖自列祖列宗以来，圣训谆谆煌煌，无非欲亿兆日纳于轨物之中，而毋或越于荡平之治，法至严、意至深也。何图逆夷久沐圣主无外之化，得窥广州互市之利，犹复包藏祸心，属餍溪壑；潜至内地，术赚颛蒙，刊布邪说，譸张诬罔，传教植党，到处横行，彝伦攸致，廉耻顿丧。发逆因之假耶稣教名号，揭竿而起，纵横粤、闽、黔、蜀，汪〔江〕、鄂、皖、豫、齐、陕，流毒半天下，不可收拾矣！至庚申八月之变，普天同愤，而逆夷亦遂明目张胆，连衡勾结，四野骚动，人情汹汹，将不知所底止。而彼教无天、无圣、无父、无祖宗、无夫妇，乃无人道，其穷凶极恶益暴扬于天下。

奚以明其然也？天一而已。以主宰言，则曰上帝。乃彼教变其名曰天主，举耶稣以实之。考耶稣生于汉哀帝之延〔元〕寿二年，不知延〔元〕寿以前之天，又谁为之主耶？抑虚位以待耶？其敢于无天，悖一。尧、舜、禹、汤、文、武、周公、孔子继天立极，万世之圣人也。乃彼教妄作妖书，丑诋唾骂。甚至蔓入曲阜，毁坏圣林庙寝。其敢于无圣，悖二。万物本乎天，人本乎祖，开辟以来，岂违斯义。耶稣为巴斗国王磔死，乃彼教即崇奉其磔死之十字架为主。凡入教者，必先自斧其祖先木主及五祀神位，而后收之。推而称父为老兄，称母为老姊，败灭伦理，颠倒纲常。其敢于无父母、无祖宗，悖三。天以阴阳五行，化生万物。其道造端乎夫妇，风化所系，名教攸关，莫先于此。乃彼教既招引其夫，必牵诱其妇，授以媚药，诳为仙丹，使其欲火中烧，自扰亵淫。一经交接，本妇视本夫如粪土。且生女不嫁，留待天主。其敢于无夫妇，悖四。上天有好生之德，乃彼教蛊迷从教妇女，共器浣浴，探讨阴窍，或取黑藻，或取红丸，恣其所为。以至吸取童精，针刺脑髓，夭札婴孩，虐及黄口。又于从教之将死者，必遣同教数人，往屏其家属，念经求救，趁其人尚有气息，即剜目剖心，秘为外洋伪银之用，随以缯布束尸，促入棺殓。其敢于灭绝人道，悖五。有此五悖，足兼万恶，岛夷不悟。以故当日行之利末亚洲，而利末亚洲为其所属矣！行之印度，而印度为其所并矣！行之日本，而日本为其所乱矣！执是以推，其狡焉思启，已非伊朝夕。今兹之为，所谓司马昭之心，路人皆知者也。设使彼教终得行于中华，则数千年衣冠礼义之邦，一化为倮虫鳀人之域，獉獉狉狉，兽畜禽群，岂不大可痛哉！岂不深可恨哉！

　　窃谓今日至计，正宜慎固海防，拦截市舶，拔本塞源，销阻戎心。而圣朝宽大，犹宏怙冒之仁，闿泽遐敷，用广怀柔之义，勉就和约，无黩武事。逆夷冈知悛艾，辄敢散布丑类，到处起建教堂，号召啸聚。凡诸犯罪论死之徒，遁入彼中，薮奸逋宄，狂焰日张，莫敢谁何。即如天主教之在我衡州也，道光年间，即有丑徒悄诱无知愚民，私习其教门。然尔时国家功令森严，若辈犹深自秘密，不敢显然与地方士民相诈虞也。已而永安贼起，远近谣言大劫将临，天父天兄出世，细斥其说，实出于教门之口。时值多事，法禁稍弛，匪徒渐渐猖獗。教主之来，昔以微服，今舆马矣！传教之时，昔以昏夜，今白昼矣！礼拜之地，昔在乡曲，今城市矣！勾引之徒，昔皆细民，今士大夫矣！然见其汲汲如狂，亦不过以异端鄙之，初不料为非作歹之至于此极也。迨咸丰壬子，粤贼窜楚境，衡民一日数惊，居城者尽室行，在野者荷担待，而教门宴如也。方且以贱值储米粟，鸠工匠，大兴土木，积松杉板于石鼓书院侧如山。愈益以"奉天主，免劫教"，煽惑乡愚；更出多金，倾动一时。凡平人入其教者与银十两，生监以上与如援例报捐之数。间有衡人自贼中逃归，备述贼状，实与教门无异。而教门亦稍稍自败露。于是恍然知教门非我族类，而衡人窃抱实逼处此之忧矣！自此而后，教门之在别省者不得尽知，而在我衡州者，则怪怪奇奇难以擢发数。姑举其昭彰在人耳目者言之。

军兴以来，清查防堵，虽穷乡僻壤，皆当奉行，而教门无一臂助者；筹饷捐输，虽道经流寓，莫不踊跃，而教门无一毛拔者。不特此也，北门有十字街，嫌触其忌讳，聚众毁民房，易街道，一市大哗，相持数日始罢。又教门发引，有小儿戏于径，偶扬灰如十字形，辄系小儿父兄。生员萧方规劝解，并遭毒殴，且辇棺入儿屋以瘗，邻里为醵金顿首谢始解。又遣其党四出鬻糖饼，设店称施药，误服食之者，小儿多泄泻死，大人必发狂，思入其教。又下关有来雁塔，教门引夷目数人悄登其上，用远镜俯瞰城内外形势，绘图以去。又素有不法之张道荣，案发收系，一投彼教，即有夷目来为扛护，官府即释，不敢问。又教门有船只数十，终年往来载运，每月数回，每船木桶数百，收发于城外之香水庵，而封识甚固，不知为何物。其更可骇者，去年正二月间和议行之后，教门男妇群聚于天主堂，日以千百计大揭通衢，将以某日拆城隍庙，筑道友馆，以某日撤府县学圣位，奉十字架。尤复四方流言，动称伊教大行，迁孔当废；衡民胆敢抗违，将来广东、湖北两处，教主必兴问罪之师。又称劫数亦天主所造，发逆之兄弟们，乃奉行天主劫运者也，衡人多充当官勇，违天不祥，将来必遭屠戮之劫。因思我衡州本四冲地，上通两广，下达三江，以今日之见见闻闻，果一旦乘间窃发，教门之在我榕城桂岭者，逾岭而北，教门之在江南湖广者，溯湘而南；更有本地教门数千百户为之居停主人，借寇兵，赍寇粮，外合里应，我衡州生灵，庸有噍类乎？又思教门奇淫左道，蔑纲常，鲜廉耻，本为圣世所必诛，王章所不赦。在我皇上俯允和议之后，彼若稍为敛迹，教门自为教门，百姓自为百姓，化日光天之下，何所不容？原可相安无事，乃至貌我王章，侮我先圣，败坏我风俗，蔑绝我伦常，弁髦我官府，勾诱我子弟，窥伺我城厢。我衡郡军民人等，食毛践土二百余年，在智者见远，原深抱杞人之忧；即愚者察近，岂竟无身家之念？郁抑莫伸，铤而走险。夫是以有本年四月三日之举，则是非我衡民好为多事，实教门之与我衡人以大不堪，而激而成之者也。

至谓我衡人此举，当日并未禀明官府，率尔为之，诚属冒昧。然伏读世宗宪皇帝圣谕，则今日之事正雍正年间故事也。阅邸报豫章一带百姓，亦不甘为教匪凌辱，则今日之事，又江西之已事也。况我衡湘士民，自闻逆夷震逼京师，凡在血气之伦，已莫不茹痛含酸，卧薪尝胆。又值圆明园被毁，显皇帝北狩，木兰道路，讹传不一。而教门势更枭张，语言无状，实有若辈口可得而言，吾民耳不忍得而闻者。罪大恶极，非仅仅诸〔潴〕其宫室，足蔽其辜。近闻各大宪者〔著〕落地方官曲为调停，欲将所毁之天主堂，仍为修复。独思衡民所毁，特州城之天主堂耳，四乡七属实未暇及。在衡人方恨未尽覆其巢穴，一旦官为修复，凶焰再张，其所以鱼肉我衡人者，将来不知更作何状。

盖在教门未生事以前，衡人与教门已为偷安之局，而在教门既生事以后，衡人与教门决无两立之势。是即威以三尺，不能俯首帖耳，以听命于逆夷。且更有说焉。众口铄金，众志成城，以是蚩蚩者激于义愤，心存君国，不惟少泄戴天不共之愤，并可永弭肘腋反侧之忧。上纾宵旰，下救桑梓，虽事涉专擅，而情可哀矜。倘普天之下，填东海者群衔以一石，移南山者尽出其三人，各直省大宪复能酌其地，因其时，作其气，而用之靖内奸以御外患。吾见发逆虽众，未必不顿失其声援；洋寇虽强，未必能过海口一步也。如其姑息从事，异类复滋，图目前处堂之欢，忘他日噬脐之患，则就衡郡一隅论之，固有养痈贻害之余殃，即合天下全局筹之，又岂久安长治之上策耶？

恭逢大人福星照临，下车伊始，修明政治，整饬纲常，是用沥血合词公恳神明父母作主，驱逐异类，得全善良，以除乱本，而扶人极。毋任屏荣悚息之至。（《辟邪实录》）

湖南士民公传（光绪二年八月）

慨自洋夷肆毒，率土罹殃。逞机心机事之谋，始则贪图乎货贿；本无父无君之教，继且贻害于性情。此固尽九牛之毛，不足以数其罪。（如剜目剐心，割婴孩肾子，取妇女宫，奸淫、剪辫等事。）下一刀之手，未能以餍其心者也。近闻和议准其各处设立天主堂，修占码头等件。窃惟太后德合含宏，皇上道隆胞与，暨天覆地载以为量，宜贯胸长股之胥怀。但我湖湘士民，情溺纲常，俗拘廉耻，食毛践土，久承北阙之恩；肆礼读书，只识东山之教；假令华夷杂处，那堪鸟兽同群？稍有人心者，自应枕戈以待；谁无义愤，是宜投袂而兴。所议各条，开列于左：

一、洋夷入境，不问有无情弊，立即格杀，毋令遗〔逸〕逋。

一、天主教设立教堂，立即约众拆毁。凡堂内人等，无论入教未入教，一并剪〔除〕。其各处已建之教堂，俟秋闱后，密期约众摧毁，毋令蔓延。

一、湖南各处码头，不准售与洋夷修占。如有勾通情弊，一并格杀。

顷闻省垣欲设机局，此实招引洋夷入境之渐，一例严禁。（《反洋教书文揭帖选》）

湖南匿名揭帖（光绪三年二月二日）

逆夷猖獗，要挟中朝，包藏祸心，普天切齿。近闻新定和约，各州府县分设夷官，专主教民交涉事件；又将于湘城创立洋厂，制造洋炮。呜呼！其事一成，则滨海沿江诸郡县之害，又将蔓延我省。凌乱名教，殄灭彝常，荼毒生灵，搜括财利，剥肤之痛，何可胜言！

湖南人士素以忠义相劝，军兴以来，受朝廷酬庸厚恩至优极渥。吾侪小人身经大乱，亦幸室家完聚，不至如他省仳离。一旦使夷教入境，满地腥膻，坐视中国三千年诗书礼乐之化夷于禽兽，圣朝二百年爱民养士之恩付诸流水，是六十余州县，绝无男子也。方今中外大臣重开边衅，逆夷数动，未闻有一督一抚秣马厉兵，奉请勤敌忾者。皇太后、皇上深宫高拱，莫可如何；草莽王臣，疾首痛心。诚不思周孔之道，黜于耶苏，文物之邦，容兹鬼蜮，以上贻君父忧。数年二三同志，相与讲求，以为逆夷所长不过海船，所恃不过火器，吾惟与之决雌雄于内河，歼犬羊于陆地，可操胜算，不必深忧。且夷逆鸱张，海外与国既有离心，招致彼仇，多树彼敌，共机在我。要不必以唐招回纥，宋结女真为此。是以既密约共事者十五人，人各结义士三四百不等，饷出于巨室，器藏于私家，方期远结英豪，列海岸观衅而动，以成厥功。不图事与愿违，乃遽至有今日。不得已拟于本城内外设一荡夷局，一俟夷艘泊汉，即当整队相迎。但背嵬五百人，固足横行一世；洞庭八百里，尤当广布重围。所望草泽英雄，枌乡列士，董率子弟，固结乡间。倘有卖地于夷人，受教于天主者，立置之死，不必白官。于能守更期能战，守湖尤须守江。苟得豪杰多人，如仆等连络之法，分之可卫三湘桑梓，合之可御七省海氛，义旆张皇，雄师密布，烧其寄邸，毁其轮艘，御之海疆以大创，招其与国以阴间之。

斯时也，饷糈不忧其绌，军力不患其孤。矢死报皇上，断不以大度包容异种；同心戴天子，断不以畏法受制官司。澄清中原，扫除内患，使天下之纲纪振，天下之义气伸，圣教晦而复明，国体尊而不屈。然后从容洗甲，长揖归田。天下庶有谅吾衷者，诸豪杰其速图之。他日有率义旅万人，先树赤帜于洞庭南岸或橘州之尾者，即今日布告之人也。谨引领以望世之同心荡夷者。（《教务档》第三辑）

常德申禁洋教约（光绪八年十月）

自开辟以来，我中华之所以甲于寰区者，赖崇正道耳！是道则治，否则乱；是道则存，否则亡。从未有去正从邪不归殄灭者。况丧绝天良，弃尽廉耻，伤风败俗，坏纪敦伦，如近世所云洋教乎？夫洋鬼子欲以其教污中国也，在稍有人心者，莫不深恶痛恨，期尽灭其种类而后止。所以荡洋有局，讨洋有檄，辟洋教且刻有成书，其指陈利害甚详矣！何洋鬼子罔知顾忌，尚鬼头鬼脸欲来行教于我常德也？试思我常德人皆秉礼守义，谁甘从尔教而狂劈祖宗牌位乎？谁甘从尔教而阴乱闺门体统乎？谁甘从尔教而生则听其抉命根，病则听其剜眼珠乎？纵偶有误入牢笼而不自觉者，我等又岂肯袖手旁观，不思所以复此仇、除此毒乎？今本土府县官又奉上司札饬，通行洋教，想亦试我常德人果有气节否也。我等久积揝洋巨款，前此花费无几。今特与大众约，不惜重资，明查暗访，如有卖房屋与洋鬼子设教堂者，务在出其不意悉拆毁之，或焚毁之，必将该卖主及作中人，尽捶杀之，所谓外攘必先内靖也。且密着智勇兼备者多人，厚给盘费，水路兼巡。遇有洋鬼子来，即便宜行事，夺其资，剥其衣，绝其食，或割其耳鼻，使彼还报该教主而知所惧，庶不敢再萌觊觎矣！如彼不知省悟，则必张我旗鼓，出奇制胜，不诛绝其丑种不止。凡此伏公决计，无非为我中华吐气，为我正道固藩，且为我国家敌忾，洋鬼子其若之何？府县官又谓之何哉！专此布白。各宜踊跃。

光绪八年十月□日白公（《反洋教书文揭帖选》）

常德合郡民众揭帖（光绪九年正月十八日）

洋人苏额理忘八旦，屡次来我们常德分扰，要立天主堂，传他娘的教。四川酉阳州的人，从过他们又后悔了的人在常德说，天主教没祖先，不认父母。他们传教的头子看见谁家女子好，就教〔叫〕来陪着睡窖〔觉〕，起名叫同〔童〕真〔贞〕女，不准嫁人，只准偷奸。长〔常〕生私娃子放在育婴堂门口。腊月三十日，合家听传教人念经后，关门黑地配对，叫作摹缘。子奸其母，父奸其女，毫不为怪。其他没人伦的事不必问矣！男女犯了事，送传教人钱，在天主堂对天主神说，某男人曾为强盗，以后改了，就不得再问从前罪；某女人曾与人通奸，对神说改了，其本夫不得再问。以后如再犯，仍许再对天主忏悔，这名叫作喊堂。教内人死了，传教人来把眼睛瞳人挖去，不准亲人再看。谁家娶亲，先让新妇同传教人睡过，名叫作受圣水。又用迷药拐人娃子女子，或挖眼睛，或吸食男女精水。此种忘八旦若在我们地方传教，百姓受害不了。可恨贪生怕死卖国求荣的这些官长，作我清朝的官，一心向外国人，总要劝百姓从这禽兽天主教。我百姓甘死不从，大家打死这苏狗。请湖南的官把我们常德百姓全杀了，免得活在世上逼从禽兽。

常德府百姓万民同具（《教务档》第四辑）

江西合省士民公檄（同治元年）

钦惟我皇上怀柔远人，准与外洋互市通商，业经钦奉遵行在案。去年十月，有奸民罗安当方安之，自称系法国人，来江传天主教。

查天主教起自耶稣，其谬妄不经，具见于各纪载。稍有知识者，莫不深恶而痛绝之矣。乃罗安当方安之意在煽惑愚民，心存叵测。进城后，在筷子巷袁家井等地方，买屋数处，分布党类，拐骗男女幼孩，取其精髓，造作丸药。数月以来，致死童男不下数百十人。昨有人遗失幼孩，多方寻觅，有告以赴筷子巷天主堂内访问者。其人往询，见堂内形迹可疑。细加盘诘，彼此口角，遂邀集多人搜其内外，尚有男孩十余人，女口六七十人，皆目瞪口呆，不能言语。其为邪术所迷无疑。比时众情愤怒，立将房屋拆毁。正欲拿获方、罗两人，送官惩办，不料已乘间脱逃。复于该堂后进天井青石板下，起获婴孩发辫髓骨一捆。其骨皆截数段，骨内之髓，概行吸去。并有水血糕、血酒等物。其余犯禁之具，不一而足。该教如此作为，天地不容，神人共愤。假我人力，以快天诛。拆屋之时，不约而会者万余人，同时举手，片板无存。并将袁家井及城外庙巷老堂，尽行拆去。又将习教最久、串通买房、勾引愚民之罗义和煤炭铺、何姓剃头店，一并拆毁。俾无容身之地，而杜勾结之缘。

查罗、方两人，实系江西抚州奸民，在南城县下九乡盘踞十余年，擅敢假托洋人名目，肆行无忌，种种作恶。所有搜获各物，万目共睹。方今圣治昌明，光天化日之下，此等魑魅罔两，诚如圣谕所云，为中国之莠民，即为彼教之败类。除一面知会各府州县同人，严行缉获罗安当、方安之等，尽法惩治外，此后如有被惑之人，亟宜改悔自新，痛加湔洗。如执迷不悟，族中公同处死，为无君臣、父子、兄弟、夫妇者戒。至互市通商，照章办理，我江省驱除内地奸民，并无他意，与逆夷两国和约原无窒碍也。此檄。

（《教务档》第二辑）

江西扑灭异端邪教公启（同治元年十二月十六日）

江西阖省士民耆庶，为公立议约事：照得外夷和议，原为通商牟利，我天朝皇帝念其奔走跋涉，曲允其请，以示怀柔远人之意。乃有奸民罗安当、方安之，倡行邪教，煽惑愚民，甚至采生折割，奸淫妇女，锢蔽幼童，行踪诡秘，殊堪痛憾。本年二月，经阖省义民齐心拆毁天主教堂，泄我公愤。正欲诛殛罗、方两贼，惜彼先期逃遁。近闻赴京控诉，恐他国领事官来文，胆敢问我抚台大人，要赔还银七万两，并要城外育婴堂产业，盖还城里原堂。种种无赖，意图讹诈。目下军需紧急，我中国金银，岂能填无厌之求。

为此遍告同人，共伸义愤。倘该国教士胆敢来江〔西〕蛊惑，我等居民数十百万，振臂一呼，同声相应。锄头扁担，尽作利兵，白叟黄童，悉成劲旅，务将该邪教斩除净尽，不留遗孽。杀死一个，偿尔一命；杀死十个，偿尔十命。其有中国人投习彼教者，经各乡族长查出，不必禀官，公同处死。以为不敬祖宗、甘心从逆者戒。谨此告白。（《筹办夷务始末（同治朝）》卷十二）

赣州合郡士民公檄（同治五年秋）

耶稣天主教之混迹华夏，扰害地方，受其荼毒者，已有江西、湖南两省公檄并十害条详言之，现已贴示。兹七月忽有奸民，挟邪书来赣发卖，群看书中妖言邪说，大众哄然，即欲将二奸拿询，严为惩诫。讵二奸闻之，私逃出境。众等旋将所买之书，齐出烧毁。但二奸来意，始以卖书为名，原期诱赚愚民，煽惑人心，渐渐假言传教，拐骗男女幼孩，取其脂髓，污淫妇女，吸其精血。种种妄为，无所不至。幸我郡士民，尊崇正道，屏除异端，不为该奸愚惑。但恐乡村僻壤，或有买得邪书，未经毁尽，或有先时被惑，尚未改悔者，族长乡邻，务速访查开导，将书焚去，令其自新。倘执迷不悟，即会齐团总团长，公同处治。并将该人房屋烧毁，以示严禁。邻右知情袒护，及族长不实力查办，一经发觉，并乡邻族长，一体连坐。庶几先靖内奸，以绝勾引之路。凡我同人，务各省悟，有则痛为湔洗，无则益加防闲。遇有奸民入境，查系天主教匪，立即鸣锣传知远近。会齐丁壮，各整器械，驱之出境。该匪倘敢恃强，定当格杀勿论。我等原为保固乡村、禁绝异端各毒害起见，务须同心戮力，起而攻之。将见息邪说，正人心，而风俗醇矣。此檄。（《教务档》第二辑）

罗源绅民揭帖（同治十年五月二十日）

自古邪教，莫盛于今。教堂一设，逢七念经。招集无赖，结拜弟兄。城中士庶，为钱起因。乡间椎鲁，倚此保身。或经控告，官怕差惊。查伊奉教，更大乡绅。聚集数百，半属兵丁。不畏营县，不敬神明。毁庙灭像，煽惑人心。任其所做，愈横愈兴。问谁首祸，江江先惩。传教林贼，势莫与京。帮恶元亮，待如父亲。教书林相，不过贪银。江江伊子，更属不仁。如此恶党，流害实深。贪官污吏，看伊逡逡，人心愤愤，大为不平。所期合邑，士庶绅衿，同心协力，除暴安民。毁其庐舍，焚其邪经，歼厥魁首，治其从人。庶几吾邑，俗美风醇。旧染污俗，咸与维新。

同治十年五月二十日抄白（《反洋教书文揭帖选》）

福建延平府绅士公启（光绪二年二月二十八日）

近有夷人各处丈量基址，图设教堂。现在小水门教书店藏匿番鬼，引诱妇女，名为入教，实则诱奸。由此蛊惑人心，败坏风俗，大为地方之害。为此已于本月初四日，先向教书店，竟有番奴口出恶言，百般威吓，不由稽查，犹敢逞凶，将粗物瓦器抛掷伤人。一时城乡人等各抱公忿，齐心协力，将夷鬼逐出。从此互相保卫，备置器械，无论夷人所到何处，务必驰赴驱逐。切勿观望不前，致干公罚。特此布知。

延郡合境公白

延平府旗上字样：

齐心联甲

驱逐番夷

联甲总局头目

徐观枝　六品

高文光　职员

魏晋德　监生

高锡钦　监生

（《清季教案史料》第一册）

平夷灭番局告示（光绪九年七月）

福建龙岩州新捐平夷灭番局众，为出示晓谕：照得各乡各姓子侄，各有心怀痛恨不平。尔等当知番狗来历，不过势逼官长，任纵设教设医。教人藐视圣贤，不敬祖宗，不孝父母，不分五伦，不行礼义。又有一章，倘有愚人食被番教者，务要三思，谨戒食。不出三年，未死之时，就要取人全身七宝，纵有月给银元，死后阴魂亦无能为也。医人虽然工药无资，岂有本心，实欲刺人心肝，盗人脑髓，取人眼目，破人膳子。惟人若无此数件之全体，岂有颜容见祖宗乎？论凶恶，行违理，行早灭。现今众心不平，各人踊跃敛资设局，酌议定章，有能得番首者，赏银二百两，不论军民人等，一体给赏，事由本局抵柱。谕此是实，决不食言。智能之士即到本局领有密嘱，岂无良法。前有愚人误听邪弄，贪图小利，不知有刺人体之宝。自谕之后，各宜时刻谨戒在心，免致邪害。谕仰各乡姓人等知悉，智能之士到本局领议章可也。切勿玩迟，致生藐视圣贤。灭伦淫乱之教，本局不忍坐视，任纵番狗乱违乡俗。特此布告，本局设在宝剑山平夷堂。此谕。（《清季教案史料》第一册）

南京绅士公禀（同治五年二月）

为民情难强，禀请行知事：窃绅等去年十一月见有法国教士雷遒骏入城，云丰备仓地方内，有彼国教堂基地，现要建堂行教。绅等以事无考核，民间基地，断难混淆，当即具禀在案。并与（编者注：此处有脱落）该教士复坚执前说，仍欲城中建堂。民间闻之，各路纷纷聚议，皆谓干戈甫定，居屋粗安，且远徙未归者尚多，房舍基址清厘未竟，岂容外国人入城杂处？有云集众求官作主者，有云如绅士许其入城建堂行教，则毁为首之绅士居室者，不平之气，见于词色。绅等固知我国家包涵无外，以彼入城建堂行教，未必即有碍于民，无如草野庸愚，罔知大体。绅等同居里党，非有势分之殊，把握毫无，实难遍为婉谕。

近日绅等询察民情，略知其隐。大率以城中商贾多未复业，习闻彼国善于会计，倘入城后因而置产立业，则城民复业更难。又闻沿海地方，有阴行幻术，蛊惑乡愚，甚至有授药剜目等事。即非彼国人所为，若匪徒异其言服，冒托其名，民间无从辨认。听之则害民，攻之则恐误，怀疑相处，其何能安？又以彼国既来行教，自有从教之人，既从其教，则自有区别。即如回教与汉教，大端无异，而婚丧之礼悬殊，故联姻必回汉各从其类。若将来从彼教者漫无稽考，实有不便。又以遇有争讼事件，若或牵涉从教之人，诚恐教士袒护，致有冤抑。且恐有不法之徒，借从教为躲闪之地，民间阴受其害。种种疑虑，大率类此。此民间不愿彼国教士在城行教之实在隐情也。

绅等熟审其情，欲强民所不欲，则于义未安，欲变计以两全，则熟筹无策。思维至再，惟将民情据实上陈。伏乞宫保垂悯下情，移咨该国公使。并行知苏松太道，俾得另行商办。柔远安民，实为公便。上禀。（《教务档》第一辑）

淮安揭帖（同治七年五月十一日）

现有教鬼传教，到我淮城扰闹。他说天父天母，总是胡言乱道。吃他丸药糊涂，祖宗牌位不要。节妇养幼两堂，拿钱哄人入教。妇女听他奸淫，昏糊不顾耻笑。小孩受害更狠，眼睛被他挖掉。租房卖地与他，我们誓与拚闹。大家各备刀枪，一声锣响齐到。

我们有我这一教，各人都知道。不敬他们天主教。如若有人敬他这一教，我们大家与他闹。他到此地来传教，我们与他去拚刀。强如他杀我，不如我杀他。妇女被他奸淫去，犹如红头走一遭。教人预备买粮草，不久洋兵就要到。

为首董事丁寿恩、丁喜生（《反洋教书文揭帖选》）

京江阅世人告白（光绪十年六月二十五日）

防患未然，公伸义愤事：窃天主堂流毒于中国也久矣！发逆未倡之先，肇端于始（道光二十二年），长毛殄灭而后，接踵频来（同治初年），明为设教，暗怀异谋。即镇江一偶〔隅〕而观，概可见矣！

镇城古称铁瓮，外环金焦，从来山川名胜之区，商贾萃集之地。自各国通商，法人阶进西门，王土半属夷人，运河之边，东西坞地，惟法堂独占。每年房租不下数万，动则改造设业，被累者不知凡几。该堂经房徐、袁两人，徐则家居邻壤（丹阳人），熟谙人情，巧弄奸计；袁则地处海隅（海门人），乖张性气，假虎之威。兼之镇人李姓，贪诈性成，为之走狗，上下其手，几至暗无天日。居其房者，在其掌握，任其玩弄。翻造一房，暗索规费，明取小租，非私囊充盈，百般苛索。该堂市房所设之业，大半亏歇。因有天主街威逼人命（此事曾上申报，程德泰家伙店），各房客动众鸣冤，此天主堂市房之情形也。至该堂劝人食教，送异端之书，设学课生，唱无腔之曲，愚夫俗子，一入彀中，置五伦于膜外；穷乡僻壤，布以腹心，非不法而思何？

近年法国披猖无忌，蚕食藩封。千百年之安南，一旦属于法西，尚不满欲，连轮北上，索赔兵费。幸我皇太后、皇上任用得人，左、曾（两中堂）从事灭此朝食，方快人心。况法人不布仁义，专恃强暴，结怨四邻，人神共嫉。今背前盟，远涉重洋，虚张声势，兵稀粮鲜，后继为难，纵倚炮火，一时烽烟，而我兵以逸待劳，克治有法，对垒一战，立望披靡。所可虑者，该堂布置四方，诱集匪人，一为声援，祸生不测。刻下既立团防，当以此为首务。先为毁教堂，驱其回国，使中人（吃教者）得归觉路，而伏患得以潜消，于军务亦有裨益焉。赁居该堂市房之人被其害者，共发同心之誓，齐伸协力之谋，防患未然，殄除邪教，是镇地人民之幸也。余才识浅疏，不获报皇仁于万一。谨杼〔抒〕管见，偏〔遍〕贴街衢，以冀同鉴焉。（《反洋教书文揭帖选》）

南阳县合邑绅商士民公呈（同治七年十二月十八日）

为民夷殊俗，势难相安，沥陈下情，恳乞转详事：同治七年十一月，道宪按临宛郡办理天主教建堂地址一事，率同公祖县尊，诲谕谆切。绅等分属子民，非敢固执一说也。但以天主教者，夷狄之俗，悖圣蔑伦，恶难殚述。不知何年潜入南阳靳冈地方，私收徒党，阴相传受。彼时国法森严，从教者有诛，彼亦自以为讳，不敢为恶于乡党。天地复载之大，何所不容，故未有举发其事者。自近年来竟明目张胆，嬉游都市，津津然自诩其教，大有矜张之色。凡有人心者已不能堪，乃忽于前年在城内强买房宅，且谓江浙会馆是其旧业。无凭无据，肆意妄为。律以巧争豪夺，必不免王法之诛。彼不法情事，屡经被人告发，有案可查。今已如是，后复何堪设想！是以绅等群起拒之。所以拒之者，为皇上守土，为圣贤卫道，并为斯土之人心风俗防维于不敝，为公非为私也。

绅等食毛践土二百余年，沐浴教泽，至深至渥。士绅诵法孔孟，商民恪守王章。倘使禁城之内，异言异服，肆其邪说，诚恐良莠不齐，不免有听其鼓簧而见异思迁者。且恐欺侮凌辱，官府不敢约束，浸润渐渍，遗害无穷。此绅等万不得已之苦心，而非甘与彼教之人故为难也。我皇上怀远以德，原有羁縻勿绝之义。乃彼不思敛辑〔迹〕，妄肆鸱张，至再至三，必欲在城中以逞其欲。绅等愚昧，不能深悉其底蕴，然观湖南衡、清两县公呈，及《辟邪纪实》一书，则其包藏祸心，彰明较著，真所谓司马昭之心，路人皆知者。更如所载之剜取将亡人眼睛，剖取小儿脑髓，以及设局施药，名为医病，实则毒人。种种恶迹，我宛均已实有其事。今纵不能拔本塞源，使慕容之向化，又岂可开门揖盗，学杞子之即夷？辗转思维，殊堪痛哭。

第普天之下，莫非王土。朝廷苟欲与之，谁敢抵拒？而必欲谋及庶人者，可知圣天子民胞物与，于抚夷之中，仍寓爱民之意。绅等虽愚，能无知感？又岂肯显违圣意，使圣天子怀柔之德，无以覆敷，使抚帅大人教安之道，无以下及乎？兹经公祖率同县尊，再三劝谕，公同妥议，筹画至再，公祖县尊作主，拟指铁瓦庙、紫竹林二所，地既爽垲，基更宏敞，附近关厢，与城内无异。彼教即欲添修房屋，广授生徒，并进城交易，均属甚便。令其自择一处，为建堂传教之地，甚属合宜。庶使民夷不至杂居，或可望相安于无事也。此举原以仰体通商大臣上广皇仁之至意，所以曲为彼教计者，已属周而且至矣。

再者，彼教阑入中华，原以行善为名，倘若受地而后，仍前不法，则是善其所善，非吾所谓善也，许吾民群起而攻之。彼若再迷不觉悟，执不肯受，仍欲在城内地方，是其贪婪无厌，而毫不知悛也；是其祸心不忘，而欲阴肆其毒也。绅等皆有恋土之诚，自当曲尽守土之道，既已与彼教为敌于前，亦不敢避难于后，众怒难犯，专欲难成，破斧〔釜〕沉舟，自有待之之法在。为此沥陈下情，伏乞恩鉴。并恳转详，实为德便。（《教务档》第二辑）

兖州士民揭贴（光绪十三年十二月七日）

东鲁义士为驱逐洋教，斩杀汉奸，以保乡闾，以伸义愤事：查天主教起自欧罗巴洲，蔓延中国。其教弃伦灭理，禽兽不如。造为淫药淫具，奇名丑态，难以枚举。尤复好行强横，唯利是图，以夺人之国为奇功，占人之土为豪举，淫人妻女为智略。创为魂灵之教，谓一入其教，死后魂灵即可升天。其传教者谓之牧士，愚民被其利诱入教时，引入暗室，不论男女，脱其衣裳，亲为洗濯。继令服药一丸，即昏迷不知人事，任其淫污。男则取其肾子，女则割其子肠，恃有药力，不至当时殒命。继令教民将其祖先神牌送教堂劈坏，所有天地灶君等神呼为魔鬼，均不许供，但供耶稣十字架。以后按礼拜日招至教堂，男女混杂，白日宣淫。牧士即至教民家饮食住宿，遍行奸污。教民家如有疾病，须请牧士医治，及其将死未死之际，将其亲眷撵出，以小筒取其眼珠，以二膏药封其眼眶，然后任其亲眷殡葬。又有孽术能配蒙汗药，迷拐童男童女，剖心挖眼，以为配药点银之用。同治庚午年，天津百姓共杀法国领事一案，即此事也。入教后，有事即以教民为兵，逼令捐输金银，充其兵饷，并驱令冲挡头阵，使我中国人自相残杀。既以此术占据印度、暹罗、缅甸、金边等国，而越南为近年之事，征兵索饷，残害生灵，据其疆土，人所共见共闻。嗟乎！愚民无知，受其蛊惑，只知有利，不知有害。岂知其教以利为饵，迫入其牢笼，奸淫斩杀，任其所为，欲自拔而不能。其祸为生民以来所未有，其事为凡有血气所痛恨，而其耻尤非五胡乱华、辽金弱宋所可比也。

我广西刘永福一匹夫耳，去年首举义旗，结发杀鬼，斩其酋李威利、悦未学等数十人，杀鬼不下三四万，英风骏烈，中外共仰。龙州一战，冯子材、苏元春两大帅相为犄角，大锉凶锋，故法兰西俯首求和。现我中国二十省军民同深〔伸〕义愤，欲歼元凶，天之灭鬼，殆其时矣！彼稍有知识，自当匿迹销声，安分在海口通商，不许入我内地，我等绅民亦不必与彼鬼仇杀。乃现有洋鬼，窜入东鲁，引诱愚民，欲买地建堂，肆其淫凶，荼毒我民。独不思我鲁为圣人之地，秉礼之邦，家读孔孟之书，人多英雄之选，岂肯任从愚民受其蛊惑，害我桑梓？将何颜立天地间，见天下士哉！为此沥血布告阖郡乡谊，同伸大义，门户绸缪，斩杀汉奸，以靖内乱，驱逐洋教，以靖外忧。谨列其条约于左：

一、愚民有卖给洋鬼暨汉奸房屋田地者，我绅民即率众将该民寸磔，继将房屋烧毁，田地抉成数十丈深坑。

一、愚民有卖给洋鬼食物者，即割耳示众。

一、愚民有容留洋鬼住宿者，即割耳示众，并将房屋烧坏。

一、愚民有为洋鬼役使者，即截其右手一指示众。

一、跟随洋鬼之中国人，明系汉奸，为洋鬼耳目，即将此等汉奸拴住挖眼割耳，再为议处。

一、洋鬼入境，除拿其跟随汉奸外，即率众将洋鬼逐出境外。如该鬼抗拒，即将该鬼殴死，同深〔伸〕义愤。

一、以后境内房屋田地不准私卖，须由绅董查明，方准立约，犯即公议严惩。

一、此次条约所不及者，再行续出。（《教务档》第五辑）

邹县绅民揭贴（光绪十五年一月七日）

道统所关亦大矣，唐虞开之，孔孟承之，春秋战国之时，若无孔孟，则道统不存。今洋教蜂起之日，亦道统存亡之际也。为孔孟之裔者，固知取义成仁；即生孔孟之乡者，亦当除邪秉正。耶稣之行，比杨；墨；佛；老而尤甚；邹鲁之士，乃礼教信义所素明。光天化日，难藏魑魅之形；泗水东山，必杜猖獗之患。扬眉鼓掌，实出群情；食肉寝皮，乃伸义愤。道统不绝，人心亦赖以固尔。

谨将严查洋人汉奸条约，详列于左：

一、洋人之行，大意在渔利渔色。入教者夜间跪经，其实裸体行淫，乱人妇女。滋阳前年檄文，言之已详。

一、洋人之害，毒于贼寇。取人眼珠心血及处女月经、妇人胎孕，俱有确证，载在《辟邪录》。

一、洋人收养穷民，意在笼络。凡投洋人，三月不携带妇女者逐出，年老无能者逐出，愚蠢无用者逐出。既入教者，处女幼妇俱行霸占。此沂州郯城已立教堂被害反教者所传，并非诬妄。

一、洋人通士〔事〕所过之地，店房不准留住，水浆不准卖给，乡城居民不准私同说合卖与田宅。如违约者，一经查出，卖与田宅者，将房屋拆毁；卖与饮食者，众行究惩；作中说合者，与汉奸等论。

一、投洋教之人，甘为汉奸与绅民为敌者，剿其室家，立行逐出境外。

如私行回籍，邻右匿奸不举者，与汉奸一例。其入教未深有悔心者，听其
向善自新，姑不究论。

亚圣府孟氏
邹邑绅民　　公具

（《反洋教书文揭帖选》）

滋阳县士民公呈（光绪十七年四月二十四日）

兖州府滋阳县阖境士民公呈。恳恩垂察舆情，据实详请事：窃士民等获
罪于洋官，年前至今，见县中差役查拿倡首之人，以致人心惶惶，昼夜不
安。至于民间不愿设立教堂，非敢故违功令，盖中国礼法自持，首重男女
之别。而教士开堂传教，男女并收，嫌疑所在，众情难堪。此其一也。

大凡教会初开，群情未附，谨厚之士观望者多。惟失业无赖之人，畏罪
漏网之匪，希图小利，冀免刑诛，则首自入教，妄求护庇。教士只知广行
其教，不能深考其人，一意收罗，来者不拒，以致民间猜虑，隐存轻视之
心。盖此等莠民，平日凶横一方，欺压良懦，所赖地方官执法惩治，略有
顾忌，一旦入教，有所倚恃，遂肆其妄为。教士曲为袒护，父母官无可如
何，以致民心疑愤，愈成凿枘之势。又其一也。

至于拐幼孩，挖眼睛，劈神牌，毁家祠，尚在疑信参半。

凡此两端，皆各处传教以来滋事之通病。至若兖州本我先圣孔子设教
之邦，士民笃守儒先，较各省尤为亲切。传言洋官指拿儒士，要知乡民聚
众之时，若无一二儒士劝导，其间必致酿成大事。曩闻他处烧房杀人之
事，恐皆无儒士劝阻其间。今地方官于衣冠之中搜拿为首之人，闻之实为
寒心。为此呈恳详明大宪，兖州地方安设教堂一事，万难遵命。冒死公
呈，恳乞道宪转详施行。万民幸甚。（《教务档》第五辑）

施南府禁教揭贴（同治十三年六月十四日）

从来鸟兽不可同群，人鬼难以并立。夫人而知之矣，而明明靦然人面，
问其名则鬼也，考其行则禽兽不若也。惑世诬民，足以坏人心，败风俗，

流弊伊于胡底。

西洋鬼子之来我中土也，我皇上与物胞民，中外一体，阜通货贿，在所不禁。乃敢乘间于各省府州县假卖丸散药物，以货财暗结无赖子，肆其邪术，狼狈为奸。迨羽翼将成，乃明设天主堂，祀一赤体童神，一手指天，一手画地，曰耶苏太子。又有祀神名葛呢，名巴地行者，否则以赤纸画一长圈，中列十字，并刀锥钩槊等器，曰圣架，供门首或置龛中。假升天堂离地狱为说，诳惑庸愚从其教。师与银四两，丸一枚，服之惝恍，自毁祖先神主，任其师奴隶之不少怪。初入天主堂，不问男女，主教者必先为沐浴，曰净体。盖借此行其奸污，以后惟其所悦而从之。有女留不嫁，待传教者至即与伴宿。娶新妇必先令与所师教主宿，曰圣揄罗福。有病施针灸〔灸〕，妇人裸体受治。如不愈，死割其脏腑头颅考验病源，著书示后。其死时尽屏退其亲属，扃门行验，私挖其睛，以膏药掩之，曰封目归西。其取睛之故，谓借男借银耳。尤能咒水飞符，摄生人魂魄与奸宿，曰神合。甚或割女子子宫，小儿肾子，及以术取小儿脑髓心肝等事。至父死子可娶媳，亦可娶己女为妇，人伦澌灭，廉耻道丧。如第一伤心人著《辟邪实录》，言之凿凿，疾首痛心，殊难卒读。施南僻在山陬，俗尚质朴，人知礼义。嘉庆初长阳白莲倡乱，学校中无一人入其教者，已蒙谕旨嘉许矣。今鬼子不遵条约，于通舟地面设立教堂，而偏历万山崎岖，来吾施买屋建堂，满拟趋斯人而入鬼道。倘贸贸焉不自持，堕其术中，身家诚非所计，而乃祖乃父能无饮恨于九京耶！况沐浴雅化二百余年，黜异端以宗正学，圣谕昭垂耳目。我等生斯长斯，聚族于斯，即不能息邪说，拒僻行，放淫词，如子舆氏仰承三圣，亦何必事禽兽之事，行鬼蜮之行，为天地所不容，王章所不恕，乡人所不齿也。

特与乡人约：倘有利其财物，私卖基址屋宇以作教堂，贼仁贼义莫此为甚，定将所得价值追出充公以示警，而并首以无父无君之罪，里正甲长不首者重罚之。如有容留鬼类不行驱逐，亦惟该团里正甲长是问。城市乡村集场以及水旱通衢人迹必到之区，概凿十字形，以断行踪。我辈世守其业，久称乐土，非我族类，锄而去之。倘忽于目前，而求救于事后，窃恐有追悔而莫及者。卧榻之侧，岂容他人鼾睡？清夜以思，能勿胆颤而股栗也。厚风俗以正人心，惟吾乡人出而图之。

阖郡士庶公议告白（《教务档》第三辑）

广济县藩经历衔蓝金佩等公呈（光绪十五年二月二十三日）

光绪十五年二月二十三日，据藩经历衔蓝金佩、监生蓝凤标、生员蓝博、县丞蓝均焕、附生蓝瑾畴、监生蓝文焕、生员蓝学清、童生蓝福明、蓝兆贤、生员蓝守铭、监生蓝鼎玉、生员蓝兆梅、监生蓝永琛、武童蓝华义、民人蓝国兴、蓝继玉、蓝斯贵呈称，为遵传宗复，俾各相安事：窃中外交约两无猜嫌，传教纷纷，无非劝善。其在各姓入教者，良莠亦概不知。惟职姓早年有一子孙蓝长兴曾借教掠卖人妇，大酿讼端，致累家族。职等爰公同商议，祖遗家规本甚严肃，族众向不敢妄为，今动假入教名色，肆行无忌，碍难统束。诚恐此后事故日多，害贻无底，遂在先祠公立禁约，嗣后再有入教者，即不准入谱。所以约令子孙归画一而就范围，而与教初无芥蒂也。但兴自此亦遵约退教，职等并未苛求，与教两安无事。

不料又有蓝世叨等数人，平日不务正业，游荡废家，将寻事生端，又恐难逃家法，遂纠党入教，计图借势横行。兹职家乘正值重修，若听其违约，准其入谱，此端一开，职家人丁数千，谁不苦家法之严，借教为逃闪地，尤而效之，职姓子孙岂能约束？况修谱原历叙祖宗，而入教乃尽丢祖宗，道本相反，即质之祖宗，又岂肯相容耶！总之，叨入教，职等入谱，各从其便，并不相妨。任听所为，职亦不理。而叨终不能强职等以从其愿矣！理合遵传禀明赏鉴原委，俾各相安，是为德便。上呈。（《教务挡》第五辑）

广济县蓝金佩等遵批再禀（光绪十五年四月三日）

光绪十五年四月初三日，据藩经历衔蓝金佩等呈称，为遵批再禀，恕渎不再事：自洋人入我中国，日以传教为事，其意非不美也。无奈所收之人，诚心归奉者少，类皆因事而入。初则假教夸事，后则恃教滋事，动谓伊讼不花钱，日讼无碍。故教与民辄行构衅，案牍纷繁，受累不浅。职等深以为鉴，爰约子孙恪守家规，入教即不准入谱，实防蹈一时恶习，而于教毫无参议，兹有蓝世叨等既不遵家约，必自愿不入家谱，何洋人又启讼，偏强叨等入谱？不知谱乃是叙祖宗，而教乃是弃祖宗，道各不同。如叨等供贴祖宗，洋人既不能准，而叨等追祀祖宗，洋人又岂能准耶？试返而自问，其意果何居也？

前蒙批，谱内注明习耶苏教字样。伏思耶苏古神人也，职祖宗尽凡人也，谱所以载祖宗，而注耶苏于脚下，未免亵渎实多，抑亦洋人之所大不欲也。至若谕旨准行，无非恐我国人未识教之为美，大告天下不可谤教毁教。凡入教人，其家或惧酿祸，不愿同谱，情理本常，亦自听各家之便，未必有干谕旨矣！现奉金批，叨等得势扬言，硬云伊只用一名帖，宪即听令奉行。就使伊手眼通天，由省控至于京控，挟制多方。而职等只遵谕旨，不得稍为毁谤，听其归依。至叨终不能借教肆横，强职等数千丁附伊为一党矣。理合遵批再禀，洞鉴实情，恩赏遽绝，任狂不休，恕渎不再。合族顶祝。上呈。

光绪十六年正月初九日到（《教务档》第五辑）

黄州阖邑四民公议（光绪二十年四月二十八日）

阖邑四民公议。风闻洋案尚未定局，意在设立教堂。姑无论后患莫测，前此竟为匪徒所惑，贪图小利，致受大害。起灭家之祸，贻辱族之羞。前车即覆，后车当戒。今经公议，凡我同人世守中土，尺寸不许失之外夷，各请各户，各保各区。倘敢再与夷人交涉，查出阖邑公同处死，决不姑宽。公议各规列后：

一、议夷人入境，路过地方，以借卖书为名，沿途店户、乡村、市镇不许留宿卖餐，并不准买书存家。凡我四民恪遵圣教，若有无耻之徒擅与夷人交易，逗留时日，一经查出，合邑人等定将店屋公同拆毁，基址充公，其人按罪议处。

一、议夷人设教，必先修造教堂。我邑与汴省毗连，往来甚众，恐遗后害。凡属境内基地，不失尺寸。倘敢违议交涉者，本族户房先行处死，以免玷辱祖宗，又受合邑公罚。

一、议夷人通商，以和约为据。载明沿江之镇市，必要人地相宜，方可设立教堂交易。况我邑山僻、民贫、市小，房屋矮狭，难容大商。如来租居，概行辞绝。倘贪重价，许其改造，十家牌务先通报，拆毁充公，免受延烧之祸。特此预闻。《教务档》第五辑）

麻城士庶公议（光绪二十年四月二十八日）

麻邑士庶公议。风闻洋案尚未定局，意在挟制官府，设立教堂。姑无论后祸莫测，前此有为匪徒所惑者，贪其小利，致受大害。起灭家之祸，贻辱族之羞。前车既覆，后车当戒。今经公议，凡我同人世守中土，尺寸不许失于外夷，各清各户，各保各区。倘敢再与夷人交涉，阖邑公同处办，并不送官。议条列后：

一、议洋人路过，沿途店户听其餐宿，以尽柔远之道。倘敢逗留多延时日，一经查出，将店屋公同拆毁，基址充公。

一、议洋人卖书，无非劝教之意。或到镇市，或到乡村，听其出售，以［免］阻挠之谤。凡我庶人，不得擅与交易。倘敢私置洋书，一经查出，公同处罚。

一、议洋人劝教，必先修造教堂。凡属境内基地，不失尺寸，自无栖身之所。倘敢违议交涉，本户先行处死，以免玷辱宗祖，又受阖邑公罚。

一、议洋人通商，原无防碍。我邑山僻民贫市小，房屋狭矮，难容洋商。如来租居，概行辞绝。倘贪重价，许其改造，十家牌务先通报，拆毁充公，免受延烧之祸。特此预闻。（《教务档》第五辑）

周程朱张四氏裔孙公启（光绪十六年二月一日）

天下士大夫莫不蒙尧舜禹汤文武周公、孔子之泽，与我大清列祖列宗、今皇帝之恩者也。蒙恩泽而不图万一之报，是谓非人。图万一报之，莫如恪遵所教而阐扬之以教世，则四子六经不可须臾不讲也明矣！四子六经精凝未易通晓，圣谕广训畅发其旨而羽翼之。像解直解宣讲集安最好听案证诸书，又畅发圣谕广训之旨，而为四子六经圣训之羽翼，则宣讲者即所以遵列祖列宗今皇帝之教，即所以遵尧舜禹汤文武周公孔孟之教，而图报于万一者也。顾可一日辍且缓哉！

今天猪耶稣妖叫四行，四处结匪巢，散逆书，放迷药，行淫术，逞毒威，啸鬼党，穷凶极恶，蹄迹逼人。而我士大夫晏然不以恪遵圣教、阐扬教世为意，是我士大夫之图报，不及猪孙猪徒孝于妖叫之猪祖，忠于妖叫之猪师矣！直纵妖教以攻圣教，叛圣教以从妖叫，助妖叫以灭圣教矣！可不太哀乎哉？读孔颜曾孟四氏裔孙公启，得不愧愤死哉？

四氏公启统劝天下文武大小官僚，筹资延聘讲生宣讲其论。筹资之策有曰，就公款筹裁兵勇五六名相助即足，就私款筹节宴会一日相助即足。夫节宴会一日诚易易也，裁兵勇五六名诚无碍于差操，而大足以攻猪叫之凶心，坚圣教之死志，去兵以立民信，缓地利而急人和，意诚美、法诚良矣！然而鄙暗者不免饰说以挠之。愚等窃谓有不待筹资延聘讲生而立可举行者，敢条列为天下文武大小官僚士绅痛哭流涕百叩以求之。

其一，求督抚大臣通饬候补人员宣讲也。年来各省候补人员莫不师师济济，闲居累岁，困顿无聊。诚通饬遵行而课勤惰，核诚伪，以定赏罚，施陟黜。贤智者固罔不趋，愚不肖者亦庶几薰陶而奋发，流风所被，至大且长，岂仅一时教民之益已也。

其二，求将军提镇大臣洎水陆各军统帅率属宣讲也。圣谕十六条，条条军民兼教。今试问军中有几人曾见曾闻此书者乎？率属宣讲，益又不仅教兵教勇已矣！

其三，求学政府州县官试士于恭默圣谕，加意认真，并略从通变也。凡府州县试，士子无不求前列者，院试挑复，无不求入泮者。今若预示士子于府州县试末场，院试挑复一场，严搜夹带，面试默写，讹落者降黜，士子必不敢仍前陋习，视若具文，而又专摘圣训命为诗赋杂艺等题，士子自学而时习矣！学而时习，自悦而乐之，师友间相与常常宣讲矣！

其四，求各学教官，各书院掌教，躬率诸弟子勤行宣讲也。名曰教官掌教而不宣讲圣谕，轻圣谕为不足羽翼四子六经之教乎？轻宣讲为不足阐扬圣教乎？谓教弟子非师事乎？谓天猪妖叫无损于圣教乎？谓不必宣讲圣谕、别有策以辟除妖叫而昌明圣教乎？苟非猪孙猪徒，必不敢出此言，不忍存此念也。

凡此者，皆不待筹资延聘讲生而立可举行者也。敬礼先贤之志，从孔颜曹孟四氏裔孙之后，拭泪而白数行，伏维共鉴！

大清光绪十六年二月初吉，周程朱张四民裔孙公（《教务档》第五辑）

擎天柱（光绪十七年十一月十一日）

湖南宁乡县举人孔海学、常宁县副榜颜复礼、安仁县拔贡曾习传、安化县优贡孟闲先、道州岁贡生周图极、通道县廪生程入德、永顺县增生朱明指、永绥厅附生张订顽，公禀总理各国事务衙门稿。

谨禀王爷殿下，大人阁下：窃思天主教属不经，宪皇帝文谟丕显，而朝廷俯允岛夷传教者，夫岂敢愆忘旧章哉！意谓教仅不经，无妨权以应变，初不料其愈趋愈下，愈出愈奇，远越于雍正时万万耳。王爷大人萃周召之亲贤，任国家之艰巨，夫岂有不忠君爱民，深谋远虑者哉！蚩氓愚懦，无敢以冤苦号诉于阶前者，辅弼勤劳，不遑食沐，焉能然犀四照，洞见水怪之形，据以上陈宸听耶！夫然，举人等乃不能无言矣。

先是，湖南庶民沐列祖列宗作育之隆，但知读四子六经，习尧舜禹汤文武周公孔孟之教。耳闻有僧尼道士读仙释二家之书，士子罕兼涉猎者。诵宪皇帝圣训，知有天主不经之教，未见其书与人也。咸同间闻有岛夷到湘传教，寒窗占毕，未暇察问其详。年复一年，丑声浸播，舆论哗然。有谓其人紊伦乱常，穷凶极恶，淫如鹿、贪如狼、黠如狐而悍如獍者；有谓其传教也，阳以善劝人，而阴以利饵、以色诱、以药迷、以术弄威胁者；有谓其书僭妄悖谬绝伦，甚至吠天地三光为夷酋耶苏太子所造之器物，吠人祖宗父母弃世如器物损敝者然，凡古圣先贤以及祀典诸神，悉遭辱詈无遗者。闻之靡不骇然。爰约诸生四处密查，则教士语言、行事、传教情形，与舆论确凿，一丝不谬。不觅其书则已，一觅则往往得之，名目纷繁，不胜缕列，大约布散及于湖南者，已不下百余种之多。略为展阅，无一字一句不罪恶滔天，令人嚼齿咬牙，思食其肉。又念岛夷虽陋，然亦具有面目肺肠，何至夜气梏亡若此！此等之教，臭流邻国，且人人掩鼻掩耳不愿闻，而又何以自治其本岛哉！是必有故。

于是，遍购诸夷史集及中华海客著述各种考之，兼访华商之游历诸岛者，详加询究。始知耶者夷言猪也，片者夷言食也，苏者夷言精也。岛夷恨耶片烟之毒，禁岛中自吸，故以猪食名之。华人身亡于烟，家败于烟，而又暗受岛夷之辱詈，已堪愤叹。及研究耶苏猪精之实，则知与中华狐精相类，而淫凶更甚。其称太子者，犹中华愚夫愚妇称狐精为仙姑云耳。诸岛君臣士庶有稍识伦常者，概不从此猪教，拜此猪精，惟谋夺邻国疆土，则必借此为煽惑民心、勾结内奸之胜策。历来各小岛遭强邻吞噬者，莫不由斯，不胜枚举。考之书，访之人，一一吻合，洞然无疑。危哉！岛夷之用心阴贼险狠，乃至于此。是不特借传教陷害我大清民人，直欲借传教窥窃我大清社稷也。不食其肉，恨奚可雪哉！不特恨不可雪也，我不食彼，必为彼食，万万无两立并生之势矣！

咎在举人等曩年疏忽，未及逆防鬼蜮，早贡刍荛，致令父母之邦几染腥膻之秽，负尧舜禹汤文武周公孔孟数千年之大德，孤列祖列宗、皇太后、皇上数百载之宏仁，法无可逭。差幸亡羊不多，补牢犹未甚晚。禀恳奏陈丹陛，请旨禁绝其教，以免纲常日坏，祸患日深。举人等或可图报涓埃，仰恳圣慈末减。若再同寒蝉仗马，隐忍无言，他日皇上察知，举人等何所逃于斧钺。纵天恩闵念草茅疏贱，官守言责皆无赦宥，不加显戮，生无面目立于人世，死亦含羞入地，受唾骂于千秋矣！联名控告，仰乞王爷大人矜哀民瘼，照录上闻。伏恳皇上立震神威，大下明诏，复宪皇帝"黜异端，以崇正学"之常。如岛夷要挟桀骜，径可举天下与之一战，一战不利，十战百战，必以禁绝猪教传华为期。

据理思之，普天率土，靡不世蒙复载生成，葵犹向日，马亦垂疆〔缰〕，当无草木鸟兽之不如，忍叛君父而助寇仇者。然而九州众矣，是否人怀敌忾，士耻偷生，举人等不能逆料而周知。乃若湖南者，举人等桑梓之乡也，土俗民情皆所素澈，亲上死长，莫不怀怒，如报私仇。数十年来触刃冒矢，肝脑涂地者，殆不可以万计。仰荷湛恩汪濊，生者爵封五等，死者庙祀千秋，鼓舞振兴，发强刚毅。有恦挠脆怯者，五尺之童贱之，不齿于丈夫之列。举人等谨当檄传七十五厅州县士农工贾，富者舍家，贫者舍身，文者奋笔，武者奋梃，预筹十年之粮饷，选百万之兵卒，静候圣旨遵行。总之，甘断头而作大清忠义之魂，誓不覥面而事异域淫凶之畜。为此公禀。叩请钧安。(《教务档》第五辑)

棘手文章（光绪十七年十一月十一日）

掌京首道监察御史关辅汉、兵部车驾司员外郎杨再盛、通政使司额外知事岳佐清奏议。

奏为天主邪教肆行，恳赐速筹禁绝，以振纲常而消祸患事：

窃思立信先于足兵，安内急于攘外，圣经昭著，前史显垂。自岛夷就款以来，国家天复地载，岂荒不遗。非弗虑天主教属不经，宪皇帝早有明训，而俯许立堂传教者，固一时权宜妙算，聊借羁縻。亦由在事诸臣未深察邪教之愈出愈奇，愈趋愈下，有远越于宪皇帝圣谟之外者。意以为教仅不经，无妨容混迹，率尔奏奉恩谕也。

同治间，有天下第一伤心人者，不知是何籍贯姓名，辑《辟邪纪实》一书，梓行海内，微考详确，备铸魑魅魍魉之奸。于时臣等各在籍读书，应试出闱之次，往往遇涂人特赠得而览之。虽迥怀漆室之隐忧，奈莫叩丹墀而上吁。通籍以后，本拟沥陈，适于秋冬间各由走卒送到辟邪书文图像以及邪教之书，各不下数十种。门者接收，未究所自，呈臣阅看，见邪教诸书有所谓《旧遗诏圣书》《新遗诏圣书》《日月星辰真解》《福音奥旨》《耶稣洗罪经》《天主实义》《三字天书》《天书发秘》者，名目不胜缕列，靡弗僭妄绝论。甚至吠天地三光为夷酋耶稣太子所造之器物，吠人祖宗父母弃世如器物损敝者然，斥华人之敬事为非是。凡古圣先贤以及祀典诸神，悉遭辱詈无遗，他可知矣！

其辟邪书文各种，有具名大清臣子周孔徒著者，有统称大清天下儒释道三教公议者，有孔颜曾孟四氏裔孙及周程朱张四氏裔孙公同刊布者，有全湘士绅公刊者。立论各有不同，大都详叙邪教四处结匪巢、散妖书、放迷药、行淫术、逞毒威、诱胁愚民叛投异族之恶。而图像各种，直绘教堂传教华夷男女偎拥狎昵之形，丑难入目；告天下官绅士庶以严防，劝天下宣讲圣谕为明正辟邪之计，忠肝义胆，智远谋深。极征械朴菁莪，贤才济济。而列祖列宗洎皇太后、皇上厚泽深仁，普天率土，瀹髓浃肌，亿万年灵长巩固之府即可因而想见。

臣等既愤诸戎之伏莽，涅臂入虏，复欣众志之成城，破涕为笑。爰联名越职疏陈，伏乞大震宸威，立饬总理各国事务诸臣，照会夷使，禁绝续散邪书，续传邪教。饬疆臣遍行示谕，查毁其书，永禁军民下乔入谷。其以前失足者，限示到三日，立即改回，各立祖先木主祭祀。无论士农工商僧道，各书大成至圣先师孔子神位供奉跪拜，既往概置勿咎。敢有不遵，按谋叛律立诛之，籍没家产，以充军实。邪教之堂，姑置勿问。

稽诸万国公法，本国内政他国不得而干。岛夷虽犷，何词要挟？借曰不然，及是时天下忠义智谋之士犹多，邪不敌正，可以举国与之一战。乘其未备，预歼夷类，尽括财产以济用。毋犹预失机，蹈历来覆辙。毋天之福纲常振，而祸患亦永消。纵利钝难以逆知，拌祸患一二年以至十年，振纲常百千世及于万世。孰得孰失，奚啻天渊！又况养痛不治，纲常愈坏，祸患愈深且大耶！

窃窥枢辅诸臣，孜孜讲求足兵之法，攘外之方，尝胆卧薪，竭力尽命。臣等非不肚之佩之祀人之愚。窃虑邪教肆行，不速筹禁绝，万不能立信而安内。季孙之忧不在颛臾，而在萧墙。为此，合词陈恳皇太后、皇上迅赐采择施行。无任迫切哀号祷感之至。谨奏。(《教务档》第五辑)

3. 义和团运动的反帝爱国思想和盲目排外思想

引　言

1899—1900 年的义和团运动是此前风起云涌的反洋教斗争的继续发展，其性质是一场反帝爱国运动，客观上也沉重地打击了帝国主义，阻止了帝国主义瓜分中国的阴谋。甲午战争后，帝国主义掀起了以强租海港、划分势力范围为特征的瓜分中国的狂潮。帝国主义瓜分中国的阴谋之所以没能得逞，一个最重要的原因便是义和团运动及其显示出来的伟大力量，使他们感到心有余而力不足，不得不放弃瓜分中国的妄想。义和团运动失败后，曾率八国联军与义和团作战过的联军统帅瓦德西在给德皇的一份奏事中，针对德皇"常有瓜分中国的思想"而提醒德皇说：有一事不应忘记，即中国是一个有着四万万人口的大国，"此外更有一事，亦复不应忘去者，即吾人对于中国群众，不能视为已成衰弱或已失德性之人；彼等在实际上，尚含有无限蓬勃生气；……至于中国所有好战精神，尚未完全丧失，可于此次'拳民运动'（指义和团运动——引者注）中见之"（瓦德西《瓦德西拳乱笔记》，载《中国近代史资料丛刊·义和团》）。因此，他认为西方无法瓜分中国，"吞并土地"。他在天津领事馆的一次讲话中更明确指出："无论欧美日本各国，皆无此脑力与兵力，可以统治此天下生灵四分之一也。施行统治之善政，乃万事之最难者，况欲制御此亿万之众，岂能遽以轻便之心行之乎？故瓜分一事，实为下策。"（佐原笃介《八国联军志》，载《中国近代史资料丛刊·义和团》）美国前驻华公使田贝也认为："世界上所有国家中，中国是最不宜于瓜分的。没有一个民族象中国人那样更齐一，更团结、更被古老的带子和魅力拴在一起的了。""欧洲列强瓜分中国意味着用武力压服各个部分……将带来经常不断的反抗。"（转引见丁名楠《义和团运动评价中的几个问题》，载《义和团运动史讨论文集》，齐鲁书社 1982 年版）当然，我们在充分肯定义和团的反帝爱国性质和阻止帝国主义瓜分中国阴谋的积极意义的同时，也要看到义和团运动的主力军是农民。农民不是新的生产力的代表者，加上长期受封建地主阶级的压迫与剥削，得不到受教育的权力而愚昧无知，他们的爱国思想往往表现为盲目的排外主义，其爱国热情也容易被封建统治者所利用。义和团运动就是如此，其反帝爱国又表现为盲目的排外主义，仇恨现代文明，先被清政府所利用，后又为清政府所出卖，终归于失败。

愤言二

义和拳匪之始起于山东也，星火耳，涓流耳，禁之惩之，一举手而即绝。前山东巡抚毓贤，纵其狂悖，以妖术惑人，以练拳纠党，横流泛滥，遂至沿及京津，罪魁祸首，舍毓贤谁与归？故曰：毓贤可杀。或谓拳匪之乱，启之者毓贤，成之者刚毅，毓贤可杀，刚毅亦可杀，不杀刚毅不足以平拳匪，不平拳匪不足以谢各国。今之忧时愤世者，未尝不痛吾宗庙之震惊，宫闱之坐困，而欲手刃此权奸乱贼，以安吾天下也。余则曰：杀一刚毅犹未足以安天下。

夫刚毅入枢密、掌军机，朝廷之上事无巨细，皆参知之、翼赞之。乃惑于邪教，误为良民，信其能灭洋人，妄思剪灭各国，于是不主剿、专主抚，抚者其名，阴实欲纵拳匪以与洋人为敌。卒至祸变起，衅端开，西兵则夺大沽炮台，华人则攻天津租界，时局糜烂，岌岌可危，皆刚毅一人之罪也。刚毅何得而辞其杀！然余以为刚毅一人之力，犹未足以至此。间尝闻之自京师来者曰，拳匪之主抚不主剿，盈廷之上，不知凡几，大抵满人无不以抚为得计。而尤深信拳匪之神异，敬服拳匪之忠义者，则刚毅而外尚有数人，一曰端郡王载漪，一曰承恩公崇绮，一曰大学士徐桐，一曰礼部尚书启秀；之四人者，皆与刚毅臭味相投，同以义和拳匪为能代国家御外侮者也。且四人中，端郡王则吾穆宗毅皇帝之嗣，皇子大阿哥溥俊之父也，崇绮则吾穆宗毅皇帝之后，而又大阿哥溥俊之师也，一则金枝玉叶，乃至近之宗亲，一则华毂朱轮，系至贵之勋戚，至于徐桐、启秀，亦皆位冠百寮，赞襄军国，有此四人与刚毅交相为济，而朝廷之明遂以蔽，而拳匪之祸遂以成。若只刚毅一人，则爵位虽极崇高，圣恩虽极优渥，而势成孤立，保无为一二有识者所阻挠。且以皇太后屡次垂帘，亦既老于训政，何至为一人之言所惑，而竟不大张挞伐之威？惟五人之心志同，五人之陈奏同，而皇太后亦遂误以拳匪为忠义，而不立加剿洗，为安内靖外之图。嗟彼小人，淆惑天听，是岂特刚毅一人之罪哉？

吾故以为刚毅固可杀，而杀一刚毅尚不足以平天下也。彼端王、崇绮、徐桐、启秀诸人之未去，则拳匪虽平而不平。何则？拳匪左道惑众，人人知为乱民，而四人非惟不知，反目之为义士，决意不主剿而主抚，以致酿成中外交哄之大变，而令各国合纵以相攻。纵使他日者迫于公愤，扫荡妖氛，而以此数人辅翼丝纶，则恐指白为黑，误奸为贤，朝政大乱，而天下终无承平之望。嗟乎！朝廷待八旗子弟恩泽较汉人为优，乃挠乱吾国家者，不在汉人而在旗人。非汉人之果优于旗人也，亦以汉人入官不易，非若满洲世仆，几乎人尽可官，才质未必优，历练未必深，而纡紫拖青，哀然居于高位。若汉人则筮仕非易，故于是非利钝识见，较旗人为稍胜耳。

夫旗人之所尚者仪表而已，酬对而已，豪侈而已，骄蹇而已，其他皆非所习。赫赫如端王、崇绮、徐桐、启秀、刚毅诸人，而犹谬戾若此，余子碌碌，又何望焉！乃朝廷卒以此辈为股肱心膂之寄，是则刚毅虽杀，端王、崇绮、徐桐、启秀诸人即去，而天下之乱仍不能平也。此吾所以重为国家虑且忧也。(《申报》1900 年 7 月 1 日)

愤言三

拳匪之变，肇之于前山东巡抚毓贤，成之于端王、刚毅、崇绮、启秀、徐桐诸执政王大臣，余前已论之详矣。兹闻客之自京师避乱回者言，端王之外，尚有庄王，亦系庇护拳匪挠乱天下者。夫内廷中有端王、庄王二人为拳匪之首领，则国事安得而不紊乱，匪势安得而不鸱张？刚毅、崇绮、启秀、徐桐皆突梯滑稽之小人，宜乎迎合意旨，奉拳匪若神明。所不解者，满洲王大臣执胶固之性，恃虚憍之气，酿成大变，倾覆国家，而汉大臣中亦有不知利害，其谬妄一如满洲诸王大臣者，其人为谁，则李秉衡是。

或曰，当拳匪起事之始，李秉衡方奉命巡阅长江，曾与南中各省疆吏会衔，奏请剿灭拳匪。是李固亦知拳匪之当剿，而非若满洲诸王大臣之一意主抚，阴且纵之为乱，以为得计者，何可与毓贤、刚毅诸人同年而语？不知李秉衡之会衔奏请剿匪，盖迫于南中各疆吏之议，故不得不从，实则非其本心也。余尝证以两事，而知李秉衡之谬妄，不下于满洲诸王大臣。

方李秉衡之统师入卫也，道经江阴，过访某寓公寓。公官山东时，李方为巡抚，固其旧日属员而又深为器重者。接见之下，纵谈时局，李痛詈洋人，声色俱厉，此尚未足为异也；既而又极称拳匪之如何神异，如何忠义，国家有此种固结之人心，即无灵符足御枪炮，亦足夺东西人之魄而尽驱之于外洋。寓公虽心知其非，而以当时究系属员，未便遽驳，但唯唯而已。比去，寓公思李方督带雄师入京，如此妄为，时事复何可问。因致一书备陈拳匪之必当剿，公使之必当保，国家安危所系，全视乎此，不可不慎云云。此友人在寓公处亲见之事，为余言之，余是以知李之深信拳匪，固一如满洲诸王大臣也。此一事也。

又李奉命巡视长江，校阅各省师旅，至湖北，督宪张香涛制军，方以洋操训练各营将士隶部下者，陆军悉仿德国规制，即装束亦不用旧时号褂，尽衣短后衣，窄袖蛮靴，灵便矫捷。李见之大不悦，命悉去之，仍返旧制。制军不能梗，曲意从之。夫军制之改从西法，盖见乎中国绿营既不可用，勇营又暮气甚深，而泰西兵制甚精，陆军又推德国第一，故不惜改弦易辙，则之效之，初非有好恶于其间，不过欲练成劲旅，以图自强而已。乃李不知此意，辄欲以汉家制度复我旧规。今者统师入京，未数日而各省即奉上谕，凡练习洋操者一律改复旧制，纶音反汗，非惑于李之上言，谅不至此。是亦可见李疾视洋人之甚矣。而欲其剪灭拳匪，保护西人也，得乎？此又一事也。

夫李名望素著，似非毫无智虑者，何至谬妄如满洲诸王大臣，而亦深信拳匪，漫欲与各强国相敌？余尝揣其衷曲，盖亦有激而然也。溯李巡抚山东时，适有土人闹教之事，西人以地方官不善保护，并归咎抚臣，请严予处分，以惩其后。时李已授四川总督，因此未能到任。后朝廷卒如西人之意，褫李之职，永不起用，西人始允将教案了结，而李亦遂放废还山。然其疾西人之意，由此而深，特苦于朝廷一意怀柔，不轻启衅，故亦无由为力耳。

一旦满洲诸王大臣，妄思借拳匪之力，以灭洋人，李遂欲以私仇伸大义，依附末光，行此谬戾之事，成则居不世之勋，败则天下人皆当以公忠相谅，而岂知时局益形糜烂，京师遂以不保乎！此吾所以不能为李讳，而以为堕我国家三百年之基业者，李之罪固不下于满洲诸妄人也。（《申报》1900年8月19日）

论拳匪

如义和团之不学无术，而竟此行彼效，以为神奇，莫是过焉，亦可怪已。其所谓神奇者，咒语也。所谓神奇之咒语者，又不一，访事人从练拳之童子中，得其一云："清清志心皈命礼，奉请龙王三太子、马朝师、马继朝师、天光老师、地光老师、日光老师、月光老师、长棍老师、短棍老师，要请或孙行者、或猪八戒、或黄天霸，随口呼之，无论何人，见枪弄枪，见刀弄刀，听我号令，即便施行。"夫咒语亦多矣，其怪诞至不可解读则有之，而夹杂不通，粗浅可鄙，似咒非咒。至此数语为已极，实令人掩耳捧腹之不暇，而况信乎？

并闻其传此咒也曰，最易成就者童男女，先画地作圈，令其作三揖毕，闭目僵立，授者提耳念念有词，未几仆，仆而起，则任意挥击，无可名目。不仆者摈弃不教，授之之法尽于此。曰久自精熟，造于极境，至刃火不能伤。谲哉！创此法之人也，将以愚天下人，而杀天下人也。天下人至死不悟，谁无父母、兄弟、妻子，竟甘罹浩劫，不惜粉身，愚莫愚于此，悲莫悲于此矣。

该团众不尝曰：练之可以保乡里。胡为闹教？不尝曰：练之可以保性命。胡为杀身？挑强邻，酿大祸，致国家割地赔金，蒙耻受侮，而在彼仅害与人无争之数教士，以图一快。是否尚可目为良民，是否"扶清灭洋"，是否各保身家，不辨可知。是直乱世界之匪徒耳。倘或不察，昧昧然曰设团自卫，原可听之，则真团民从此灰心。假团民从此得意，是不啻张其焰也，壮其胆也，北方从此无安静土矣。于是乎各调兵舰、集兵队，险机难测，相逼而来，在各国亦不得不如此。如其非然，则各国只争势力范围，弗顾教士流血，并无议者。曰各国之自翊范围者，乃教士之血流成也，于心何忍，于势何堪？清政府当此危难之际，亦惟有明辨民匪，严惩痛剿，不稍姑容，毋假手于人，以贻后患。然而不教而诛，仁者不为。从何教之？在破其疑团。匪授诀最喜童男女，次则卤莽之夫者，取若辈不明夫理，易为鼓惑也。画地作圈，闭目僵立者，使凝神致志，一心以为神将至也。念念有词，坚其信也。仆者教，不仆者不教，先有此语，欲教者，人人存一惟恐不仆之心，自然仆矣。至任意挥击，久自精熟，此何待言？如击枪弹，日练之，眼法未有不精；如拍纱球，日接之，手法未有不熟。天下事何一不然？此即所以欺人处也。

甚言造于极境，刃火不能伤，言者如是，闻而传者如是，传而力争者复如是。试问头随刃落，身当枪糜，为本馆访事人所目击者，果非团匪乎？明明团匪无疑。果未造极境乎？明明匪首，众奉为师，如朱红灯其人，其为造于极境无疑。又何辞以辩？

昔回教有言，战死即是天堂，人人求战死，而教中人遂强。今义和团愚人之法，拾其唾耳。虽然，今日之势何势？欲借闹教而起事也，不亦愚乎！竟闹教起事，而犹认是民非匪，其愚不更出匪下乎！蒿目畿辅，遍地黄尘，东南盗贼，白昼横行，此友邦之人杞忧独切，不禁言之激矣。（《中国近代史资料丛刊·义和团》第四册）

综论近日之时势

自义和团之事起，咎政府之失策者，万喙齐声。而不知政府固筹之久矣。何以知之？戊戌以来，诏修山西、陕西行宫，诏河南巡抚，查洛阳汉唐设都之旧址，此非深知燕京之近海口，易为列国所攻，故以此为退步耶！燕京东北接俄、南滨海，俄得旅顺，英得威海，于燕京皆可朝发夕至，故必不可都。若忽然迁徙，又恐违众意而招外侮，而适有义和团起，故不妨姑试一战。战而捷，则威海、旅顺复为我有，而燕京有磐石之安。战而不捷，则委而去之，如弃敝履，而暂驻太原，建都长安，唐尧周汉之故乡，形势尚巍然可恃也。此政府所规画，亦自以为谋定后动，而非猝然举大事也。

然而政府误矣。不误于与外人战，而误于与列国战也；不误于挑战之卤莽，而误于护匪之无名也。向使政府深知外交之道，审连鸡不栖之势，远交而近攻，亲此则疏彼，密结海疆相近之国，然后东则经营三省之兵备，西则严整新疆藏卫之边防，乃以铁路驻兵等事，与俄决裂，筹三年之战费，而俄愈矣。何则？俄人西伯利亚之铁路未成，其驻兵于东三省者名为十万，实不及二三万，以中国之兵力敌俄人之驻兵，固绰然有余裕也。俄之海军列在三等之下，又兼欧洲俄人海防甚多，不能尽遣兵舰东来，则海防之费与俄战，轻于与英法诸国战多矣。俄既不能得志，则伸国威、张武备，经理十年，而列强不复敢有侵凌觊觎之思。因之以开民智，厚物产，岂非吾东亚振兴之象，而亦满清不拔之基哉。

计不出此，而以白莲八卦之余孽，素与政府为仇者，信其邪说，而亲昵之，遂忽然而拆铁路，毁电线，杀教民，攻使馆。夫杀教民，是与教为仇也。攻使馆，是伤列国之国体，已犯天下之不韪。至拆铁路，毁电线，则是利民之器，而躬自坏之，是直不明是非，不知利害之国，其遏抑民智又不待言，而更为万国之所笑。即使相爱相护之国，亦不能出一言以代为之解。且其不分东西洋之人，而概行戕杀之，则何啻与人类为仇，而自居于野蛮之地耶？故不独每战皆败，失大沽、失天津，且失京师而不可收拾也。

即使连战皆胜，其祸尤不可言。西人红十字之军，前后死者不下数百万人，而必以得胜而止。盖争教之烈，至于如是，综中国之民力，计中国之武备，能为一年之战，其能为十年之战乎？不图其后，而积忿所发，欲决于一朝，其蒙尘溃遁，非不幸也。所可哀者，诛戮无罪之臣工，延祸无辜之赤子，即团匪中亦多不识不知之孩稚而诱之，使漫然死于锋镝，此则天下之人所为流涕，而联合之军，亦不能不恻然伤之者也。（《同文沪报》1900 年 10 月 4 日）

息祸篇

呜呼！全球之祸萌，何时可以息耶？中国之祸事，何时可以息耶？中国之祸事一日不息，则全球之祸萌亦一日不息。是故今日之祸，不特华人当求息事，即全球各国之人，无不当求其速息也。自团匪仇杀外人，而各国有调兵之举；自使馆坐困，而各国有大沽之役。在各国政府，亦以为此乃万不得已之举动，大沽领袖提督宣示之用兵宗旨可证也。故华人亦有谅其苦衷者，南北之异趋亦可证也。

华人之谅之者，岂不以春秋之义，不戮行人。使臣之责，代将君命，使臣被困，而各国用全力以救之，不能责其为不应，故虽联军已入京城，而南北之异趋如故。虽然，各国宣示之用兵宗旨，今已如何也？所谓援救使臣者，现除德使外，余均无恙，今已与联军相见，互相庆幸。从前东抚及中国使臣，屡次以各使无恙相告，各国以为不信者，当可确信其不诬矣。然则自此以后，各国联军之举动，当何如也？昔李傅相既奉全权之命，分电各国，各国覆电虽多，要约尚有见许之意。自联军入京以后，而各国之意又似一变。

夫中国政府，向不善于外交，而各国之外部，无不神机妙算，莫能猜测。已入京与未入京，其外交政策，固应不同，不能以常理责之也。虽然，各国政府亦知中国之祸事一日不息，则全球之祸萌亦一日不息乎？计自团匪大乱以来，犹未满四月也，中国北方虽乱，中国南方犹未乱也，而各国货物之输入于中国者，则已万分疲滞，甚至有停厂闭行者矣。浸假而旷日持久，扰乱不止四月，云合响应，扰乱不止北方，则商务之疲坏又奚若也？全球之商务，关涉中国者十之三，聚全球十分之三之农工商，而失业以待，其为祸萌又奚若也？又况各国政府，现皆不以瓜分之说为然。诚以瓜分之说独利于俄，而不利于英、德、法、日以及其余各国者也。故此次用兵，各国相约不存私心，并除瓜分之说。顾人心不同，各如其面，夜长梦多，变幻无穷，窃不知各国之所谓同心者，果始终可恃否？而俄于东三省，则已别有衅端矣。京津之事，俄不能私之，东三省之事，各国能公之否乎？浸假再迟数时，而俄人大得手于东三省，则各国之私心将因之而起，而中国之祸将变为全球之祸，此虽不能必其竟有，然亦不能不虑其或有。故曰：中国之祸事，一日不息，则全球之祸荫，亦一日不能息也。是则各国今日亟宜速为息事，而以剿匪之责，责之中国，而中国各大员，亦宜以剿匪之责自任也。

夫自联军入京，六飞出狩，大局之危不绝如线，断不能以迁都西安谓可了事。是欲存家国，保两宫，安东南，必当以剿匪自任。匪乱一日不平，则联军一日不撤，两宫一日不安，东南一日可危。故凡中国大员，皆当力任剿匪，而不可仅顾目前之责任。今东南督抚既有以取信于各国，诚以利害说各国，请与各国相约息事，而以剿匪自任，则各国政府，必能鉴及中国之祸事，即全球之祸萌，而亟为息事乎。(《新闻报》1900 年 8 月 29 日)

论近日致祸之由

甚矣，危哉！今日之中国也，燎原之祸，已中于腹心；择肉之场，且进于肘腋。盖遍考旧史，参以外乘，而叹内忧外患之若故相乘，穷奇极变之未始有极，自古及今未有甚于斯时者也。然原其致变之由，速祸之渐，则数十年来之互为是非，一再反覆，而亘古不易之游谈，一线相传之谬解，虽再百年犹一日也。

　　夫中国外交之起，出于不得已而成互市，其间丧师辱国，赔款割地，盖几乎无约不损，无战不败。故其时通国臣民上下，以复仇为雪耻，以积愤思报怨，以下令逐客为最快人意，以闭关绝市为复见太平。其处势应变，虽曰非宜，其抗志负气，殆非无取。果使主持有人，转移得间，俟国势一强，而民气可用，谅其本意，未可厚非者也。然不究己之所以弱，而恶人之强，不求人之所以胜，而讳己之败，则已过矣。况于举世浮嚣，重以诬罔；力有未逮，则务为大言以快之，愤无所泄，则多作丑词以诋之。又亲见争战之事，利钝立见，耻相师法，则颇冀神怪，积非成是，一唱百和，而所谓清议者，实起于斯时矣。其势一成，莫之能改。同是谓之君子，反是谓之小人；恶直丑正者，以为公评，矫情动众者，坐致时誉。虽以疆吏达识，辅臣运谟，无益救败，适足招谤。故知丁、郭诸人之见非于当时，李、曾二公之丛讥于近世，固其所也。

　　至戊戌首夏，天子决群议，定国是，海内之人忻忻望治，以为数年之内，变法而图自强，改约以进平等。远轶彼得，容尚未遑，近比日本，庶几或过。持之过急，乃遇奇变，于是风气一致，人才一概，趋向一律，议论一口。故时会所忌，则其言也，如以水投石，莫之受也。风旨所在，则其言也，如以珀引芥，莫之逆也。其感召所积，蕴酿所致，臭味所触，气类所引，如磁铁之相吸，胶漆之不化，势所必至，理有固然，不足怪也。彼义和团者，盖百年之余孽，而近畿之乱民耳。其数虽众，不必其敢于为祸也；其来虽久，不必其即至勃发也。然自经岁以来，乘国家多故之秋，为羽党潜萌之计，而群公既心醉于朝，万众复欢呶于市，奖借愈至，则其起发也愈速。故未及旬日，而创大难者以十数，盖可知也，盖可知也。呜呼！是可慨矣。（《中外日报》1900年6月9日）

歼厥渠魁说

　　团匪之乱极矣，其初创为扶清灭洋之谬说，以仇教为名，故政府惑之，信其果能与西人为难，一发抒其积愤也。其愚无知者，则又意其有绝大之神通，能不持寸铁，与西人之快枪巨炮相见，能将西人杀害净尽也，乃一意信之。信之深，故庇之力，而衅端始启，而乱机始盛。夫以中国今日之兵力，其与西人比较，万不当一，斤斤自守，犹虑不及，而乃横挑邻衅，自启祸源，上贻君父之忧，坐召不测之变，若辈之罪，虽百死不足蔽辜矣。况又毁铁路、焚电局、割电线，显与国家为难，阴怀不逞之志，则直是乱民而已矣。

乱民必宜剿，必不宜抚，宜急剿必不宜缓，何待再言？惟是剿亦有法。团匪滋事，至今已及半月，而其实根深蒂固，自鸠聚之始以至于今，又不知几何年。故京津一带，遍地匪踪，已不可收拾，而闻诸人言，则谓其伏而未发者，尚有十数万人，诛之既不可胜诛，且一股方灭，一股又起，此方窜逸，彼又滋扰，而又似民似匪，似兵似匪，行迹诡秘，羽党繁多，即令日杀万人，亦复何济于事？故窃谓剿办团匪之法，惟有歼厥渠魁一策。渠魁有二，一为主持其事之人，一为势力极大、阴相怂恿之人，苟能统率大兵，出其不意，宣示罪状，立置诸法，布告远近，则匪胆自寒，匪踪自敛。且匪党虽众，约计甘心从逆者不过十之一二，随声附和者不过十之三四，误被煽惑，茫无知识者，约得十之五六。苟知匪首已诛，主持之人已正国法，怂恿之人更伏天讨，则若辈无所依附，自必冰消瓦解，同时窜逸。夫而后大局既定，乃可收肃清之效，乃可议善后之法，否则扰攘之势，无时或已。西兵既麕聚于辇下，乱民更蜂起于境内，必致内患外侮，并臻其极，虽有智者，无所措手。天下之大，社稷之重，岂可视同儿戏，任其败坏？吾愿为国者思之思之，勿贻后悔也。(《中外日报》1900 年 6 月 17 日)

歼厥渠魁说申议

本报（编者注：《中外日报》）昨登歼厥渠魁一篇，意盖有所为而发，故不觉意之愤恨，词之激切也，而犹未尽。间尝谓天下之大，托命于天子，而天子之职，实分寄于辅臣，使辅臣而贤，则制治未乱，保邦未危。即在偏安之国，如东晋、南宋两朝，亦能枝柱半壁，绵延至百余年之久。若辅臣而不肖，则虽以一统之国，闭关自治，而朘削元气，戕贼生灵，亦不难土崩瓦解，坐致非常之变。以古史言之，北宋有蔡京而北宋亡，南宋有贾似道而南宋亡，明有温体仁、周廷儒等而明亡。至于今日，则强邻逼处，眈眈虎视，即令安常处顺，已恐动辄得咎，坐启戎心，又何可养痈贻患，横挑邻国之怒，以贻宗社之忧？

夫为人臣子，见己国之不若人，事事为人所制，而思有以强其国，而思有以张其势，其心非不忠，其名非不美。然必我之内政修，民志孚，实有其自强之本，而后可以胜人。若使内政不修，民志不孚，徒挟其虚骄之气，逞其谬妄之思，冀以无实之大言，恫喝外人，则非徒无益，且有大损。昔日晋景延广以横磨十万剑一语，激怒契丹，卒致国亡君虏，宗社为墟，可为殷鉴。况又听信妄人之谬说，惑其荒诞不根之邪术，信其有不战屈人之本领，遂甘以民所具瞻、中外所指目之大臣，为匪徒所簧鼓。乃致焚教堂，杀教士，坐受外人之指摘。今日又闻有焚使馆害公使之事，此信如果确实，则直犯天下之不韪，虽有智者，亦无以善其后。而十八行省之土地，二万万之人民，皆将尽丧于其手，又无论九庙之灵，国家万年之长基，有不忍言者在也。

病急则治其标，河决则清其源，固必有受其责者矣。故治团匪，而但言剿办，末之末也。即剿其主持之渠魁，犹之末也。若问其本何在，则阴为怂恿之人，方足以当之矣。噫！（《中外日报》1900 年 6 月 18 日）

原乱一

呜呼！今日之乱，发之骤，激之巨，而定之之不易，忧世者知之。虽然，何以致此，岂天道耶？或以为洋教多莠民，挟势以欺良善，特其一端耳。夫一国之势，犹一家也，使持家之人，耦俱无猜，情好融恰，子弟之情可达于父兄，婢仆之情可通于长上，则其家虽贫不能自存，而邻不敢侮，佣不敢肆，即不能早作夜息以期富盛，犹可以旦夕稍安，而未致遽亡。《周易》言天地之道，莫善于泰，莫不善于否。夫否者，塞而不通之谓也。往昔不必论矣，十年以来，国家多故，宫闱之间，宦竖小人，多其言词，于是太后之慈爱，或不能尽喻于皇上，皇上之仁孝亦或不能尽达于太后，则家庭有间阻矣。

甲午中东之役，上意主战，而枢廷主和。出一令也，词是而旨非；行一策也，前从而后违，则政府成隔碍矣。大臣以持禄养，交为得计，喉舌之地，噎而不宣，言官伺隙而诋排〔诽〕之，于是相激而成水火，则朝廷多异同矣。内外之官，非如唐宋之递为代也。故秉枢之臣，多不通外事，而督抚有所措施，亦往往不顾中旨而径行之，此京师与各省之违舛也。百司庶僚皆有身家，上既不能恤之，则偶有差使，不能无所求取以自存活，而朝旨则每曰严杜中饱，长官则诃以不肖官吏。夫罪之，诚有说矣，而待之何不恕耶？此下僚与上司之蔽障也。百职既不从令，而民事憔悴。商以厘税之困，而货不流通；工以佣值之贱，而器皆苦窳。农事不修，士风不振，加以八股愚民之术，行之六七百年，而犹自以为得计，积薪之郁，而烈火焚轮，遏潦之深，而百川倒灌，固其所也。

夫邪教之兴也，必于否塞之时，一国之人泛泛悠悠，若萍蓬之相值，各不相为；然后大道闭，贤人隐，而鬼神妖伪之说，乃得以畅行于海内，而莫之止遏。汉之张角、宋之方腊，其尤著者也。桓帝有钩党之禁，徽宗立党人之碑，而皆足以召乱。盖至是则不独下之否隔愈甚，而上之亢极亦无以复加焉。参之往古，验之列邦，当剥极而复之时，必当在否终则倾之后。今日之乱，五洲之兵麕集，慄慄黔首，若死在颈，民生之不幸，无过于此时者矣。然天所以眷炎黄之子孙，使之知惧知警，翻然各有悔祸之心。士励于学，兵励于战，农工商贾各奋职事，而在上之人，亦决然改图，与天下更始，去昏狂庸冗，而任才德明干之臣，涣然大通，以从民欲，则一日之祸，即为数世之利，未可知也。《传》曰：殷忧所以启圣。呜呼，其庶几乎！(《中外日报》1900 年 7 月 4 日)

原乱二

中国之乱，至今日极矣，莫不归咎于任事诸公。而自来持论，不越两端，不訾以本性愚顽，则目为忽发狂疾，而不知此番之祸，实具有线索可寻。脉络相承之理，综而论之，盖起于守旧，成于训政，迫于废立，终于排外，四者相因，而大祸遂作，必具详所以可得言焉。

夫玩所习见，而蔽所希闻，此常人恒性使然。西人性情风气，事事不与中国相同，一旦攘利权于中国，又屡以战胜得之，由愧恨之情既多，则闭拒之心愈甚。故其在上之人守旧，则官位如故也，事权如故也，而利莫大焉；在下之人守旧，则学业如故也，议论如故也，而名莫盛焉。是故开化进步之说，无论其不知也，即知之，亦何肯见非负谤，以不容于众？此则外交六十年来朝局屡非、民智不开之原本也，所谓起于守旧者，此也。

虽然，外祸迫矣，而内难不作，其时朝廷行事，士民立论，犹得以是非相杂，新旧间厕，以强勉撑拄者数十年。自近岁以来，宫闱多故，谗邪并进，于是燎原之火，引而置蓬户之中，入室之戈，益之以萧墙之内。顾太后之谋夺政也，在癸甲之间，皇上之求变法也，在丁戊之间，观其时所欲举行者，皆大不便于诸人。如裁冗官，则朝臣以失位为忧矣。改科举，则士林以不学是惧矣。变兵制，则参佐奔告于途。删则例，则吏胥坐叹于室。又所用一二小臣，或非位轻动，一国之人，以为不祥。太后知天时已至，人心不顺，一朝复出，起而代之，于是戮朝士，购党人，废学堂，禁报馆，偶有谈新学者，指为逆党，习西书者，目之汉奸，天下之人，乃始侧目，重足钳口，结舌不敢复有所论列，而彼党之人，或恣睢公朝之上，或阴谋私室之中，或奋爪张牙以助其虐，或枯木朽株尽起为难，此皆为阻求新之蟊贼，种奇祸之胚胎，所谓成于训政者，此也。

自戊戌八月初六垂帘诏出，至初十日即有上疾甚，征医一谕，风旨所在，路人皆知。然其时各国公使，首进西医，出言有疾，不妨御体，彼党忌之。殆九月，西兵入卫使署，则益不敢有所举动，姑缓岁时，及去岁西师撤队，河冰一合逆谋又起。闻腊月间诸事处分已定，惟不识外人意向云何，乃先令某大臣取旨，法使首揭其谋，所以规讽者甚切，某大臣归报，知事不谐，乃改为立嗣，以俟后图。夫人以有所必行之事，谋之者非一年，阻之者非一次，则其郁积不通，仇恨无地以求一逞者，盖可知矣。所谓迫于废立者，此也。

夫所谓义和团者，盖皆市井无赖之流，乡邻斗很〔狠〕之辈耳。以中国论之，白莲八卦之类，何岁无之，哥老三合之类，更何地无之？然所以不致成乱者无他，上无所导，则下无所倚故也。然以正所切齿痛恨之人，谋所以去之不能，而忽闻助清美名，灭洋快事，满朝心醉，举国皆狂，则斯时非惟纵之，且或煽之，故以拆铁路，毁电杆，烧学堂，焚译署，杀教民，攻使馆，事事合政府宗旨，即事事为政府主使，盖亦可知。故无故酿祸，必起怨毒，一朝发愤，断非卤莽，所谓终于排外者，此也。然则推本言之，有守旧，而后有训政，有训政，而后有废立，有废立，而后有排外。合前后观之，当并为一事，顺其理而求之，得其柄而治之，必审是四者乃得，求之一方便失，使不循其本根，而但于枝节发见中论之，鲜不慎矣。(《中外日报》1900 年 12 月 8 日)

原乱三

前日本报（编者注：《中外日报》）著论，谓中国此次之乱，始于守旧，成于训政，迫于废立，终于排外。曾历叙其案据与其由来，以证于此。顾审其病之所在，以求其治之之法，亦不外是。就四者之中，则守旧一派，其人虽多，而其势不聚；排外一派，其人虽悍，而受创已深；惟训政、废立二派，互为贯注，互为倚伏，其党羽甚多，其声援犹盛。不急为剖别而惩治之，则不待数年其势复炽，祸又立发，是不可以不辨也。必求其人以实之，则请申说之如左。

夫守旧一派，近日若于荫霖、俞廉三、许应骙、谭钟麟等，皆蛮悍之真派，文明之大蠹。然此类皆顽而不巧，固而不贼，是仅足以害事，而不必为奸，是在诸事能整理于上，则诸人自消灭于下，无所可惧，不必深求者也。至排外一派，其事最著，其人易显，且被惩亦至矣。刚毅既死，载漪将继，毓董诸人亦必不免，此外则陈夔龙、何乃莹、王培佑三人，最为巨魁，在外人既深明之，必自治之，且此辈亦何所可否哉？睹外人之势盛，恐一官之莫保，则又相率而尚逢迎，递消息，讲联络，敦信睦，俄顷之间，顿易面目，故排外一说，数年之后，在小民未必甘心，在朝臣必当绝种，此尤无虑者矣。惟训政、废立二派，其托根最固，其流毒颇深，其反对已形，其阴谋难息，顾此二派实上承守旧，下开排外，如载漪、刚毅、徐桐、赵舒翘四人为二派之魁，然端、刚为排外领袖，徐、赵实守旧真传。

又如庆王本出入二派，而不过守旧，尚能联一国自全。荣禄本主持二派，而又近排外，然终以美名脱祸。惟英年之排外，而绝不预训政废立，怀塔布请训政，而不必关守旧排外，为独可分别耳。此外则当时侍从台谏诸人，如贻谷、黄桂鋆、庞鸿书、张仲炘、黄均隆等凡十数辈，皆帝后中之大关系，新旧间之大波澜。贻颇主废立，悍然敢任，阴谋最多。黄均隆本无奇节，但以守旧自居。黄桂鋆既附逆谋，又以排外自任，此又显殊。

若庞以功大赏薄，外任酬庸，张以小人干进，反覆获咎，又所谓祸福何常，肺肝如见者矣。嗟乎！此十数人者，在当时皆同以奸谋发大难，使今日宫庙摧毁，山陵震惊，两宫播迁，万众涂炭，谁为为之，一至于也？故以言偾事，则得罪太后也；以言怀逆，则得罪皇上也；以言酿祸，则得罪通国也；以言妄戮，则得罪全球也。实中外所不容，天人所共弃，纵不能使身厌荼毒之痛，亦当使名编凶顽之条。而欲兴中国，辨人才者，幸于此三致意焉，庶不谬作者之旨乎！(《中外日报》1900 年 12 月 11 日)

义和团与中国之关系

世界之大，可惊可惑，而又可憎恶者，非今之所谓文明国乎？坚其船，利其炮，眈眈其视，逐逐其所欲，施屋人社、墟人国之政策，下众暴寡、强凌弱之方针，不亦可惊矣乎？今日唱瓜分之言，明日唱保全之议，或已割人之要土，得人之重金，而又以告于人曰："予于此举，一时之不得已也，而今而后，当讲人道，敦玉帛，断不复蹈前非，娄取强索，以贻不知我不得已之苦衷者之怪。"不亦可惑矣乎？内政始修，外侮仅镇，不至一落千丈，辄谓吾将保泰持盈矣。见人之横侵强索于他人也，则执干戈以随之，既见侵索者之不得所欲也，则又为之太息，为之嘲笑。或倡言与此联合，使认为手足，或倡言与彼保全，使交逾肝胆。试一问其国昔日之状况如何，将来之状况如何，则固懵然绝不自量，不亦可憎可恶矣乎？呜呼！岂真不如是，遂不足以为文明国乎？当上古文化未开时代，争城争地，杀人如草，流血成河，曾无停暑者。所谓春秋无义战，审其时势，忖其人心，无足怪也。今则轮船、铁路、电线之道通矣，地球面积，日形缩小，渺兹万国，视若比邻，风教之盛，文化之隆，开亘古未有之新景，诚人群进化之时期哉。宜如何讲和平之人道，顾万国之公法，博爱仁义，以达世界文明之极点，使普天率土，弹丸莫非公国，匹夫莫非公民，国民皆公其享世界公权，自不言而喻矣。孰意计不出此，而至令人可惊可惑而又可憎恶者，所谓文明固如是耶？此所以圆首方足，苟有国民之责任者，莫不勃然奋发，攘臂兴起，思建独立旗而击自由钟，如美非之役、英杜之战其然也。吾国人虽至愚，而数十年来，受外界之激刺者，亦已至矣。尺蠖之屈，尚知求伸，岂天之特别产一人种，使如凉血部之动物，终日幽埋，毫不察觉，甘受第二犹太之恶号，印度、埃及之失权哉？不知压之愈力，则起之愈骤，理有固然。而况长江、黄河，促人激发，波涛之声，洋洋入耳也。故北部山东、直隶之人民，每谓外人之侮我，虽上天亦代为不平，当联民气以共伸之。顺天之心，尽人之责，幸则杜绝列强，不幸则亦振起。国民排外之思想，此义和团之所由来也。

义和国之崛起也，唱灭洋之议，率无学之徒，视死如归，摇动世界，屠外使，火教堂，毁公署，折〔拆〕铁道，动天下之兵，寒列强之胆，虽巨炮如雨，坚船如云，而犹苦战经时，前仆后起，直至满酋走，政府倾，北京破，然亦雅不欲罢，出死力以持之。夫义和团岂不知寡不可敌众，弱不可敌强哉？然出于爱国之心，忍无可忍，故悍然冒万死，出万难，以一敌八，冀国民之有排外自立之一日耳。而谓二三民贼，假神托鬼，所能使之履险如夷，置生死于不顾乎？乃今日执成败论人之辈，动曰团匪蹂躏北部，倾倒政府，启衅邻邦，请盟城下，是贻国家百代之羞也。噫嘻！是何言哉！夫使义和团一战而胜，有志者复乘其机而导之以国民之义务，晓之以天赋之民权，扫专制之颓风，开共和之善政，则此际之排英、排俄、排德、排法、排美、排地球各国者为义和团，安知不旋踵而排除满族、大倡改革者，非义和团耶？不过事机失败，弃甲曳兵，引狼入室，致贻人口实耳。虽然，义和团虽一败涂地，不齿于人，而其为中国种无数强根，播无数国民独立之种子，吾中国人其亦知之否耶？敢述所见以质国人，而使义和团得瞑目于九原，吾四万万同胞国民，亦知所自任焉。

吾国人日言为外人奴隶之耻矣，而不知为满洲奴隶之耻；日言排外种矣，而不知排满洲之外种。满洲人之盗窃我中原也，二百余年于兹矣。当明季失德，烈皇继统，盗贼繁兴，凶灾叠见之时，满人乘机而入，垄断独登，视吾神明之胄，曾胡虏奴隶之不若也。而考其种类，乃居吾国之东北，种原鞑靼，国号满洲，地极苦寒，不利五谷，猎鸟兽之皮而衣之，肉而食之，极其野蛮之俗，虽今日非洲之黑奴，台澎之生番，或未之逮。无教化，无礼义，如生理学家所谓"原人之起居食息，舍衣食男女之外，无余思想"者。然而其野蛮又不宁惟是。无御风雨之宫室，如上古之穴居野处也。无通书札之文字，如老死而不相往来也。聚则如蚁如蜂，散则鸟飞兽走。发则剃去其半，坠其脉，分三股而成一束，牵一发而痛全身。以如此野蛮之人种，而居然践我之土，食我之毛，主我之民，君我之国，吾国人亦遂主其主，君其君，甘为臣妾奴隶而不辞。即终岁劳动之所入，亦尽以享此满洲野蛮之人种。而满人且并不恤其艰辛，民不聊生，瞠若罔觉，甚至旅食异国，亦无势力为之护卫，徒派暴官若干人以残削之。嗟我同胞，何堪此苦乎！夫为外人之奴隶，尚不过身羁异域，履外人之土，求外人之财，犹可言也。而至对此一大蟊贼、大寇仇，窃我之土，夺我之财，我方镂心镌骨，日夜谋所以剪灭之而不暇者，乃反引为同族，靦颜而服事之，不亦慎乎！是故彼苍亦为不平，凶灾叠见，兵刀水火，无日无之。义和团之揭竿而起也，虽未达其灭洋之目的，而亦开历史之奇观。倾此二百余年根深蒂固野蛮无纪之政府，灭此不可枚举尸位素餐冥顽不灵之满族，使非天假义和团之手，借联合军之力，而为我国民雪二百余年之深恨，苟固有民权之萌芽，曷克至此？然则义和团之功勋岂浅鲜哉！此其有关系于中国者一。

且也，吾中国人不悉外情，辄自尊大，号曰中华。舍一国之外，则为洋鬼，或以番鬼目之。盖自明正德间外人侵入，葡萄牙初据香山，英吉利继据广东，吾国人见葡人，不知其所自来也，以其来自西洋，遂曰“西洋鬼”；既见英人之发红眼碧，又不知其所自来也，遂由其形色之异，而曰“红毛鬼”焉。迨至英得香港，各国商人云集，见其皆红发，皆碧眼矣，使一以“红毛鬼”目之，不且无以示区别乎？于是见其国旗之花者，曰“花旗鬼”，而声音之与英、美杂然不同者，则曰“杂港鬼”云。噫，亦可笑也已。及夫安南之失，中东之役，澎台之割，旅大、威海之借，胶州之据，广州湾之赚，九龙、新安之夺，然后吾国人稍知外人之可警可惑，而又可憎恶矣。而犹未敢遽信也，曰以我中国堂堂大地，纵作侠举，少惠于人，亦犹九牛之一毛耳，庸何伤乎？呜呼！使无义和团之启衅列强，乌有满洲贱种堂堂亲王、满洲奴隶堂堂傅相，仆仆道途，请盟城下，借几层之皂隶，为列国之马牛，忽而任驻外兵，忽而禁进军械，忽而遗派顾问，忽而停止科举哉！于是林林总总之四万万人，始惕然知有国耻矣，望议和之速成，而国政之改革矣。此义和团有关系于中国者又一。

中国人之柔筋脆骨，已为万国所不齿矣！绝东老大之号，第二犹太之名，已凄声入耳矣。甲午一败，割地求和，俯首帖耳，任外人之取予，而曾不敢稍违，民气奄奄，人心其死尽矣。然而悍勇之粤人，受九龙、新安之奇辱，不顾政令，攘臂一呼，揭竿皆起，虽未能达其拒外之目的，复其自有之土地，而民气所至，已足震动全球。即平日之鄙我以睡狮病兽者，亦未尝不谓其言之过甚也。今日义和团之赤拳锈刃，又何以一勇至此哉？不过以目击德据山东之奇惨不忍闻见，故如击石钻木，力之愈烈，则木石愈热，电火从此而生。义和团亦如木石之电火，因击钻过力而起者也。不然，何以不见于其他之十余省乎？如是，则我中国之民气，固未尝尽泯。刃未加颈，酸未沾唇，故如蛰之虫，嗫而不发。诚使春雷一振，万汇皆苏，吾恐唧唧之声，又将出而轰人耳目。然则义和团此举，实为中国民气之代表，排外之先声矣。彼眈眈逐逐，以一鼾睡而目尽我中国人，而狂思忘〔妄〕想豆剖瓜分我中国者，观于此，能无废然变计耶？此其有关系于中国者又一。

"能勇于私斗者，则公战必勇。"此欧美硕学家之通论也。今日义和团之起，其人不过直隶山东，所恃不过满洲政府，其思想极下，其战斗极私，而能气象发皇，精神活动，置生死于度外，务欲灭尽外人之迹，火尽外人之居，如是则今日虽追奔逐北，溅血横尸，要其勇之一字，未尝不轰全球人之耳，电全球人之目也。如是则彼可惊可惑，而又可憎恶之所谓文明国人，平日唱兵力瓜分、和平瓜分之议，或涂红圈绿线于中国地图，谋某地为某国势力范围之企图者，或亦未敢如前此之猖獗乎？且即欲达其野心之目的，又不知当立何种之方针、施何种之政策，然后敢向我亚细亚绝东而一发矢也。此义和团有关系于中国者又一。

义和团与中国之关系如此，其不可辄目为匪也矣，而中国国民之精神，亦可从此振刷矣。孟子曰："虽有智慧，不如乘势。"今日乃吾国民振刷精神之好时机也，华盛顿、拿破仑犹将以追踪许之，况今日民权独立、政体自由之理论，已印入人脑，牢不可拔。所谓时势造英雄，有如是哉！呜呼！大声叱咤，开廿纪之风云，只手提携，张自由之旗鼓。席卷念二省，苏尽亿兆人，尽国民之责任，种同胞之幸福，在此时也。不幸不济，亦将以血继之，不然，则印度、埃及之死水，即进渡太平洋而入我黄河、扬子江之流域矣。凄风飒飒，苦雨潇潇，每念及此，毛骨洒拆。不知吾同胞国民，其亦致意于此否耶？抑勃然兴起，而辟创一新世界耶？日夕望之矣！（《黄帝魂》）

论中国拳时情势

当今时势，泰西各国非与中国拳匪争闹，实与中国国家争战矣。中国政府，是否纵容拳匪，抑系帮助西人剿除拳匪，尚未揭明。昨日大沽战事，是否奉有训条，不得而知，然西人既已开炮，其情形实系与中国国家开仗。德国驻烟台来电云：大沽炮台与各国兵船开战。又云：华人在大沽口外安置鱼雷，并由山海关一带调集兵勇，各国水师统领公递哀的美敦书，限西六月十七日即中五月二十一日午后二点钟将炮台退出，然十六夜间一点钟，炮台开炮迎击至七点钟之久。闻有英船二只被沉，所有电线、铁路均被拆毁，水陆往来亦属危险。

香港电称：中国兵丁现在拦阻各国兵丁前赴北京。他处各电虽未言中西已开战，然各兵前进甚迟，足见开战，事非无因。德公使在京被害一节，虽无实在消息，然观以下各电可以为证。烟台领事十八日早来电云：据日本猎船传说，各国驻京使署，均被人占住等语。日船所云是否有人嘱其知照，抑系耳闻谣言，不得而知。十七日上海电：中国电局总办接北电云，董福祥会同拳匪攻打各使馆，被毁者数处，使臣被害者一人，究系何国公使，不得而知，或即德公使克君。上礼拜各使馆知照总理衙门云：倘一使馆被攻，各使臣及使馆各员如有一人受伤者，即各国会集与中国开仗。总理衙门并无复文，拳匪暨兵勇即聚攻使馆，政府之意于此可见。

又电：北京人心惶惶，劫杀之事层见迭出，德公使被擒，拳匪大队把守街路，俾各使馆彼此不能通信，中国兵丁大半有意迎击西人所派之兵，各国所派之兵，共计二千人，不能前往北京。闻西兵后路，中国已派人截断，北京城大约已被拳匪占踞，使馆被毁，使臣被擒，或竟被害，所有前派之西兵数百人，无济于事，想已被擒矣。

英报云：美拟派兵一万，恐亦无济也。各国国家所办之事，将来必有吃亏处，恐有后悔。上次中日战事，华兵诚哉失利，而其与欧人战事则不然，即如马江之战，华兵颇出力，可为前鉴。

查闹事之由，自德国占据胶州始。德国首先吞并中国地方，俄、英随之，前占胶州之时，国家总云和平商租。议院卑博士云：并非商租，实系夺取，与英国夺檀地事同一律。犹忆德皇前在西耳地方云：与中国办事，须用铁甲、拳头。其意须以兵力知之。当时大众不以为然，今请观以铁甲拳头办事，究竟如何？国家甚愿侵占中国土地，有伤中国体面，以至刻下生出如许多事。克虏伯炮，中国人亦能开放，英兵船沉没可以为证，当初德国国家专意保护制造之事，今楚材晋用，我欧人亦被攻击矣。

现在中国之事，可见中国人决不甘心各国瓜分，办东方事之人，可以明白，此事并非容易。外国人至中国，无非吮华民之血，食华民之肉，此系中国神人共愤之事。中国有中国之教，何以必欲使从西教？欧人所传之教名为耶稣，而所为之事，与国家劝善本意大相径庭，为何分人之国，为何强使华人购买西人之物？中国虽与檀人不同，而其保护本国之心则一也。凡有人心者，无不助华人，且与助檀人者一律。大沽虽已开仗，伤及德人，甚至殒命，我辈亦甚矜怜，然不能因此而怨华民也。（译柏林《民报》）（《中国近代史资料丛刊·义和团》第四册）

巴兰德中国拳祸论（译孚斯报）

欧人不必因拳匪蠢动，视为极重之事。以现时中国情形而论，亦犹我德人之不喜英人，又如欧人之仇视犹太人，动辄诋毁。六十年前，欧洲以强力逼中国通商，至四十年前，教士陆续至东方，分布各处，直欲将中国素所信奉若父母神佛，一概欲涸除之。六年前，又强逼中国建造铁路，又纷纷传说瓜分中国，欧人之逼迫中国如此，华人所以亟思自强以与欧人抗也。

以红拳会而论，亦以欧人逼迫，思以自保之故。拳匪亦知不能与欧人抗，徒自扰乱，自取败亡。然各国人民，无不自图保护，则拳匪作乱，亦不可概以乱党目之。中廷将肇事之人惩创，党徒自然分散，可无烦兵力，即可平静，然平静之后，欧洲与中国有约之国，善后事宜，究竟若何办理？至中廷所允各国之事出于逼迫，无可奈何，而事之与民心合否，一概不问。逆民而办事，我决其必不可行耳。何者？铁路矿务，不但存本甚巨，第一要义，在于民心信服，否则费款甚巨，而于事无济也。

平定匪党，非可徒以枪炮从事，亦在顺服民心，若欲中国变法，亦须顺服百姓之心，择人心明白之处首先创办，则知变法之益，自可渐推渐广。至欲改变新章，华人实未知之，若农商之有利益可见，易于改图，华人若知变法之益，早改新法矣。其不变法之由，一则国家毫不讲求，而一二识时务之人，又不能宣讲于民间，百姓蠢然无知，缘是新法之不能行也。

前者法外部大臣茹非利主议与中国启战，办理舛误，兵费至数百万，死伤至数千人，至今所得安南如获石田，茹外部因此斥退，与茹外部同议斥退甚多，新报每闻在中国得一利益以为得计，而其中利病之处，尚未知焉。病者何？中国数千年之古国，素能坚忍，凡在中国得利之人，彼必待徐徐设法，使其为难。故以余意，办理东方之事，不可专意霸道，须向人徐徐开导，使民晓然无疑，如是则商务可兴，而教化亦推广矣。如此办理，方为合法，若专尚威力，非计之得也。欧洲各国，若能如此，则余有厚望焉！（《中国近代史资料丛刊·义和团》第四册）

巴兰德中国会党论

中国之人，私立会党，名目甚繁，自古有之，不足怪也。周时诸侯，各借会党之力，互相吞并，此载在史册者也。迨及秦世，遂改封建而为郡县，迄今二千二百余年矣。其间更换朝代三十余次，有鞑靼、有蒙古、有满洲，大半皆借会党之力而立为国。今日之会党，或为在礼（理），或为白莲，或为天地、三合、哥老、大刀、金钟罩等会，名目虽异，而同为会党则一也。稍遇事故，一呼百应，揭竿而起，与国家为难。犹忆昔时中国内乱，旗上大书驱逐满人，重立大明；或书杀死洋人，以保穷黎等字。私立帝号，伪造玺印，此皆愚弄百姓，而遂其抢劫之私也。

查以上各会倡立之初，无非欲使在会之人，凡有缓急，互相援助，或事关某行事业，则所有某行事业之人，可以集众妥商。其立会之意，原与国事无涉，故官家未严禁也。现在闹事之人，名为大拳会，旗书"助清灭洋"。据此而论，大拳会匪似非欲与中国国家为难者，细揣其故，谅因近年来欧洲各报，屡倡瓜分中国之议，华人闻之，自必不悦，因怒生恨，积成今日之变。

曩日洪秀全之乱，有英国教士若干人暗中勾串，且英国教士亦均自认不讳。九十八年，中国更改新法，致生内变，亦有英国教士从中煽惑。且近年来，凡遇骚动之事，虽与中国国政毫无干涉，而英教士辄谓华民不喜皇太后，百姓寻事，日与为难，此等造言蛊惑，何怪华民愤恨洋人也。

此次拳匪滋闹，华官初未尽力弹压者，颇似意在欲使欧人知华民利害，决不至坐任瓜分，不早自为计也。滋闹既久，聚集愈众，国家虽欲弹压，一时亦难措手矣。上年中国商务，甚为兴旺，海关税项，较往年多收三百余万两。此次闹事，只在北省一区，似与商务尚无妨碍。中国地大物博，人烟稠密，稍遇事故，倘不即时扑灭，最易酿成巨祸，而向来华人视为常事，并不惊惶。此次拳匪滋闹，中国必能不日削平，如欧洲各国静以待之，不稍干预，则尤妙矣。（《中国近代史资料丛刊·义和团》第四册）

德人之言

柏林《北德新报》，有论东方时事者曰：德国外交政策，有关东亚者，原与俄国声气应求，将来亦不致再有变局，对英亦然，且日、美利益，德国亦决不藐视，但望列国和衷共济，无怠厥初。然德国亦不能将中国事务，悉委诸列邦，德国所望，皆不过欲弭乱而已。至如瓜分中国，则德国有所不取也。（译日本台报）（《中国近代史资料丛刊·义和团》第四册）

十三、戊戌政变后维新思想家的启蒙思想

导　论

戊戌政变发生后，谭嗣同、康广仁等六君子被杀；康有为、梁启超作为要犯受到通缉，后来分别在英国人、日本人的帮助下逃到日本。严复由于没有参加戊戌变法的实际活动，未受到清政府的政治迫害，继续担任北洋水师学堂的校长。经过一段时间的痛定思痛之后，维新思想家们又重新振作起来，继续其未竟的维新变法事业，积极参与"保光绪，救中国"、反对慈禧废立光绪阴谋的活动。在从事未竟的维新变法事业的同时，维新思想家们又以极大的热情投身于思想启蒙活动。与他们的维新变法事业相比较，他们的思想启蒙活动所取得的成绩要大得多，影响也大得多。本章将从以下四个方面对戊戌变法后维新思想家们启蒙思想的资料做一整理：译介西学和批判封建思想；梁启超的"新民说"；康有为的"大同书"思想；严译"八大名著"。

1. 译介西学和批判封建思想

引 言

戊戌变法失败后，维新思想家们以极大的热情投身于思想启蒙活动，而他们最主要的启蒙活动之一，就是译介西书、批判封建思想。梁启超和严复是这一时期译介西方社会科学著作、传播西方思想文化的旗手，西方的众多思想家、学术流派及其著作都是由他们译介到中国来的。比如梁启超就介绍过卢梭、培根（倍根）、笛卡儿、达尔文、康德、亚当·斯密、孟德斯鸠、亚里士多德、柏拉图、苏格拉底、霍布士、斯宾诺莎（斯片挪莎）、洛克、黎普尼士、休谟、倭儿弗、伯伦知理、边沁、颉德、哥白尼、瓦特、牛顿（奈端）、斯宾塞、富兰克林、福泽谕吉等人的学说，这其中既有哲学家、政治学家、经济学家、社会学家，也有科学家、伦理学家、文学家。希腊的古典学术、英国的经济学说、法国的民主政治理论、德国的哲学流派以及当时在欧美蔚然兴起的社会主义思潮，在梁启超的笔下都有深浅不同、详略不等的介绍。据学者研究，科学社会主义学说的创始人马克思的名字，就是首先由梁启超在《新民丛报》这份纯粹由中国人办的刊物上介绍给中国人的。（耿云志《〈新民丛报〉前期梁启超对思想启蒙运动的主要贡献》，载《论戊戌维新运动及康有为、梁启超》，广东人民出版社1985年版）我们只要翻阅一下《饮冰室合集》的目录，浏览一下《新民丛报》的内容，就不得不承认梁启超是中国20世纪初译介西方社会科学著作、传播西方思想文化的旗手。据粗略统计，仅《饮冰室合集》涉及的欧美、日本有影响的思想文化名人，就达50多人，这在当时无有出其右者。严复是当时译介西学的另一主力，有严译"八大名著"，除《天演论》出版于1898年和《名学浅说》出版于1909年外，其余六部都翻译和出版于1901年至1905年之间。除梁启超和严复外，康有为、王国维等也为西学的输入做出过重要贡献。

梁启超

国民十大元气论（节选）

叙论

爰有大物，听之无声，视之无形，不可以假借，不可以强取，发荣而滋长之，则可以包罗地球，鼓铸万物；摧残而压抑之，则忽焉萎缩，踪影俱绝，其为物也，时进时退，时荣时枯，时污时隆，不知其由天欤？由人欤？虽然，人有之则生，无之则死；国有之则存，无之则亡。不宁惟是，苟其有之，则濒死而必生，已亡而复存；苟其无之，则虽生而犹死，名存而实亡，斯物也，无以名之，名之曰"元气"。

今所称识时务之俊杰，孰不曰泰西者文明之国也，欲进吾国，使与泰西各国相等，必先求进吾国之文明，使与泰西文明相等，此言诚当矣。虽然，文明者，有形质焉，有精神焉，求形质之文明易，求精神之文明难。精神既具，则形质自生；精神不存，则形质无附，然则真文明者，只有精神而已。故以先知先觉自任者，于此二者之先后缓急，不可不留意也，

游于上海、香港之间，见有目悬金圈之镜，手持淡巴之卷，昼乘四轮之马车，夕啖长桌之华宴，如此者可谓之文明乎？决不可。陆有石室，川有铁桥，海有轮舟，竭国力以购军舰，朘民财以效洋操，如此者可谓之文明乎？决不可。何也？皆其形质也，非其精神也，求文明而从形质入，如行死港，处处遇窒碍，而更无他路可以别通，其势必不能达其目的，至尽弃其前功而后已，求文明而从精神入，如导大川，一清其源，则千里直泻，沛然莫之能御也，

所谓精神者何？即国民之元气是矣，自衣服、饮食、器械、宫室，乃至政治、法律，皆耳目之所得闻见者也，故皆谓之形质，而形质之中，亦有虚实之异焉，如政治、法律焉，虽耳可闻，目可见，然以手不可握之，以钱不可购之，故其得之也亦稍难。故衣食、器械者，可谓形质之形质，而政治、法律者，可谓形质之精神也。若夫国民元气，则非一朝一夕之所可致，非一人一家之所可成，非政府之力所能强逼，非宗门之教所能劝导，孟子曰：以直养而无害，则塞于天地之间，是之谓精神之精神，求精神之

精神者，必以精神感召之，若支支节节，模范其形质，终不能成。语曰：国于天地，必有与立。国所与立者何？曰民而已。民所以立者何？曰气而已。故吾今者举国民元气十大端次第论之，冀我同胞赐省览而自兴起焉。

独立论第一

独立者何？不借他力之扶助，而屹然自立于世界者也。人而不能独立，时曰奴隶，于民法上不认为公民；国而不能独立，时曰附庸，于公法上不认为公国。嗟乎！独立之不可以已如是也。《易》曰："君子以独立不惧。"《孟子》曰："若夫豪杰之士，虽无文王犹兴。"又曰："彼丈夫也，我丈夫也，吾何畏彼哉！"人苟不自居君子而自居细人，不自命豪杰而自命凡民，不自为丈夫而甘为妾妇，则亦已矣。苟其不然，则当自养独立之性始。

人有三等，一曰困缚于旧风气之中者，二曰跳出于旧风气之外者，三曰跳出旧风气而后能造新风气者。夫世界之所以长不灭而日进化者，赖有造新风气之人而已。天下事往往有十年以后，举世之人，人人能思之，能言之，能行之。而在十年以前，思之、言之、行之仅一二人，而举世目为狂悖，从而非笑之，夫同一思想、言论、行事也。而在后则为同，在前则为独，同之与独，岂有定形哉？既曰公理，则无所不同，而于同之前必有独之一界。此因果阶级之定序必不可避者也。先于同者则谓之独，古所称先知先觉者，皆终其身立于独之境界者也，惟先觉者出其所独以公诸天下，不数年而独者皆为同矣，使于十年前无此独立之一二人以倡之，则十年以后之世界，犹前世界也。故独立性者，孕育世界之原料也。

俗论动曰：非古人之法言不敢道，非古人之法行不敢行。此奴隶根性之言也。夫古人自古人，我自我，我有官体，我有脑筋，不自用之，而以古人之官体为官体，以古人之脑筋为脑筋，是我不过一有机无灵之土木偶，是不啻世界上无复我之一人也。世界上缺我一人不足惜，然使世界上人人皆如我，人人皆不自有其官体、脑筋，而一以附从之于他人，是率全世界之人而为土木偶，是不啻全世界无复一人也。若是者，吾名之曰水母世界（木元卢海赋曰：水母目虾，谓水母无目，以虾目为目也）。故无独立性者，毁灭世界之毒药也。

阳明学之真髓曰："知行合一。"知而不行，等于不知，独立者实行之谓也。或者曰：我欲行之，惜无同我而助我者，行之无益也，吾以为此亦奴隶根性之言也。我望助于人，人亦望助于我，我以无助而不行，人亦以无助而不行，是天下事终无行之时也。西谚曰："天常助自助者。"又曰："我之身即我之第一好帮手也。"凡事有所待于外者，则其精进之力必减，而其所成就必弱，自助者其责任既专一，其所成就亦因以加厚。故曰：天助自助者。孤军陷重围，人人处于必死，怯者犹能决一斗，而此必死之志、决斗之气，正乃最后之成功也。独立云者，日日以孤军冲突于重围之中者也，故能与旧风气战而终胜之。孔子曰："天下有道，丘不与易。"孟子曰："当今之世，舍我其谁！"独立之谓也，自助之谓也。

　　天下不能独立之人，其别亦有二，一曰望人之助者，二曰仰人之庇者。望人之助者，盖凡民也，犹可言也。仰人之庇者，真奴隶也，不可言也。呜呼！吾一语及此，而不禁太息痛恨于我中国奴隶根性之人何其多也！试一思之，吾中国四万万人，其不仰庇于他人者几何哉？人人皆有其所仰庇者，所仰庇之人，又有其所仰庇者，层积而上之，至于不可纪极，而求其真能超然独立与世界直接者，殆几绝也。公法：凡国之仰庇于他国者，则其国应享之权利，尽归于所仰庇国之内。而世界上不啻无此国，然则人之仰庇于他人者，亦不啻世界上无此人明矣。而今吾中国四万万皆仰庇于他人之人，是名虽四万万，实则无一人也。以全国之大，而至于无一人，天下可痛之事，孰过此也？

　　孟德斯鸠曰："凡君主国之人民，每以斤斤之官爵名号为性命相依之事，往往望贵人之一颦一笑，如天帝，如鬼神者。"孟氏言之，慨然有余痛焉，而不知我中国之状态，更有甚于此百倍者也。今夫畜犬，见其主人，摆颈摇尾，前趋后蹑者，为求食也。今夫游妓，遇其所欢，涂脂抹粉，目挑心招者，为缠头也。若夫以有灵觉之人类，以有血性之男子，而其实乃不免为畜犬、游妓之所为，举国如是，犹谓之有人焉，不可得也。吾今为此言，人必坐吾以刻薄之罪，吾亦固不忍言之。虽然，试观今日所谓士大夫者，其于求富贵利达之事，与彼畜犬、游妓之所异者能几何也？士大夫，一国之代表也，而竟如是，谓国之有人，不可得也。夫彼求富贵利达者，必出于畜犬、游妓之行何也？以有所仰庇也，此一种仰庇于人之心，习之成性，积数千年铭刻于脑筋而莫或以为怪，稍有倡异议者，不以为大逆不道，则以为丧心病狂也。彼其论殆谓人不可一日不受庇于人者，今日不受庇于甲，明日必当受庇于乙，如彼史家所论，谓不可一日无正统是也。又，其人但能庇我，吾则仰之，不论其为何如人，如彼史家所纪载，今日方目之为盗贼，明日已称之为神圣文武太祖高皇帝是也。故数千年来受庇于大盗之刘邦、朱元璋，受庇于篡贼之曹丕、司马师、刘裕、赵匡胤，受庇于贱种之刘渊、石勒、耶律、完颜、成吉思，皆靦然不之怪，从其摆颈摇尾，涂脂抹粉，以为分所宜然，但求无一日无庇我之人足矣。呜呼！吾不知我中国此种畜性、奴性，何时始能划除之而化易之也，今来庇我者，又将易他人矣。不见乎入耶稣教、天主教者遍于行省乎？不见乎求入英籍、日本籍者接踵而立乎？不见乎上海、香港之地皮涨价至百数十倍乎？何也？为求庇耳！有心者，方欲以瓜分革命之惨祸致动众人，而不知彼畜根奴性之人，营狡兔之三窟固已久矣。此根性不破，虽有国不得谓之有人，虽有人不得谓之有国。

哀时客曰：今之论者，动曰西人将以我为牛马、为奴隶，吾以为特患同胞之自为牛马、自为奴隶而已。苟不尔，则必无人能牛马之、奴隶之者，我国民盍兴乎来？（《清议报》第三十三册，1899 年 12 月 23 日，署名"哀时客稿"）

论近世国民竞争之大势及中国之前途

第一节 国民与国家之异

中国人不知有国民也，数千年来通行之语，只有以国、家二字并称者，未闻有以国、民二字并称者。国家者何？国民者何？国家者，以国为一家私产之称也。古者国之起原，必自家族，一族之长者，若其勇者，统率其族以与他族相角，久之而化家为国。其权无限，奴畜群族，鞭笞叱咤，一家失势，他家代之，以暴易暴，无有已时，是之谓国家。国民者，以国为人民公产之称也。国者，积民而成，舍民之外，则无有国。以一国之民，治一国之事，定一国之法，谋一国之利，捍一国之患，其民不可得而侮，其国不可得而亡，是之谓国民。

第二节 国民竞争与国家竞争之异

有国家之竞争，有国民之竞争。国家竞争者，国君縻烂其民以与他国争者也。国民竞争者，一国之人各自为其性命财产之关系而与他国争者也。孔子之无义战也，墨子之非攻也，孟子所谓率土地而食人肉罪不容于死也，皆为国家竞争者言之也。近世欧洲大家之论曰：竞争者，进化之母也；战事者，文明之媒也。为国民竞争者言之也，国家竞争其力薄，国民竞争其力强；国家竞争其时短，国民竞争其时长。

今夫秦始皇也，亚历山大也，成吉思汗也，拿坡仑也，古今东西史乘所称武功最盛之人也。其战也，皆出自封豕长蛇之野心，席卷囊括之异志，耽耽逐逐，不复可制，遂不惜驱一国之人以殉之。其战也，一人之战，非一国之战也，惟一人之战，故其从战者皆迫于号令，不得已而赴之，苟可以规避者，则获免为幸，是以其军志易涣，其军气易馁，故曰其力弱。惟一人之战，故其人一旦而败也，一旦而死也，其战事遂烟消瓦解，不留其影响，故曰其时短。若国民竞争则反是，凡任国事者遇国难之至，当视其敌国为国家之竞争乎，为国民之竞争乎，然后可以语于抵御之法也。

第三节　今日世界之竞争力与其由来

呜呼！世界竞争之运，至今日而极矣。其原动力发始于欧洲，转战突进，盘若旋风，疾若掣电，倏忽叱咤而遍于全球。试一披地图，世界六大陆，白色人种已有其五，所余者惟亚细亚一洲而已。而此亚细亚者，其面积二分之一，其人口十分之四，已属白人肘腋之物。盖自洲之中部至北部全体，已为俄人所有，里海殆如俄国之内湖；南部之中央五印度全境，为英奴隶；印度西邻之阿富汗、俾路芝，亦为英之保护国，归其势力范围之内。法国当距今四十年前，始染指于亚洲之东南；同治元年，占交趾，灭柬埔寨；光绪十年，遂亡安南；十九年，败暹罗，割其地三分之一。英人于光绪十一年，亡缅甸，擒其王。而波斯因英、俄均权，仅留残喘。高丽因俄、日协议，聊保余生，计欧人竞争之力所及，除其余四大洲外，而所得于亚细亚之领地者。则：

	面积（日本里）	人口
亚细亚洲	2,880,000方里	835,000,000人
俄属	1,100,000方里	20,000,000人
英属	330,000方里	300,000,000人
法属	44,700方里	22,000,000人
葡属	1,300方里	1,000,000人
欧属总计	1,476,000方里	343,000,000人

其竞争力之强悍，而过去成绩之宏伟也如此。今者移戈东向，万马齐力，以集于我支那，然则其力之所由来与其所终极，不可不惴惴而留意也。

自前世纪以来，学术日兴，机器日出，资本日加，工业日盛，而欧洲全境，遂有生产过度之患，其所产物不能不觅销售之地，前者哥仑布之开美洲，谓为新世界，谓足以调剂欧洲之膨胀，然数百年来，即已自成为产物之地，昔为欧人殖民之域者，今方且谋殖民于他境，其次如印度，如澳洲，欧人以全力经营之，将赖之为消受产物之所，不数十年，非直不能消受而已。而其本地所产之物，又且皇皇然谋销场于他地。于是欧人大窘，不得已而分割亚非利加，举洲若狂。今者虽撒哈拉大沙漠中一粒之沙，亦有主权者矣。虽然，以欧人之工商业，而欲求主顾于非洲人，虽费尽心血以开通之，其收效必在百数十年以后，而彼其生产过度之景况，殆不可终日。于是欧人益大窘，于是皇皇四顾，茫茫大地，不得不瞵其鹰目，涎其虎口，以暗吸明噬我四千年文明祖国，二万万里膏腴天府之支那。

第四节　今日世界之竞争，国民竞争也

由此观之，今日欧美诸国之竞争，非如秦始皇、亚力山大、成吉思汗、拿破仑之徒之逞其野心，黩兵以为快也，非如封建割据之世，列国民贼，缘一时之私忿，谋一时之私利，而兴兵构怨也。其原动力乃起于国民之争自存，以天演家物竞天择、优胜劣败之公例推之，盖有欲已而不能已者焉。故其争也，非属于国家之事，而属于人群之事；非属于君相之事，而属于民间之事；非属于政治之事，而属于经济（用日本名今译之为资生）之事。故夫昔之争属于国家、君相、政治者，未必人民之所同欲也。今则人人为其性命财产而争，万众如一心焉。昔之争属于国家、君相、政治者，过其时而可以息也，今则时时为其性命财产而争，终古无已时焉。呜呼！危矣殆哉！当其冲者，何以御之？

第五节　中国之前途

哀时客曰：哀哉！吾中国之不知有国民也。不知有国民，于是误认国民之竞争为国家之竞争，故不得所以待之之道，而终为其所制也。待之之道若何？曰：以国家来侵者，则可以国家之力抵之；以国民来侵者，则必以国民之力抵之。国民力者，诸力中最强大而坚忍者也。欧洲国民力之发达，亦不过百余年间事耳，然挟之以挥斥八极，亭毒全球，游刃有余，贯革七

札。虽然，彼其力所能及之国，必其国无国民力者也。苟遇有国民力之国，则欧人之锋固不得不顿，而其舵固不得不转。何以证之？昔者，白种人以外之国，其有此力者殆希也。而三十年前一遇之于日本，近则再遇之于菲律宾，三遇之于德郎士哇儿（即南阿共和国，近与英国议开战者）。夫以三十年前之日本与今日之菲律宾、德郎士哇儿比诸欧美诸雄，其强弱之相去不可以道里计也。然欧美之锋为之顿而舵为之转者，何也？以国民之力抵他人国民竞争之来侵，其所施者当而其收效易易也。

今我中国国土云者，一家之私产也。国际（即交涉事件）云者，一家之私事也；国难云者，一家之私祸也；国耻云者，一家之私辱也。民不知有国，国不知有民，以之与前此国家竞争之世界相遇，或犹可以图存，今也在国民竞争最烈之时，其将何以堪之？其将何以堪之？欧人知其病源也，故常以猛力威我国家，而常以暗力侵我国民。威国家何以用猛力？知国家之力必不足以抗我，而国事非民所能过问。民无爱国心，虽摧辱其国而莫予愤也。侵国民何以必用暗力？知政府不爱民，虽侵之而必不足以动其心。特恐民一旦知之，而其力将发而不能制，故行之以阴，受之以柔也。呜呼！今之铁路、矿务、关税、租界、传教之事，非皆以暗力行之者乎？充其利用暗力之极量，必至尽寄其力于今日之政府与各省官吏，挟之以钤压我国民。于是我国民永无觉悟之时，国民之力永无发达之时，然后彼之所谓生产过度，皇皇然争自存者，乃得长以我国为外府而无复忧矣，此欧洲人之志也。

呜呼！我国民其有知此者乎？苟其未知，吾愿其思所以知之，苟其已知，吾愿其思所以行之。行之维何？曰：仍在国民力而已。国民何以能有力？力也者，非他人所能与我，我自有之而自伸之，自求之而自得之者也。彼欧洲国民之能有力，盖不知掷几许头颅，洒几许鲜血以易之矣。国民乎！国民乎！其犹有争自存之心乎？抑曾菲律宾、德郎士哇儿之不若也？（《清议报》第三十册，1899 年 10 月 15 日，署名“哀时客稿”）

自由书（节选）

叙言

自东徂以来，与彼都人士相接，诵其诗，读其书，时有所感触，与一二贤师友倾吐之，过而辄忘。无涯生曰：盍最而记之？自惟东鳞西爪，竹头木屑，记之无补于天下。虽然，可以自验其学识之进退、气力之消长也，因日记数条以自课焉。每有所触，应时援笔，无体例，无宗旨，无次序；或发论，或讲学，或记事，或钞书；或用文言，或用俚语，惟意所之。庄生曰："我朝受命而夕饮冰，我其内热欤。"以名吾室。西儒约翰·弥勒曰："人群之进化，莫要于思想自由，言论自由，出版自由。"三大自由，皆备于我焉，以名吾书。己亥七月一日，著者识。

成败

凡任天下大事者，不可不先破成败之见。然破此见，大非易事。必知天下之事，无所谓成，无所谓败，参透此理而笃信之，则庶几矣。何言乎无所谓成？天下进化之理，无有穷也，进一级更有一级，透一层更有一层。今之所谓文明大业者，自他日观之，或笑为野蛮，不值一钱矣。然则所谓成者果何在乎？使吾之业能成于一国，而全世界应办之事复无限，其不成者正多矣；使吾之业能成于一时，而来世界应办之事复无限，其不成者正多矣。况即以一时一国论之，欲求所谓美满圆好、毫无缺憾者，终不可得。其有缺憾者，即其不成者也。盖世界之进化无穷，故事业亦因之无穷，而人生之年命境运、聪明才力则有穷。以有穷者入于无穷者，而欲云有成，万无是处。何言乎无所谓败？天下之理，不外因果。不造因则断不能结果，既造因则无有不结果，而其结果之迟速远近，则因其内力与外境而生种种差别。浅见之徒，偶然未见其结果，因谓之为败云尔。不知败于此者或成于彼，败于今者或成于后，败于我者或成于人。尽一分之心力，必有一分之补益，故惟日孜孜，但以造因为事，则他日结果之收成，必有不可量者。若怵于目前，以为败矣，败矣而不复办事，则遂无成之一日而已。故办事者立于不败之地者也，不办事者立于全败之地者也。苟通乎此二理，知无所谓成，则无希冀心；知无所谓败，则无恐怖心。无希冀心，无恐怖心，然后尽吾职分之所当为，行吾良知所不能自已，奋其身以入于世界中，磊磊落落，独往独来。大丈夫之志也，大丈夫之行也，

日本维新之首功，西乡乎？木户乎？大久保乎？曰：唯唯否否。伊藤乎？大隈乎？井上乎？后藤乎？板垣乎？曰：唯唯否否。诸子皆以成为成者也。若以败为成者，则吉田松阴其人是也。吉田诸先辈造其因，而明治

诸元勋收其果。无因则无果，故松阴辈当为功首也。考松阴生平欲办之事，无一成者。初欲投西舰逃海外求学而不成，既欲纠志士入京都勤王而不成，既欲遣同志阻长藩东上而不成，事事为当道所抑压，卒坐吏议就戮，时年不过三十，其败也可谓至矣。然松阴死后，举国志士，风起水涌，卒倾幕府，成维新，长门藩士最有力焉，皆松阴之门人也。吾所谓败于今而成于后，败于己而成于人，正谓是也。丈夫以身任天下事，为天下耳，非为身也。但有益于天下，成之何必自我？必求自我成之，则是为身也，非为天下也。

吉田松阴曰："今之号称正义人，观望持重者，比比皆是，是为最下策；何如轻快捷速，打破局面，然后徐图占地布石之为胜乎？"又曰："士不志道则已，苟志道矣，而畏祸惧罪，有所不尽于言，取容当世，贻误将来，岂君子学者之所为哉？"又曰："今日事机之会，朝去夕来，使有志之士，随变喜怒于其间，何能有为？"又曰："当今天下之事，有眼者皆见而知之，吾党为任甚重，立志宜大，不可区区而自足。"又曰："生死离合，人事倏忽，但不夺者志，不灭者业，天地间可恃者独是而已。死生原是开阖眼，祸福正如反覆手。呜呼！大丈夫之所重，在彼不在此也。"又曰："今世俗有一说曰，时尚未至，轻动取败，何如浮沉流俗，免人怪怒，乘时一起，攫取功名耶？当今所谓有志之士，皆抱持此说。抱持此说者，岂未思今上皇帝之宸忧乎？宸忧如彼，犹抱持此说，非士之有志者也。"以上各条，吾愿以书诸绅，亦愿我同志以书诸绅。

读松阴之集，然后知日本有今日之维新者，盖非偶然矣。老子曰："不为天下先。"盖为天下先者，未有不败者也。然天下人人皆畏败而惮先，天下遂以腐坏不可收拾。吉田松阴之流，先天下以自取败者也。天下之事，往往有数百年梦想不及者，忽焉一人倡之，数人和之，不数年而遍于天下焉。苟无此倡之之一人，则或沉埋隐伏更历数十年、数百年而不出现，石沉大海，云散太虚而已。然后叹老氏之学之毒天下，未有艾也。

文野三界之别

泰西学者，分世界人类为三级，一曰蛮野之人，二曰半开之人，三曰文明之人。其在《春秋》之义，则谓之据乱世、升平世、太平世。皆有阶级，顺序而升。此进化之公理，而世界人民所公认也，其轨度与事实，有确然不可假借者。今略胪列之如下。

第一，居无常处，食无常品；逐便利而成群，利尽则辄散去。虽能佃渔以充衣食，而不知器械之用；虽有文字，而不知学问。常畏天灾，冀天幸，坐待偶然之祸福，仰仗人为之恩威，而不能操其主权于己身。如是者，谓之蛮野之人。

第二，农业大开，衣食颇具，建邦设都。自外形观之，虽已成为一国，然观其内，实则不完备者甚多。文学虽盛，而务实学者少。其于交际也，猜疑之心虽甚深，及谈事物之理，则不能发疑以求真是；摹拟之细工虽巧，而创造之能力甚乏，知修旧而不知改旧。交际虽有规则，而其所谓规则者，皆由习惯而成，如是者，谓之半开之人，

第三，范围天地间种种事物于规则之内，而以己身入其中以鼓铸之。其风气随时变易，而不惑溺于旧俗所习惯。能自治其身，而不仰仗他人之恩威。自修德行，自辟智慧，而不以古为限，不以今自画，不安小就，而常谋未来之大成，有进而无退，有升而无降。学问之道，不尚虚谈，而以创辟新法为尚。工商之业，日求扩充，使一切人皆进幸福。如是者，谓之文明之人。

论世界文野阶级之分，大略可以此为定点。我国民试一反观，吾中国于此三者之中居何等乎？可以瞿然而兴矣！

国之治乱，常与其文野之度相比例。而文野之分，恒以国中全部之人为定断，非一二人之力所能强夺而假借也。故西儒云：国家之政事，譬之则寒暑表也；民间之风气，譬之则犹空气也。空气之燥湿冷热，而表之升降随之，丝毫不容假借。故民智、民力、民德不进者，虽有英仁之君相，行一时之善政，移时而扫地以尽矣。如以沸水浸表，虽或骤升，及水冷而表内之度仍降至与空气之度相等。此至浅之理，而一定之例也。故善治国者必先进化其民。非有孟的斯鸠（法国人，著《万法精理》一书，言君主、民主、君民共主三种政体之得失）、卢梭（法国人，著《民约论》，言国家乃由民间契约而成者），则法国不能成革命之功。非有亚丹·斯密之徒（英国人，为资生学之鼻祖），则英国不能行平税之政。故曰：英雄之能事，在造时势而已。

英雄与时势

或云英雄造时势，或云时势造英雄，此二语皆名言也。为前之说者曰：英雄者，人间世之造物主也。人间世之大事业，皆英雄心中所蕴蓄而发现者。虽谓世界之历史，即英雄之传记，殆无不可也。故有路得，然后有新教；有哥仑布，然后有新洲；有华盛顿，然后有美国独立；有俾士麦，然后有德国联邦。为后之说者曰：英雄者，乘时者也，非能造时者也。人群之所渐渍积累、旁薄蕴蓄，既已持满而将发，于斯时也，自能孕育英雄，以承其乏。故英雄虽有利益及于人群，要不过以其所受于人群之利益而还付之耳。故使路得非生于十六世纪（西人以耶稣纪年，一百年为一世纪），而生于第十世纪，或不能成改革宗教之功；使十六世纪即无路得，亦必有他人起而改革之者。其他之实例亦然。虽无歌白尼，地动之说终必行于世；虽无哥仑布，美洲新世界终必出现。余谓两说皆是也，英雄固能造时势，时势亦能造英雄，英雄与时势，二者如形影之相随，未尝少离。既有英雄，必有时势；既有时势，必有英雄。呜呼！今日禹域之厄运，亦已极矣！地球之杀气，亦已深矣！《孟子》不云乎："以其数则过矣，以其时考之则可矣。"斯乃举天下翘首企足，喁喁焉望英雄之时也。二三豪俊为时出，整顿乾坤济时了。我同志，我少年，其可自菲薄乎？

意大利当罗马久亡，教皇猖披，奥国干涉，岌岌不可终日之时，而始有嘉富尔；普鲁士当日耳曼列国散漫积弱，见制法人，国体全失之时，而始有俾士麦；美利坚当受英压制，民不聊生之时，而始有华盛顿。然则人特患不英不雄耳，果为英雄，则时势之艰难危险何有焉？暴雷烈风，群鸟戢翼恐惧，而蛟龙乘之，飞行绝迹焉；惊涛骇浪，鲦鱼失所错愕，而鲸鲵御之一徙千里焉，故英雄之能事，以用时势为起点，以造时势为究竟。英雄与时势，互相为因，互相为果，造因不断，斯结果不断。

近因、远因之说

凡天下事，无论大小，必有其所由来。中国学者谓之为"所以然之故"。省而言之，谓之曰"原因"。论事者必求得其原因，然后下断案，是断案必不谬。治事者必针对其原因，然后施方法，则方法必有功。朱子曰：能求所以然之故，方是第一等学问、第一等事业。此之谓也。

虽然，原因之中，又分近因、远因两者。近因易见，远因难知。试举一例而明之。譬有酒客，堕马伤腰，遂得半身不遂之症，其治之之法当如何？寻常庸医必曰：病之原因在堕马，当以跌打之药熨贴腰际。如此疗法，必不可愈。何也？盖堕马者不过其近因耳。实则由多年饮酒过度，脊髓既衰，正当蓄病将发之时，适以堕马，激动全体，故遂痹痿耳。善医者则必先使戒酒，断其病之远因，使脊髓复原，则瘳之易易矣。夫医国亦何莫不然？今之口言经济者，辄曰：中国之患，贫也弱也，官吏不忠也，乱民遍地也，外国凌逼也。其救之之法则曰：练兵也，办团也，筹饷也，劝商也。其尤高识者则曰：变旧法也，兴民权也。彼其持论，谁谓不然？以吾观之，虽其所见有高下大小之不同，要之皆治近因之方法，而非治远因之方法。不治远因而欲治近因，则必不可得治。

且犹有一说，近因者常繁多混杂，而使人难觅其头绪，远因则不然，一旦寻得之，则颠扑不破，可依之而定办事之方向。盖近因者每一事必有一因，远因者常合数因以为一因，故递而推之，愈推愈远，则其原因之数愈减少，而据原因以定方法，乃若网在纲，有条而不紊。更举一例以明之。譬诸水之沸腾，由薪火而起，人之呼吸，由空气而生，此近因也。更进一层以求之，则薪之所以燃者，由薪中所含炭气与空中之养气相和合而生热也；人之所以呼吸者，由引空中之养气入肺，与血中留存之炭气相和合而吐纳也。然则薪火也，空气也，皆近因也。而其远因则同出于养气。水之沸与人之呼吸，其外形绝异，而其原因之相同乃如此。苟知其故，则欲止沸欤？息喘欤？或欲扬沸欤？顺气欤？皆可以同理之法而治之，所谓通其一，万事毕。其为道虽似迂远，其为法实甚简易，然则求远因者，论事之秘诀，治事之捷法也。夫所谓治远因者何？曰造时势而已。

理想与气力

普相士达因曰："无哲学的理想者，不足以为英雄；无必行敢为之气力者，亦不足以为英雄。"日本渡边国武述此语而引申其义曰："今人之弊，有理想者无气力，立于人后以冷笑一世；有气力者无理想，排他人以盲进于政界。"饮冰主人曰：理想与气力兼备者，英雄也；有理想而无气力，犹不失为一学者；有气力而无理想，犹不失为一冒险家。我中国四万万人，有理想者几何人？有气力者几何人？理想、气力兼备者几何人？嗟乎！国于天地，必有与立。念及此，可为寒心。

放弃自由之罪

西儒之言曰：天下第一大罪恶，莫甚于侵人自由，而放弃己之自由者，罪亦如之。余谓两者比较，则放弃其自由者为罪首，而侵人自由者乃其次也。何以言之？盖苟天下无放弃自由之人，则必无侵人自由之人。此之所侵者，即彼之所放弃者，非有二物也。夫物竞天择，优胜劣败（此二语群学之通语，严侯官译为"物竞天择，适者生存"，日本译为"生存竞争，优胜劣败"。今合两者并用之，即欲定以为名词焉），此天演学之公例也，人人各务求自存则务求胜，务求胜则务为优者，务为优者则扩充己之自由权而不知厌足，不知厌足则侵人自由必矣。言自由者必曰：人人自由而以他人之自由为界，夫自由何以有界？譬之有两人于此，各务求胜，各务为优者，各扩充己之自由权而不知厌足，其力线各向外而伸张，伸张不已，而两线相遇，而两力各不相下，于是界出焉。放自由之有界也，自人人自由始也。苟两人之力有一弱者，则其强者所伸张之线，必侵入于弱者之界。此必至之势，不必讳之事也。如以为罪乎，则宇宙间有生之物，孰不争自存者？充己力之所能及以争自存，可谓罪乎？夫孰使汝自安于劣，自甘于败，不伸张力线以扩汝之界，而留此余地以待他人之来侵也？故曰：苟无放弃自由者，则必无侵人自由者，其罪之大原，自放弃者发之，而侵者因势利导不得不强受之，以《春秋》例言之，则谓之"罪累"可也。

国权与民权

今天下第一等议论，岂不曰"国民"乎哉？言民事者，莫不瞋目切齿怒发曰：彼历代之民贼，束缚驰骤，磨牙吮血，以侵我民自由之权，是可忍，孰不可忍！言国事者，莫不瞋目切齿怒发曰：彼欧美之虎狼国，耽耽逐逐，鲸吞蚕食，以侵我国自由之权，是可忍，孰不可忍！饮冰子曰：其无尔。苟我民不放弃其自由权，民贼孰得而侵之？苟我国不放弃其自由权，则虎狼国孰得而侵之？以人之能侵我，而知我国民自放自弃之罪不可逭矣，曾不自罪，而犹罪人耶？昔法兰西之民，自放弃其自由，于是国王侵之，贵族侵之，教徒侵之，当十八世纪之末，黯惨不复睹天日，法人一旦自悟其罪，自悔其罪，大革命起，而法民之自由权，完全无缺以至今日，谁复能侵之者？昔日本之国，自放弃其自由权，于是白种人于交涉侵之，于利权侵之，于声音笑貌一一侵之，当庆应、明治之间，局天蹐地于世界中。日人一旦自悟其罪，自悔其罪，维新革命起，而日本国之自由权，完全无缺以至今日，谁复能侵之者？然则民之无权，国之无权，其罪皆在国民之放弃耳，于民贼乎何尤？于虎狼乎何尤？今之怨民贼而怒虎狼者，盍亦一旦自悟自悔而自扩张其固有之权，不授人以可侵之隙乎？不然，日日瞋目切齿怒发胡为者？

破坏主义

日本明治之初，政府新易，国论纷糅。伊藤博文、大隈重信、井上馨等共主"破坏主义"，又名"突飞主义"，务摧倒数千年之旧物，行急激之手段。当时诸人皆居于东京之筑地，一时目筑地为梁山泊云。饮冰子曰：甚矣！破坏主义之不可以已也！譬之筑室于瓦砾之地，将欲命匠，必先荷锸；譬之进药于痞痔之夫，将欲施补，必先重泻。非经大刀阔斧，则输、锤无所效其能；非经大黄、芒硝，则参、苓适足速其死。历观近世各国之兴，未有不先以破坏时代者。此一定之阶级，无可逃避者也。有所顾恋，有所爱惜，终不能成，

破坏主义何以可贵？曰：凡人之情，莫不恋旧，而此恋旧之性质，实阻阏进步之一大根源也。当进步之动力既发动之时，则此性质不能遏之，虽稍参用，足以调和而不致暴乱，盖亦未尝无小补焉。至其未发动之时，则此性质者，可以堵其源、阁其机，而使之经数十年、数百年不能进一步，盖其可畏可恨至于如此也。快刀断乱麻，一拳碎黄鹤，使百千万亿蠕蠕恋旧之徒，瞠目结舌，一旦尽丧其根据之地，虽欲恋而无可恋，然后驱之以上进步之途，与天下万国驰骤于大剧场，其庶乎其可也。

欧洲近世医国之国手不下数十家，吾视其方最适于今日之中国者，其惟卢梭先生之《民约论》乎。是方也，当前世纪及今世纪之上半，施之于欧洲全洲而效；当明治六七年至十五六年之间，施之于日本而效，今先生于欧洲与日本，既已功成而身退矣，精灵未沫，吾道其东。大旗舢舢，大鼓冬冬；大潮汹汹，大风蓬蓬；卷土挟浪，飞沙走石；杂以闪电，趋以万马，尚其来东！呜呼！《民约论》，尚其来东！东方大陆，文明之母，神灵之宫，惟今世纪，地球万国，国国自主，人人独立，尚余此一土，以殿诸邦，此

土一通，时乃大同。呜呼！《民约论》兮，尚其来东！大同大同兮，时汝之功！

自信力

任天下者当有自信力，但其事当行者，即断然行之，嗫嗫嚅嚅，瞻前顾后，是小丈夫之所为也，日本明治初年，伊藤、大隈二人，谋设东海道铁路，井上馨、涩泽荣一以时机尚早止之，不听，遂建议于太政官，借洋债以兴之。朝议嚣嚣不谓然，或问其办法如何，或问其工费如何，伊、隈二人相顾呆然，不知所对。乃曰：其详细章程，俟诸明日。退而访前岛密氏，托其拟章程，并作豫算表。前岛亦毫不知铁路之事，虽然，二人固乞不已，前岛乃算其大概，草一稿，名曰《横滨、京都铁路臆测书》。翌日，二人携之以示于朝，议遂决。

当时政府之财力甚薄弱，无资本以经营此等新事业，又未知公债之法，会英人有姓讷耳逊名里者，自香港、上海至日本，当时东京未有西洋大客寓，故寓英使馆中，以英使之介绍而来谒伊、隈二人。曰：闻诸公欲设铁路而无资力，若果有所命，仆当效力，二人未知阿里为何如人，以为必英国史上著名海军提督讷耳逊（即前篇所论者）之族也，又见其寓使馆中，以英使之绍介而来，谓必是贵族，今其人肯贷金与我，真天赐也。乃遂与贷一百万磅，计利九分，以横滨海关税作抵。伊藤、大隈当时未知洋债之性质如何，以为必讷耳逊里以己之资本而贷之也，其后伦敦《泰晤士报》来，忽见登有告白，招人购买日本公债票，二人惊愕失措。盖初时以为借金之事必秘密无人知，今忽揭于新报上，恐政府之守旧党见之，骂为卖国也。乃急遣前岛密、上野景范二人往英国，将收回借券作罢论。二人到伦敦，则见公债票早散布已尽。而其所谓阿里者，实与伟人讷耳逊毫无瓜葛，不过一经纪卖买之人耳。二人大惊，无法收回借券，乃议出金买回已散出之债票，其事一旦传布市上，日本公债忽每百磅腾价二三磅，不得已，仍以所借债归，卒以成京滨铁路。

饮冰子曰：伊藤、大隈，铁路之办法不知，铁路之经费不知，公债之性质不知，贾人之情态不知，何其陋也；不知而贸然倡办之，贸然订借之，何其卤莽也。虽然，使待其一一知之，然后办之，则京滨铁路恐无成之一日。而彼技师岸贾，于此等事一一知之者何限。然其事必待成于伊、隈之手而不成于此辈，何也？有自信力也，苟信此事之不可不办，斯办之矣，陋也，卤莽也，固可以败事，然事事而办之，败者虽九，而成者犹有一矣。事事而不办之，则并此一成者而无有焉。然则孰为败而孰为成矣乎？吾记二公轶事，使人知日本赫赫如二公者，其陋也、卤莽也固如此矣。苟能有其自信力，天下事何有焉？虽千万人，吾往矣……（《清议报》第二十五册、第二十七册、第二十八册、第三十册，1899 年 8 月 26、9 月 15 日、9 月 25 日、10 月 15 日，署名“任公”）

十九世纪之欧洲与二十世纪之中国

十八世纪之末，法国大革命起，血腥模糊，哭声訇輷，戳破欧洲之中心点；加以拿破仑旷代英雄乘之而起，遂至劳全欧之联军，仅制其焰，而自由之空气，遂遍播荡于欧洲。动力与反动力，互相起伏，互相射薄，小退大进，而卒有今日。读近百年来之西史，何其壮也！何其快也！十九世纪之末，中国义和团起，血腥模糊，哭声訇輷，戳破亚洲之中心点；亦既已劳全欧之联军，仅制其焰，而拿破仑果安在耶？而亚洲大陆自由之空气，何以沉沉曀曀而至今无端倪耶？吾欲我国民一思其故。

汉之季也，八俊、八顾、八厨、八及，名士遍天下，爱国者皆属望焉，顾无救于汉之亡；而崎岖山谷，存汉腊数十年者，乃一当时无名之诸葛亮。明之季也，东林、复社，名士遍天下，爱国者皆属望焉，顾无救于明之亡；而飘蓬海岛，存明朔数十年者，乃一当时无名之郑成功，即法国大革命之始，民党、名士，星罗棋布，风驰电掣，只能破坏法国，不能成就法国；而成就之者，乃一当时无名之拿破仑。意者中国之拿破仑，今犹未出世耶？吾愿爱国之士，其勿以中国再造之业，望诸今日有名之维新党，彼真英雄固不可以名求也。抑所谓今日有名之维新党者，其勿自尊大，亦勿自暴弃，惟尽其责任，以为将来出世之拿破仑前驱先导，或者二十世纪之亚陆，其未必多让于十九世纪之欧陆耶！

前驱亦有道乎？曰：有。彼法国之能破坏，非革命党独力破坏之也，有破坏之前驱也；法国之能成就，亦非拿破仑独力成就之也，有成就之前驱也。大革命之戳欧洲，与义和团之戳亚洲，其形迹略同，而结果乃大异者，盖结果之来，必与原因成比例，盍亦观两者之原因相去何如矣。承前此如此之原因，而欲求将来如彼之结果，是何异磨砖作镜、炊沙为饭也。西人有言，十八世纪者，十九世纪之母也（专指欧洲言）。故吾愿今日自命维新党者，勿遽求为欧洲十九世纪之人物，而先求为欧洲十八世纪之人物，吾亚其将有瘳。

西人亦有言，革新之机，如转巨石于危崖，不动则已，动则其机势不可遏，必赴壑而后止。故最要者莫过于动力。有动力必有反动力，有反动力又必有其反动力之反动力，反反相续，动动不已，而大业成焉。试征诸欧洲：法国大革命（一千七百八十九年），其原动力也；神圣同盟（一千八百十四年），其反动力也；七月革命（一千八百三十年），又神圣同盟之反动力也；其后各国之镇压政策，又其反动力也；二月革命（一千八百四十八年），又其镇压政策之反动力也；卒至帝王同盟散，梅特涅（奥国宰相）逃，然后全欧之国民主义，乃定基础焉。其波澜之俶诡往复，历百数十年，未尝一日停顿宁息，而卒达其目的也。如此，我中国戊戌之役，可谓原动力也；八月政变，其反动力也；义和团，反动力之极点也；今年之竞言维新，又义和团之反动力也。盖四年之间，而动力之往复者已三次矣，凡力之动也，其抛线之圈，愈扩而愈大。故第一次之反动力，其现象必更剧于原动力；而第二次之反动力（即反动力之反动力，与原动力同物者），其现象又必更剧于原反动力（即第一次反动力）。以次递进，皆循兹轨。故见反动力之来，勿惧勿患，当知其第二次加大反动力之来，必不远矣。吾中国动机，今始发轫，此后反动，其必四次、五次乃至六、七、八、九、十次而未有已。譬之所谓危崖转巨石，其崖千仞，而其石今始坠数寻，前途辽哉，岂有艾乎！虽然，夫亦安得而遏之？吾意今世纪之中国，其波澜俶诡，五光十色，必更有壮奇于前世纪之欧洲者。哲者请拭目以观壮剧，勇者请挺身以登舞台。

问者曰：自今以往，第四次之反动力，何自而生乎？曰：不见夫俄罗斯乎？亚历山大第二未改革以前，俄罗斯民党之势力阒如也；其以后则磅礴郁积，至于今日，而几不可复制。夫帝者改革，宜可以销民间维新党不平之气矣。亚历山大第二之改革，其事业亦不可谓不洪大矣。而反为导引民党之火线者，何也？盖革新者危崖转巨石，非达其终点而决不能中止者也。

譬有异味，不尝则已，尝则必欲饱啖焉，必非可以染指分杯而餍其欲也。俄罗斯之民，前此不知有所谓平等主义、自由思想者，故相与习而安焉，谓为固然，虽经百数十年不动可也。及经一度改革之后，如十年幽窗之人，忽开片扇，睹一线之曙光，恍然见天地万象，如此其可爱，其始不甘以幽窗老也。此所以改革为动力之大原也。其动力之圈，必甚于未动以前；其反动力之圈，又如例加大。反反相续，动动不已，自今以往，俄罗斯终不能不行欧洲大陆之政体，此全世界有识者所同料也。吾中国亦若是而已。新党乎！新党乎！厚集尔动力，以为将来出世英雄前驱，二十世纪新中国，其将赖之！（《清议报》第九十三册，1901 年 10 月 3 日）

中国积弱溯源论

　　呜呼！中国之弱，至今日而极矣。居今日而懵然不知中国之弱者，可谓无脑筋之人也。居今日而恝然不思救中国之弱者，可谓无血性之人也。乃或虽略知之而不察其所以致弱之原，则亦虽欲救之而不得所以为救之道，譬有患瘵病者，其脏腑之损失，其精血之竭蹶，已非一日，昧者不察，谓为无病。一旦受风寒暑湿之侵暴，或饮食消养之失宜，于是病象始大显焉。庸医处此，谓其感冒也，而投辛散之剂以表之，谓其滞食也，而投峻削之剂以攻之。不知伏于新病之前者，有旧病焉。为外病之导线者，有内病焉。治其新而遗其旧，务其外而忽其内。虽欲治之，乌从而治之？其稍进者，见其羸尫癏瘵之亟当培养也，而又习闻夫参、苓、术、桂之可以引年也。于是旁采旧方，进以补剂。然而积疴未除，遽投斯品，不惟不能收驱病之效，且恐反为增病之媒，虽欲治之，又乌从而治之？是故善医者，必先审病源，其病愈久，则其病源愈深而远，其病愈重，则其病源愈多而繁。浅而近者易见，深而远者难明，简而单者，虽庸医亦能抉其藩，多而繁者，虽国手亦或眯于目，夫是以医者如牛毛，而良者如麟角也。医一身且然，而况医一国者乎。

　　嗟乎！吾中国今日之病，愿犹未久耶？吾中国今日之病，顾犹未重耶？昔扁鹊过齐，齐桓侯客之，入朝，见曰："君有疾，在腠理，不治将深。"桓侯曰："寡人无疾。"后五日，扁鹊复见，曰："君有疾，在血脉，不治将深。"桓侯曰:"寡人无疾。"后五日复见,曰:"君有疾,在肠胃间,不治将深。"桓侯不应,扁鹊出,桓侯不悦,后五日,扁鹊复见,望见桓侯而退走,桓侯使人问其故,鹊曰:"疾之在腠理也,汤熨之所及也。在血脉,针石之所及也,其在肠胃,酒醪之所及也,其在骨髓,虽司命无奈之何,今在骨髓,臣是以无请也。"后五日,桓侯体病,使人召扁鹊,鹊已逃去,桓侯遂死。嗟乎!吾中国今日之受病,有以异于此乎,夫病犹可也,病而不自知其病,不可为也。不自知其病,犹可为也,有告以病者,且疑而恶之,不可为也。呜呼!吾国之受病,盖政府与人民,各皆有罪焉。其驯致之也非一时,其酿成之也非一人,其败坏之也非一事。《易》曰:履霜坚冰至。所由来者渐矣。浅识者流,徒见夫江河日下之势,极于今时,因以为中国之弱,直此数年间事耳。不知其积弱之源,远者在数千百年以前,近者亦在数十年之内,积之而愈深,引之而愈长,夫使蚤三十年而治之,则一汤熨之劳耳。使早十年而治之,亦一针石之力耳。而乃蹉跎蹉跎,极于今日,夫岂无一二先觉,怀抱方术,大声疾呼,思欲先时而拯之者,其奈举世梦梦,昊天悠悠,非特不采其术,不听其言,直将窘之逐之,戮之绝之,使举国之人,无不讳疾忌医以图苟全。至于今日,殆扁鹊望而退走之时矣。虽然,孟子不云乎:七年之病,求三年之艾,苟为不蓄,终身不得。今日始知为病而始谋医之,虽曰迟乎,然使失今不为,更阅数年,必有欲求如今日而不可复得者!我同胞国民,夫岂无怵惕恻隐于其心者乎?抑吾尤惧夫所称国手者,不审夫所以致弱之原因,不得其所以救之之道,处今日危急存亡、间不容发之顷,而犹出庸医之伎俩,摭拾目前一二小节,弥缝补苴,药不对症,一误再误,而终断送我国于印度、埃及、土耳其之乡也。故于叙述近事之前,先造此论,取中国病源之繁难而深远者,一一论列之,疏通之,证明之,我同胞有爱国者乎,按脉论而投良药焉。今虽瞑眩,后必有瘳,其慎勿学齐桓侯之至死不寤也。

第一节 积弱之源于理想者

国家之强弱,一视其国民之志趣、品格以为差,而志趣、品格,有所从出者一物焉,则理想是已。理想者何物也?人人胸中所想像,而认为通常至当之理者也。凡无论何族之民,心有其社会数千年遗传之习惯,与其先哲、名人之所垂训所传述,渐渍深入于人人之脑中。涤之不去,磨之不磷,是之谓理想。理想者，天下之最大力量者也。其力能生出种种风俗、种种事业，凡有一旧理想久行于世界者，而忽焉欲以一反比例之新理想夺而易之，非有雷霆万钧之力不能。

中国人脑中之理想，其善而可宝者固不少，其误而当改者亦颇多。欧西、日本有恒言曰：中国人无爱国心。斯言也，吾固不任受焉。而要之吾国民爱国之心，比诸欧西、日本殊觉薄弱焉，此实不能为讳者也，而爱国之心薄弱，实为积弱之最大根源，吾尝穷思极想，推究其所以薄弱之由，而知其发源于理想之误者，有三事焉。

一曰，不知国家与天下之差别也。中国人向来不自知其国之为国也。我国自古一统，环列皆小蛮夷，无有文物，无有政体，不成其为国，吾民亦不以平等之国视之。故吾中国数千年来，常处于独立之势，吾民之称禹域也，谓之为天下，而不谓之为国，既无国矣，何爱之可云？夫国也者，以平等而成；爱也者，以对待而起。《诗》曰：兄弟阋于墙，外御其侮。苟无外侮，则虽兄弟之爱，亦几几忘之矣。故对于他家，然后知爱吾家。对于他族，然后知爱吾族。游于他省者，遇其同省之人，乡谊殷殷，油然相爱之心生焉。若在本省，则举目皆同乡，泛泛视为众路人矣。惟国亦然，必对于他国，然后知爱吾国。欧人爱国之心所以独盛者，彼其自希腊以来，即已诸国并立，此后虽有变迁，而其为列国也依然。互比较而不肯相下，互争竞而各求自存。故人人脑中之理想，常有一"国"字浮于其间，其爱国也，不教而自能，不约而自同。我中国则不然，四万万同胞，自数千年来，同处于一小天下之中，视吾国之外，无他国焉，缘此理想，遂生二蔽，一则骄傲而不愿与他国交通，二则怯懦而不欲与他国争竞，以此而处于今日交通自由、竞争最烈之世界，安往而不窒碍耶？故此为中国受病之第一根源。虽然，近年以来，此理想有迫之使不得不变更消灭者矣。

二曰，不知国家与朝廷之界限也。吾中国有最可怪者一事，则以数百兆人立国于世界者数千年，而至今无一国名也。夫曰支那也，曰震旦也，曰钗拿也，是他族之人所以称我者，而非吾国民自命之名也，曰唐、虞、夏、商、周也，曰秦、汉、魏、晋也，曰宋、齐、梁、陈、隋、唐也，曰宋、元、明、清也，皆朝名也，而非国名也。盖数千年来，不闻有国家，但闻有朝廷，每一朝之废兴，而一国之称号即与之为存亡，岂不大可骇而大可悲耶？是故吾国民之大患，在于不知国家为何物，因以国家与朝廷混为一谈，浸假而以国家为朝廷之所有物焉，此实文明国民之脑中所梦想不到者也。今夫国家者，全国人之公产也，朝廷者，一姓之私业也，国家之运祚甚长，而一姓之兴替甚短，国家之面积甚大，而一姓之位置甚微。朝廷云者，不过偶然一时为国民中巨擘之巨室云尔，有民而后有君，天为民而立君，非为君而生民。有国家而后有朝廷，国家能变置朝廷，朝廷不能吐纳国家。其理本甚易明，而我国民数千年醉迷于误解之中，无一人能自拔焉，真可奇也。试观二十四史所载，名臣名将，功业懿铄，声名彪炳者，舍翊助朝廷一姓之外，有所事事乎？其曾为我国民增一分之利益、完一分之义务乎？而全国人顾啧啧焉称之曰：此我国之英雄也，夫以一姓之家奴走狗而冒一国英雄之名，国家之辱，莫此甚也。乃至舍家奴走狗之外，而数千年几无可称道之人，国民之耻，更何如也！而我四万万同胞，顾未尝以为辱焉，以为耻焉，则以误认朝廷为国家之理想，深入膏肓而不自知也。夫使认朝廷为国家，而于国家之成立无所损，吾亦何必断断焉？无如国家之思想不存，即独立之志气全萎，但使有一姓能钳制我而鞭箠我者，我即从而崇拜之、拥护之，驯至异种他族，践吾土而食吾毛，亦瞴然奉之为朝廷，且侈然视之为国家，若是者盖千余年于兹矣。推此理想也，则今日之印度，岂尝无朝廷哉？我国民其亦将师印度而恬不为怪也。中国所以永远沉埋之根源，皆在于此，此理想不变，而欲能立国于天地之间，其道无由。

三曰，不知国家与国民之关系也。国也者，积民而成。国家之主人为谁？即一国之民是也。故西国恒言，谓君也，官也，国民之公奴仆也。凡官吏以公事致书于部民，其简末自署，必曰：汝之仆某某。盖职分所当然也，非其民之妄自尊大也。所以尊重国民之全体而不敢亵，即所以巩护国家之基础而勿使坏也，乃吾中国人之理想，有大异于是者，唐韩愈之言曰：“君者，出令者也。臣者，行君之令而致诸民者也。民者，出粟米麻丝、作器皿、通货财以事其上者也。君不出令，则失其所以为君。臣不行君令，则失其所以为臣。民不出粟米麻丝、作器皿、通货财以事其上，则诛。”嗟乎！愈之斯言也，举国所传诵，而深入于人人之脑中者也。嗟乎！如愈之言，吾壹不解夫斯民之在斯世，竟如是其赘旒而无谓也。吾壹不解夫自主独立之国民，为今世文明之国所最尊重者，竟当尽诛而靡有孑遗也。

今使有豪奴于此，夺其主人之财产为己有，而曰主人供亿若稍不周，行将鞭挞而屠戮之，虽五尺童子，未有不指为大逆不道者。今愈之言，何以异是乎？而我国民守之为金科玉律，曾不敢稍生疑议焉，更无论驳词也。是真不可解者也。孟子曰：生于其心，害于其政，发于其政，害于其事。盖我国民所以沉埋于十八层地狱，而至今不获见天日者，皆由此等邪说成为义理，而播毒种于人心也。数千年之民贼，既攘国家为己之产业，紊国民为己之奴隶，曾无所于怍，反得援大义以文饰之，以助其凶焰，遂使一国之民，不得不转而自居于奴隶。性奴隶之性，行奴隶之行，虽欲爱国而有所不敢，有所不能焉。何也？奴隶而干预家事，未有不获戾者也。既不敢爱不能爱，则惟有漠然视之，袖手而观之。家之昌也，则欢娱焉，醉饱焉；家之败也，则褰裳以去，别投新主而已。此奴隶之恒情也。故夫西人以国为君与民所共有之国，如父兄子弟，通力合作以治家事，有一民即有一爱国之人焉。中国不然，有国者仅一家之人，其余则皆奴隶也。是故国中虽有四万万人，而实不过此数人也。夫以数人之国与亿万人之国相遇，安所往而不败也？

以上三者，实为中国弊端之端，病源之源，所有千疮百孔，万秽亿腥，皆其子孙也。今而不欲救中国则已耳，苟欲救之，非从此处拔其本，塞其源，变数千年之学说，改四百兆之脑质，虽有善者，无能为功，乃我同胞之中，知此义者即已如凤毛麟角矣。或知之而不敢言，或言之而行不远，此所以流失败坏，极于今时，而后顾茫茫，未知税驾于何日者也。

第二节　积弱之源于风俗者

今之论国事者，每一启齿，未有不太息痛恨，唾骂官吏之无状矣。夫吾于官吏，则岂有怨辞焉？吾之著此书，即将当局者十年来殃民误国之罪，一一指陈之而不为讳者也。虽然，吾以为官吏之可责者固甚深，而我国民之可责者亦复不浅。何也？彼官吏者，亦不过自民间来，而非别有一种族，与我国民渺不相属者也。故官吏由民间而生，犹果实从根干而出。树之甘者其果恒甘，树之苦者其果恒苦。使我国民而为良国民也，则任于其中签掣一人为官吏，其数必赢于良；我国民而为劣国民也，则任于其中慎择一人为官吏，其数必倚于劣。此事有必至，理有固然者也久矣。夫聚群盲不能成一离娄，聚群聋不能成一师旷，聚群怯不能成一乌获。以今日中国如此之人心风俗，即使日日购船炮，日日筑铁路，日日开矿务，日日习洋操，亦不过披绮绣于粪墙，镂龙虫于朽木，非直无成，丑又甚焉。故今推本穷源，述国民所以腐败之由，条列而偻〔缕〕论之，非敢以玩世嫉俗之言，骂尽天下也；或者吾国民一读而猛省焉，庶几改之，予日望之。今将风俗之为积弱根源者，举其荦荦大端如下。

一曰奴性。数千年民贼之以奴隶视吾民，夫既言之矣；虽然，彼之以奴隶视吾民，犹可言也，吾民之以奴隶自居，不可言也。孟子曰："人必自侮，然后人侮之。"故使我诚不甘为奴隶，则必无能奴隶我者。嗟乎！吾不解吾国民之秉奴隶性者何其多也！其拥高官、籍厚禄、盘踞要津者，皆禀奴性独优之人也。苟不有此性，则不能一日立于名场利薮间也。一国中最有权势者，既在于此辈，故举国之人，他无所学，而惟以学为奴隶为事。驱所谓聪明俊秀第一等之人，相率而入于奴隶学校，不以为耻，反以为荣，天下可骇可痛之事，孰有过此者！此非吾过激之言也。诸君未尝游京师，未尝入宦场，虽闻吾言，或不信焉；苟躬历其境，见其昏暮乞怜之态，与其趑趄嗫嚅之形，恐非徒怵惕而有不慊于心，更必且赧作而不忍挂诸齿。孟子曰："人之所以求富贵者，其妻妾见之而不相泣者，几希矣。"诚至言哉！诚至言哉！夫居上流之人既如此矣，寻常百姓，又更甚焉。乡曲小民，视官吏如天帝，望衙署如宫阙，奉搢绅如神明。昔西报尝有戏言，谓在德国为俾士麦，不如在中国做一知县；在英国为格兰斯顿，不如在中国做一县丞。非过言也。然则官吏之所以骄横暴戾，日甚一日者，未始不由民间骄纵之而养成之也。且天下惟能谄人者，为能骄人；亦惟能骄人者，为能谄人。州县之视百姓，则奴隶矣；及其对道府以上，则自居于奴隶也。监司道府之视州县，则奴隶矣；及其对督抚，则自居于奴隶也。督抚视司道以下，皆奴隶矣；及其对君后，则自居于奴隶也。其甚者乃至对枢垣阁臣，或对至秽至贱宦寺宫妾，而亦往往自居奴隶也。若是乎，举国之大，竟无一人不被人视为奴隶者，亦无一人不自居奴隶者，而奴隶视人之人，亦即为自居奴隶之人，岂不异哉！岂不痛哉！盖其自居奴隶时所受之耻辱苦蘖，还以取偿于彼所奴隶视之人，故虽日日为奴，而不觉其苦，反觉其乐；不觉其辱，反觉其荣焉。不见夫土豪乎，皂役乎，彼入而见长官也，局蹐瑟缩无所容，吮痈舐痔无不至，及出而武断乡曲，则如虎傅翼，择肉而食；

而小民之畏彼、媚彼、奔走而奉养彼者，固自不乏人矣。若是乎，彼之所得者足以偿所失而有余也；若是乎，奴隶不可为而果可为也。是以一国之人转相仿效，如蚁附膻，如蝇逐臭，如疫症之播染，如肺病之传种。昔有某画报，绘中国人之状态者。图为一梯，梯有级，级有人，级千百焉，人无量数焉。每级之人，各皆向其上级者稽首顶礼，各皆以足蹴踏其下级者。人人皆顶礼人焉，人人皆蹴踏人焉。虽曰虐谑，亦实情也。故西国之民，无一人能凌人者，亦无一人被凌于人者。中国则不然，非凌人之人，即被凌于人之人，而被凌于人之人，旋即可以为凌人之人。咄咄怪事！咄咄妖孽！吾无以名之，名之曰奴性而已。故西国之民，有被压制于政府者，必群集抗论之、抵拒之，务底于平而后已。政府之压制且然，外族之压制更无论矣。若中国则何有焉？忍气吞声，视为固然，曰惟奴性之故。嗟乎！奴隶云者，既无自治之力，亦无独立之心。举凡饮食男女、衣服起居，无不待命于主人，而天赋之人权，应享之幸福，亦遂无不奉之主人之手。衣主人之衣，食主人之食，言主人之言，事主人之事，倚赖之外无思想，服从之外无性质，谄媚之外无笑语，奔走之外无事业，伺候之外无精神。呼之不敢不来，麾之不敢不去，命之生不敢不生，命之死亦无敢不死。得主人之一盼，博主人之一笑，则如获异宝，如膺九锡，如登天堂，嚣然夸耀侪辈以为荣宠；及撄主人之怒，则俯首屈膝，气下股慄，虽极其凌蹴践踏，不敢有分毫抵忤之色，不敢生分毫愤奋之心。他人视为大耻奇辱，不能一刻忍受，而彼怡然安为本分。是即所谓奴性者也。今试还视我国人，蚁民之事官吏，下僚之事长官，有一不出于此途者乎？不宁惟是而已，凡民之受压制于官吏而能安之者，必其受压制于异族而亦能安之者也。法儒孟德斯鸠之言曰："民之有奴性者，其与国家交涉，止有服役、纳税二事。"二者固奴隶之业，自余则靡得与闻也。故虽国事危急之际，彼蚩蚩者狃于历朝亡国之习惯，以为吾知纳税与服役，尽吾奴隶之责任耳；脱有他变，则吾亦纳税与服役，尽吾奴隶之责任耳。失一家更得一家，去一主更易一主，天下至大，主人至众，安所往而不得奴隶？譬犹犬也，豢而饲我，则为之守夜而吠人；苟易他主，仍复豢而饲我，则吾亦为之守夜而吠人。其身既与国家无丝毫之关系，则直不知国家为何物，亦不必问主国家者为何人。别辟一浑噩之天地，别构一醉梦之日月，以成为刀刺不伤、火爇不痛之世界。呜呼！有如此性，有如此民，积之千岁，毒遍亿身。生如无生，人而非人，欲毋堕落，恃奚以存？匪敌亡我，繄我自沦，斯害不去，国其灰尘。此吾不能不痛心疾首，而大棒大喝于我国民者也。

二曰愚昧。凡人之所以为人者，不徒眼、耳、鼻、舌、手、足、脏腑、血脉而已，而尤必有司觉识之脑筋焉。使四肢五官具备，而无脑筋，犹不得谓之人也。惟国亦然。既有国形，复有国脑；脑之不具，形为虚存。国脑者何？则国民之智慧是已。有智慧则能长其志气，有智慧则能增其胆识，有智慧则能生其实力，有智慧则能广其谋生之途，有智慧则能美其合群之治。集全国民之良脑而成一国脑，则国于以富，于以强，反是则日以贫，日以弱。国脑之不能离民智而独成，犹国体之不能离民体而独立也。信如斯也，则我中国积弱之源，从可知也。四万万人中，其能识字者，殆不满五千万人也。此五千万人中，其能通文意、阅书报者，殆不满二千万人也。此二千万人中，其能解文法、执笔成文者，殆不满五百万人也。此五百万人中，其能读经史、略知中国古今之事故者，殆不满十万人也。此十万人中，其能略通外国语言文字、知有地球五大洲之事故者，殆不满五千人也。此五千人中，其能知政学之本源、考人群之条理，而求所以富强吾国、进化吾种之道者，殆不满百数十人也。以堂堂中国，而民智之程度，乃仅如此，此有心人所以暗暗而长悲也。而吾所最悲者，不悲夫少特达智慧之人，而悲夫少通常智慧之人。盖特达智慧者，人类中之至难得者也，非惟中国不多有之，即西国亦不多有之。若夫通常智慧，则异是矣。西国之民，自六七岁时，无论男女，皆须入学校，至十四五岁，然后始出校。其校中所读之书籍，皆有定本，经通儒硕学之手编成，凡所以美人性质，长人志趣，浚人识见，导人材艺者，无不备焉。即使至贫之家，至钝之童，皆须在校数年，即能卒业数卷，而其通常之智慧，则固既有之矣。故无论何人，皆能自治其身，自谋其生。一寻常之信，人人皆能写；一浅近之报，人人皆能读。但如是，而其国脑之强，已不可思议；其国基之固，已不可动摇矣。且天下未有通常智慧之人多，而不能出一特达智慧之人者；亦未有通常智慧之人少，而能出特达智慧之人者。以天赋聪明而论，中国人岂必让于西人哉？然以我国第一等智慧之人，与西国第一等智慧之人比较，而常觉其相去霄壤者，则以乏通常智慧故也。今之所谓搢绅先生者，咿哑占毕，欺骄乡愚，曾不知亚细、欧罗是何处地方，汉祖、唐宗系那朝皇帝。然而秀才、举人出于斯焉，进士、翰林出于斯焉，浸假而州县监司出于斯焉，军机督抚出于斯焉，我二十余省之山河，四百兆人之性命，一举而付于其手矣。若以此为不足语耶，舍而求之于市廛之商旅，乡井之农氓，更每下愈况矣。何也？我国固无通常智慧之人也。以此而处于今日脑与脑竞争之世界，所谓"盲人骑瞎马，夜半临深池"，天下之险象，孰有过是者也！虽然，明知其险而无以易之，此所以日弱一日而至于今也。夫今日拳匪之祸，论者皆知为一群愚昧之人召之也。然试问全国之民庶，其不与拳匪一般见识者几何人？全国之官吏，其不与通拳诸臣一般见识者几何人？国脑不具，则今日一拳匪去，明日一拳匪来耳。而我二十余省之山河，四百兆人之性命，遂将从此而长已也。是不可不深长思者也。

三曰为我。天下人亦孰不爱己乎？孰不思利己乎？爱己利己者，非圣人之所禁也。虽然，人也者，非能一人独立于世界者也，于是乎有群；又非能以一群占有全世界者也，于是乎有此群与彼群。一人与一人交涉，则内吾身而外他人，是之谓一身之我；此群与彼群交涉，则内吾群而外他群，足之谓一群之我。同是我也，而有大我、小我之别焉。当此群与彼群之角立而竞争也，其胜败于何判乎？则其群之结合力大而强者必赢，其群之结合力薄而弱者必绌。此千古得失之林矣。结合力何以能大？何以能强？必其一群之人常肯绌身而就群，捐小我而卫大我。于是乎爱他、利他之义最重焉。圣人之不言为我也，恶其为群之贼也。人人知有身不知有群，则其群忽涣落摧坏，而终被灭于他群，理势之所必至也。中国人不知群之物为何物，群之义为何义也，故人人心目中，但有一身之我，不有一群之我。昔日本将构衅于中国，或有以日本之小，中国之大，疑势力之不敌者。日相伊藤博文曰："中国名为一国，实则十八国也。其为一国，则诚十余倍于日本；其为十八国，则无一能及日本之大者。吾何畏焉？"乃果也战端既起，而始终以直隶一省敌日本全国，以取大败。非伊藤之侥幸而言中也，中国群力之薄弱，固早已暴著于天下矣。又岂惟分为十八国而已，彼各省督抚者，初非能结合其所治之省而为一群也，不过侥幸战祸不及于己辖，免失城革职之处分，借设防之名，以观成败而已，其命意为一己，而非为一省也；彼各省之民，亦非能联合其同省以为一群也，幸锋镝未临于眉睫，而官吏亦不强我，使急公家之急，因饱食以嬉焉，袖手而观焉，其命意亦为一己也。昔吾闻明怀宗煤山殉国之日，而吾广东省城，日夜演戏。初吾不甚信之，及今岁到上海，正值联军入北京之日，而上海笙歌箫鼓，熙熙焉，融融焉，无以少异于平时，乃始椎胸顿足，痛恨于我国民之心既已死尽也。此无他，为我而已矣。谚有之曰："各人自扫门前雪，不管他人瓦上霜。"吾国民人人脑中，皆横亘此二语，奉为名论，视为秘传，于是四万万人，遂成为四万万国焉。亡此国而无损于我也，则束手以任其亡，无所芥蒂焉；甚且亡此国而有益于我也，则出力以助其亡，无所惭怍焉。此诚为我者魑魅魍魉之情状也。以此而立于人群角逐之世界，欲以自存，能乎不能？

　　四曰好伪。好伪至极，至于如今日之中国人，真天下所希闻，古今所未有也。君之使其臣，臣之事其君，长之率其属，属之奉其长，官之治其民，民之待其官，士之结其耦，友之交其朋，无论何人，无论何事，无论何地，无论何时，而皆以"伪"之一字行之。奏章之所报者，无一非伪事；条告之所颁者，无一非伪文；应对之所接者，无一非伪语。举国官缺，大半无事可办，有职如无职，谓之伪职；一部律例，十有九不遵行，有律如无律，谓之伪律。文之伪也，而以八股墨卷，谓为圣贤之微言；武之伪也，而以弓刀箭石，谓为干城之良选。以故统兵者扣额克饷，而视为本分之例规；购械者以一报十，而视为应得之利益。阉寺名分至贱，而可以握一国之实权；胥隶执业至丑，而可以掌全署之威福。凡兹百端，皆生于伪。然伪犹可疗也；伪而好之，不可瘳也。世有号称清流名士者流，其面常有忧国之容，其口不少哀时之语。读其文，则字字皆贾生之痛哭涕零；诵其诗，则篇篇皆少陵之孤忠义愤；而考其行，则醇酒妇人也；察其心，则且食蛤蜊也。夫既无心爱国，无心忧国，则亦已矣，而为此无病之呻吟何为焉？虽然，彼固不自觉其为伪也，因好之深而习惯之，以为固然也。尤有咄咄怪事者，如前者日本之役，今兹团匪之难，竟有通都大邑之报馆，摭拾"残唐"《水浒》之澜语，以构为刘永福空城之计、李秉衡黄河之阵者，而举国之人，靡然而信之。夫靡然而信之，则是为作伪者所欺也，犹可言也。及其事过境迁，作伪情状，既已败露，而前此之信之者，尚津津然乐道之。叩其说，则曰：过屠门而大嚼，虽不得肉，且快意焉。是则所谓好伪也，不可言也。呜呼！中国人好伪之凭据，万绪千条，若尽说者，更仆难尽。孔子曰："民无信不立。"至举国之人，而持一"伪"字以相往来，则亦成一虚伪泡幻之国而已。本则先拨，虽无外侮之来，亦岂能立于天地间耶！

五曰怯懦。中国民俗，有与欧西、日本相反者一事，即欧、日尚武，中国右文是也。此其根源，殆有由理想而生者。《中庸》曰："宽柔以教，不报无道，南方之强也。"《孝经》曰："身体发肤，受之父母，不敢毁伤。"《孟子》曰："好勇斗狠，以危父母，不孝也。"凡此诸论，在先圣昔贤，盖有为而言，所谓"言非一端，各有所当"者也。降及末流，误用斯言，遂浸成锢疾，以冒险为大戒，以柔弱为善人，至有"好铁不打钉，好子不当兵"之谚。抑岂不闻孔子又有言曰："能执干戈以卫社稷，可无殇也。"吾尝观欧西、日本之诗，无不言从军乐者；又尝观中国之诗，无不言从军苦者。甲午、乙未间，日本报章所载赠友人从军诗，以千亿计，皆祝其勿生还者也。兵之初入营者，戚党赠之以标，曰"祈战死"。以视杜甫《兵车行》，所谓"车辚辚，马萧萧，行人弓箭各在腰。爷娘妻子走相送，尘埃不见咸阳桥。牵衣顿足拦道哭，哭声直上干云霄"，其一勇一怯，相去何太远耶！何怪乎中日之役，绿、旗、湘、淮军数十万，皆鼓声甫作，已弃甲曳兵而走也。夫兵者不祥，圣贤之"无义战"，宁非至道欤？虽然，为君相者不可以好兵，而为国民者不可以无勇。处今日生存竞争最剧最烈、百虎眈视、万鬼环瞰之世界，而蔼然偷息，酣然偃卧，高语仁义，宁非羞耶？《诗》曰："天之方蹶，无为夸毗。"《传》曰："夸毗，谓柔脆无骨之人也。"夫人而柔脆无骨，谓之非人焉可也。合四万万柔脆无骨之人而成一国民，吾不知其如何而可也。中国世俗，有传为佳话者一二语，曰百忍成金，曰唾面自干，此误尽天下之言也。夫人而至于唾面自干，天下之顽钝无耻，孰过是焉！天生人而界之以权利，且界之以自保权利之力量，随即界之以自保权利之责任者也。故人而不思保护其权利者，即我对于我而有未尽之责任也。故西儒之言曰：侵人自由权者为第一大罪，放弃己之自由权者罪亦如之。放弃何以有罪？谓其长恶人之气焰，损人类之资格也。犯而不校，在盛德君子，偶一行之，虽有足令人起敬者，然欲使尽天下而皆出于此途，是率天下人而为无骨、无血、无气之怪物，而弱肉强食之祸，将不知所终极也。中国数千年来，误此见解，习非胜是，并为一谈，使勇者日即于销磨，而怯者反有所借口。遇势力之强于己者，始而让之，继而畏之，终而媚之，弱者愈弱，强者愈强。奴隶之性，日深一日，民权由兹而失，国权由兹而亡。彼当局之人，日日割地而不以为怍者，岂非所谓能让者耶？岂非所谓唾面自干者耶？无勇之害，一至于此。彼西方之教，曷尝不曰爱敌如友、降己下人乎？然其人民遇有压力之来，未有不出全力以抗拒之者。为国流血，为民流血，为道流血，数千年西史，不绝书焉。先圣昔贤之单语片言，固非顽钝无耻者所可借以藏身也。吾闻日本人有所谓日本魂者，谓尚武之精神是也。呜呼！吾国民果何时始有此精神乎？吾中国魂果安在乎？吾欲请帝遣巫阳而招之。

六曰无动。老子有言曰："无动为大。"此实千古之罪言也。夫日非动不能发光热，地非动不能育万类，人身之血轮，片刻不动，则全身冻且僵矣。故动者万有之根原也。《易》曰："天行健，君子以自强不息。"《论语》曰："逝者如斯夫，不舍昼夜。"动之谓也。乃今世之持论者则有异焉，曰安静也，曰持重也，曰老成也，皆誉人之词也；曰喜事也，曰轻进也，曰纷更也，皆贬人之词也。有其举之莫敢废，有其废之莫敢举。一则曰依成法，再则曰查旧例。务使全国之人如木偶，如枯骨，入于隙然不动之域然后已。吾闻官场有六字之秘诀，曰：多叩头，少讲话。由今观之，又不惟官场而已，举国之人，皆从此六字陶镕出来者也。是故污吏压制之也而不动，虐政残害之也而不动，外人侵慢之也而不动，万国富强之成效，灿然陈于目前也而不动，列强瓜分之奇辱，咄然迫于眉睫也而不动。谭浏阳先生《仁学》云："自李耳出，遂使数千年来成乎似忠信似廉洁、一无刺无非之乡愿天下。言学术则曰宁静，言治术则曰安静。处事不计是非，而首禁更张，躁妄喜事之名立，百端由是废弛矣；用人不问贤不肖，而多方遏抑，少年意气之论起，柄权则颓暮矣。陈言者则命之曰希望恩泽，程功者则命之曰露才扬己。既为糊名以取之，而复隘其途；既为年资以用之，而复严其等。财则惮辟利源，兵则不贵朝气。统政府六部、九卿、督抚、司道之所朝夕孜孜不已者，不过力制四万万人之动，絷其手足，涂塞其耳目，尽驱以入乎一定不移之乡愿格式。夫群四万万乡愿以为国，教安得不亡，种类安得而可保也？"呜呼！吾每读此言，未尝不废书而叹也。抑吾又闻之，重学之公例，谓凡物之有永静性者，必加之以外力而始能动也。故吾向者犹有所冀焉，冀外力之庶几助我乎。顾近年以来，中国受外力之加者，亦既屡见不一见矣，而其不动也依然。岂重学之例，犹有未足据者耶？抑其外力所加者尚微弱，而与本性中所含之静力，尚未足成比例耶？虽然，外力而加强焉，加重焉，窃恐有不能受者矣。若是乎，此无动为大之中国，竟长此而终古也。是则可忧也。

以上六者，仅举大端，自余恶风，更仆难尽，递相为因，递相为果。其深根固蒂也，经历夫数千余年，年年之渐渍，莫或使然，若或使然；其传染蔓延也，盘踞夫四百兆人，人人之脑筋，甲也如是，乙也如是。万方一概，杜少陵所以悲吟；长此安穷，贾长沙能无流涕？呜呼！我同胞苟深思焉，猛省焉，必当憬然于前此致弱之故，有不能专科罪于当局诸人者；怵然于此后救弱之法，有不能专责望于当局诸人者。吾请更质言其例。今日全国人所最集矢者，在枢臣之中，岂非载漪乎？刚毅乎？赵舒翘乎？在疆臣之中，岂非裕禄乎？毓贤乎？李秉衡乎？夫漪、刚、赵、裕、毓、李之误国殃民，万死不足蔽罪，无待言矣。今以漪、刚、赵为不可用，屏而去之，而代之以他之亲王、大学士、尚书、侍郎，其有以愈于漪、刚、赵乎？吾未见其能也。以亲王、大学士、尚书、侍郎为皆不可用，而代以九卿、学士，其有以愈于尚、侍以上乎？以九卿、学士为皆不可用，而代以科、道、编、检、部员，其有以愈于九卿、学士乎？吾未见其能也。今以裕、毓、李为不可用，屏而去之，而代以他之将军、督抚，其有以愈于裕、毓、李乎？吾未见其能也。以将军、督抚为皆不可用，而代以藩、臬、道、府，其有以愈于将军、督抚乎？以藩、臬、道、府为皆不可用，而代以同、通、州、县，其有以愈于藩、臬、道、府乎？吾未见其能也。充其类而极之，乃至以现时京外大小臣工为皆不可用，屏而去之，而代之以未注朝籍之士民，其有以远愈于现时大小臣工乎？吾未见其能也。何也？吾见夫举国之官吏、士民，其见识与漪、刚、赵、裕、毓、李相伯仲也，其意气相伯仲也，其性质相伯仲也，其才能相伯仲也。盖先有无量数漪、刚、赵、裕、毓、李之同类，而漪、刚、赵、裕、毓、李，乃乘时而出焉。之数人者，不过偶然为其同类之代表而已。一漪、刚、赵、裕、毓、李去，而百千万亿之漪、刚、赵、裕、毓、李，方且比肩而立，接踵而来，李僵而桃代，狼却而虎前，有以愈乎？无以愈乎？吾请更以一言正告我国民：国之亡也，非当局诸人遂能亡之也，国民亡之而已；国之兴也，非当局诸人遂能兴之也，国民兴之而已。政府之良否，恒与国民良否为比例，如寒暑针之与空气然，分秒无所差忒焉，丝毫不能假借焉。若我国民徒责人而不知自责，徒望人而不知自勉，则吾恐中国之弱，正未有艾也。

第三节 积弱之源于政术者

然则当局者遂无罪乎？曰：恶，是何言欤！是何言欤！纵成今日之官吏者，则今日之国民是也；造成今日之国民者，则昔日之政术是也。数千年民贼，既以国家为彼一姓之私产，于是凡百经营，凡百措置，皆为保护己之私产而设，此实中国数千年来政术之总根源也！保护私产之术将奈何？彼私产者固由紾国民之臂，而夺得其公产以为己物者也，故其所最患者，在原主人一旦起而复还之。原主人者谁？即国民是也！国民如何然后能复还其公产？必有气焉而后可，必有智焉而后可，必有力焉而后可，必有群焉而后可，必有动焉而后可。但使能挫其气，窒其智，消其力，散其群，制其动，则原主人永远不能复起，而私产乃如磐石苞桑而无所患。彼民贼其知之矣，故其所施政术，无一不以此五者为鹄，千条万绪而不紊其领，百变亿化而不离其宗，多历一年，则其网愈密，多更一事，则其术愈工。故夫今日之政术，不知经几百千万枭雄险鸷、敏练桀黠之民贼，所运算布画，斟酌损益，而今乃集其大成者也。吾尝遍读二十四朝之政史，遍历现今之政界，于参伍错综之中，而考得其要领之所在。盖其治理之成绩有三：曰愚其民，柔其民，涣其民是也。而所以能收此成绩者，其持术有四：曰驯之之术，曰餂之之术，曰役之之术，曰监之之术是也。

所谓驯之之术者何也？天生人而使之有求智之性也，有独立之性也，有合群之性也，是民贼所最不利者也，故必先使人失其本性，而后能就我范围。不见夫花匠乎？以松柏之健劲，而能蟠屈缭纠之，使如盘、如梯、如牖、如立人、如卧兽、如蟠蛇者，何也？自其勾萌茎达之时而戕贼之也。不见夫戏兽者乎？以马之骏，以猴之黠，以狮之戾，以象之钝，而能使趋跄率舞于一庭，应弦合节，戢戢如法者，何也？自乳哺幼稚之日而驯伏之也。历代政治家所以驯其民者，有类于是矣。法国大儒孟德斯鸠曰："凡半开专制君主之国，其教育之目的，惟在使人服从而已。"日本大儒福泽谕吉曰："支那旧教，莫重于礼乐。礼也者，使人柔顺屈从者也；乐也者，所以调和民间勃郁不平之气，使之恭顺于民贼之下者也。"夫以此科罪于礼乐，吾虽不敢谓然，而要之中国数千年来，所以教民者，其宗旨不外乎此，则断断然矣。秦皇之焚书坑儒以愚黔首也，秦皇之拙计也，以焚坑为焚坑，何如以不焚坑为焚坑。宋艺祖开馆辑书，而曰："天下英雄，在吾彀中。"明太祖定制艺取士，而曰："天下莫予毒。"本朝雍正间，有上谕禁满人学八股，而曰："此等学问，不过笼制汉人。"其手段方法，皆远出于秦皇之上，盖术之既久而日精也。试观今日所以为教育之道者何如？非舍八股之外无他物乎！八股犹以为未足，而又设割裂戳搭、连上犯下之禁，使人入于其中，销磨数十年之精神，犹未能尽其伎俩，而遑及他事。犹以为未足，禁其用后世事、后世语，务驱此数百万侁侁衿缨之士，使束书不观，胸无一字，并中国往事且不识，更奚论外国？并日用应酬且不解，更奚论经世？犹以为未足，更助之以试帖，使之习为歌匠；重之以楷法，使之学为钞胥。犹以为未足，恐夫聪明俊伟之士，仅以八股、试帖、楷法不足尽其脑筋之用，而横溢于他途也，于是提倡所谓考据、词章、金石、校勘之学者，一以涵盖笼罩之，使上下四方，皆入吾网。犹以为未足，有伪托道学者出，缘饰经传中一二语，曰："惟辟作福，惟辟作威。"曰："天下有道，则庶人不议。"曰："位卑而言高，罪也。"曰："生斯世也，为斯世也，善斯可矣。"曰："既明且哲，以保其身。"盖圣经贤传中有千言万语，可以开民智、长民气、厚民力者，彼一概抹煞而不征引，惟摭拾一二语足以便己之私图者，从而推波助澜，变本加厉，谬种流传，成为义理。故愤时忧国者则斥为多事，合群讲学者则目为朋党，以一物不知者为谨悫，以全无心肝者为善良。此等见地，深入人心，遂使举国皆盲瞽之态，尽人皆妾妇之容。夫奴性也，愚昧也，为我也，好伪也，怯懦也，无动也，皆天下最可耻之事也。今不惟不耻之而已，遇有一不具奴性、不甘愚昧、不专为我、不甚好伪、不安怯懦、不乐无动者，则举国之人，视之为怪物，视之为大逆不道。是非易位，憎尚反常，人之失其本性，乃至若是。吾观于此，而叹彼数千年民贼之所以驯伏吾民者，其用心至苦，其方法至密，其手段至辣也。如妇女之缠足者然，自幼而缠之，历数十年，及其长也，虽释放之，而亦不能良于行矣，盖足之本性已失也。曾国藩曰："今日之中国，遂成一不痛不痒之世界。"嗟乎！谁为为之？而今我国民一至于此极也！

　　所谓餂之之术者何也？孟德斯鸠曰："专制政体之国，其所以持之经久而不坏裂者，有一术焉。盖有一种矫伪之气习，深入于臣僚之心，即以爵赏自荣之念是也。彼专制之国，其臣僚皆怀此一念，于是各竞于其职，孜孜莫敢怠，以官阶之高下，禄俸之多寡，互相夸耀，往往望贵人之一颦一笑，如天帝如鬼神然。"此语也，盖道尽中国数千年所以餂民之具矣。彼其所以驯吾民者，既已能使之如妾妇、如禽兽矣，夫待妾妇、禽兽之术，则何难之有？今夫畜犬见其主人，摇头摆尾，前趋后蹑者，为求食也；今夫游妓遇其所欢，涂脂抹粉，目挑心招者，为缠头也。故苟持一脔之肉以餂畜犬，则任使之如何跳掷，如何回旋，无不如意也；缠千金于腰以餂游妓，则任使之如何献媚，如何送情，无不如意也。民贼之餂吾民，亦若是已耳。齐桓公好紫，一国服紫；汉高祖恶儒，诸臣无敢儒冠。曹操号令于国中曰："有从我游者，吾能富而贵之。"盖彼踞要津、握重权之人，出其小小手段，已足令全国之人，载颠载倒，如狂如醉，争先恐后，奔走而趋就之矣。而其趋之最巧、得之最捷者，必一国中聪明最高、才力最强之人也。既已餂得此最有聪明才力者，皆入于其彀中，则下此之猥猥碌碌者，更何有焉？直鞭棰之、圈笠之而已。彼蚁之在于垤也，自吾人视之，觉其至微贱、至幺麽而可怜也；而其中有大者王焉，有小者侯焉，群蚁营营逐逐以企仰此无量之光荣，莫肯让也，莫或怠也。彼越南之沦于法也，一切政权、土地权、财权，皆握于他人之手，本国人无一得与闻，自吾人视之，觉其局天蹐地，无生人之趣也；而不知越南固仍有其所谓官职焉，仍有其所谓科第焉，每三年开科取士，其状元之荣耀，无以异于昔时，越人之企望而争趋之者，至今犹若鹜〔鹜〕焉。当顺治、康熙间，天下思明，反侧不安，圣祖仁皇帝一开博学鸿词科，再设明史馆，搜罗遗佚，征辟入都，位之以一清秩、一空名，而天下帖帖然、戢戢然矣。盖所以餂民者得其道也。此术也，前此地球各专制之国，莫不用之，而其最娴熟精巧而著有成效者，则中国为最矣！

　　所谓役之之术者何也？彼民贼既攘国家为己一家之私产矣，然国家之大，非一家子弟数人可以督治而钤辖之也，不得不求助我者，于是官吏立焉。文明国之设官吏，所以为国民理其公产也，故官吏皆受职于民；专制国之设官吏，所以为一姓保其私产也，故官吏皆受职于君。此源头一殊，而末流千差万别，皆从此生焉。故专制国之职官，不必问其贤否、才不才，而惟以安静、谨慎、愿朴，能遵守旧规、服从命令者为贵。中国之任官也，首狭其登进之途，使贤才者无自表见；又高悬一至荣耀、至清贵之格，以奖励夫至无用之学问，使举国无贤无愚，皆不得不俯首以就此途，以消磨其聪明才力。消磨略尽，然后用之，用之又非器其才也，限之以年，绳之以格。资格既老，虽盲暗亦能跻极品；年俸未足，虽隽才亦必屈下僚。何也？非经数十年之磨砻陶冶，恐其英气未尽去，而服从之性质未尽坚也；恐一英才得志，而无数英才慕而学之；英才多出，而旧法将不能束缚之也。故昔者明之太祖，本朝之高宗，其操纵群臣之法，有奇妙不可思议者，直如玩婴儿于股掌，戏猴犬于剧场，使立其朝者，不复知廉耻为何物，道义为何物，权利为何物，责任为何物，而惟屏息蜷伏于一王之下。夫既无国事民事之可办，则任豪杰以为官吏，与任木偶为官吏等耳；而驾驭豪杰，总不如驾驭木偶之易易。彼历代民贼筹之熟矣，故中国之用官吏，一如西人之用机器，有呆板之位置，有一定之行动，满盘机器，其事件不下千百万，以一人转掉之而绰绰然矣。全国官吏，其人数不下千百万，以一人驾驭之，而戢戢然矣。而其所以能如此者，则由役之得其术也。夫机器者，无脑、无骨、无血、无气之死物也，今举国之官吏，皆变成无脑、无骨、无血、无气之死物，所以为驾驭计者则得矣，顾何以能立于今日文明竞进之世界乎？

所谓监之之术者何也？夫既得驯之、餂之、役之之术，则举国臣民入其彀者，十而八九矣。虽然，一国之大，安保无一二非常豪杰，不甘为奴隶、为姜妇、为机器者？又安保无一二不逞之徒，蹈其瑕隙，而学陈涉之辍耕陇畔，效石勒之倚啸东门者？是不可以不监。是故有官焉，有兵焉，有法律焉，皆监民之具也；取于民之租税，所以充监民之经费也；设科第，开仕途，则于民中选出若干人而使之自监其俦也。故他国之兵所以敌外侮，而中国之兵所以敌其民。昔有某西人语某亲王曰："贵国之兵太劣，不足与列强驰骋于疆场，盍整顿之？"某亲王曰："吾国之兵，用以防家贼而已。"呜呼！此三字者，盖将数千年民贼之肺肝，和盘托出者也！夫既以国民为家贼，则防之之道，固不得不密。伪尊六艺，屏黜百家，所以监民之心思，使不敢研究公理也；厉禁立会，相戒讲学，所以监民之结集，使不得联通声气也；仇视报馆，兴文字狱，所以监民之耳目，使不得闻见异物也；罪人则孥，邻保连坐，所以监民之举动，使不得独立无惧也。故今日文明诸国所最尊最重者，如思想之自由，信教之自由，集会之自由，言论之自由，著述之自由，行动之自由，皆一一严监而紧缚之。监之缚之之既久，贤智无所容其发愤，桀黠无所容其跳梁，则惟有灰心短气，随波逐流，仍入于奴隶、妾妇、机器之队中，或且捷足争利，摇尾乞怜，以苟取富贵，雄长侪辈而已。故夫国民非生而具此恶质也，亦非人人皆顽钝无耻也。其有不能驯者，则从而餂之；其有不受役者，则从而监之；举国之人，安有能免也？今日中国国民腐败至于斯极，皆此之由。

观于此，而中国积弱之大源，从可知矣。其成就之者在国民，而孕育之者仍在政府。彼民贼之呕尽心血，遍布罗网，岂不以为算无遗策，天下人莫余毒乎？顾吾又尝闻孟德斯鸠之言矣："专制政体，以使民畏惧为宗旨。虽美其名曰辑和万民，实则斫丧元气，必至举其所以立国之大本而尽失之。昔有路衣沙奴之野蛮，见果实累累缀树上，攀折不获，则以斧斫树而捋取之。专制政治，殆类是也。然民受治于专制之下者，动辄曰：但使国祚尚有三数十年，则吾犹可以偷生度日，及吾已死，则大乱虽作，吾又何患焉？然则专制国民之苟且偷靡，不虑其后，亦与彼野蛮之斫树无异矣。故专制之国所谓辑和者，其中常隐然含有扰乱之种子焉。"呜呼！孟氏此言，不啻专为我中国而发也。夫历代民贼之用此术以驯民、餂民、役民、监民，数千年以迄今矣！其术之精巧完备如此，宜其永保私产、子孙、帝王万世之业。顾何以刘兴项仆，甲攘乙夺，数千年来，莽然而不一姓也？孟子曰："天下之生久矣，一治一乱。"以吾观之，则数千年之所谓治者，岂真治哉？特偶乘人心厌乱之既极，又加以杀人过半，户口顿减，谋食较易，相与帖然苟安而已！实则其中所含扰乱之种子，正多且剧也。夫国也者，积民而成，未有以民为奴隶、为妾妇、为机器、为盗贼而可以成国者。中国积弱之故，盖导源于数千年以前，日积月累，愈久愈深，而至今承其极敝而已。顾其极敝之象，所以至今日而始大显者，何也？昔者为一统独治之国，内患虽多，外忧非剧，故扰乱之种子，常得而弥缝之，纵有一姓之兴亡，无关全种之荣瘁。今也不然，全地球人种之竞争，愈转愈剧。万马之足，万锋之刃，相率而向我支那，虽合无量数聪明才智之士以应对之，犹恐不得当，乃群无脑、无骨、无血、无气之俦，偃然高坐，酣然长睡于此世界之中，其将如何而可也？彼昔时之民贼，初不料其有今日之时局也，故务以驯民、餂民、役民、监民为独一无二之秘传，譬犹居家设廛者，虑其子弟伙伴之盗其物也，于是一一梏桎之拘挛之，或闭之于暗室焉。夫如是，则吾固信其无能为盗者矣，其如家务廛务之废驰何？废驰犹可救也，一旦有外盗焉，哄然坏其门，入其堂，括其货物，迁其重器，彼时为子弟伙伴者，虽欲救之，其奈桎梏拘挛而不能行，暗室仍闭而莫为启，则惟有瞠目结舌，听外盗之入此室处，或划然长啸以去而已。今日我中国之情形，有类于是。彼有司牧国民之责者，其知之否耶？抑我国民其知之否耶？

第四节 积弱之源于近事者

以上三节所言，皆总因也，远因也。虽然，尚有分因焉，近因焉。总因、远因者，譬之刑法，则犹公罪也。分因、近因者，譬之刑法，则犹私罪也。总因、远因之种根虽深，然使早得人而治之，未尝不可以奏效。即不治之而听其自生自灭，不有以增其种焉，培其根焉，则其害犹不至如今日之甚。所最可痛者，旧病未去新病复来，日积月深，纳污藏垢，驯至良医束手，岌岌待亡。吾尝纵览本朝入主中夏以来二百余年之往事，若者为失机，若者为养痈，若者为种祸，若者为激变，每一循省，未尝不椎心顿足，仰天而长恸也，略而论之，有四时代焉。

其一为顺治、康熙时代。满洲之崛起而奄有华夏也，其时天潢之英，从龙之彦，彬彬济济，颇不乏才，以方新之气，用天府之国，实千载一时之机也。然当发端伊始，有聚六州之铁铸成大错者一事，则严满汉之界是也。摄政睿亲王，旷代之英才也，入关甫一月，即下教国中，使满汉互通婚姻，此实长治久安之计也，使当时诸臣，其识皆如睿王，行其意遵其法以迄今日，虽子孙亿万年可也。乃便佞无耻如洪承畴，骄恣昏暴如鳌拜之流，渐握大权，睿王一薨，收孥削爵，尽反其所为，以快其忮嫉之私。基础败坏，实起于是，揆当时之情形，岂不以满洲仅数十万人，而驭汉人数万万人，惧力薄而不能压服之也。乃禁满人不得为士、不得为农、不得为工、不得为商，而一驱之以入兵籍，既有猜忌于汉种，自不得不殊而别之，殆亦有万无得已者存耶。不知汉人沐栉而耕之，满人安坐而食之，其中固久含有抑郁不平、殆哉岌岌之象，而满人资生日绌，智慧不开，亦安睹所谓利者耶？故中叶以后，而八旗生计之案，已为一大棘手之问题矣。

不宁惟是，界限之见，日深一日，生于其心，害于其政，发于其政，害于其事，终必有承大敝而受大创之时。逮于近年，遂有如刚毅辈造出"汉人强满洲亡、汉人疲满洲肥"之十二字诀以乱天下者，追原祸始，不能不痛恨于二百年前作俑之人也。今夫国也者，必其全国之人，有紧密之关系，有共同之利害，相亲相爱，通力合作，而后能立者也。故未有两种族之人，同受治于一政府之下，而国能久安者，我汉人之真爱国而有特识者，则断未有仇视满人者也。何也？以日本之异国，我犹以同种同文之故，引而亲之，而何有于满洲？且吾辈所最切齿痛恨者民贼耳，使其为贼民之君也，岂能因其为汉人而徇庇之？彼秦始皇、魏武帝、明太祖，非汉人耶？吾嫉之犹蛇蝎也。使其为爱民之君也，岂必因其为满人而外视之，若今上皇帝，非满人耶？吾戴之犹父母也。故有特识而真爱国者，惟以民权之能伸与否为重，而不以君位之属于谁氏为重。彼欧洲列国，常有君统乏嗣，而迎立异国之公族以为君者矣，然则中国积弱之源，非必由于满人之君天下明矣。然使人不能无疑于此者何也？则因满人主国，而满汉分界，因满汉分界，而国民遂互相猜忌，久之而将见分裂之兆也，此则顺治诸臣不能辞其咎者也。康熙初元，三藩削平，海内宁息，圣祖仁皇帝，以英迈绝特之资，兼开创守成之业，与俄前皇大彼得，同时并生，其雄才大略，亦绝相似，彼时固尝垂意外事，召西儒南怀仁辈入直南书房，颇有破格之行，非等拘墟之习，百废具举，灿然可观。顾何以俄国自彼得以后，日盛月强，驯至今日为世界第一雄邦。中国自康熙以后，日腐月败，驯至今日为世界第一病国，何也？则以当时困于满汉界限之见，急于为满洲朝廷计利益，而未暇为中国国民谋进步也。是则大可惜者也。

其二为乾隆时代。当乾隆改元，满洲入中国殆百年矣。民气既静，外侮未来，以高宗纯皇帝之才，当此千载一时之遇，我国民最有望者，莫彼时若矣。乃高宗不用其才，为我中国开文明政体之先河，乃反用其才为我中国作专制政体之结局，是则有天运焉，有人事焉，识者不特为中国惜，且为高宗惜也。高宗以操纵群臣、愚柔士民，为生平第一得意事业。六十年中，兴文字狱以十数，如胡中藻、汪景祺等之狱，毛举细故，株连满廷。盖立于乾隆朝之大臣，其始终未曾一入刑部狱者，不过一人而已，使举国臣民慄慄慑伏于其肘下，而后快于心。不宁惟是，又开四库馆以奖励伪学，手批《通鉴》以诋諆名节，驱天下人使入于无用，习于无耻。不宁惟是，又四征八讨，南扫北伐，耗全国之财，涂万人之血，以逞一己之欲。盖至乾隆末年，而海宇骚然矣。高宗自撰《十全老人记》，以为天下古今未有之尊荣，诚哉其尊荣矣，然日中则昃，月盈则亏，君权之盛，至乾隆而极，国权之替，亦自乾隆而开也。窃尝论之，东方之有乾隆，犹西方之有路易第十四也。路易第十四，借法国全盛之业，在位七十余年，骄侈满盈，达于极点，遂有"朕即国家也"一语，为今日全世界人所唾骂，及其崩殂，而法国无宁岁矣。一千七百八十九年之大革命，演出空前绝后之惨剧，尔后君、民两党，转战接斗，互起互仆，流血盈野，殆数十年。法国之民，十死八九，皆不啻路易第十四握其吭而断其项也。而其子孙以万乘之尊，卒送残魂于断头台上，路易一姓之鬼，亦从兹其馁，而法国民主之局，亦从兹而大定矣。然则其所以为志得意满者，岂不即为一败涂地之先声耶？其所以挫抑民气、压制民权者，岂不即为民气、民权之引线耶？中国自乾隆以后，四海扰扰，未几遂酿洪、杨之变，糜烂十六省，蹂躏六百余名城，其惨酷殆不让于法国之一千七百八十九年矣。吾诚不愿我中国自今以往，再有如法国一千八百三十年、一千八百四十八年之革命者，顾吾尤惧夫我中国自今以往，欲求得如今日之法国而渺不可睹也。独居深念，俯仰感慨，不禁于乾隆时代有余痛焉耳。

其三为咸丰、同治时代，洪、杨之难既作，痛毒全国，以十余年之力，仅克削平。而文宗显皇帝，复为英法联军所迫，北狩热河，鼎湖一去，龙髯不返，此实创巨痛深，而无以复加者也。曾、胡、左、李诸贤咸以一介儒将，转战中原，沐雨栉风，百折不挠。吾每按其行迹，接其言论，有加敬焉，断不敢如今之少年喜谤前辈也。虽然，援《春秋》责备贤者之义，则除胡文忠中道殂陨、不预后事之外，吾于曾文正、左文襄、李合肥，以及其并时诸贤，有不能为讳者，以其仅能为中国定乱，不能为中国图治也。夫豪杰之任国事也，非徒使之不乱而已，而必求国家之光荣焉，求国民之进步焉。苟不尔尔，则如今日欧洲文明政体之国，永绝乱萌者，其将永无豪杰之出现乎。彼俾士麦、格兰斯顿何人也？乃我中国数千年来，惟扰乱之时有豪杰，而治平之时则无豪杰，是一奇也。呜呼！吾知其故矣。中国之所谓豪杰者，其任国事也，不过为朝廷之一姓，而非为国民之全体也。故或为一姓创立基业焉，或为一姓拥护私产焉，或为一姓光复旧物焉。数千年豪杰，不出此三途矣，若曾国藩、左宗棠、李鸿章之徒，亦犹是也。故诸公者，其在大清朝廷，可谓有莫大之勋，而其在我中国国民，则未尝有丝毫之功也。孟子曰：有事君人者，有安社稷臣者，有大人者，有天民者，若曾、左、李之徒，可谓之事君人，可谓之社稷臣，若夫大人、天民之道，则瞠乎未有闻也。吾所云云，非谓欲劝诸公离朝廷而别有所建树也。当是时，半壁江山，岌岌不可终日，盈廷昏庸衰谬之臣，既已心灰胆落，失所凭借，惟依阃外诸将帅以为重。此实除旧布新一大机会也，使曾、左、李诸人，有一毫为国民之心，乘此时，用此权，以整顿中央政府之制度，创立地方自治之规模，决非难也。果尔，则维新之业，与日本同时并起迄今三十余年，雄长地球矣。而诸公何以无闻也？或为之解曰：当三十余年前，与欧洲交通未盛，诸公不知西法，不解维新，亦奚足怪？不知吾之所谓维新者，非必西法之谓也。西法者，不过维新之形质耳，若维新之精神，则无中无西，皆所同具，而非待他求者也。彼日本三十年前之维新，岂战船之谓乎？岂洋操之谓乎？岂铁路之谓乎？岂开矿之谓乎？并无战船、洋操、铁路、开矿等事，而不得不谓之维新者，有其精神也。若中国近日，曷尝无战船、洋操、铁路、开矿等事，而仍不得谓之维新者，无其精神也。当同治初元，虽不能为形质之维新，岂不能为精神之维新？但使有精神之维新，而形质之维新，自应弦赴节而至矣。当时曾、左、李诸贤，岂不知官场之积弊，岂不知士风之颓坏，岂不知民力之疲困？苟能具大眼识，运大心力，不避嫌怨，不辞劳苦，数贤协力，以改弦而更张之。吾度其事体之重大，未必如日本之勤王讨幕也，阻力之扞格，未必如日本之废藩置县也。而日本诸公，能毅然成之，我国诸公，乃漠然置之，是乃大可惜也。吾尝略揣诸贤之用心，曾则稍带暮气，守知足知止之戒，惮功高震主之患，日思急流勇退，以保全令名，而不遑及他事也；左则稍带骄气，其好战之雄心，已发而不可制，思贾其余勇，立功名于绝域，而不遑及他事也；李则谦不如曾，骄不如左，略知西法之美，思欲仿效，摭其皮毛，而不知其本源也。吾持高义以责备之，则诸贤者皆有负于国民者也。曾之谦也，中老、杨之毒也。大臣既以身许国，则但当计国民之利害，不当计一身之利害，营私罔利，固不可也。爱惜身名，仍不可也。不见格兰斯顿乎，为爱尔兰自治之案，至于党员亲友，尽变敌国，而气不稍挫焉。曾文正其有愧之也。左之骄也，意气用事也，彼其以如许血汗，如许心力，而开拓西域十余城之石田，何如移之以整顿内政也？李之误也，亦由知有朝廷，不知有国民者也，彼之所效西法各事，仍不过欲为朝廷保其私产，而非为国民扩其公益也。自余并时诸勋臣，除滥冒、骄蹇、粗悍者不计外，所称高流者，其性质亦不出于此三途矣。以当时大乱初定，天下颙颙望治，千载一时之机会，及诸贤分绾兵符，勋业赫赫，可以有为之凭借，失此不为，时会一去，驷追不及，苒苒荏苒，蹉跎蹉跎，任其腐败，听其凌夷，此实千古之遗恨也。虽然，吾以此责望于曾、左、李诸人，吾固知其不伦矣。何则？彼诸人之思想见识，本丝毫无以异于常人也，彼方以其能多杀人而施施自豪，方以能徼宠荣于一姓之朝而沾沾自喜，语以国民之公义，豪杰之责任，彼乌从而知之？闻李鸿章之使西域也，至德见前相俾士麦，叩李以生平功业，李历述其平发、平捻之事，意气颇自得。俾氏曰：公之功业，诚巍巍矣，然吾欧人以能敌异种者为功，自残同种以保一家，欧人所不称也。李闻之有惭色云。嗟乎！吾惜李公闻此言之太晚也。吾更惜曾、左诸贤之终身未闻此言也。虽然，区区数人何足惜？吾愈惜以中国之大，而所谓近世第一流人物者，乃仅仅如是也。

抑尤可痛者，同治戡乱之后，不惟不能起中国积弱之病，乃反窒中国图强之机。盖自兹以往，而彼势利顽固者流，以为天命永存，富贵长保，益增其骄侈满盈之气，更长其深闭固拒之心。故自英、法破北京，无所要索，仅订盟通商而去，彼等于是觉西人足畏而不足畏矣。自戈登助攻，克复苏、常诸名城，遂定江南，彼等于是忘外人之助，而自以为武功巍巍莫与京矣。自俄罗斯定约，还我伊犁，彼等不知他人之别有阴谋，而以为畏我之威矣。自越南谅山一役，以主待客，小获胜仗，于是彼等铺张扬厉之，以为中国兵力，足挫欧洲强国而有余矣。坐是虚骄之气，日盛一日，朝野上下，莫不皆然。如井底蛙，如辽东豕，如夜郎之不知汉大，如匈奴之自谓天骄。遂复歌舞湖山，粉饰藻火，仍出其数千年祖传秘诀，驯民、餂民、役民、监民之手段，汲汲然讲求而附益之，精益求精，密益求密，而岂复有痛定思痛，存不忘亡之一念，来往于其胸中者耶？于是而近十年来之局成矣，于是而近十年来之难作矣。

其四则最近时代。今上皇帝以天纵之资，抱如伤之念，借殷忧以启圣，惟多难以兴邦，天之生我皇也，天心之仁爱中国而欲拯其祸也。其奈道高一尺，魔高一丈，有西太后那拉氏者梗乎其间。那拉氏垂帘三次，前后凡三十余年，中国之一线生机，芟夷斩伐而靡有孑遗者，皆在此三十年也。中兴诸勋臣，所以不能兴维新之治者，虽由其识力之不足，抑亦畏那拉氏之猜忌、悍忍而不敢行其志也。以肃顺为先朝顾命大臣，湘、淮诸将，皆所拔擢，而那拉以莫须有之狱，一旦骈其党而戮之；以恭亲王之亲贤，身当大难，仅安社稷，而那拉挟私愤而屏逐之。况于诸臣之起自疏逖而威权震主者耶？故曾国荃初复江南，旋即罢职闲居，曾国藩之胆，于是寒矣。左宗棠班师入觐，解其兵权，召入枢垣，虚隆其礼，阴掣其肘也。故甫及一月，而已不安其位矣，自余百端，所以驾驭诸臣者，无不类是。亦何怪其灰心短气，而无能为役也。今夫专制之国之钤辖其民，以自保私产，古今恒情，吾姑无责焉。虽然，保之则亦有道矣，如彼俄罗斯者，现世最专制之国也，而其任百官也，则必尽其才，尊其权，政府之方针有定向，施政之条理有定程。盖虽不知有民，而犹知有国焉，其君其臣，一心一德，以务国事，此其所以强也。若那拉后者，非惟视中国四百兆之黎庶如草芥，抑且视大清二百年之社稷如秦越也，故忍将全国之大权，畀诸数阉宦之手，竭全国之财力，以穷极池台鸟兽之乐，遂使吾中国，有所谓安仔政府，有所谓皮笑李政府者。盖二百余年来京师之腐败秽丑，未有甚于那拉时代者也。今上皇帝，忍之无可忍，待之无可待，乃忘身舍位，毅然为中国开数千年来未有之民权，非徒为民权，抑亦为国权也。那拉氏之仇皇上，其仇民权耶，其仇国权耶？仇民权则是四百兆人之罪人也，仇国权抑亦大清十一代之罪人也。呜呼！我一部《近十年史论》，那拉氏实书中之主人翁也。使三十年来无那拉氏一人梗乎其间，则我中国今日，其勃兴如日本可也，其富乐如英、美可也，其威张如法、俄可也。故推原其所以积弱之故，其总因之重大者，在国民全体；其分因之重大者，在那拉一人。其远因在数千年之上，其近因在二百年以来，而其最近因又在那拉柄政三十年之间。《诗》曰：乱匪降自天，生自妇人，膴膴周原，茫茫禹壤。其竟如斯而长已矣耶，其未然耶？此吾所以中夜拔剑起舞，而涕泪弥襟矣。

结论

以上所论列，中国病源，略尽于是矣。吾之所以下笔二万言，刺刺不能自休者，非如江湖名士之傲睨一世，使酒骂坐，以快其口舌意气也；亦非有所抑郁不得志，而诋諆当道，以浇其胸中块垒也。谚曰：解铃还须系铃人。又曰：心病还得心药医。故必知其病根之伏于何处，又知酿成此病者属于何人，然后治疗之术可得而讲焉。国也者，吾之国也，吾爱之，不能坐视其亡而不救也。今既无救之之权，则不能不望于有权者，吾一人之力不能救，则不能不望于众人之与吾同心者。吾所以著此书之意在是，吾所以冠此论于全书之意亦在是。抑闻《大易》之义，剥极则复，否极则泰，吾中国今日之弱，岂犹未极耶？思之思之，鬼神通之，雷霆一声，天地昭豁，亦安知夫今与后之不殊科耶？亦安知夫祸与福之不相倚耶？

嗟夫，嗟夫！天胡此醉，叩帝阍其难闻；人之无良，览横流其未极，哀莫大于心死。逝者如斯，祸已迫于眉然，泣将何及！莽莽千载，念来日之大难，茫茫九州，见夕阳之无限。岂一治一乱，昆明无不劫之灰，抑人谋鬼谋，精卫有未填之海，卷欧风与亚雨，惊咄咄其逼人，营菟裘与冰山，羌梦梦而视我。嗟夫！嗟夫！千年辽鹤，望人民城郭以怆神，何处铜驼，向棘地荆天而长涕，不辞疯口，聊贡罪言。父兮母兮，胡宁忍予！墨耶泪耶，长歌当哭！知我者谓我心忧，不知我者谓我何求，悠悠苍天，此何人哉！（《清议报》第七十七至八十四册，1901 年 4 月 29 日，5 月 9、18、28日，6 月 7、16、26 日，7 月 6 日，署名"新会梁启超任公"）

十种德性相反相成义

《中庸》曰："万物并育而不相害，道并行而不相悖。"大哉言乎！野蛮时代所谓道德者，其旨趣甚简单而常不相容；文明时代所谓道德者，其性质甚繁杂而各呈其用。而吾人所最当研究而受用者，则凡百之道德，皆有一种妙相，即自形质上观之，划然立于反对之两端；自精神上观之，纯然出于同体之一贯者。譬之数学，有正必有负；譬之电学，有阴必有阳；譬之冷热两暗潮，互冲而互调；譬之轻重两空气，相薄而相剂。善学道者，能备其繁杂之性质而利用之，如佛说华严宗所谓：相是无碍，相入无碍。

苟有得于是，则以之独善其身而一身善，以之兼善天下而天下善。

朱子曰："教学者如扶醉人，扶得东来西又倒。"凡我辈有志于自治，有志于觉天下者，不可不重念此言也。天下固有绝好之义理，绝好之名目，而提倡之者不得其法，遂以成绝大流弊者。流弊犹可言也，而因此流弊之故，遂使流俗人口实之，以此义理、此名目为诟病，即热诚达识之士，亦或疑其害多利少而不敢复道，则其于公理之流行反生阻力，而文明进化之机为之大窒。《庄子》曰："其作始也简，其将毕也巨。"可不惧乎！可不慎乎！故我辈讨论公理，必当平其心，公其量，不可徇俗以自画，不可惊世以自喜。徇俗以自画是谓奴性，惊世以自喜是谓客气。

吾今者以读书思索之所得，觉有十种德性，其形质相反，其精神相成，而为凡人类所当具有、缺一不可者，今试分别论之。

其一　独立与合群

独立者何？不倚赖他力，而常昂然独往独来于世界者也。《中庸》所谓"中立而不倚"，是其义也。人之所以异于禽兽者以此，文明人所以异于野蛮者以此。吾中国所以不成为独立国者，以国民乏独立之德而已。言学问则倚赖古人，言政术则倚赖外国。官吏倚赖君主，君主倚赖官吏；百姓倚赖政府，政府倚赖百姓。乃至一国之人，各各放弃其责任而惟倚赖之是务，穷其极也，实则无一人之可倚赖者。譬犹群盲偕行，甲扶乙肩，乙牵丙袂，究其极也，实不过盲者倚赖盲者。一国腐败，皆根于是。故今日救治之策，惟有提倡独立。人人各断绝倚赖，如孤军陷重围，以人自为战之心，作背城借一之举，庶可以扫拔已往数千年奴性之壁垒，可以脱离此后四百兆奴种之沉沦。今世之言独立者，或曰拒列强之干涉而独立，或曰脱满洲之羁轭而独立。吾以为不患中国不为独立之国，特患中国今无独立之民。故今日欲言独立，当先言个人之独立，乃能言全体之独立；先言道德上之独立，乃能言形势上之独立。危哉微哉！独立之在我国乎？

合群云者，合多数之独而成群也。以物竞天择之公理衡之，则其合群之力愈坚而大者，愈能占优胜权于世界上，此稍学哲理者所能知也。吾中国谓之为无群乎？彼固庞然四百兆人，经数千年聚族而居者也。不宁惟是，其地方自治之发达颇早，各省中所含小群无数也；同业联盟之组织颇密，四民中所含小群无数也。然终不免一盘散沙之诮者，则以无合群之德故也。

合群之德者，以一身对于一群，常肯绌身而就群；以小群对于大群，常肯绌小群而就大群。夫然后能合内部固有之群，以敌外部来侵之群。乃我中国之现状，则有异于是矣。彼不识群义者不必论，即有号称求新之士，日日以合群呼号于天下，而甲地设一会，乙徒立一党，始也互相轻，继也互相妒，终也互相残。其力薄者，旋起旋灭，等于无有；其力强者，且将酿成内讧，为世道忧。此其故亦非尽出于各人之私心焉，盖国民未有合群之德，欲集无数之不能群者强命为群，有其形质，无其精神也。故今日吾辈所最当讲求者，在养群德之一事。

独与群，对待之名词也。人人断绝倚赖，是倚群毋乃可耻？常绌身而就群，是主独无乃可羞？以此间隙，遂有误解者与托名者之二派出焉。其老朽腐败者，以和光同尘为合群之不二法门，驯致尽弃其独立，阉然以媚于世；其年少气锐者，避奴隶之徽号，乃专以尽排侪辈、惟我独尊为主义。由前之说，是合群为独立之贼；由后之说，是独立为合群之贼。若是乎，两者之终不能并存也。今我辈所亟当说明者有二语，曰：独立之反面，依赖也，非合群也；合群之反面，营私也，非独立也。虽人自为战，而军令自联络而整齐，不过以独而扶其群云尔；虽全机运动，而轮轴自分劳而赴节，不过以群而扶其独云尔。苟明此义，则无所容其托，亦不必用其避。譬之物质然，合无数"阿屯"而成一体，合群之义也；每一"阿屯"中皆具有本体所含原质之全分，独立之义也。若是者，谓之合群之独立。

其二 自由与制裁

自由者，权利之表证也。凡人所以为人者有二大要件：一曰生命，二曰权利，二者缺一，时乃非人。故自由者亦精神界之生命也。文明国民每不惜掷多少形质界之生命，以易此精神界之生命，为其重也。我中国谓其无自由乎，则交通之自由官吏不禁也，住居行动之自由官吏不禁也，置管产业之自由官吏不禁也，信教之自由官吏不禁也，书信秘密之自由官吏不禁也，集会、言论之自由官吏不禁也（近虽禁其一部分，然比之前世纪之法、普、奥等国相去远甚）。凡各国宪法所定形式上之自由，几皆有之。虽然，吾不敢谓之为自由者。何也？有自由之俗，而无自由之德也。自由之德者，非他人所能予夺，乃我自得之而自享之者也。故文明国之得享用自由也，其权非操诸官吏，而常采诸国民。中国则不然。今所以幸得此习俗之自由者，恃官吏之不禁耳，一旦有禁之者，则其自由可以忽消灭而无复踪影。而官吏之所以不禁者，亦非尊重人权而不敢禁也，不过其政术拙劣，其事务废弛，无暇及此云耳。官吏无日不可以禁，自由无日不可以亡，若是者谓之奴隶之自由。若夫思想自由，为凡百自由之母者，则政府不禁之，而社会自禁之。以故吾中国四万万人，无一可称完人者，以其仅有形质界之生命，而无精神界之生命也。故今日欲救精神界之中国，舍自由美德外，其道无由。

制裁云者，自由之对待也。有制裁之主体，则必有服从之客体。既曰服从，尚得为有自由乎？顾吾尝观万国之成例，凡最尊自由权之民族，恒即为最富于制裁力之民族，其故何哉？自由之公例曰：人人自由，而以不侵人之自由为界。制裁者制此界也，服从者服此界也。故真自由之国民，其常要服从之点有三：一曰服从公理，二曰服从本群所自定之法律，三曰服从多数之决议。是故文明人最自由，野蛮人亦最自由，自由等也，而文、野之别全在其有制裁力与否。无制裁之自由，群之贼也；有制裁之自由，群之宝也。童子未及年，不许享有自由权者，为其不能自治也，无制裁也。国民亦然，苟欲享有完全之自由权，不可不先组织巩固之自治制。而文明程度愈高者，其法律常愈繁密，而其服从法律之义务亦常愈严整，几于见有制裁，不见有自由。而不知其一群之中，无一能侵他人自由之人，即无一被人侵我自由之人，是乃所谓真自由也。不然者，妄窃一二口头禅语，暴戾恣睢，不服公律，不顾公益，而漫然号于众曰：吾自由也，则自由之祸，将烈于洪水猛兽矣。昔美国一度建设共和政体，其基础遂确乎不拔，日益发达，继长增高，以迄今日。法国则自一七八九年大革命以后，君、民两党互起互仆，垂半世纪余，而至今民权之盛犹不及英、美者，则法兰西民族之制裁力，远出英吉利民族之下故也。然则自治之德不备，而徒漫言自由，是将欲急之反以缓之，将欲利之反以害之也。故自由与制裁二者，不惟不相悖而已，又乃相待而成，不可须臾离。言自由主义者，不可不于此三致意也！

其三　自信与虚心

自信力者，成就大业之原也。西哲有言曰："凡人皆立于所欲立之地，是故欲为豪杰则豪杰矣，欲为奴隶则奴隶矣。"孟子曰："自谓不能者，自贼者也。"又曰："自暴者不可与有言也，自弃者不可与有为也。"天下人固有识想与议论过绝寻常，而所行事不能有益于大局者，必其自信力不足者也。有初时持一宗旨，任一事业，及为外界毁誉之所刺激，或半途变更废止，不能达其目的地者，必其自信力不足者也。居今日之中国，上之不可不冲破二千年顽谬之学理，内之不可不鏖战四百兆群盲之习俗，外之不可不对抗五洲万国猛烈侵略、温柔笼络之方策，非有绝大之气魄，绝大之胆量，岂能于此四面楚歌中，打开一条血路，以导我国民于新世界者乎！伊尹曰："余，天民之先觉者也，余将以斯道觉斯民也，非余觉之而谁也？"孟子曰："夫天未欲平治天下也，如欲平治天下，当今之世，舍我其谁也？"抑何其言之大而夸欤，自信则然耳！故我国民而自以为国权不能保，斯不能保矣；若人人以自信力奠定国权，强邻孰得而侮之！国民而自以为民权不能兴，斯不能兴矣；若人人以自信力奋争民权，民贼孰得而压之！而欲求国民全体之自信力，必先自志士各人之自信力始。

或问曰：吾见有顽锢之辈，抱持中国一二经典古义，谓可以攘斥外国凌轹全球者，若是者，非其自信力乎？吾见有少年学子，撅拾一二新理新说，遂自以为足，废学高谈，目空一切者，若是者，非其自信力乎？由前之说，则中国人中富于自信力者，莫如端王、刚毅；由后之说，则如格兰斯顿之耄而向学，奈端之自视焰然，非其自信力之有不足乎？曰：恶！是何言欤？自信与虚心，相反而相成者也。人之能有自信力者，必其气象阔大，其胆识雄远，既注定一目的地，则必求贯达之而后已。而当其始之求此目的地也，必校群长以择之；其继之行此目的地也，必集群力以图之。故愈自重者愈不敢轻薄天下人，愈坚忍者愈不敢易视天下事。海纳百川，经重致远，殆其势所必然也。彼故见自封一得自喜者，是表明其器小易盈之迹于天下，如河伯之见海，若终必望洋而气沮；如辽豕之到河东，卒乃怀惭而不前，未见其自信力之能全始全终者也。故自信与骄傲异：自信者常沉着，而骄傲者常浮扬；自信者在主权，而骄傲者在客气。故豪杰之士，其取于人者，常以"三人行必有我师"为心；其立于己者，常以"百世俟圣而不惑"为鹄。夫是之谓虚心之自信。

其四　利己与爱他

为我也，利己也，私也，中国古义以为恶德者也。是果恶德乎？曰：恶！是何言？天下之道德、法律，未有不自利己而立者也。对于禽兽而倡自贵知类之义，则利己而已，而人类之所以能主宰世界者，赖是焉。对于他族而倡爱国保种之义，则利己而已，而国民之所以能进步繁荣者赖是焉。故人而无利己之思想者，则必放弃其权利，弛掷其责任，而终至于无以自立。彼芸芸万类，平等竞存于天演界中，其能利己者必优而胜，其不能利己者必劣而败，此实有生之公例矣。西语曰："天助自助者。"故生人之大患，莫甚于不自助而望人之助我，不自利而欲人之利我。夫既谓之人矣，则安有肯助我而利我者乎？又安有能助我而利我者乎？国不自强而望列国之为我保全，民不自治而望君相之为我兴革，若是者，皆缺利己之德而已。昔中国杨朱以为我立教，曰："人人不拔一毫，人人不利天下，天下治矣。"吾昔甚疑其言，甚恶其言，及观英、德诸国哲学大家之书，其所标名义与杨朱吻合者，不一而足，而其理论之完备，实有足以助人群之发达，进国民之文明者。盖西国政治之基础在于民权，而民权之巩固由于国民竞争权利寸步不肯稍让，即以人人不拔一毫之心，以自利者利天下。观于此，然后知中国人号称利己心重者，实则非真利己也。苟其真利己，何以他人剥夺己之权利，握制己之生命，而恬然安之，恬然让之，曾不以为意也。故今日不独发明墨翟之学足以救中国，即发明杨朱之学亦足以救中国。

问者曰：然则爱他之义可以吐弃乎？曰：是不然，利己心与爱他心，一而非二者也。近世哲学家谓人类皆有两种爱己心：一、本来之爱己心，二、变相之爱己心。变相之爱己心者，即爱他心是也。凡人不能以一身而独立于世界也，于是乎有群。其处于一群之中，而与俦侣共营生存也，势不能独享利益，而不顾俦侣之有害与否。苟或尔尔，则己之利未见而害先睹矣。故善能利己者，必先利其群，而后己之利亦从而进焉。以一家论，则我之家兴，我必蒙其福，我之家替，我必受其祸；以一国论，则国之强也，生长于其国者罔不强，国之亡也，生长于其国者罔不亡。故真能爱己者，不得不推此心以爱家、爱国，不得不推此心以爱家人、爱国人，于是乎爱他之义生焉。凡所以爱他者，亦为我而已。故苟深明二者之异名同源，固不必侈谈"兼爱"以为名高，亦不必讳言"为我"以自欺蔽。但使举利己之实，自然成为爱他之行；充爱他之量，自然能收利己之效。

其五　破坏与成立

破坏亦可谓之德乎？破坏犹药也。药所以治病，无病而药则药之害莫大，有病而药则药之功莫大。故论药者不能泛然论其性之良否，而必以其病之有无与病药二者相应与否提而并论，然后药性可得而言焉。破坏本非德也，而无如往古来今之世界，其蒙垢积污之时常多，非时时摧陷廓清之，则不足以进步，于是而破坏之效力显焉。今日之中国，又积数千年之沈痾，合四百兆之痼疾，盘踞膏肓，命在旦夕者也，非去其病，则一切调摄滋补荣卫之术，皆无所用，故破坏之药，遂成为今日第一要件，遂成为今日第一美德。世有深仁博爱之君子，惧破坏之剧且烈也，于是窃窃然欲补苴而幸免之。吾非不惧破坏，顾吾尤惧夫今日不破坏，而他日之破坏终不可免，且愈剧而愈烈也。故与其听彼自然之破坏而终不可救，无宁加以人为之破坏而尚可有为。自然之破坏者，即以病致死之喻也；人为之破坏者，即以药攻病之喻也。故破坏主义之在今日，实万无可避者也。《书》曰："若药不瞑眩，厥疾不瘳。"西谚曰："文明者非徒购之以价值而已，又购之以苦痛。"破坏主义者，实冲破文明进步之阻力，扫荡魑魅罔两之巢穴，而救国救种之下手第一著也。处今日而犹惮言破坏者，是毕竟保守之心盛，欲布新而不欲除旧，未见其能济者也。

破坏之与成立，非不相容乎？曰：是不然。与成立不相容者，自然之破坏也；与成立两相济者，人为之破坏也。吾辈所以汲汲然倡人为之破坏者，惧夫委心任运听其自腐自败，而将终无成立之望也，故不得不用破坏之手段以成立之，凡所以破坏者为成立也。故持破坏主义者，不可不先认此目的。苟不尔，则满朝奴颜婢膝之官吏，举国醉生梦死之人民，其力自足以任破坏之役而有余，又何用我辈之汲汲为也。故今日而言破坏，当以不忍人之心，行不得已之事。彼法国十八世纪末叶之破坏，所以造十九世纪近年之成立也。彼日本明治七、八年以前之破坏，所以造明治二十三年以后之成立也。破坏乎，成立乎，一而二，二而［一］者也。虽然，天下事成难于登天，而败易于下海，故苟不案定目的，而惟以破坏为快心之具，为出气之端，恐不免为无成立之破坏。譬之药不治病，而徒以速死，将使天下人以药为诟，而此后讳疾忌医之风将益炽。是亦有志之士不可不戒者也！

结论

呜呼！老朽者不足道矣。今日以天下自任而为天下人所属望者，实惟中国之少年。我少年既以其所研究之新理新说公诸天下，将以一洗数千年之旧毒，甘心为四万万人安坐以待亡国者之公敌，则必毋以新毒代旧毒，毋使敌我者得所口实，毋使旁观者转生大惑，毋使后来同志者反因我而生阻力。然则其道何由？亦曰：知有合群之独立，则独立而不轧轹；知有制裁之自由，则自由而不乱暴；知有虚心之自信，则自信而不骄盈；知有爱他之利己，则利己而不偏私；知有成立之破坏，则破坏而不危险。所以治身之道在是，所以救国之道亦在是。天下大矣，前途远矣，行百里者半九十，是在少年！是在吾党！（《清议报》第八十二、八十四册，1901 年 6 月 16 日、7 月 6 日，署名"任公"）

国家思想变迁异同论

思想者，事实之母也。欲建造何等之事实，必先养成何等之思想。

世界之有完全国家也，自近世始也，前者曷为无完全国家？以其国家思想不完全也。今泰西人所称述之国家思想，果为完全否乎？吾不敢知。虽然，以视前者，则其进化之迹灿然矣。其得此思想也，非一朝一夕所骤致，非一手一足所幸成。或自外界刺激之，或自内界启牖之。虽曰天演日进之公理，不得不然，然所以讲求发明而提倡之者，又岂可缓耶？故今略述其变迁异同之大体，使吾国民比较而自省焉，苟思想之普及，则吾国家之成立，殆将不远矣。

德国大政治学者伯伦知理所著《国家学》，将欧洲中世与近世国家思想之变迁，举其特异之点，凡若干条，兹译录如下：

甲、中世	乙、近世
一、国家者，其生命与权利，受于上帝；国家之组织，皆由天意，受天命。	一、国家者，本于人性，成于人为；其所组织，乃共同生活之体，生民自构成之，生民自处理之。
二、国家二字之理想，全自教门之学识而来，王者代上帝君临国家，王国即神国也。天主教主持教令与国家之大两大权，谓教界之权，与俗世之权，皆上帝之所付。其一归于教皇，其一归于罗马帝，即耶稣新教。虽知教令干预政权之不可，然其论国家权，仍带宗教上之思想。	二、以哲学及史学，定国家之原理，故近世之政治学，全自国家与吾人之相关如何着想。或曰：国家者，由人人各求其安宁，求其自由，相议合意而结成者也。或曰：国家者，同一之国民，自然发生之团体也。要之，近世国家之理想，非全滞于宗教，亦非全离于宗教，至政治学之所务，则不在求合于天则，而在求合于人事。

续表

甲、中世	乙、近世
三、中世国家之理想，虽非如东洋古国（指埃及、犹太等）直接之神权政体，而尚不免为间接之神权政体。盖君主者，神之副代理也。	三、神权政体，与近世政治思想不相容，近世之国家，乃生民以宪法而构造之，其统治之权，以公法节制之，其行政也，循人生之道理，因人为之方法，以图国民之幸福。
四、国家由教徒之团体而成，故以教派之统一为最要，凡异教、无教之徒，不许有政权，且虐待之。	四、宗教无特权，无论公法、私法，皆与教派不相涉，国家有保护"信教自由"之责任，无论何种教令，不得禁止凌害之。
五、耶苏教国，以教令为形而上者，故视之也尊，以国家为形而下者，故视之也卑。教主之位，在国王之上，教士之位，在平民之上。常享特权，免常务。	五、国事自有精神（国民之元气），有形体（宪制），而成一法人（法人者，谓自法律上视之，与一个人同例），对于教令而有独立之地位，且能以权力临教会，其施行法律也，一切阶级皆平等，教士不能有特优之权。
六、教育少年之事，皆由教会管之，各专门学，亦归宗教势力范围。	六、国家所委于教会者，仅宗教教育耳，若学校，则国家之学校也。一切专门学，皆脱宗教之羁绊，国家保护其自由。
七、无公法、私法之别，无属地所行之主权，殆如私管业之财产。君权者，一家族之权也。	七、公法与私法之区别极分明，公权与公务相倚。
八、因封建制度之故，国权破碎分离，自神而王，自王而侯伯，自侯伯而士，自士而市府，遂渐推移，法律之组织极散漫。	八、国家者，自国民而成者也。但中央统制之权，仍存于国家，国家因国民的基础，其范围日赴广大，法律亦以国家统一之精神，施平等于全体。
九、代议选举之权，由身分而异，贵族及教士占非常之势力，法律亦因阶级为区别。	九、选举之权，达于人民全体，其根柢即民政是也。法律通全国而为一。
十、诸侯自保其家国，故盛行保护政略，国家主权，偏于一方，细民不能享自由。	十、全体之人民，各伸其共有之自由，又各服其自集之权力。
十一、国家无意志，无精神，只由于天性与趋势而决行为，如天然之生物然，其法律以习俗为根柢。	十一、国家自有知觉，循至善之理，而行其法律，以公议别择为根柢。

吾今者略仿其例，推而衍之，举欧洲旧思想与中国旧思想，与欧洲新思想，试一比较，列表如下：

甲、欧洲旧思想	乙、中国旧思想	丙、欧洲新思想
一、国家及君主、人民，皆为神而立者也，故神为国家之主体。	一、国家及人民，皆为君主而立者也，故君主为国家之主体。	一、国家为人民而立者也，君主为一国家之支体，其为人民而立，更不俟论，故人民为国家之主体。（十九世纪下半纪之国家主义亦颇言人民为国家而立，然与旧思想有绝异之点，语详下篇。）
二、人民之一部分，与国家有关系，国家者半公私之物也，可以据为己有，而不能一人独有。	二、国家与人民，全然分离，国家者，死物也，私物也，可以一人独有之。其得之也，以强权、以优先权，故人民之盛衰与国家之盛衰无关。	二、国家与人民一体，国家者，活物也（以人民非死物故），公物也（以人民非私物故）。故无一人能据有之者，人民之盛衰，与国家之盛衰，如影随形。
三、治人者为一级，被治于人者为一级，其地位生而即定，永不得相混。	三、治人者为一级，治于人者为一级，其级非永定者，人人皆可以为治于人者，人人皆可以为治于人者。但既为治人者，即失治于人之地位，既为治于人者，即失治人者之地位。	三、有治人者，有治于人者，而无其级，全国民皆为治人者，亦皆为治于人者，一人之身，同时为治人者，亦同时即为治于人者。
四、帝王代天临民，帝王之权即神权，几与神为一体。	四、帝王非天之代理者，而天之所委任者，故帝王对于天而负责任。	四、帝王及其他统治权，非天之代理，而民之代理，非天之所委任，而民之所委任，故统治者对于民而负责任。
五、政治为宗教之附属物。	五、宗教为政治之附属物。	五、政教〔治〕与宗教，各有其独立之位置，两不相属。
六、公众教育，权在教会。	六、无公众教育。	六、公众教育，权在国家。

续表

甲、欧洲旧思想	乙、中国旧思想	丙、欧洲新思想
七、立法权在少数之人（君主及贵族），其法以神意为标准。	七、立法权在一人（君主），其法以古昔为标准（或据先哲之言，或沿前朝之制，或任旧社会之习惯）。	七、立法之权在众人（合国民），其法以民间公利公益为标准。
八、与中国旧思想略同。	八、无公法、私法之别，国家对于人民，有权利而无义务，人民对于国家，有义务而无权利。	八、公法、私法，界限极明，国家对于人民，人民对于国家，人民对于人民，皆各有其相当之权利、义务。
九、全国人皆受治于法律，惟法律有种种阶级，各人因其身分而有特异之法律。	九、惟君主一人立于法律之外，其余皆受治于法律，一切平等。	九、全国人皆受治于法律，一切平等，虽君主亦不能违公定之国宪。
十、政权分散，或在王，或在诸侯，或在豪族，或在市府，无所统一。	十、政权外观似统一，而国中实分无量数之小团体，或以地分，或以血统分，或以职业分，中央政权，谓之弱小也不可，谓之强大也亦不可。	十、政权统一，中央政府与团体自治，各有权限，不相侵越。
十一、列国并立，政治之区域颇狭，且有贵族阶级，故人民常不得自由。	十一、庞大一统，政治之区域寥阔，且无贵族阶级，故政府虽非能予民以自由，而因其统治力之薄弱，人民常意外得无限之自由。（亦意外得无限之不自由。）	十一、政府为人民所自造，人民各尊其自由，又委托其公自由于政府，故政府统治之权甚大，而人民得有限之自由。

今考欧洲国家思想过去、现在、未来变迁之迹，举其荦荦大者如下：

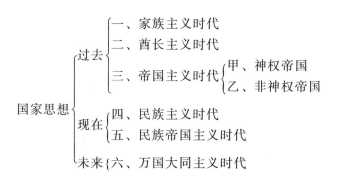

过去者已去，如死灰之不能复燃。未来者未来，如说食之不能获饱，今暂置勿论。但取现在通行有力者而论之。

今日之欧美，则民族主义与民族帝国主义相嬗之时代也。今日之亚洲，则帝国主义与民族主义相嬗之时代也。专就欧洲而论之，则民族主义，全盛于十九世纪，而其萌达也在十八世纪之下半，民族帝国主义，全盛于二十世纪，而其萌达也在十九世纪之下半。今日之世界，实不外此两大主义活剧之舞台也。

于现今学界，有割据称雄之二大学派，凡百理论，皆由兹出焉。而国家思想其一端也。一曰平权派，卢梭之徒为民约论者代表之。二曰强权派，斯宾塞之徒为进化论者代表之。平权派之言曰：人权者出于天授者也。故人人皆有自主之权，人人皆平等；国家者，由人民之合意结契约而成立者也。故人民当有无限之权，而政府不可不顺从民意，是即民族主义之原动力也。其为效也，能增个人强立之气，以助人群之进步；及其弊也，陷于无政府党，以坏国家之秩序。强权派之言曰：天下无天授之权利，惟有强者之权利而已，故众生有天然之不平等，自主之权当以血汗而获得之。国家者，由竞争淘汰不得已而合群以对外敌者也，故政府当有无限之权，而人民不可不服从其义务。是即新帝国主义之原动力也。其为效也，能确立法治（以法治国，谓之法治）之主格，以保团体之利益；及其弊也，陷于侵略主义，蹂躏世界之和平。

十八、十九两世纪之交，民族主义飞跃之时代也。法国大革命，开前古以来未有之伟业，其《人权宣言书》曰："凡以己意欲栖息于同一法律之下之国民，不得由外国人管辖之，又，其国之全体，乃至一部分，不可被分

割于外国。盖国民者，独立而不可解者也。"云云。此一大主义，以万丈之
气焰，磅礴冲激于全世界人人之脑中，顺之者兴，逆之者亡。以拿破仑旷
世之才，气吞地球八九于其胸而曾不芥蒂，卒乃一蹶再蹶，身为囚虏，十
年壮图，泡灭如梦，亦惟反抗此主义之故，拿破仑之既败也，此主义亦如
皎日之被翳，风雷虽歇，残云未尽。于时比利时合并于荷兰，荷尔士达因
（日耳曼族之一都府也）被领于丹麦，意大利之大部被轭于奥国，匈牙利及
波希米亚亦皆被略于奥国，波兰为俄、普、奥所分，巴干半岛诸国见掩于
土耳其。一时国民独立之原理，若将中绝焉。曾几何时，而希腊抗土以独
立矣，比利时自荷兰而分离矣，荷尔士达因后还于德国矣。数百年憔悴于
教政、帝政下之德意志、意大利，皆新建国称雄于地球矣。匈牙利亦得特
别自治之宪法矣，罗马尼亚、塞尔维亚、门的内哥皆仰首伸眉矣。爱尔兰
自治之案通过矣。至千九百年顷，其风潮直驰卷腾，溢于欧洲以外之天地，
以区区荒岛之非律宾，一度与百年轭缚之西班牙抗而脱其羁绊，再度与富
源莫敌之美国抗，虽暂挫跌，而其气未衰焉。以崎崎山谷之杜兰斯哇儿，
其人口曾不及伦敦负郭之一小区，致劳堂堂大英三十余万之雄兵，至今犹
患苦之。凡百年来种种之壮剧，岂有他哉？亦由民族主义磅礴冲激于人人
之胸中，宁粉骨碎身，以血染地，而必不肯生息于异种人压制之下。英雄
哉，当如是也；国民哉，当如是也。今日欧洲之世界，一草一石，何莫非
食民族主义之赐？读十九世纪史，而知发明此思想者功不在禹下也。

　　民族主义者，世界最光明正大公平之主义也。不使他族侵我之自由，我
亦毋侵他族之自由。其在于本国也，人之独立，其在于世界也，国之独立。
使能率由此主义，各明其界限以及于未来永劫，岂非天地间一大快事？虽
然，正理与时势，亦常有不并容者，自有天演以来，即有竞争，有竞争则
有优劣，有优劣则有胜败，于是强权之义，虽非公理而不得不成为公理。
民族主义发达之既极，其所以求增进本族之幸福者，无有厌足，内力既充，
而不得不思伸之于外。故曰：两平等者相遇，无所谓权力，道理即权力也；
两不平等者相遇，无所谓道理，权力即道理也。由前之说，民族主义之所
以行也，欧洲诸国之相交则然也。由后之说，帝国主义之所以行也，欧洲
诸国与欧外诸国之相交则然也，于是乎厚集国力扩张属地之政策，不知不
觉遂蔓延于十九世纪之下半。虽然，其所以自解也，则亦有词矣。彼之言

曰：世界之大部分，被掌握于无智无能之民族，此等民族，不能发达其天然力（如矿地、山林等），以供人类之用，徒令其废弃，而他处文明民族，人口日稠，供用缺乏，无从挹注，故势不可不使此劣等民族，受优等民族之指挥监督，务令适宜之政治，普遍于全世界。然后可以随地投资本，以图事业之发达，以增天下之公益，此其口实之大端也。不宁惟是，彼等敢明目张胆，谓世界者有力人种世袭之财产也，有力之民族攘斥微力之民族而据有其地，实天授之权利也。不宁惟是，彼等谓优等国民以强力而开化劣等国民，为当尽之义务，苟不尔则为放弃责任也，此等主义既盛行，于是种种无道之外交手段，随之而起，故德国以杀两教士之故而掠口岸于支那，英国以旅民权利之故而兴大兵于波亚，其余互相猜忌、互相欺蔽之事，往来于列强外交家之头脑者，盖日多一日也。其究也，如美国向守们罗主义，超然立于别世界者，亦遂狡焉变其方针，一举而墟夏威夷，再举而刘非律宾，盖新帝国主义，如疾风，如迅雷，飙然匐然震撼于全球，如此其速也。

新帝国主义之既行，不惟对外之方略一变而已，即对内之思想，亦随之而大变，盖民族主义者，谓国家恃人民而存立者也，故宁牺牲凡百之利益以为人民；帝国主义者，言人民恃国家而存立者也，故宁牺牲凡百之利益以为国家，强干而弱枝，重团体而轻个人，于是前者以政府为调人为赘疣者，一反响间，而政府万能之语，遂遍于大地，甚者如俄罗斯之专制政体，反得以机敏活泼，为万国之所歆羡，而人权、民约之旧论，几于萧条门巷无人问矣。回黄转绿，循环无端，其现状之奇有如此者。今试演孟子之言，以证明国家思想之变迁如下。

十八世纪以前，君为贵，社稷次之，民为轻。

十八世纪末至十九世纪，民为贵，社稷次之，君为轻。

十九世纪末至二十世纪，社稷为贵，民次之，君为轻。

虽然，十九世纪之帝国主义与十八世纪前之帝国主义，其外形虽混似，其实质则大殊，何也？昔之政府，以一君主为主体，故其帝国者，独夫帝国也。今之政府，以全国民为主体，故其帝国者，民族帝国也。凡国而未经过民族主义之阶级者，不得谓之为国。譬诸人然，民族主义者，自胚胎以至成童所必不可缺之材料也。由民族主义而变为民族帝国主义，则成人以后谋生建业所当有事也。今欧美列强皆挟其方刚之膂力，以与我竞争，而吾国于所谓民族主义者，犹未胚胎焉。顽固者流，墨守十八世纪以前之思想，以欲与公理相抗衡。卵石之势，不足道矣。吾尤恐乎他日之所谓政治学者，耳食新说，不审地位，贸然以十九世纪末之思想为措治之极则。谓欧洲各国既行之而效矣，而遂欲以政府万能之说，移殖于中国，则吾国将永无成国之日矣。知他人以帝国主义来侵之可畏，而速养成我所固有之民族主义以抵制之。斯今日我国民所当汲汲者也。（《清议报》第九十四、九十五册，1901 年 10 月 12、22 日，署名"任公"）

过渡时代论

一　过渡时代之定义

今日之中国，过渡时代之中国也。

过渡有广、狭二义。就广义言之，则人间世无时无地而非过渡时代，人群进化，级级相嬗，譬如水流，前波后波，相续不断，故进步无止境，即过渡无已时，一日不过渡，则人类或几乎息矣。就狭义言之，则一群之中，常有停顿与过渡之二时代，互起互伏，波波相续体，是为过渡相；各波具足体，是为停顿相。于停顿时代，而膨胀力（即涨力）之现象显焉；于过渡时代，而发生力之现象显焉。欧洲各国自二百年以来，皆过渡时代也，而今则其停顿时代。中国自数千年以来，皆停顿时代也，而今则过渡时代也。

二　过渡时代之希望

过渡时代者，希望之涌泉也，人间世所最难遇而可贵者也。有进步则有过渡，无过渡亦无进步。其在过渡以前，止于此岸，动机未发，其永静性何时始改，所难料也；其在过渡以后，达于彼岸，踌躇满志，其有余勇可贾与否，亦难料也。惟当过渡时代，则如鲲鹏图南，九万里而一息；江汉赴海，百十折以朝宗，大风泱泱，前途堂堂，生气郁苍，雄心翕皇。其现在之势力圈，矢贯七札，气吞万牛，谁能御之？其将来之目的地，黄金世界，荼锦生涯，谁能限之？故过渡时代者，实千古英雄豪杰之大舞台也，多少民族由死而生、由剥而复、由奴而主、由瘠而肥所必由之路也。美哉过渡时代乎！

三　过渡时代之危险

抑过渡时代，又恐怖时代也。青黄不接，则或受之饥；却曲难行，则惟兹狼狈；风利不得泊，得毋灭顶灭鼻之惧；马逸不能止，实维踬山踬垤之忧。摩西之彷徨于广漠，阁龙之漂泛于泰洋，赌万死以博一生，断后路以临前敌，天下险象，宁复过之！且国民全体之过渡，以视个人身世之过渡，其利害之关系，有更重且剧者；所向之鹄若误，或投网以自戕；所导之路若差，或迷途而靡届。故过渡时代，又国民可生可死、可剥可复、可奴可主、可瘠可肥之界线，而所争间不容发者也。

四　各国过渡时代之经验

船头坎坎者，自由之鼓耶？船尾舒舒者，独立之旗耶？当十八、十九两世纪中，相衔相逐相提携，乘长风冲怒涛，以过渡于新世界者，非远西各国耶？顺流而渡者，其英吉利耶？乱流而渡者，其法兰西耶？方舟联队而渡者，其德意志、意大利、瑞士耶？攘臂冯河而渡者，其美利坚、匈牙利耶？借风附帆而渡者，其门的内哥、塞尔维亚、希腊耶？维也纳温和会议所不能遏，三帝国神圣同盟所不能禁，拿破仑席卷囊括之战略所不能挠，梅特涅饲狙豢虎之政术所不能防。或渡一次而达焉，或渡两三次而始达焉。或渡一关而止焉，或渡两三关而犹未止焉。或中途逢大敌，血战突围而径渡焉；或发端遇挫折，卷土重来而卒渡焉。吾读《水浒传》，宋公明何以破祝庄？吾读《西游记》，唐三藏何以到西域？吾以是知过渡之非易，吾以是知过渡之非难。我陟高丘，我瞻彼岸，乐土乐土，先鞭已属他人！归欤归欤，座位尚容卿辈！角声动地，提耳以唤魂兮；巾影漫天，招手而邀卬涉。"河汉清且浅，相去复几许，盈盈一水间，脉脉不得语。"望门大嚼，我劳如何！

五　过渡时代之中国

今世界最可以有为之国，而现时在过渡中者有二。其一为俄罗斯，俄国自大彼得及亚历山大第二以来，几度厉行改革，输入西欧文明，其国民脑中渐有所谓世界公理者，日浸月润，愈播愈广，不可遏抑，而其重心力实在于各学校之学生。今世识微之士，谓俄罗斯将达于彼岸之时不远矣。其二则为我中国，中国自数千年来，常立于一定不易之域，寸地不进，跬步不移，未尝知过渡之为何状也。虽然，为五大洋惊涛骇浪之所冲击，为十九世纪狂飙飞沙之所驱突，于是穷古以来，祖宗遗传深顽厚锢之根据地遂渐渐摧落失陷，而全国民族亦遂不得不经营惨憺、跋涉苦辛，相率而就于过渡之道。故今日中国之现状，实如驾一扁舟，初离海岸线，而放于中流，即俗语所谓两头不到岸之时也。语其大者，则人民既愤独夫民贼愚民专制之政，而未能组织新政体以代之，是政治上之过渡时代也；士子既鄙考据词章庸恶陋劣之学，而未能开辟新学界以代之，是学问上之过渡时代也；社会既厌三纲压抑虚文缛节之俗，而未能研究新道德以代之，是理想风俗上之过渡时代也。语其小者，则例案已烧矣而无新法典，科举议变矣而无新教育，元凶处刑矣而无新人才，北京残破矣而无新都城。数月以来，凡百举措，无论属于自动力者，属于他动力者，殆无一而非过渡时代也。故今日我全国人可分为两种：其一老朽者流，死守故垒，为过渡之大敌，然被有形无形之逼迫，而不得不涕泣以就过渡之途者也；其二青年者流，大张旗鼓，为过渡之先锋，然受外界内界之刺激，而未得实把握以开过渡之路者也。而要之，中国自今以往，日益进入于过渡之界线，离故步日以远，冲盘涡日以急，望彼岸日以亲，是则事势所必至，而丝毫不容疑义者也。以第二节之现象言之，可爱哉，其今日之中国乎！以第三节之现象言之，可惧哉，其今日之中国乎！

六　过渡时代之人物与其必要之德性

时势造英雄耶？英雄造时势耶？时势、英雄递相为因、递相为果耶？吾辈虽非英雄，而日日思英雄、梦英雄、祷祀求英雄。英雄之种类不一，而惟以适于时代之用为贵。故吾不欲论旧世界之英雄，亦未敢语新世界之英雄。而惟望有崛起于新旧两界线之中心的过渡时代之英雄。窃以为此种英雄，所不可缺之德性有三端焉。

其一冒险性，是过渡时代之初期所不可缺者也。过渡者，改进之意义也。凡革新者不能保持其旧形，犹进步者必当掷弃其故步。欲上高楼，先离平地，欲适异国，先去故乡。此事势之最易明者也。虽然，保守恋旧者，人之恒性也。《传》曰："凡民可以乐成，难与图始。"故欲开一堂堂过渡之局面，其事正自不易。盖凡过渡之利益，为将来耳；然当过去已去，将来未来之际，最为人生狼狈不堪之境遇。譬有千年老屋，非更新之不可复居，然欲更新之，不可不先权弃其旧者，当旧者已破、新者未成之顷，往往瓦砾狼藉，器物播散，其现象之苍凉，有十倍于从前焉。寻常之人，观目前之小害，不察后此之大利，或出死力以尼其进行；即一二稍有识者，或胆力不足，长虑却顾，而不敢轻于一发。此前古各国，所以进步少而退步多也。故必有大刀阔斧之力，乃能收筚路蓝缕之功；必有雷霆万钧之能，乃能造鸿鹄千里之势。若是者，舍冒险未由！

其二忍耐性，是过渡时代之中期所不可缺者也。过渡者，可进而不可退者也，又难进而易退者也。摩西之率犹太人出埃及以迁于迦南也，飘流踯躅于沙漠间者四十年，与天气战，与猛兽战，与土蛮战，停辛伫苦，未尝宁居，同行侪类，唧唧怨谇，大业未成，鬓发已白。此寻常豪杰之士，所最扼腕而短气者也。且夫所志愈大者则其成就愈难，所行愈远者则其归宿愈迟，事物之公例也。故倡率国民以经此过渡时代者，其间恒遇内界外界无量无数之阻力，一挫再挫三挫，经数十年百年，而及身不克见其成者，比比然也。非惟不见其成，或乃受唾受骂，虽有口舌而无以自解。故非有过人之忍耐性者，鲜有不半路而退转者也。语曰：行百里者半九十。井掘九仞犹为弃井，山亏一篑遂无成功，惟危惟微间不容发。故忍耐性者，所以贯彻过渡之目的者也。

其三别择性，是过渡时代之末期所不可缺者也。凡国民所贵乎过渡者，不徒在能去所厌离之旧界而已，而更在能达所希望之新界焉，故冒万险、忍万辱而不辞，为其将来所得之幸福，足以相偿而有余也。故倡率国民以就此途者，苟不为之择一最良合宜之归宿地，则其负国民也实甚。世界之政体有多途，国民之所宜亦有多途。天下事固有于理论上不可不行，而事实上万不可行者；亦有在他时他地可得极良之结果，而在此时此地反招不良之结果者。作始也简，将毕也巨，故坐于广厦细旃以谈名理，与身入于惊涛骇浪以应事变，其道不得不绝异。故过渡时代之人物，当以军人之魄，佐以政治家之魂。政治家之魂者何？别择性是已。

凡此三种德性，能以一人而具有之者上也；一群中人，各备一德，组成团体，互相补助，抑其次也。嗟乎！英雄造时势耶？时势造英雄耶？时势时势，宁非今耶？英雄英雄，在何所耶？抑又闻之凡一国之进步也，其主动者在多数之国民，而驱役一二之代表人以为助动者，则其事罔不成；其主动者在一二之代表人，而强求多数之国民以为助动者，则其事鲜不败。

故吾所思、所梦、所祷祀者，不在轰轰独秀之英雄，而在芸芸平等之英雄！（《清议报》第八十三册，1901 年 6 月 26 日，署名"任公"）

本馆第一百册祝辞并论报馆之责任及本馆之经历

第一　祝典之通例及其关系

祝典乌乎起，所以纪念旧事业，而奖厉新事业也。凡天下一事之成，每不易易，恒历许多曲折，经许多忍耐，费许多价值，而后仅乃得之。故虽过其时，不忘其劳，于是乎有以祝之。其祝之也，或以年年，或以十年，或以五十年，或以百年，要之借已往之感情，作方新之元气，其用意至深且美。若美国之七月四日，法国之七月十四日，为其开国功成之日，年年祝之勿替焉。一千八百八十七年，美国举行独立百年之祝典。八十九年，法国举行共和百年之祝典。九十三年，开万国大博览会于芝加哥，以举行哥仑布寻出西半球四百年之祝典。去年开十九世纪博览会于巴黎，以举行耶苏降生一千九百年之祝典。又如亚并〔丹〕·斯密氏《原富》出版后第一百年，世界之理财学者，共举祝典焉。瓦特氏发明汽机后第五十年，世界之工艺学者，共举祝典焉。达尔文氏《种源论》成书后第三十年，世界之物理学者，共举祝典焉。下之如一市，如一乡，如一学校，如一医院，如一船舰，如一商店，亦往往各有其祝典，大抵凡富强之国，其祝典愈多，凡文明之事业，其祝典愈盛。岂好为侈靡烦费以震骇庸耳俗目哉？所以记已往，振现在，厉将来。所谓历史的思想，精神的教育，其关系如此其重大也。

中国向无所谓祝典也，中国以保守主义闻于天下。虽然，其于前人之事业也，有赞叹而无继述，有率循而无扩充，有考据而无纪念，以故历史的思想甚薄弱，而爱国、爱团体、爱事业之感情，亦因以不生。夫西人以好事而强，中国以无动而弱，斯事虽小，亦可以喻大矣。《清议报》，事业之至小者也，其责任止在于文字，其目的仅注于一国，其位置僻处于海外，加以其组织未完备，其体例未精详，其言论思想，未能有所大补助于国民，况当今日天子蒙尘，宗国岌岌之顷，有何可祝？更何忍祝！虽然，菲葑不弃，敝帚自珍，哓音瘏口，亦已三年，言念前劳，不欲泯没，且以中国向来无此风气，从而导之，请自隗始。故于今印行第一百册之际，援各国大报馆通例，加增叶数，荟萃精华，从而祝之。亦庶几以纪念既往，而奖厉将来，此同人区区之微意也。

第二　报馆之势力及其责任

《清议报》之事业虽小，而报馆之事业则非小。英国前大臣波尔克，尝在下议院指报馆记事之席（各国议院议事时，皆别设一席，以备各报馆之傍听记载）而叹曰："此殆于贵族、教会、平民三大种族之外，而更为一绝大势力之第四种族也。"（英国议院以贵族、教徒、平民三阶级组织而成，盖英国全国民实不外此三大种族而已。）日本松本君平氏著《新闻学》一书，其颂报馆之功德也，曰："彼如豫言者，讴国民之运命。彼如裁判官，断国民之疑狱。彼如大立法家，制定律令。彼如大哲学家，教育国民。彼如大圣贤，弹劾国民之罪恶。彼如救世主，察国民之无告苦痛而与以救济之途。"谅哉言乎！近世泰西各国之文明，日进月迈，观已往数千年，殆如别辟一新天地，究其所以致此者何自乎？或曰：是法国大革命之产儿也。而产此大革命者谁乎？或曰：中世神权专制政体之反动力也。而唤起此反动力者谁乎？或曰：新学新艺勃兴之结果也。而勃兴此新学新艺者谁乎？无他，思想自由，言论自由，出版自由，此三大自由者，实惟一切文明之母。而近世世界种种现象，皆其子孙也。而报馆者，实荟萃全国人之思想言论，或大或小，或精或粗，或庄或谐，或激或随，而一一绍介之于国民。故报馆者，能纳一切，能吐一切，能生一切，能灭一切。西谚云：报馆者，国家之耳目也、喉舌也，人群之镜也，文坛之王也，将来之灯也，现在之粮也。伟哉报馆之势力，重哉报馆之责任。

欧美各国之大报馆，其一言一论，动为全世界人之所注观所耸听，何以故？彼政府采其议以为政策焉，彼国民奉其言以为精神焉，故往往有今日为大宰相、大统领，而明日为主笔者。亦往往有今日主笔，而明日为大宰相、大统领者。美国禁黑奴之盛业何自成乎？林肯主笔之报馆为之也。英国爱尔兰自治案何以通过乎？格兰斯顿主笔之报馆为之也。近日俄皇何以开弭兵会乎？吐尔斯吐主笔之报馆为之也。报馆者，政本之本，而教师之师也。惟其然也，故其人民嗜之，如饮食男女不可须臾离。闻之英国人无论男妇老幼、贫富贵贱，有不读书者，无不读报者，其他文明诸国国民，大率例是。以此之故，其从事于报馆事业者，亦益复奋勉刻厉，日求进步。故报章愈多，体例愈善，议论愈精，记载愈富，能使人专读报纸数种，而可以尽知古今天下之政治、学问、风俗事迹，吸纳全世界之新空气于其脑中。故欲觇国家之强弱，无他道焉，则于其报章之多寡良否而已矣。

校报章之良否，其率何如？一曰宗旨定而高，二曰思想新而正，三曰材料富而当，四曰报事确而速。若是者良，反是则劣。

所谓宗旨定而高者何也？凡行一事，著一书，皆不可无宗旨，惟报亦然。宗旨一定，如项庄舞剑，其意常在沛公。旦旦而聒之，月月而浸润之，大声而呼之，谲谏而逗之，以一报之力而发明一宗旨，何坚不摧！何艰不成！虽然，宗旨固有择焉，牟利亦宗旨也，媚权贵亦宗旨也，悦市人亦宗旨也，故为报馆者，不可不以热诚慧眼，注定一最高之宗旨而守之。政治学者之言曰：政治者，以国民最多数之公益为目的，若为报者能以国民最多数之公益为目的，斯可谓真善良之宗旨焉矣。

所谓思想新而正者何也？所贵乎报馆之著述者，贵其能以语言文字开将来之世界也。使取人人所已知者而敷衍之，则与其阅报，何如坐禅？使拾前人所已言者而牙慧之，则与其阅报，何如观剧？故思想不可以不新。凡欲造成一种新国民者，不可不将其国古来误谬之理想，摧陷廓清，以变其脑质。而欲达此目的，恒须借他社会之事物理论，输入之而调和之。如南北极之寒流与赤道之热流，相剂而成新海潮；如常雪界之冷气与地平之热气，相摩而成新空气。故交换智识，实惟人生第一要件。而报馆之天职，则取万国之新思想以贡于其同胞者也。不宁惟是，凡一新理之出世也，恒与旧义不相容，故或举国敌之，一世弃之。固又视其自信力何如焉，信之坚而持之毅，此又前者所谓定宗旨也。若夫处今日万芽齐苗之世界，其各种新思想，淆列而不一家，则又当校本国之历史，察国民之原质，审今后之时势，而知以何种思想为最有利而无病，而后以全力鼓吹之。是之谓正。

所谓材料富而当者何也？凡真善良之报，能使人读其报，而全世界之智识，无一不具备焉。若此者，日报与丛报（丛报者指旬报、月报、来复报等，日本所谓杂志者是也）皆所当务，而丛报为尤要。各国之大丛报，其搜罗极博，其门类极繁，如政治，如理财，如法律，如哲学，如教育，如宗教，如格致，如农工商，如军事，如各国近事，如小说，如文苑，如图画，如评骘各报，无一不载。而其选择又极严，闻之欧美有力之丛报，每年所搜集著记之论说纪事，在一万篇以上，而其刊发者不过二百篇内外。盖其目的在使阅者省无谓之日力，阅一字则得一字之益，而又不使有所罣漏，有所缺陷。诚哉其进步，诚哉其难能而可贵也。

所谓报事速而确者何也？报之所以惠人者不一端，而知今为最要。故各国之报馆不徒重主笔也，而更重时事，或访问，或通信，或电报，费重资以求一新事不惜焉。此事之要，业此者多能知之，兹不具论。

合此四端，则成一完全尽善之报。盖其难哉！是以报章如牛毛，而良者如麟角也。欧美且然，而况于中国乎？

第三　中国报馆之沿革及其价值

西谚曰：罗马者非一日之罗马。凡天下大业，必非一蹴可几，必渐次发达，以进于圆满之域。此事物之公例，无可逃避者也。虽然，其发达之迟缓而无力，独未有如中国之报馆者。中国邸报，视万国之报纸，皆为先辈，姑勿置论。即自通商以后，西国之报章形式，始入中国，于是香港有《循环日报》，上海有《申报》，于今殆三十余年矣。其间继起者虽不少，而卒无一完整良好，可以及西人百分之一者。以京都首善之区，而自联军割据以前，曾无一报馆，此真天下万国之所无也。十八行省，每省之幅员户口，皆可敌欧洲一国，而除广东、福建外，省会之有报馆者无一焉，此亦世界之一怪现象矣。近年以来，陈陈相接，惟上海、香港、广州三处，号称最盛，而其体例，无一足取，每一展读，大抵"沪滨冠盖""瀛眷南来""祝融肆虐""图窃不成""惊散鸳鸯""甘为情死"等字样，阗塞纸面，千篇一律。甚乃如台湾之役，记刘永福之娘子军，团匪之变，演李秉衡之黄河水，明目张胆，自欺欺人。观其论说，非"西学原出中国考"，则"中国宜急图富强论"也，展转抄袭，读之惟恐卧。以故报馆之兴数十年，而于全国社会无纤毫之影响。大抵以资本不足，阅一年数月而闭歇者，十之七八，其余一二，亦若是则已耳。（参看本册附录《中国各报〔馆〕存殁〔佚〕表》。）惟前者天津之《国闻报》，近日上海之《中外日报》《同文沪报》《苏报》体段稍完，然以比诸日本一僻县之报，犹不能望其肩背，无论东京之大者，更无论泰西也。若夫丛报，则更不足道，前者惟《格致汇编》稍称完整，然出于西人之手，且据上海制造局官书之力，又不过每季一册，又仅明一义，不及其他，然犹仅出二十八册，遽亦中断。其次则《万国公报》，亦出西人之手，凭教会之力，其宗旨多倚于教，于政治学问界非有大关系焉。甲午挫后，《时务报》起，一时风靡海内，数月之间，销行至万余分，为中国有报以来所未有，举国趋之，如饮狂泉，作者当时，承乏斯役。虽然，今日检阅其旧论，辄欲作呕，覆勘其体例，未尝不汗流浃背也。夫以作者今日之学识、思想、经历，其固陋浅薄，不足以当东西通人之一指趾甚明也，则数年前之庸滥愚谬，更何待论！而举国士夫，乃啧啧然目之曰：此新说也，此名著也。呜呼伤哉！吾中国人之文明程度，何低下之至于此极也？《时务报》后，澳门《知新报》继之，尔后一年间，沿海各都会，继轨而作者，风起云涌，骤十余家，大率面目体裁，悉仿《时务》，若惟恐不肖者然。其间惟天津《国闻汇编》成于硕学之手，精深完粹，复乎尚矣，然仅出五册，便已戛然。此外余子，等诸自桧。及戊戌政变，《时务》云亡，而所谓此十余家者，亦如西山残阳，倏忽匿影，风吹落叶，余片无存。由此观之，其当初设报之心，果何在乎？不待鞫讯矣，《知新报》僻在贫岛，云光岿然者凡四年有余，出报至一百三十余册，旬报之持久者以此为最。然其文字体例尚不及《时务报》，于社会之关系，盖甚浅薄。己、庚之间，上海有所谓《亚东时报》《五洲时事报》《中外大事报》者出，皆颇阐新理，视《时务》有过之无不及，然当中国晦盲否塞达于极点之际，不为学界所欢迎，旋兴旋废，殆无足论。客冬今春以来，日本留学生有《译书汇编》《国民报》《开智录》等之作，《译书汇编》至今尚存，能输入文明思想，为吾国放一大光明，良可珍诵，然实不过丛书之体，不可谓报。《国民报》《开智录》亦铮铮者也，而以经费不支，皆不满十号，而今已矣。此实中国数十年来报界之情状也。由此观之，其发达之迟缓无力，一何太甚！吾向者谓：欲觇国家之强弱，则于其报章之多寡良否而已。使此言而无稽也则可，此言如稍有可信者，则是岂可不为寒心哉？推原其所以致此之由，盖有数端：一由于创设报馆者，不预筹相当之经费，故无力扩充，或小试辄蹶。二由于主笔时事等员之位置，不为世所重，高才之辈，莫肯俯就。三由于风气不开，阅报人少，道路未通，传布为难。四由于从事斯业之人，思想浅陋，学识迂愚，才力薄弱，无思易天下之心，无自张其军之力。而四者之中，尤以第四项为病根之根焉。呜呼！案既往，考现在，不知吾中国所谓此第四种族者，何时始见其成立也？掷笔三思，感慨系之矣。

第四　《清议报》之性质

《清议报》可谓之良报乎？曰：乌！乌可。《清议报》之与诸报，其犹百步之与五十步也。虽然，有其宗旨焉，有其精神焉，譬之幼儿，虽其肤革未充，其肢干未成，然有灵魂莹然湛然。是亦进化之一原力欤。《清议报》之特色有数端：一曰倡民权。始终抱定此义，为独一无二之宗旨。虽说种种方法，开种种门径，百变而不离其宗。海可枯，石可烂，此义不普及于我国，吾党弗措也。二曰衍哲理。读东西诸硕学之书，务衍其学说以输入于中国，虽不敢自谓有所得，而得寸则贡寸焉，得尺则贡尺焉。《华严经》云：未能自度，而先度人，是为菩萨发心。以是为尽国民责任于万一而已。三曰明朝局。戊戌之政变，己亥之立嗣，庚子之纵团，其中阴谋毒手，病国殃民。本报发微阐幽，得其真相，指斥权奸，一无假借。四曰厉国耻。务使吾国民知我国在世界上之位置，知东西列强待我国之政策，鉴观既往，熟察现在，以图将来。内其国而外诸邦，一以天演学“物竞天择，优胜劣败”之公例，疾呼而棒喝之，以冀同胞之一悟。此四者，实惟我《清议报》之脉络之神髓。一言以蔽之曰：广民智，振民气而已。

其内容之重要者，则有谭浏阳之《仁学》，以宗教之魂、哲学之髓，发挥公理，出乎天天，入乎人人，冲重重之网罗，造劫劫之慧果。其思想为吾人所不能达，其言论为吾人所不敢言，实禹域未有之书，抑众生无价之宝，此编之出现于世界，盖本报为首焉。有饮冰室《自由书》，虽复东鳞西爪，不见全牛，然其愿力所集注，不在形质而在精神，以精锐之笔，说微妙之理，谈言微中，闻者足兴，有《国家论》《政治学案》，述近世政学大原，养吾人国家思想。有章氏《儒术新论》诠发教旨，精微独到。有《瓜分危言》《亡羊录》《灭国新法论》等，陈宇内之大势，唤东方之顽梦。有《少年中国说》《呵旁观者文》《过渡时代论》等，开文章之新体，激民气之暗潮。有《埃及近世史》《扬子江》《中国财政一斑》《社会进化论》《支那现势论》等，皆东西名著巨构，可以借鉴。有政治小说《佳人奇遇》《经国美谈》等以稗官之异才，写政界之大势，美人芳草，别有会心，铁血舌坛，几多健者，一读击节，每移我情，千金国门，谁无同好。若夫雕虫小技，余事诗人，则卷末所录诸章，类皆以诗界革命之神魂，为斯道别辟新土。

凡兹诸端，皆我《清议报》之有以特异于群报者。虽然，以云良也，则前途辽哉邈乎。非所敢言也，非所敢望也！不有椎轮，安有大辂？不有萌蘖，安有森林？思以此为我国报界进化之一征验云尔。祝之祝之，非祝椎轮，祝大辂也；非祝萌蘖，祝森林也。

第五　《清议报》时代中外之历史

《清议报》之在中国，其沧海之一粟乎；《清议报》之在世界，其大千之一尘乎？虽然，其寿命固已亘于新旧两世纪，无舌而鸣，其踪迹固已遍于纵横五大洲，不胫而走。今请与阅报诸君一为戏言，斯亦可谓文字界中之得天最厚者耶！且勿具论。要之，《清议报》时代，实为中国与世界最有关系之时代，读者若能研究此时代之历史，而有所心得，有所感奋，则其于天下事，思过半矣。

请先言中国。《清议报》起于戊戌十月，其时正值政变之后，今上皇帝百日维新之志事，忽大挫跌，举国失望，群情鼎沸。自兹以往，中国遂闭于沉沉妖雾之中，其反动力，一起再起而未有已。翌年己亥夏秋之间，刚毅下江南、岭南，搜括膏脂，民不堪命。其冬十二月，遂有议废君立伪储之事。本朝二百年来，内变之祸，未有甚于此时者也。既而臣民犯颜，友邦侧目，志不得逞，遂乃积羞成怒，大兴党狱，积怒成狂，自弄兵戎。奖群盗为义民，尸邻使于朝市。庚子八月，十国联兵，以群虎而搏一羊，未五旬而举万乘，乘舆播荡，神京陆沉，天坛为刍牧之场，曹署充屯营之帐。中国数千年来，外侮之辱，未有甚于此时者也。反动之潮，至斯而极，过此以往，而反动力之反动力起焉。十九世纪与二十世纪交点之一刹那顷，实中国两异性之大动力相搏相射、短兵紧接而新陈嬗代之时也。今年以来，伪维新之诏书屡降，科举竟废，捐例竟停，动力微蠢于上。俄人密约，士民集议，日本游学，簦蹻纷来，动力萌蘖于下。故二十世纪之中国，有断不能以长睡终者。此中消息，稍有识者所能参也。《清议报》虽不能为其主动者，而欲窃附于助动者，未敢多让焉。

请更言世界。《清议报》时代世界之大事，除北京联军外，有最大者三端：一曰，美国与非律宾之战；二曰，英国与波亚之战；三曰，俄皇开万国和平会。其次大者五端：一曰，日本政党内阁之两次失败；二曰，意大利政府之更迭；三曰，俄国学生之骚动；四曰，美国大统领之被刺；五曰，南亚美利加之争乱。美国之县非律宾也，是其伸权力于东方之第一着，而将来雄飞于二十世纪之根据地也。英国之蹙波亚也，植民政略之结果也，其下种在数十年以前，而刘实在数十年以后，凡在英国势力范围之下者，不可不引为前车也。俄皇之倡和平会也，保欧洲之平和也，欧洲平和，然后可合力以逞志于欧洲以外也。意大利政府之更迭也，为索三门湾不得也，索不得而政府遂不能安其位，意人之心未熄也。日本政党内阁之屡败也，东方民政思想尚幼稚之征验也。非加完全之教育，养民族之公德，则文明之实未易期也。日本且然，我中国更安得不兢兢也？俄罗斯学生之骚动也，革命之先声也，专制政体未有能立于今世界者也。中国之君民，不可不自择也。美国大统领之被刺与南美之争乱也，由贫富两级太相悬绝，而社会党之人从而乘之也。此事将为二十世纪第一大事，而我中国人蒙其影响，将有甚重者，而现时在北美，侨民为工党所排，在南美，侨民为乱党所掠，犹其小焉者也。要之，二十世纪世界之大问题有三：一为处分中国之问题，二为扩张民权之问题，三为调和经济革命（因贫富不均所起之革命，日本人译为经济革命）之问题，其第一题各国直接于中国者也，其第二题中国所自当从事者也，其第三题各国间接于中国，而亦中国所自当从事者也。抑今日之世界与昔异，轮船、铁路、电线大通，异洲之国，犹比邻而居，异国之人，犹比肩而立，故一国有事，其影响未有不及于他国者也。故今日有志之士，不惟当视国事如家事，又当视世界之事如国事，于是乎报馆之责任愈益重。若《清议报》则有志焉而未之逮也。

第六　结论

有一人之报，有一党之报，有一国之报，有世界之报。以一人或一公司之利益为目的者，一人之报也。以一党之利益为目的者，一党之报也。以国民之利益为目的者，一国之报也。以全世界人类之利益为目的者，世界之报也。中国昔虽有一人报，而无一党报、一国报、世界报。日本今有一人报、一党报、一国报，而无世界报。若前之《时务报》《知新报》者，殆脱一人报之范围而进入于一党报之范围也。敢问《清议报》于此四者中，位置何等乎？曰：在党报与国报之间。今以何祝之？曰：祝其全脱离一党报之范围，而进入于一国报之范围，且更努力渐进以达于世界报之范围。乃为祝曰：报兮报兮，君之生涯，亘两周兮。君之声尘，遍五洲兮。君之责任，重且遒兮，君其自爱，罔俾羞兮。祝君永年，与国民同休兮。重为祝曰：《清议报》万岁！中国各报馆万岁！中国万岁！（《清议报》第一百册，1901年12月21日，署名"任公"）

斯片挪莎（Baruch Spinoza）学案

（斯片挪莎，本葡萄牙之犹太人，以一千六百三十二年生于荷兰。初从犹太教牧师学经典及拉丁语、希腊语，旁通佛兰西语、意大利语、西班牙语等，后更从事于物理学，佩法国大儒笛士卡儿（Descartes）之说，渐疑犹太教，著书以非难之。犹为教会所摈，或欲阴刺杀之，于是逃于他乡。遁世不与俗通，既不愿货殖，不求闻达，遂以磨眼镜为业，有欲荐为某大学教授者不就也。沉思冥想，以送余生，以一千六百七十七年罹肺病卒。年仅四十四。斯片挪莎为荷兰哲学大家，其论以为凡事物皆有不得不然之理，而天地万物皆循此定轨而行，一毫不能自变，故其解"自由"二字，亦谓为不可避之理而已，而非有所谓人人之自由意欲者存。其所著有《政教论》《道德论》等书，议论整严健劲，辟易一世，其论政学，因霍布士之说而补正之，亦颇有功云。）

斯片挪莎之政术，与其哲学之旨趣，紧相接而极整齐，以为制度未立之始，人惟知有力，不知有义。然此亦自然之道，正合于理者也。但人也者有良智者也，浸假而知人人孤立谋生，不如和协立国，其势力更大，利益更广，是即民约所由起也。

霍布士以为约成之后，众各弃其权以奉诸君，斯片挪莎则不然，以为凡契约云者，非有所利于己，则无自成。若利益既去，契约之力斯失，人人得而破之。若欲以有害无益之契约，束缚人而久持之，是终不可得之数也。

斯片挪莎曰：邦国所恃以强立者，由众民皆有自由权，故政府必以保护此权为本旨。且即如霍布士之说，谓人人皆抛弃其诸权，而就中亦必有一权欲弃之而不能弃者。何也？即随己意而有所思有所欲之权是也。故凡百行为，可受束缚，可受压抑，惟此思欲自由之权，则无可束缚压抑之隙，亦无有能束压之者。而由此一权，则生万权，故斯氏政术，所以异于霍氏者，斯氏谓邦国既立之后，犹当以防护天然之权为务，霍氏则反是。

霍布士以为政治之最可贵者，在能辑和众民而使不争也。斯片挪莎则曰：保平和之外，更有护自由之一事，同为政治之大目的，若束缚众民，鞭挞黎庶，以保平和，则平和为天下最可厌恶之物矣。以余观之，所谓真平和者，非徒无争斗之谓，乃众心相和协而无冤抑之谓也。

斯片挪莎以为君主政体者，真平和之大蠹也。彼霍氏谓举一国政权归于一人之手，其权益巩固，是真谬想耳。盖以一人之力，能当此大任而无愧者，东西古今所未曾有也。于是君主不得不任若干人以自佐，其末也则此若干人代之而为政。故名为君主政体，实则流为权贵政体，政体之最不良者也。

且国王幼冲或老病之时，政权每旁落于他人，国家衰乱，即自此起。或又君主畏逼，杀戮严酷，间谍伺察，上下相猜，不能自安，篡弑之祸，遂相续焉，然则君主之权愈大，其危殆愈甚耳。故斯片挪莎断言之曰：若以一国之权，专属于一人之所欲，则其政府必不能巩立，然则政体之最良者，惟有民主政治而已。（《清议报》第九十七册，1901 年 11 月 11 日，未署名）

卢梭（Jean Jacques Rousseau）学案

鸣呼！自古达识先觉，出其万斛血泪，为世界众生开无前之利益。千百年后读其书，想其丰采，一世之人为膜拜赞叹，香花祝而神明视。而当其生也，举国欲杀，颠连困苦，乃至谋一馔一粥而不可得，僇辱横死，以终其身者，何可胜道？诚一游瑞士之日内瓦府与法国巴黎之武良街，见有巍然高耸云表，神气飒爽，衣饰褴褛之石像，非 Jean Jacques Rousseau 先生乎哉？其所著《民约论》（Social Contract）迄于十九世纪之上半纪，重印殆数十次，他国之翻译印行者，亦二十余种。噫嘻盛哉！以只手为政治学界开一新天地，何其伟也！吾辈读卢氏之书，请先述卢氏之传。

卢梭者，法国人，匠人某之子也，以一千七百十二年生于瑞士之日内瓦府。家贫窭，幼失母。天资颖敏，不屑家人生产作业，而好读稗官野乘。久之，自悟句读，遂涉猎发朱惠、募理英尔诸大家著作。及执弟子礼于乡校师良边西之门，得读普鲁达尔之书，慨然自奋曰："英雄豪杰，非异人任矣。"自是刻苦砥砺，日夜孜孜，惟恐不足，崭然有睥睨千古之概。成童时，其父以故去日内瓦府，属卢梭于佣书某，而卢梭意不自适，因从雕刻师某业焉。无何，又去某氏，漫游四方。千七百二十八年，入法国安西府，寄食瓦列寡妇某氏。氏悯其年少气锐，常为饥驱，又欲变化其狷介之气质，恩遇周挚，若家人父子然。遂劝其奉耶苏旧教，又命入意大利株林府教育院。既又出教育院为音律师，出入侯门，仅免冻馁。后益困，常执仆隶之役，卑贱屈辱，不可终日，乃复投瓦列寡妇，妇善视之如初。及妇没，赴里昂府，主大判事某家，教授其子弟。千七百四十一年，著音律书于巴黎，为伶人所沮，书不得行。千七百四十九年，穷乏益酷，恒终日不得一炊。遂矫正其所著书，务求合俗，出而售之，仅获旦夕之饷焉。千七百五十二年，著一书，颜曰 *Dictionary of Music*，痛斥法国音律之弊，于是掊击纷起，几无容身之地。自后益肆力于政治之学，往往有所著述，而皆与老师宿儒不合，排之者众，群将媒孽之，以起冤狱，大惧，避至日内瓦府，又奉耶苏新教，欲为瑞士共和国人民，瑞人阻之，不得意而还巴黎。又著《教育论》及《道德小说》等书，言天道之真理，造化之妙用，以排斥耶稣教之豫言奇迹者，得谤益甚。巴黎议会命毁其书，且将拘而置诸重典。又奔瑞士，与其国人争论不合，复还巴黎。会法政府命吏物色卢梭，搜捕甚亟，乃闭户不敢外出，时或微服而行云。千七百六十六年，应友人非迷氏之聘，赴英伦敦。与僚友议不合，又还法国，自变姓名，潜居诸州郡，而屡与人龃龉，不能久居于一处。千七百七十年五月，卒归巴黎，自谓天下之人皆仇视我也，怏怏不乐，遂发狂疾。仁刺达伯惜其有志不遂，为与田宅数亩，隐居自养。千七百七十一年，著《波兰政体考》，七十八年，业成。此书鸿富奥博，而于民约之旨，尤三致意焉。是年三月暴卒。或云病毙，或云遭仇人之毒，官吏验视，则自杀也。卢梭性锐达，少有大志，然好为过激诡异之论，虽屡为世人所挫折，而其志益坚。晚年愤世人不己容，遂至发狂自戕。于戏，不其悲夫！一千七百九十四年，法人念卢梭发明新学之功，改葬遗骸于巴黎招魂社，又刻石肖像于日内瓦府。后数年，巴黎人选大理石刻半身像于武良街，至今人称为卢梭街，搢绅大夫，过者必式礼焉。

民约之义，起于一千五百七十七年。姚伯兰基氏曾著一书，名曰《征讨暴君论》。以为邦国者，本由天与民与君主相共结契约而起者也，而君主往往背此契约，为民灾患，是政俗之尤宜匡正者也云云。此等议论，在当时实为奇创。其后霍布士、陆克皆祖述此旨，渐次光大，及卢梭，其说益精密，遂至牢笼一世，别开天地。今欲详解卢氏民约之旨，使无遗憾，必当明立国之事实与立国之理义两者分别之点，然后不至误解卢氏之说以误后人也。

就立国之实际而考之，有两原因焉：一则因不得已而立者也，一则因人之自由而立者也。所谓不得已者何？夫人不能孤立而营生也，因种种之需求，不得不通功易事，相聚以各得所欲。此理自亚里士多德以来，学士辈多能论之，皆以为人之性，本相聚而为生者也。是故就事实实迹言之，苟谓人类之始，皆一一孤立，后乃相约而成邦国云云，其论固不完善。盖当其未立契约以前，已有其不得已而相处者存也。是故卢梭民约之说，非指建邦之实迹而言，特以为其理不可不如是云尔。而后世学者排挤之论，往往不察作者本旨所在，辄谓遍考历史，曾无一国以契约而成者，因以攻《民约论》之失当，抑何轻率之甚耶？

卢梭民约之真意，德国大儒康德（Immanuel Kant）解之最明，康氏曰："民约之义，非立国之实事，而立国之理论也。"此可谓一言居要者矣。虽然，征之史籍，凡各国立国之始，亦往往有多少之自由主义行乎其间者。夫人智未开之时，因天时人事之患害，为强有力者所胁迫，驱民众而成部落，此所谓势之不可避者，固无待言，然于其间自有自由之义存焉，人人于不识不知之间而自守之，此亦天理所必至也。故卢梭曰：凡人类聚合之最古而最自然者，莫如家族然。一夫一妻之相配，实由契于情好互相承认而成，是即契约之类也。既曰契约，则彼此之间，各有自由之义存矣。不独此也，即父母之于子亦然。子之幼也，不能自存，父母不得已而抚育之，固也。及其长也，犹相结而为尊卑之交，是实由自由之真性使之然，而非有所不得已者也。世人往往称家族为邦国之滥觞，夫以家族之亲，其赖以久相结而不解，尚必借此契约，而况于邦国乎？

夫如是，众家族既各各因契约而立矣，浸假而众家族共相约为一团体，而部落生焉。浸假而众部落又共相约为一团体，而邦国成焉。但此所谓相约者，不过彼此心中默许，不识不知而行之，非明相告语，著之竹帛云尔。

不宁惟是，或有一邦之民，奋其暴威，战胜他邦，降其民而有之，若欲此二邦之民永合为一，辑睦不争，则必不可无所约。不然，则名为二邦相合，实则阴相仇视而已。故知人类苟相聚而居，其间必自有契约之存，无可疑者。

又凡人生长于一政府之下，及既达丁年，犹居是邦，而遵奉其法律，是即默认其国之民约而守之也。又自古文明之国，常有举国投票，改革宪法，亦不外合众民以改其民约而已。

以上所论，是邦国因人之自由而立之一证也。虽然，卢梭所最致意者，不在于实事之迹，而在事理之所当然。今先揭其主义之最简明而为人人所诵佩者如下。

卢梭曰："众人相聚而谋曰：吾侪愿成一团聚，以众力而拥护各人之性命财产，勿使蒙他族之侵害。相聚以后，人人皆属从于他之众人，而实毫不损其固有之自由权，与未相聚之前无以异。若此者，即邦国所由立之本旨也。而民约者即所以达行此本旨之具也。"

卢氏此言，可谓深切著明矣。凡两人或数人欲共为一事，而彼此皆有平等之自由权，则非共立一约不能也。审如是，则一国中人人相交之际，无论欲为何事，皆当由契约之手段亦明矣。人人交际既不可不由契约，则邦国之设立，其必由契约，又岂待知者而决乎？

夫一人或数人之交际，一事或数事之契约，此契约之小焉者也。若邦国之民约，则契约之最大者，而国内人人小契约之所托命也。譬之民约如一大圆线，人人之私约如无数小圆线，大圆线先定其位置，于是小圆线在其内，或占左位，或占右位，以成种种结构，大圆之体遂完足而无憾。

民约所以生之原因既明，又当论民约所生之结果。卢梭以为民约之目的，决非使各人尽入于奴隶之境，故民约既成之后，苟有一人敢统御众人而役使之，则其民约非复真契约，不过独夫之暴行耳。且即使人人甘心崇奉一人，而自供其役使，其所谓民约者亦已不正，而前后互相矛盾，不可为训矣。要而论之，则民约云者，必人人自由，人人平等，苟使有君主臣庶之别，则无论由于君主之威力，由于臣民之好意，皆悖于事理者也。故前此霍布士及格鲁西亚，皆以为民约既成，众人皆当捐弃己之权利，而托诸一人或数人之手，卢梭则言凡弃己之自由权者，即弃其所以为人之具也。旨哉言乎！

卢梭曰："保持己之自由权，是人生一大责任也。凡号称为人，则不可不尽此责任。盖自由权之为物，非仅如铠胄之属，借以蔽身，可以任意自披之而自脱之也。若脱自由权而弃之，则是我弃我而不自有云尔。"何也？自由者凡百权理之本也，凡百责任之原也。责任固不可弃，权理亦不可捐，而况其本原之自由权哉？

且自由权又道德之本也，人若无此权，则善恶皆非己出，是人而非人也。如霍氏等之说，殆反于道德之原矣。卢梭言曰：譬如甲、乙同立一约，甲则有无限之权，乙则受无限之屈，如此者可谓之真约乎？如霍氏等说，则君主向于臣庶无一不可命令，是君主无一责任也。凡契约云者，彼此各有应尽之责任云也。今为一契约，而一有责任，一无责任，尚何约之可言？

（案：卢氏此论，可谓铁案不移。夫使我与人立一约，而因此尽捐弃我之权利，是我并守约之权而亦丧之也。果尔，则此约旋成随毁，当初一切所定条件皆成泡幻。若是者谓之真约得乎？）

卢梭既论弃权之约之悖谬，又以为吾若为此等约，不徒自害，且害他人。何以故？邦国者，非独以今代之人成，而后来之人，陆续生长者皆加入之也。子又生孙，孙又生子，如是乃至无穷。则我之契约，并后代之人而坑陷之，其罪为何如耶？

卢梭又言曰：纵令人有捐弃本身自由权之权，断无为儿子豫约代捐彼自由权之权。何也？彼儿子亦人也，生而有自由权，而此权当躬自左右之，非为人父者所能强夺也。是故儿子当婴孩不能自存之时，为父者虽可以代彼约束各事，以助其生长，增其福利，若夫代子立约，举其身命而与诸人，使不得复有所变更，此背天地之公道，越为父之权限，文明之世所不容也。

（案：吾中国旧俗，父母得鬻其子女为人婢仆，又父母杀子，其罪减等。是皆不明公理，不尊重人权之所致也。）

由此观之，则霍氏之说之谬误，不辨自明。夫人既不能滥用己之自由权，以代后人捐弃其权，然则奉世袭之一君主若贵族以为国者，其悖理更无待言。

问者曰：民约者，不能捐弃其自由权以奉于一人若数人，既自命矣。然则捐弃之以奉于众人可乎？更申言之，则民约者，非甲与乙所立之约，乃甲、乙同对于众人（即邦国）所立之约，然则各人举其权而奉诸邦国，不亦可乎？是说也，即纯类乎近世所谓"共有政体"，欲举众人而尽纳诸公会之中者也。卢氏关于此答案，其言论颇不明了，且有瑕疵，请细论之。

卢梭曰："民约中有第一紧要之条款曰，各人尽举其所有之诸权，而纳诸邦国是也。"由此观之，则其所谓民约者，宛然"共有政体"。盖卢梭浸淫于古者柏拉图之说（参见第一卷），以邦国为全体，以各人为肢节，而因祖述其义者也。夫邦国之与人民，其关系诚有如全体之于肢节者，盖人在邦国相待而为用，又有诸种之职各分任之，犹人之一身，手、足、头、目、肺、肠各司其职以为荣养。是说也，古昔民主国往往实行之，而斯巴达（希腊之一国）、罗马二国其尤著者也。彼其重邦国而轻各人，惟实行此主义之故。

卢梭及十八世纪诸硕学，皆得力于古籍者也，故旧主义（即以国为重者）与新主义（即以民为重者）常搀杂于其间。卢氏尝定国中各种之职务而设一喻，其言曰："主权者，元首也；法律及习俗，脑髓也；诸职官，意欲及感触之器也；农工商贾，口及肠胃所以荣养全身者也；财政，血液也；出纳之职，心脏也；国，人身也，全体之肢节也。是故苟伤害国家之一部，则其病苦之感，直及于头脑，而忽遍于全身。"云云。此等之论，仅自财利上言之，可谓毫发无遗憾，若夫自各人自由权言之，则稍有未安者。果如此说，则邦国独有一身之全体，而各人不过其肢节脏腑，是人民为国家之附庸也。是惟邦国为能有自由权，而各人之自由不过如冥顽无觉之血液，仅随生理循环之转动也。夫卢氏之倡民约也，其初以人人意识之自由为主，及其论民约之条项，反注重邦国而不复顾各人，殆非卢氏之真意。

卢梭亦知其说之前后不相容也，于是乃为一种之遁词。其言曰："各人虽皆自举其身以与众人，实则一无所与。何也？我举吾身以与他人，他人亦举其身以与我，如是而成一邦国，吾于此有所失，而于彼有所得，而又得赖众力以自拥卫，何得失之可言？"云云。是言也，不过英雄欺人耳。夫既已举各人而纳于邦国中，则吞吐之而消融之矣，何缘复得其所已失耶？《民约论》全书中，此段最为瑕疵矣。

虽然，以卢梭之光明俊伟，岂屑为自欺欺人者？故既终其说之后，复发一议以自正其误曰："凡各人为民约而献纳于国家者，亦有度量分界，不过为维持邦国所必要之事件，而将己有之能力财产与自由权，割爱其中之几分以供众用云耳。"由此言之，则卢梭所谓各人捐弃其权利者，非全部而一部也。然卢氏之精意，犹不止此。彼以为民约之成也，各人实于其权利分毫无所捐弃，非独无捐弃而已，各人因民约所得之利益，较之未立约以前更有增者。何也？合众力而自拥卫，得以护持己之自由权而使莫或侵也。

读至此，然后卢梭之本旨乃可知矣。盖以为民约之为物，非以剥削各人之自由权为目的，实以增长坚立各人之自由权为目的者也。但卢氏深入于古昔希腊、罗马之民主政治，其各种旧主义来往胸中，拂之不去，故虽以炯炯如炬之眼，为近世真民主主义开山之祖，而临去秋波，未免有情，此亦不必为大贤讳者也。

卢梭又以为民约之为物，不独有益于人人之自由权而已，且为平等主义之根本也。何以言之？天之生人也，有强弱之别，有智愚之差，一旦民约既成，法律之所要，更无强弱，更无智愚，惟视其正不正何如耳。故曰：民约者，易事势之不平等，而为道德之平等者也。事势之不平等者何？天然之智愚强弱是也。道德之平等者何？由法律条款所生之义理是也。

人人既相约为群以建设所谓政府者，则其最上之主权当何属乎？卢梭以为民约未立以前，人人皆自有主权，而此权与自由权全为一体。及约之既成，则主权不在于一人之手，而在此众人之意，而所谓公意者是也。

卢梭以为凡邦国皆借众人之自由权而建设者也，故其权惟当属之众人，而不能属之一人若数人。质而言之，则主权者，邦国之所有，邦国者，众人之所有。主权之形所发于外者，则众人共同制定之法律是也。

卢梭又以为所谓公意者，非徒指多数人之所欲而已，必全国人之所欲而后可。故其言曰："凡议事之时，相约以三占从二决可否，固属不得不然之事，然为此约之前，必须得全员之许诺而后可，是每决一事，皆不啻全员之同意也。不宁惟是，所谓公意者，非徒指现时国人之所欲而已，又并后人之所欲而言之。何也？现时全国人之所欲，在于现时，洵可谓公矣，及其与后代全国人之所欲不相合时，则已不得谓之公意，是故今日以全国人之议而决定者，明日亦可以全国人之议而改之。不然，则豫以今日之所欲，而束缚他日之所欲，岂理也哉！"

由是观之，则卢梭所谓公意，极活泼自由，自发起之，自改正之，自变革之，日征月迈，有进无已，夫乃谓之公意。且公意既如此其广博矣，则必惟属于各人所自有，而不可属于他人。故卢梭又言曰："国民之主权不可让与者也。今有人于此，而曰某甲今日之所欲，吾亦欲之，斯可也。若曰某甲明日之所欲，吾亦欲之，斯大不可。何则？意欲者，非可自束缚者也，故凡涉于将来之事，皆不得豫定。反此者，是谓我侵我之自由权。"

卢梭又曰："一邦之民，若相约拥立君主，而始终顺其所欲，则此约即所以丧失其为国民之资格，而不复能为国也。盖苟有君主，则主权立即消亡。"卢氏据此真理，以攻击世袭君主之制及一切贵族特权之政治，如以千钧之弩溃痈矣。

卢梭又曰："主权者，合于一而不可分者也。一国之制度，虽有立法、行法之别，各司其职，然主权当常在于国民中而无分离。虽分若干省部，设若干人员，皆不过受国民之附托，就职于一时耳。国民因其所欲，可以随时变更法度，而不能有所制限。"然则立法、行法、司法三权，所以分别部居不许杂厕者，正所以保护三权所从出之主权，使常在全国人之掌握也，是故主权之用可分，而主权之体不可分，是《民约论》之旨趣也。

学者见卢梭之主张公意如此其甚也，以为所谓公意者，必与确乎不易之道理为一体矣。虽然，又当细辨。卢梭之所贵乎公意者，指其体而言，非指其用而言。故其言曰："公意者，诚常正而以规图公益为主者也，虽然，其所议决非必常完善者。"何也？旨趣与决议，或往往背驰，民固常愿望公益，而或常不能见真公益之所存故也。故卢梭又曰："众之所欲，与公意自有别。公意者，必常以公益为目的。若夫众之所欲，则以各人一时之私意聚合而成，或往往以私利为目的者有之矣。"

若是乎，凡一国所布之令，必以真出于公意者，然后可谓之法律。若夫发于一人或数人之意者，不能成法律，此理论之正当者也。虽然，以今日之国家，其实际必不能常如是。故但以众人所公认者，即名之曰法律，而公认之方法，则以国人会议，三占从二以决之而已。

卢梭乃言曰："法律者，以广博之意欲，与广博之目的，相合而成者也。苟以一人或数人所决定者，无论其人属于何等人，而决不足以成法律。又虽经国民全员之议决，苟其事仅关于一人或数人之利害而不及于众者，亦决不足以成法律"。

（案：此论可谓一针见血，简而严，精而透矣。试一观我中国之法律，何一非由一人或数人所决定者？何一非仅关系一人或数人之利害者？以此勘之，则谓吾中国数千年来未尝有法律，非过言也。）

卢梭又曰："法律者，国民相聚而成邦之规条也。"又曰："法律者，全国民所必当遵守，以故全国民不可不议定之。"又曰："国也者，国民之会聚场也，法律也者，会所之规约也。定会所之规约，凡与于此会聚之人，所公有之责任也。"

又曰："若欲得意欲之公，不可先定某某事，以表众人之同意，必众人皆自发议而后可。"

又曰："若欲真得意欲之公，则各人必须由自己所见而发，不可仰承他人之风旨，苟有所受，斯亦不得为公矣。"

虽然，卢梭之意，以为公意，体也，法律，用也；公意，无形也，法律，有形也。公意不可见，而国人公认以为公意之所存者，夫是之谓法律。惟然，故公意虽常良善，而法律必不能常良善。故卢梭又曰："凡事之善良而悉合于道理者，非吾人所能为，皆天之所命也。使吾人若能一一听命于天，不逾其矩，则无取乎有政府，无取乎有法律。惟其不能，则法律所以不得不起也。"

又曰："世固有事物自然之公理，精当不易之大义，然欲以行之于斯世，而不能人人尽从者，有从有不从，是义终不得行也。于是乎不得不由契约而定之，由法律而行之，然后权理乃生，责任乃出，而理义始得伸。"故卢梭谓孟德斯鸠之所谓法律，不过事物自然之法律，而未足称为邦国之法律，谓其施行之方法未明也。

是故卢梭之意，以为法律者，众人相共议定，从于事物自然之理，以发表其现时之意欲云尔。要之，法律者，自其旨趣言之，虽常公正，然其议而定之也，常不能尽然，故不可不常修改而变更正之。此一说实卢梭之识卓越千古者也。

凡当议定法律之时，必求合于正理，固不待言，但有时错谬而与理背驰，故无论何种法律，皆可随时厘正变更。而此厘正之权，当常在于国民之手。故卢梭谓彼握权之人，一旦议定法律，而始终不许变易者，实政治之罪人也。

又曰："凡法律无论若何重大，无有不可以国人之所欲而更之者，苟不尔，则主权不复在国民之手，而政治之基坏矣。"

卢梭又曰："凡法律之目的，在于为公众谋最大利益，而所谓公众最大利益者非他，在自由与平等二者之中而已，何也？一国之中，有一人丧自由权之时，则其国减一人之力，此自由所以为最大利益也。然无平等，则不能得自由，此平等所以为最大利益也。"

又曰："吾所谓平等者，非谓欲使一国之人，其势力财产皆全相均而无一差异也。若是者，盖决不可行之事也。但使其有势力者，不至涉于暴虐，以背法律之旨趣，越官职之权限，则于平等之义斯足焉矣。至财产一事，但使富者不至借金钱之力以凌压他人，贫窭者不至自鬻为奴，则于平等之义斯足焉矣。"

又曰："欲使邦基永奠，则当令贫富之差不至太相远。苟富者太富，贫者太贫，则于国之治安俱有大害。何也？富者借财力以笼络贫者，而潜夺其政权；贫者甘谄谀富者，而供其使役。质而言之，则富者以金钱收买贫者之自由权，而主人奴隶之势斯成矣。虽然，富者愈富，贫者愈贫，其差异以渐次而日甚，此又自然之势，无可如何者也。故必当借法律之力，以防制此势，节中而得其平，则平等自由可以不坠于地。"

卢梭以前诸学者，往往以国民之主权与政府之主权混淆为一。及卢梭出，始别白之。以为主权者，惟国民独掌之，若政府则不过承国民之命以行其意欲之委员耳。其言曰："政府者何也？即居于掌握主权者（即国民全体）与服从主权者（即各人）之中间，而赞助其交际，且施行法律以防护公众之自由权者也。更质言之，则国民者，主人也；而官吏者，其所佣之工人而执其役者也。"

夫政府之为物，既不过受民之委托以施行其公意之一机关，则其所当循守之责任可知矣。故凡可以伤国民自由权之全部若一部之事，皆当避之。故无论何种政体，苟使国民不能自行其现时之意欲与将来之意欲者，皆谓之不正。何也？苟国民常不能掌握主权，则背于立国之大本也。卢梭乃断言曰："凡政体之合于真理者，惟民主之制为然耳。"

是故卢梭以为政体种类之差别，不过因施法权之分配如何而强为之名耳。非谓立法权之分配，可以相异也。盖立法权者，必常在全国人之手，而万无可以分配之理。若不尔，则一人或数人握之，已反于民约之本义，而尚何政体之足云？所谓施法权之分配者，或以全国人而施行全国人之所欲，或以一人而施行全国人之所欲，或以若干人而施行全国［人］之所欲，即世俗所谓君主政体、少数政体、民主政体之分也。若夫发表意欲（即立法权），必属于全国人之责任，无可移者。且彼之任施法权者，无论为一人，为若干人，皆不过一时偶受委托，苟有过举，则国人皆得责罚之，罢黜之。

至委托施法权之事，三者之中当以何为善乎？卢梭曰："全国人自行施法之权，苟非小国，必不能实行之。且有种种弊端，比诸君主政体、贵族政体，其害或有更甚者。故分诸种之官职，而严画其权限，最为善矣。"

卢梭于是取现时英国所循之政体，即所谓代议政体者，而评论之，以为其分别施法之权，洵善也。虽然，其代议政尚不免与自由之真义稍有所戾。何则？代议政体者，以若干人员而代国人任主权者也。故国人得发表其意欲者，仅存投票选举议员之一日而已，此一日以外，不过拱手以观代人之所为。故如此政体，国人虽非永远捐弃其自由权，而不免一时捐弃之矣，故曰未得为真善美之政体也。

卢梭以为国人票选若干人员而委之以议政之权，固无不可，惟必当明其责任，有负责者，则可随时黜之。何也？彼若干人者，不过为一时受托之人，非谓使其人代己握主权，而以己权全付之也。盖权本不得让与他人，故亦不得使人代我握之，主权常存于公众意欲之中，而意欲者，必非他人可以代表者也。

又言：法律者，众意之形于外者也。我有我之意，代人有代人之意，故立法权决不可使人代我。若夫施法权则可以代矣。何也？施法权者不过实行我所定之法律而已。

又言：英国人自以为我实有自由权，可谓愚谬。盖彼等惟选举议员之日有自由权耳，选举事毕，便为奴隶矣。

如卢梭之言，则议定法律之事，凡为国民者，不可不躬自任之，斯固善矣。然有一难事焉，在于大国之国民，果能一一躬握此权，而不托诸代人乎？卢梭曰：是固不能。是故欲行真民主之政，非众小邦相联结不可。难者曰：众小邦并立，则或有一大邦狡焉思启，以侵犯之，其奈之何？卢梭曰：众小邦相联为一，则其势力外足以御暴侮，内足以护国人之自由，故联邦民主之制，复乎尚矣。

卢氏又以为联邦民主之制，其各邦相交之际，有最紧要者一事。惜哉！其所谓紧要之一事未及论叙，而卢氏遂卒，使后人有葭苍露白之感焉。但度其所谓联邦民主之制，殆取法于瑞士，而更研究其利弊也。

卢氏以为瑞士联邦诚太弱小，或不免为邻邦所侵轹。虽然，使有一大邦，效瑞士之例，自分为数小邦，据联邦之制，以实行民主之政，则其国势之强盛，人民之自由，必有可以震古铄今，而永为后世万国法者。卢氏之旨，其在斯乎？其在斯乎？

（案：卢氏此论，可谓精义入神，盛水不漏。今虽未有行之者，然将来必遍于大地，无可疑也。我中国数千年生息于专制政体之下，虽然，民间自治之风最盛焉。诚能博采文明各国地方之制，省省府府，州州县县，乡乡市市，各为团体，因其地宜以立法律，从其民欲以施政令，则成就一卢梭心目中所想望之国家，其路为最近，而其事为最易焉。果尔，则吾中国之政体，行将为万国师矣。过屠门而大嚼，虽不得肉，固且快意。姑妄言之，愿天下读者勿妄听之也。）（《清议报》第九十八、九十九、一百册，1901 年 11 月 21 日，12 月 1、21 日）

论专制政体有百害于君主而无一利

今民间稍有知识者，莫不痛心疾首于专制政体。其恶之也，殆以此为吾害也。至如君主，若君主之私人，则莫不殚其精，竭其术，以维持回护专制政体。其爱之也，殆以此为吾利也，夫趋所利而去所害，人类之公性情然矣，使其果为利也，则吾亦何敢拂戾此公性情，为与虎谋皮之举，以哓渎于炙手可热者之侧。虽然，其实际固非尔尔，吾思之，吾重思之，窃以为专制政体之毒，其害民者一，而害君主者常二。民之受害者，有时而可避；君主之受害者，无地而可逃。民受害而他人犹以相怜，君主受害而后世且以为快。故吾敢断言曰：专制政体之于君主有百害而无一利，谓余不信，请詷诸史。

中国数千年君统，所以屡经衰乱灭绝者，其厉阶有十，而外夷构衅、流贼揭竿两者不与焉。一曰贵族专政，二曰女主擅权，三曰嫡庶争位，四曰统绝拥立，五曰宗藩移国，六曰权臣篡弑，七曰军人跋扈（如唐藩镇之类），八曰外戚横恣，九曰金壬朘削（如李林甫、卢杞之类），十曰宦寺盗柄。此十者，殆历代所以亡国之根原，凡叔季之朝廷，未有不居一于是者也。至求此十种恶现象所以发生之由，莫不在专制政体。专制政体者，实数千年来破家亡国之总根原也。

昔在周代，统一之业始集，于是广封亲藩以奖王室；及其衰也，诸侯力征，天王守府；迨于末叶，政在大夫，齐之田、陈，晋之三家，羽翼既就，主权亦移。周室之亡，实亡于贵族，秦嬴鉴之，夷天下为郡县，支孽无尺寸之土，功臣无汤、沐之祚，而一胡亥、一赵高举而倾之。秦之亡，亡于嫡庶，亡于宦寺也。秦代专制政体最行，而其亡亦最速，汉高一天下，鉴秦之孤立与其争统也，于是上法周制，广置亲藩，而孝惠储位，不敢废置，及其崩御，骨未寒而吕氏之祸作矣，是为女后专权之嚆矢（前此秦之太后、穰侯已肇其端）。吕氏既灭，七国旋警，宗藩之祸，几覆厥祚。七国既平，景、武乃实行强干弱枝之术，翦其爪牙，使无能为役，而巫蛊之变，骨肉喋血，上官氏、霍氏踵起，外戚之祸复燃。弘恭、石显继兴，宦官之祸萌蘗，未几而王氏竟移汉鼎矣。西汉之乱亡，则女主、宗藩、外戚宦寺诸原因为之也。东汉光武、明、章一小康，及和帝以后，窦氏、邓氏、阎氏、梁氏诸后族，互起互屠，而母后、外戚之祸，达于极点。郑众、李闻、江京、孙程、单超、曹节、王甫等，狼狈相嬗，而宦官之祸，达于极点。海宇鼎沸，枭雄乘之，董卓、曹操，遂屋汉社。东汉之亡，以母后、外戚始，以宦寺中，以权臣终也。及魏承汉，上鉴七国，下鉴群牧，于是悉废封建，而外戚、宦寺之祸亦不烈，而司马懿锄曹爽，若拉枯朽，而魏遂移于晋矣。蜀以昭烈之略，诸葛之明，崎岖保障者若干年，诸葛云亡，而一黄皓遂覆汉祀。吴大帝借父兄之业，以霸江东，及其末年，而登、和、霸、亮四子，已相搀夺，诸葛恪、孙峻、孙綝横极凶暴，竟废其君，弱其国。三国之亡，魏亡于权臣，蜀亡于宦寺，吴亡于嫡庶及权臣也。晋复鉴魏孤立，大封宗室，而内之杨氏、贾氏，外戚、女主之乱踵起，外之八王相夷，骨肉剚刃，若屠犬羊，遂倚外寇为声援，浸成五胡之乱。西晋之亡，则后戚、宗藩之为也。东渡后，宗室之势骤杀，而都督之权骤强，王敦、苏峻、桓温、桓玄，皆以方镇构乱，竭举国之力，仅能平之，而刘裕即以此篡晋矣。东晋之亡，则军人之为之也，其在南朝，刘宋则有太子劭、武陵王骏、晋安王子勋等之相继弑逆，萧齐则有萧鸾、江祐等之废立，萧梁则有侯景及诸王之争乱，陈则有孔范、江总等之专横；其在北朝，拓跋魏以道武为初祖，而及身已被弑于厥子，浸假而胡太后弑孝明，尔朱荣弑元钊，尔朱兆弑孝庄，高欢废节愍，而魏遂分东西，高齐则常山王演弑废帝，宇文周则宇文护弑孝愍、孝明。凡南北朝二百余年间，七姓之乱亡，莫不由前此所举十种罪恶之为之也。

隋文亦及身被弑于厥子，隋炀旋贾怨天下，被弑于近臣，隋之亡，则嫡庶争立、金壬用事之为之也。唐号称极盛矣，而天下甫定，即有玄武门之变，高祖殆以忧死，仅三叶而武后祸起，唐易而周。韦氏继之，女主之祸至是达于极点。天宝以后，其在宫中，则有杨贵妃、张良娣之棼乱，其在朝廷，则有李林甫、卢杞之横恣，其在方镇，则有安禄山、史思明、李希烈、朱泚、李怀光等十数藩帅之叛乱。及至末业，宦官大盛，遂酿成甘露之变，连弑数帝，拥立之权，皆在其手，而唐社遂屋。唐之乱亡，起于家变，次以母后，次以金壬，次以军人，而终以宦寺也。五代十国之乱，更不足道矣。宋承唐后，惩藩镇之祸，尽解功臣兵柄；而太宗已以继嗣之争，喋血于所亲，其后蔡京、章惇、秦桧、韩侂胄、史弥远，相继用事，屠杀善类，而金壬之祸，亦与宋相终始。其在胡元、铁木迭儿、铁失、燕帖木儿等，更迭作乱，海宇鼎沸，亦遂不能安于中国。元之亡，由宗藩、权臣相争之为之也。及至前明又惩历朝祸乱之弊，远师周、汉，复建亲藩，而燕王棣、汉王高煦、宁王宸濠、安化王置璠〔镭〕等，遂以乱国，王振、刘瑾、严嵩、魏忠贤等，相继用事，及中叶以后，而宦寺之祸，遂与汉、唐鼎足，演成二千年间不男不女之历史。明之亡，则亲藩、金壬、宦寺之为之也。

由此观之，二千年中所谓君权者安在乎？嗟乎！论者以为专制之毒，毒百姓也，使其毒百姓，而百姓从而报复之，从而覆亡之，犹可言也。而彼专制者，亦可自诿为专之未甚，制之未至，苟更精其术焉，终必可以绝后患而祈永命也。而岂知报复之覆亡之者，不在其所贱而在其所亲，不在其所敌而在其所爱，彼二千年来历姓崩折之祸，岂尝有一焉，若欧洲十八九世纪间之民变者，起而犄之也，即有一二揭竿草泽者，亦不过乘其腐败之既极，乃得一逞焉耳，至其灭亡之根原，则全不在是。然则彼其专制之敌不足以为患也既若此，而何以亡国破家相随属也又复若此。日本人常言曰："支那一部历史，实以脓血充塞之历史也。"吾耻其言。虽然，吾不得不忍受其言。嗟夫！当一霸者之初起也，莫不汲汲焉思所以保我子孙，巩我主权，帝王万世，传诸无穷。其所以惩前代之失而救其弊者，亦云瘁矣。乃或防一弊，而他弊即起于所备之外，又或防之愈甚，而其末流之为毒愈烈，若明太祖禁宦官不得读书识字，本朝圣祖、世宗、高宗，煌煌训谕，极言母后临朝之弊，宦竖预政之弊，储贰废立之弊，若此者，岂不法严而意美乎哉？试观有明末叶及近今之朝局，则前此所防者，其为效何如矣？论者于是以为无无弊之法，无可久之治。乃相与诿于一治一乱，天数使然，而政治家之理论以穷，夫天下果真不可以久安长治乎？历史果遂以相斫书而终古乎？则今日欧、美、日本之治，何以致焉？虽然，吾无怪论者之为斯言也，彼其求之于此焉而不得所以治之之术，求之于彼焉而亦不得所以治之之术，然则其迷信退化主义，挟持厌世思想也亦宜。新民子曰：吾请与普天下读史诸君一解决此问题，倪愿闻之。

淘浊流而欲得清泉，扬热汤而欲止沸，度此必不可得之数也。不如澄其源焉，止其薪焉，此所谓治本之论也。中国君统之乱本何在？在彼十种恶业。十种恶业之乱本何在？在专制政体。专制政体一去，则彼十种者无所附以自存，不必以人力坊之也。而不然者，坊于此而彼则蹈瑕以起，坊于今而后则伺隙以来，未有能免者也。请言其理，黄梨洲曰："后之为人君者，以天下之利，尽归于己，以天下之害，尽归于人，使天下之人，不敢自私不敢自利，以我之大私，为天下之公，视天下为莫大之产业，传诸子孙，受享无穷。夫既以产业视之，人之欲得产业，谁不如我，摄缄縢，固扃鐍，一人之智力，不能胜天下欲得之者之众也。"呜呼，至哉言乎！数千年来，嫡庶之争统，宗藩之倡乱，权臣之篡弑，军人之窥伺，皆坐此而已。夫汉高之与韩、彭，相去一间也。汉帝之与魏王，魏帝之与晋王，相去一间也。长安之与卢龙、魏博，燕京之与云南、闽、越（指康熙三藩），相去一间也。隋炀之与太子勇，唐太之与太子建成，相去一间也。吴楚七国之与汉文，燕王棣之与明建文，相去一间也。而一则富有四海，率土皆臣，一则屈膝承颜，仅保薄禄，夫谁不从而生心也？既悬一至可艳至可涎者以饵之于上，而欲禁人曰，尔其无艳是，无涎是，则虽日尸一人，犹不足以为戒也。

彼日本昔亦专制之国也，而千年以来，其专制之实权，不在君主而在大将军。故日本之革命，所革者在幕府而不在王朝。何以故？彼有可欲而此无可欲故。然则吾中国祸乱之大原可知矣。天下之大欲，集于君主。故天下之至危，亦集于君主。使其君主而为英国今日之君主也，夫谁得而觊之？即使其君主而为日本昔日之君主也，夫亦孰从而觊之！而徒以君主专制之可欲，故遂使数千年之历史，以此等争乱之迹，充轫其十八九，吾不知数千年之君主，其安危、苦乐、荣辱之率，视今英国、昔日本之君主何如也。君主既专制矣，其年长者，英明雄武者，自能乾纲独断，举自专自制之实。而不然者，或幼冲焉，或倦勤焉，或昏呆焉，或狂暴焉，或巽懦焉，或有所偏好偏恶焉，则其实权自不得不移于他人。于是母后之祸、外戚之祸、金壬之祸、宦寺之祸乃起。彼等非能自有其权，以与现在主权者相亢相挽夺也。而常依附现在主权者之权以自固，始而依附，继而盗窃，久假不归，而主权者反不得不伺其鼻息以为存活。于是君主非专制者，而反为被专制者矣。

由此观之，历史上种种罪恶，孰不有从专制政体而生者乎？使非专制，则如英国、日本之华族，给以爵号，优异齐民，其有功德有学识者，则列之上议院，使参国政。而贵族专政之祸何从生焉？使非专制，则君位继承之法，一从宪法所规定，某人宜嗣统，皆与民共见，一定而不可易。虽或今帝无后，而旁支血统循序入嗣，亦有皇室典范以划定之，而嫡庶争位、定策拥立、大礼争辩等祸何从生焉？摄政之权，皆有一定。元首权尚立限制，况于摄者，而母后擅权之祸，何从生焉？天潢宗亲，各有食采，所至国人，莫不加敬。其尊荣虽下君主一等，而君位既无可欲，何苦贪此虚名，伤彼实利，则宗藩叛乱之祸，何从生焉？政府大臣，皆有责任，稍失舆望，立即去位，而权臣篡弑之祸，何从生焉？兵马之权，集于中央，国防之责，同诸国民，而军人跋扈之祸，何从生焉？一国会计，皆由议院审定，司农、少府，各异所司，而金壬朘削之祸，何从生焉？君之与国，截然两途，宫中府中，不同一体，君主若有所亲，若有所爱，则自以其私产豢养之。不得及国事，而外戚横恣、宦寺盗柄之祸，何从生焉？

不宁惟是，君主既与国民共治此国，则君位之安危，与国同体，苟有人焉欲破坏秩序，侵主权以毒一国者，则全国之民，皆将起而抗之，不瞬息而祸扑灭。岂有若专制国之民，视君国之难如秦越人之肥瘠也。是则种种恶现象固无自生，即生矣，亦无自成也明矣。若是乎，苟非专制政体，则此十种恶现象者，自一扫而空。若是乎，吾中国数千年脓血之历史，果无一事焉而非专制政体贻之毒也。

且专制政体之毒害君主，犹不止此。历观自秦以来历史上之君主，合所谓正统者、僭窃者计之，其数不下千余，大率不得其死者十而一焉，被废而幽者亦十而一焉（暇当为列一表，今倥偬未能及也）。夫以寻常人数统计之，苟非大乱离之顷，最少必千人以上，乃有一二不得其死者，而君主罹祸之卒，则已为百与一之比例矣。

不宁惟是，凡一姓之代兴，则其胜朝子孙，斩刈靡有孑遗，此前史数见不鲜之成例也。其最甚者，若晋之于魏，宋之于晋，齐之于宋（姚察《梁书·武帝纪》论云："魏晋革易皆抑前代宗支以绝民望，及宋遂令司马氏为废姓，齐之代宋，戚属皆歼。"《南史·宋顺帝纪》云："帝逊位后，宋之王侯无少长皆尽矣。"），北齐之于北魏（齐文宣帝杀魏宗室七百余人），隋之于宇文周（隋文既攘帝位，宇文氏子孙以次诛杀，殆无遗种，今以《周书》考之，周文帝子赵王招、陈王纯、越王盛、代王达、滕王逌皆被杀，而并杀招子员、贯、乾铣、乾铃、乾鉴等，纯子谦、让、议等，盛子忱、悰、恢、憼、忻等，达子执、转等，逌子祐、裕、礼、禧等，而震之子实，俭之子乾晖，通子绚，亦皆被杀，于是周文帝子孙尽矣。节闵帝一子康先死，其子湜亦被杀，于是节闵子孙又尽矣。明帝子毕王贤、酆王贞皆被杀，并杀贤子宏文、恭道、树襄等，贞子德、文等，于是明帝子孙亦尽矣。武帝子汉王赞、秦王贽、曹王允、道王充、蔡王兑、荆王元皆被杀，于是武帝子孙尽矣。宣帝子静帝既为隋文所害，余子邺王衍、郢王术皆幼而被杀，于是宣帝子孙又尽矣。其宗室亦以次斩刈，靡有孑遗云。按此等野蛮典故，本不值记载，今不避烦而遍述之者，使后人刿心怵目知所惧云尔。下仿此），皆百世后犹使人酸鼻寒心者矣。然此犹云鼎革之后为然也。亦有钟簴未改，而喋血已闻，宗子当阳，而王孙先啄，则有如齐王芳时，魏固在也。而曹爽以帝室懿亲，已夷三族，诸曹杀戮过半；八王之乱，晋固在也，而懿师子孙，已草薙而禽狝。（八王者，一汝南王亮，司马懿之子，武帝叔父；二楚王玮，武帝第五子；三赵王伦，懿第九子；四齐王冏，齐王攸之子，武帝从弟；五河间王颙［颙］，司马孚之孙，武帝从弟；六成都王颖，武帝第十六子；七长沙王乂，武帝第六子；八东海王越，司马泰之子，惠帝从叔祖。时复有准南王允、吴王晏，皆武帝子，亦与于乱。经此纷扰，而司马氏创业诸帝之子孙，已十亡八九。）武后之时，唐固在也，而李氏之后，已不绝如缕。（武后时，自越王贞、琅邪王冲起兵，谋复王室，事败被诛，于是杀韩王元嘉、鲁王灵夔、范阳王霭、黄公撰、东莞公融、霍王元轨、江都王绪、舒王元名、汝南王玮、鄱阳公譔、广汉公谧、汶山公蓁、广都王寿、恒山王厥、江王知祥及其子皎、郑王璥、豫章王亹、蒋王炜、安南郡王颖、鄅国公昭、滕王元婴子六人、纪王慎之子、义阳王琮、楚国公璹、襄阳公秀、广化公献、建平公钦、曹王明，及诸宗室李真、李敞、李然、李勋、李策、李越、李黯、李元、李英、李志业、李知言、李元贞、巨鹿公晃等数十百人，除其属籍，幼者流岭表，又为六道使所杀，又武后亲生之子太子宏、太子贤、贤子光、顺中宗子邵王重润皆被杀。至是唐高祖、太宗之胤存者不及一二矣。）其尤惨酷者，若宋之刘氏（宋武帝七子，长义符，即位，为徐羡之等所废杀，次庐陵王义真亦被废杀，次文帝义隆为其子劭所弑，次彭城王义康为文帝赐死，其子分文为劭所杀，次江夏王义恭为前废帝所杀，有十六子，其十二为劭所杀，其四为前废帝所杀，次南郡王义宣以谋反故，并诸子皆为朱修之所杀，次衡阳王义季，以饮酒致殒，仅得传国，是武帝七子，除义季外，皆死于非命，且无后矣。文帝十九子，长元凶劭，次始兴王浚，皆以弑逆被诛，劭四子、浚二子皆枭首，次孝武帝，次南平王铄，为孝武鸩死，其三子皆为前废帝所杀，次庐陵王绍，出继义真，以善终，其子又为前废帝所杀，次竟陵王诞，孝武使沈庆之攻杀之，无子。次建平王宏，善终，其子及孙皆为后废帝所杀，次庐陵王祎，明帝逼令自杀，次晋熙王昶，前废帝欲讨之，乃奔魏，二子皆于齐受禅后赐死，次武昌王浑，孝武逼令自杀，无子，次明帝，次始安王休仁，为明帝所忌，赐死，其二子后废帝时被杀，次晋平王休祐，为明帝所杀，有十三子，顺帝时萧道成以朝命并赐死，次海陵王休茂，以反伏诛，次鄱阳王休业、临庆王休倩、新野王夷父皆早卒，次桂阳王休范，举兵讨萧道成败死，四子皆被杀。次巴陵王休若，为明帝赐死，是文帝十九子，除二子嗣位，三子早卒，一子出奔，两子善终外，其余皆不得其死，且无后也。孝武帝二十八子，夭殇者十，为前废帝所杀者二，为明帝所杀者十六，当明帝时以孝武子孙诛杀已尽，转以己子武陵王赞为孝武后，则孝武子孙已无一在者可知也。明帝不能人道，养假子十二人，夭者数四，其余则后废帝、顺帝及诸王皆为萧道成所杀，然则宋武九子、四十余孙、六七十曾孙，死于非命者十之七八且无一焉有后于世者矣）、齐之萧氏（齐高帝、武帝子孙皆被杀于明帝一人之手，高帝十九子早殇者四人，卒于明帝前者七人，余则鄱阳王锵、桂阳王铄、江夏王锋、南平王锐、宜都王铿、晋熙王铼、河东王铉、衡阳王钧皆明帝所杀。武帝二十三子，早殇者四人，前卒者三人，其余卢陵王子卿、安陆王子敬、晋陵〔安〕王子懋、随郡王子隆、建安王子真、西阳王子明、南海王子罕、巴陵王子伦、邵陵王子真、临贺王子若、西阳王子文、衡阳王子峻、南康王子琳、湘东王子建、衡山王子珉、南郡王子夏，皆明帝所杀。史称当时高、武子孙朝不保夕，每朝见鞠躬俯偻不敢正行直视云。其后明帝之子，东昏侯宝卷、和帝宝融皆被废杀之祸，江夏王宝铉先为东昏所杀，鄱阳王宝寅逃入魏，后亦谋反被诛，邵陵王宝攸、晋熙王宝嵩、桂阳王宝贞皆中兴二年赐死。是明帝诸子亦无一得免者，而萧齐之祀遂斩）、隋之杨氏（隋文帝亲为子广所弑，其五子，长太子勇被废赐死，次炀帝为宇文化及所弑，次秦王俊先卒，次越王秀废死江都之难，次汉王谅以反诛，计五子中除俊以外无一非不得其死者。勇之子十，一以鸩死，余皆贬岭外杖死。俊二子，琇、谅各一子，皆为化及所害。炀帝三子长太子昭先卒，次齐王暕、次赵王杲皆死江都之难。太子昭之子燕王倓亦遇害江都。越王侗称号东都，为王世充所弑。于是炀帝子孙亦无遗种矣、金之完颜氏（金主亮穷凶极恶，弑君弑母，杀伯叔兄弟及宗室数百人，完颜子孙殆尽。其名太繁，今不备载）。若此者，皆其结局之尤惨酸〔酷〕者也。

自余各朝，虽或其祸稍杀，然试问二千年来，霸天下者十数姓，其血胤子孙，能传于今日者，曾有一人焉否也？汉献帝曰："朕亦不知命在何时。"明建文帝曰："愿世世子孙勿生帝王家。"明毅宗之将殉国也，先手刃其公主，叱之曰："若何为生我家！"至今读其言，犹将如闻其声，哀哀乎其有沉痛焉。夫以鄙野一匹夫，犹且能殖田园，长子孙，传其种以及于后，而所谓贵为天子富有四海者，其结局乃皆若此。当其始也，力征经营，早作夜思，殚精竭虑，穷凶极暴，岂有一焉非为子孙帝王万世之业计者耶？岂知曾不旋踵，物换星移，如风卷箨，一扫而空矣。所谓"腰下宝玦青珊瑚，可怜王孙泣路隅。问之不敢道姓名，但道困苦乞为奴"者，其犹为最天幸焉矣。谚有之"天下无不散之筵席"，历观自秦以来，专制君主之子孙，其有能三百年不经絷缚刲割、屠戮菹醢之惨者乎？人之好专制也，谓其为吾利也，而所谓利者乃若此，此而为利，则何者而谓为害耶？呜呼！前此饮鸩而死者，已不知百千万人，而踵其后者，犹复沉沉然嗜之。天下大愚，岂有过此！

夫徒以争此区区专制权故，而父子失其爱，兄弟失其亲，母子夫妇失其睦，伯叔甥舅失其和，乃至素所与栉风沐雨共患难之人，或素所抚摩爱惜受豢养之人，一旦肝胆楚越，倒戈相向，恨不得互剚刃于腹而始为快。是天下坏伦常、毁天性、灭人道、破秩序之毒物，未有甚于专制政体焉者也，苟非禽兽，苟非木石，其何忍以此之故？有父而不孝，有子而不慈，有兄弟而不友，有夫妇而不恋，有朋友而不亲，甚者乃至有身而不自爱也。呜呼！其亦不思而已。

专制政体之为害于君主既若此矣，然使其别有所大利焉，或足以与所害相偿，则冒险以趋之，亦无足怪者。虽然，其所谓利者果安在乎？专制政体之利君主者有二：（其一）则意欲上之自由，一人为刚，万夫为柔，作威作福，颐指气使，所谓予无乐乎为君，惟其言而莫予违也；（其二）则躯壳上之自由，玉食万方，便嬖满前，宫妾数千，穷奢极乐，所谓非以一人治天下，实以天下奉一人也，吾今请取两者而细论之。

中国以专制最久闻，自秦以来，为君主者不下千数，问其能实行完全圆满之专制者，能有几人乎？吾窃尝区二千年来君主之权力为四种。（第一）有全权亲裁万机，毫不被掣肘于他人者，凡得二十二人，曰秦始皇，曰汉高祖、武帝、光武、昭烈，曰吴大帝，曰秦符坚，曰宋武帝，曰齐高帝，曰北魏孝文帝，曰北周孝武帝，曰唐太宗，曰周世宗，曰宋太祖、神宗，曰西夏李元昊，曰元世祖，曰明太祖、成祖，曰本朝圣祖、世宗、高宗。（第二）其权力虽不如第一种之强盛，而承袭先业，继体守文，亦不甚被掣肘于人者，凡得十二人，曰汉文帝、明帝、章帝（景帝不列者，以其常被制肘于窦太后也。宣帝不列者，以其常被制于霍氏也），曰魏文帝、明帝，曰陈宣帝，曰宋太宗、真宗、仁宗，曰本朝仁宗、宣宗、文宗（世祖不列者，以其时睿亲王秉政也）。（第三）初时行其全权，或穷侈极欲，自奉一人，或穷凶极暴，震栗天下，后卒身危国削、身弑国亡者，凡得十一人，曰新莽，曰吴孙皓，曰宋废帝，曰齐明帝，曰梁武帝，曰陈后主，曰隋文帝、炀帝，曰唐元宗、宪宗，曰宋徽宗。（第四）则不能自有其全权，或委政于母后，或委政于外戚，或委政于权臣、金壬、宦寺，虽其间安危异数，荣辱殊途，大抵危而辱者十之七八，安而荣者十之一二，要之其不能自有专制权则一也，凡前所列诸帝以外之君主，皆属此种。由此言之，君主千数，而能真行专政权者，不过此三四十人，其因此而酿弑亡之祸者，尚三之一焉，自余则虽拥有普天率土之名，而实则唯诺守府，祭则寡人，其甚者，则身处樊笼，背悬芒刺，其困厄苦难不自由，有甚于吾侪小民十倍者。专制云，专制云，却笑年年压金线针〔金〕，为他人作嫁衣裳，吾不知于君主果何利也。

若夫欲借此专制权以穷极耳目之欲者，则吾见夫为君主者，无此心则已，苟有此心，则其专制权终不能一朝居也。夫不必其瘁心力以顾公益为民事也，即使欲保其产业以长子孙焉，固已不可不劬劳于在原，咨嗟于在庙，宵衣旰食，日昃不遑。昔人大宝之箴，帝范之鉴，迂儒腐生，皆能言之矣。乾隆御制诗有云："不及江南一富翁，日高三尺犹铺被。"诚哉其阅历心得亲切有味之言也。黄梨洲《原君》篇又云："夫以千万倍之勤劳，而己又不享其利，必非天下之人情所欲居也。故古之人君，量而不欲入者，许由、务光是也。入而又去之者，尧、舜是也，初不欲入而不得去者，禹是也。岂古之人有所异哉，好逸恶劳，亦犹夫人之情也。"故吾以为人而不欲求耳目之乐则已耳，苟其欲之，则他种地位皆可居，而惟专制君主之地位万不可居。苟居之，则乐未极而哀已来，欲未满而身为僇矣。专制云，专制云，地下若逢陈后主，岂宜重问后庭花，吾不知于君主果何利也。

准此以谈，则吾所谓专制政体，有百害于君主而无一利者，虽苏、张之舌，其无以为难矣。夫其利害之理，既至分明而易识别也若彼，利害之数，又屡经验而有成例也若此，则诚宜如梨洲所云："以俄顷之淫乐，不易无穷之悲，虽愚者亦明之矣。"而竟数千年覆辙折轸，不绝于天壤者何也？曰溺于所习，知其一不知其二也。边沁倡乐利主义以为道德之标准，而世固有纵饮博之乐。贪穿窬之利，而自托于边沁之徒者焉，算学不精，而因以自误也。夫世之君主及君主私人，以拥护专制政体为自乐自利之法门者，亦犹是而已矣，亦犹是而已矣。

且君主及君主之私人，所以必拥护专制政体者，吾知之矣，彼其心以为专制政体与君主相依为命，去其甲而乙亦不能立也。噫嘻！其陋矣，专制政体为一物，君主为一物，两者性质不同，范围不同，夫乌得而混之？

不观欧洲乎，今世欧洲十余国中，除法兰西、瑞士外，皆有君主，此读史者所能知也。除俄罗斯、土耳其外，皆无复专制政体，又读史者所能知也。而最近之日本，又其明证矣。百余年前之欧洲、日本，其贵族专政之祸，犹吾国也。其女主擅权之祸，犹吾国也。其嫡庶争位之祸，犹吾国也。其宗藩移国之祸，犹吾国也。其权臣篡弑之祸，犹吾国也。其军人跋扈之祸，犹吾国也。其外戚横恣之祸，犹吾国也。其佥壬朘削之祸，犹吾国也。所谓亡国十原因者，而彼等备其九焉，所缺者惟宦寺之人妖耳，而诸国历代君统覆灭之远因近因，亦恒在此，无一而不犹吾国也。每读近世史，至屡次之日耳曼帝位继承问题，波兰王位继承问题，西班牙太后马渣连事件，俄罗斯太后苏菲亚事件（大彼得之母也），英王查利斯第一事件，法王路易第十六事件，乃至其余种种糜烂纷扰、惨酷困难之现象，未尝不叹古今东西政治上之罪恶，何以若出一辙！今则自俄罗斯以外，问诸国犹有以此等罪恶污点其国史者乎？无有矣。中国馆阁颂扬通语，动曰国家亿万年有道之长，若今者英、德、日诸国之君主，真可谓亿万年有道之长也。而不然者，则有若当世专制第一之俄罗斯，而亚历山大第二被弑矣，亚历山大第三以忧死矣，今皇尼古喇第二，亦被刺于日本，几不免矣。享万乘之虚名，无一夕之安寝，以视英、日、德诸皇何如？君主而不欲自爱则已耳，君主之私人而不欲爱其君则已耳，苟其欲之，宜何择哉？

然则为国民者，当视专制政体为大众之公敌。为君主者，当视专制政体为一己之私仇。彼其毒种盘踞于我本群者，虽已数千年，合上下而敌之仇之，则未有不能去者也。虽然，若君主及君主之私人而不肯仇彼焉，从而爱惜之，增长之，则他日受毒最烈者，不在国民而在君主及其私人也。按诸公理，凡两种反比例之事物不相容，则必有争，争则旧者必败而新者必胜。专制政体之不能生存于今世界，此理势所必至也。以人力而欲与理势为御，譬犹以卵投石，以螳当车，多见其不知量而已。故吾国民终必有脱离专制苦海之一日，吾敢信之，吾敢言之。而其中有一机关焉，君主及其私人而与民同敌也，则安富焉，尊荣焉。英国、日本，实将来中国之倒影也。君主及其私人而认贼作子也，则国民仇专制政体，而不得不并仇及专制政权之保护主，法国、美国，实将来中国之前车也。夫为英、日与为法、美，在我国民则何择焉？所最难堪者，自居于国民以外之人耳。《易》曰：

"井渫不食，为我心恻。可以汲。王明，并受其福。"君子读《史记·屈原列传》而不禁废书而叹也。(《新民丛报》第二十一号，1902年11月30日)

论政府与人民之权限

天下未有无人民而可称之为国家者，亦未有无政府而可称之为国家者，政府与人民，皆构造国家之要具也。故谓政府为人民所有也，不可；谓人民为政府所有也，尤不可。盖政府、人民之上，别有所谓人格（人格之义屡见前册）之国家者，以团之统之。国家握独一最高之主权，而政府、人民皆生息于其下者也。重视人民者，谓国家不过人民之结集体，国家之主权，即在个人（谓一个人也）。其说之极端，使人民之权无限；其弊也，陷于无政府党，率国民而复归于野蛮。重视政府者，谓政府者国家之代表也。活用国家之意志，而使现诸实者也。故国家之主权，即在政府。其说之极端，使政府之权无限；其弊也，陷于专制主义，困国民永不得进于文明。故欲构成一完全至善之国家，必以明政府、人民之权限为第一义。

因人民之权无限以害及国家者，泰西近世间或有之。如十八世纪末，德国革命之初期是也。虽然，此其事甚罕见。而纵观数千年之史乘，大率由政府滥用权限，侵越其民，以致衰致乱者，殆十而八九焉。若中国又其尤甚者也。故本论之宗旨，以政府对人民之权限为主眼，以人民对政府之权限为附庸。

政府之所以成立，其原理何在乎？曰：在民约。（民约之义，法国硕儒卢梭倡之；近儒每驳其误，但谓此义为反于国家起原之历史则可，谓其谬于国家成立之原理则不可。虽憎卢梭者，亦无以难也。）人非群则不能使内界发达，人非群则不能与外界竞争。故一面为独立自营之个人，一面为通力合作之群体。（或言由独立自营进为通力合作，此语于论理上有缺点。盖人者，能群之动物。自最初即有群性，非待国群成立之后而始通合也。既通合之后，仍常有独立自营者存，其独性不消灭也。故随独随群，即群即独，人之所以贵于万物也。）此天演之公例，不得不然者也。既为群矣，则一群之务，不可不共任其责固也。虽然，人人皆费其时与力于群务，则其自营之道必有所不及。民乃相语曰：吾方为农，吾方为工，吾方为商，吾方为学，无暇日无余力以治群事也。吾无宁于吾群中公选若干人而一以托之焉。斯则政府之义也。政府者，代民以任群治者也。故欲求政府所当尽之义务，与其所应得之权利，皆不可不以此原理为断。

然则政府之正鹄何在乎？曰：在公益。公益之道不一，要以能发达于内界而竞争于外界为归。故事有一人之力所不能为者，则政府任之。有一人之举动妨及他人者，则政府弹压之。政府之义务虽千端万绪，要可括以两言：一曰助人民自营力所不逮，二曰防人民自由权之被侵而已。率由是而纲维是，此政府之所以可贵也。苟不尔尔，则有政府如无政府。又其甚者，非惟不能助民自营力而反室之，非惟不能保民自由权而又自侵之，则有政府或不如其无政府。数千年来，民生之所以多艰，而政府所以不能与天地长久者，皆此之由。

政府之正鹄不变者也，至其权限则随民族文野之差而变。变而务适合于其时之正鹄。譬诸父兄之于子弟，以导之使成完人为正鹄。当其孩幼也，父兄之权限极大，一言一动，一饮一食，皆干涉之。盖非是则不能使之成长也。子弟之智德才力，随年而加，则父兄之干涉范围，随年而减。使当弱冠强仕之年，而父母犹待以乳哺孩抱时之资格，一一干涉之，则于其子弟成立之前途，必有大害。夫人而知矣，国民亦然。当人群幼稚时代，其民之力未能自营，非有以督之，则散漫无纪，而利用厚生之道不兴也。其民之德未能自治，非有以钳之，则互相侵越，而欺凌杀夺之祸无穷也。当其时也，政府之权限不可不强且大。及其由拨乱而进升平也，民既能自营矣，自治矣，而犹欲以野蛮时代政府之权以待之，则其俗强武者，必将愤激思乱，使政府岌岌不可终日；其俗柔懦者，必将消缩萎败，毫无生气。而他群且乘之而权其权、地其地、奴其民，而政府亦随以成灰烬。故政府之权限，与人民之进化成反比例。此日张则彼日缩，而其缩之，乃正所以张之也。何也？政府依人民之富以为富，依人民之强以为强，依人民之利以为利，依人民之权以为权。彼文明国政府，对于其本国人民之权，虽日有让步，然与野蛮国之政府比较，其尊严荣光，则过之万万也。

今地球中除棕、黑、红三蛮种外，大率皆开化之民矣。然则其政府之权限当如何？曰：凡人民之行事，有侵他人之自由权者，则政府干涉之；苟非尔者，则一任民之自由，政府宜勿过问也。所谓侵人自由者有两种：一曰侵一人之自由者，二曰侵公众之自由者。侵一人自由者，以私法制裁之；侵公众自由者，以公法制裁之。私法、公法，皆以一国之主权而制定者也。（主权或在君，或在民，或君、民皆同有。以其国体之所属而生差别。）而率行之者则政府也。最文明之国民，能自立法而自守之，其侵人自由者益希。故政府制裁之事，用力更少。史称尧、舜无为而治，若今日立宪国之政府，真所谓无为而治也。不然者，政府方日禁人民之互侵自由，而政府先自侵人民之自由，是政府自已蹈天下第一大罪恶。（西哲常言：天下罪恶之大，未有过于侵人自由权者。）而欲以令于民，何可得也？且人民之互相侵也，有裁制之者，而政府之侵民也，无裁制之者。是人民之罪恶可望日减，而政府之罪恶且将日增也。故定政府之权限，非徒为人民之利益，而实为政府之利益也。

英儒约翰·弥儿所著《自由原理》（John Stuart Mill's *On Liberty*）有云：

纵观往古希腊、罗马、英国之史册，人民常与政府争权。其君主或由世袭，或由征服。据政府之权势，其所施行，不特不从人民所好而已，且压抑之、蹂躏之，民不堪命。于是爱国之义士出，以谓人民之不宁，由于君权之无限，然后自由之义乃昌。人民所以保其自由者，不出二法：一曰限定宰治之权，与君主约，而得其承诺。此后君主若背弃之，则为违约失职。人民出其力以相抵抗，不得目为叛逆是也。二曰人民得各出己意，表之于言论，著之于律令，以保障全体之利益是也。此第一法，欧洲各国久已行之，第二法则近今始发达，亦渐有披靡全地之势矣。

或者曰：在昔专制政行，君主知有己，不知有民，则限制其权，诚非得已。今者民政渐昌，一国之元首（元首者，兼君主国之君主、民主国之大统领而言），殆皆由人民公选而推戴之者。可以使之欲民所欲而利民所利，暴虐之事，当可不起。然则虽不为限制亦可乎？曰：是不然。虽民政之国，苟其政府权限不定，则人民终不得自由。何也？民政之国，虽云人皆自治而非治于人，其实决不然。一国之中，非能人人皆有行政权，必有治者与被治者之分。其所施政令，虽云从民所欲，然所谓民欲者，非能谓全国人所同欲也，实则其多数者之所欲而已。（按：民政国必有政党，其党能在议院占多数者，即握政府之权。故政治者，实从国民多数之所欲也。往昔政学家谓政治当以求国民全体之幸福为正鹄。至硕儒边沁，始改称以最大多数之最大幸福为正鹄。盖其事势之究竟，仅能如是也。）苟无限制，则多数之一半必压抑少数之一半，彼少数势弱之人民，行将失其自由。而此多数之专制，比于君主之专制，其害时有更甚者。故政府与人民之权限，无论何种政体之国，皆不可不明辨者也。

由此观之，虽在民权极盛之国，而权限之不容已，犹且若是，况于民治未开者耶？《记》不云乎："天生民而立之君，使司牧之，岂其使一人肆于民上也？"故文明之国家，无一人可以肆焉者。民也如是，君也如是；少数也如是，多数也如是。何也？人各有权，权各有限也。权限云者，所以限人不使滥用其自由也。滥用其自由，必侵人自由，是谓野蛮之自由。无一人能滥用其自由，则人人皆得全其自由，是谓文明之自由。非得文明之自由，则家国未有能成立者也。

中国先哲言仁政，泰西近儒倡自由，此两者其形质同而精神迥异，其精神异而正鹄仍同。何也？言仁政必言保民，必言牧民。牧之保之云者，其权无限也。故言仁政者，只能论其当如是，而无术以使之必如是。虽以孔、孟之至圣大贤，哓音瘏口以道之，而不能禁二千年来暴君贼臣之继出踵起，鱼肉我民。何也？治人者有权，而治于人者无权。其施仁也，常有鞭长莫及、有名无实之忧，且不移时而熄焉。其行暴也，则穷凶极恶，无从限制，流毒及全国。亘百年而未有艾也。圣君贤相，既已千载不一遇，故治日常少而乱日常多。若夫贵自由定权限者，一国之事，其责任不专在一二人，分功而事易举。其有善政，莫不遍及。欲行暴者，随时随事，皆有所牵制。非惟不敢，抑亦不能。以故一治而不复乱也。是故言政府与人民之权限者，谓政府与人民之立于平等之地位，相约而定其界也，非谓政府界民以权也。（凡人必自有此物，然后可以畀人，民权者非政府所自有也。何从畀之？孟子曰：天子不能以天下与人，亦以天下非天子所能有故也。）赵孟之所贵，赵孟能贱之。政府若能界民权，则亦能夺民权。吾所谓形质同而精神迥异者，此也。然则吾先圣昔贤所垂训，竟不及泰西之余唾乎？是又不然，彼其时不同也。吾固言政府之权限，因其人民文野之程度以为比例差。当二千年前，正人群进化第一期，如负〔扶〕床之童，事事皆须借父兄之顾复，故孔、孟以仁政为独一无二之大义。彼其时政府所应有之权，与其所应尽之责任，固当如是也。政治之正鹄，在公益而已。今以自由为公益之本，昔以仁政为公益之门，所谓精神异而正鹄仍同者，此也。但我辈既生于今日，经二千年之涵濡进步，俨然弃童心而为成人，脱蛮俗以进文界矣。岂可不求自养自治之道，而犹学呱呱小儿，仰哺于保姆耶？抑有政府之权者，又岂可终以我民为弄儿也？权限乎！权限乎！建国之本，太平之原，舍是曷由哉！（《新民丛报》第三号，1902 年 3 月 10 日，署名"中国之新民"）

近世文明初祖二大家之学说

绪言

泰西史家分数千年之历史为上世、中世、近世三期。所谓近世史者，大率自十五世纪之下半（西历以耶稣生后一百年为一世纪）以至今日也。近世史与上世、中世特异者不一端，而学术之革新，其最著也。有新学术，然后有新道德、新政治、新技艺、新器物。有是数者，然后有新国、新世界。若是乎新学术之不可以已如是其急也。近世史之新学术亦多矣，日出日精，愈讲愈密，其进化之速，不可思议。前贤畏后生，吁其然哉！虽然，前此数千年之进化何以如此其迟？后此数百年之进化何以如此其速？其间必有一关键焉。友人侯官严几道常言："马丁·路得、倍根、笛卡儿诸贤，实近世之圣人也。不过后人思想薄弱，以谓圣人为古代所专有之物，故不敢奉以此名耳。"吾深佩其言。盖为数百年来宗教界开一新国土者，实惟马丁·路得；为数百年来学术界开一新国土者，实惟倍根与笛卡儿。顾宗教今已属末法之期，而学术则如旭日升天，方兴未艾。然则倍氏、笛氏之功之在世界者，正未始有极也。

我国屹立泰东，闭关一统，故前此于世界推移之大势，莫或知之，莫或究之。今则天涯若比邻矣，我国民置身于全地球现激湍盘涡最剧最烈之场，物竞天择，优胜劣败，苟不自新，何以获存！新之有道，必自学始。彼夫十六世纪泰西学界转捩之一大原，虽以施之今日之中国，吾犹见其适吾用也。故最录其学说之精华以供考鉴焉，若其全豹，有原书在。

上篇　倍根（Bacon）实验派之学说（亦名格物派）

倍根，英国人，生于一千五百六十一年（明嘉靖四十年），卒于一千六百二十六年（明天启六年）。其时正承十五世纪古学复兴（Renaissance）及新教（Protestant）确立之后，学界风潮渐变。虽然，学者犹泥于希腊阿里士多德（Aristotle）、柏拉图（Plato）之科曰，未能自辟涂径，其究也，不免涉于诡辩，陷于空想。及倍根兴，然后学问始归于实际，英人数百年来汲其流，迄今不衰，故英学先实验而后理论。倍根者，实英国学界之先驱，又英国学界之代表人也。

倍根以为人欲求学，只能就造化自然之迹而按验之，不能凭空自有所创造。若恃其智慧以臆度事理，则智慧即为迷谬之根原。譬如戴青眼镜者，所见物一切皆青；戴黄眼镜者，所见物一切皆黄。一切物果青乎哉？果黄乎哉？常人妄思以谓五官所感触之外物，一与其物之原形相吻合，不知其相吻合者，吾之精神耳，非物之本质也。此种妄想，为人性所本有，百般误谬，由此生焉。

倍根曰：吾人之精神如凸凹镜，外物之来照者，或于凸处，或于凹处，于是乎虽同一物，而其所照不同，我之观察，自不得不有所谬。此为致误之第一原因。又五官所接者，非物之本色，而物之假相也。此为致误之第二原因。又吾人之体质，各各不同，于是乎同一事物，而人之所见，各各相异。此为致误之第三原因。又人与人相处之间，谬见亦常因缘而起。如农夫自有农夫之谬见，工商自有工商之谬见，学士大夫自有学士大夫之谬见。又前人之学说，亦往往为谬见之胎，盖凡倡一先生之言者，常如傀儡登场，许多点缀，观者不察，遂为所迷。此为致误之第四原因。

倍根以为治此迷因，惟一良法，然非如阿里士多德论理学之三句法也。（按：英语 Logic，日本译之为"论理学"，中国旧译"辨学"，侯官严氏以其近于战国坚白异同之言，译为"名学"。然此学实与战国诡辩家言不同，故从日本译。）盖三句法者，不过语言文字之法耳，既寻得真理而叙述之，则大适于用，若欲由此以考察真理之所存，未见其当也。然则倍根之所谓良法者如何？曰就实事以积经验而已。

所谓实验之法何？曰：就凡事物诸现象中，分别其常现之象及偶现之象，而求其所以然之故，是为第一着手。是故人欲求得一真理，当先即一物而频频观察，反覆试验，作一所谓有无级度之表以记之。如初则有是事，次则无是事，初则达于甲之级度，次则达于乙之级度，凡是者皆一一考验记载无所遗。积之既久，而一定理出焉矣。

　　学者若将研究甲事，而下实验之功，乃此事未发，而见他现象相继而起，则当谛思此现象以何因缘而生乎。或研究乙事，既已得之，而初时所豫料之现象后乃不起，则当谛思彼现象以何因缘而灭乎。又或所测之现象，正当发起之顷，而他之诸现象随之而生，有时而增，有时而减，则当谛思此众现象，以何因缘而增，以何因缘而减乎。如是屡验不已，参伍之，错综之，舍此取彼，因甲知乙，则必见有一现象与他现象常相依而不可离者。

　　夫两个以上之现象，常相依而不可离，是即所谓定理者也。故苟无甲之现象，则乙之现象亦无自而生。如空气动荡为声之原因，苟无动力，则声音终不可得传。空中养气为火之原因，苟无养气，则火光终不可得爇。若是者谓之物之定理。人苟能知物之定理，岂复有为五官所蔽而陷于迷见者乎？

　　凡一现象之定理，既一旦求而得之，因推之以遍按其同类之现象，必无差谬。其有差谬者，非定理也，何也？事物之理，经万古而无变者也。此等观察实验之功，非特可以研究外物之现象而已，即讲求吾人心灵之现象，亦不外是矣。

　　综论倍根穷理之方法，不外两途：一曰物观。以格物为一切智慧之根原，凡对于天然界至寻常至粗浅之事物，无一可以忽略。二曰心观。当有自主的精神，不可如水母目虾，倚赖前代经典传说之语，先入为主以自蔽，然后能虚心平气，以观察事物。此倍根实验派学说之大概也。自此说出，一洗从前空想臆测之旧习，而格致实学，乃以骤兴。如奈端因苹实坠地而悟吸力之理，瓦特因沸水蒸腾而悟汽机之理，如此类者，更仆难尽，一皆由用倍根之法，静观深思，遂能制器前民，驱役万物，使尽其用，以成今日文明辉烂之世界。倍氏之功，不亦伟乎？朱子之释《大学》也，谓必使学者即凡天下之物，莫不因其已知之理而益穷之，以求致乎其极，至于用力之久，而一旦豁然贯通焉，则众物之表里精粗无不到，而吾心之全体大用无不明矣。其论精透圆满，不让倍根，但朱子虽能略言其理，而倍根乃能详言其法。倍根自言之而自实行之，朱子则虽言之，而其所下工夫，仍是心性空谈，倚于虚而不征诸实。此所以格致新学不兴于中国而兴于欧西也。

　　倍根最不喜推测之学者也，其言曰："吾之所谓格物学者，在求得众现象之定理而已。若夫其现象之大本，则属于庶物原理之学，非吾之所知也。

庶物原理之学，所以讲求造化主及灵魂之有无，与夫造化主与人类、灵魂与躯壳之关系，此其事太高妙，不可信据，于人事之实际，无裨益焉，置之可也。"倍根其侧重别理而轻原理，此其所以有逊色于康德、斯宾塞诸贤也。虽然，"罗马非一日之罗马"，作始者劳最巨而事最难。不有倍根，安保后此之能有康德、斯宾塞哉！

笛卡儿尝语人曰："实验之法，倍根发之无余蕴矣。虽然，有一难焉。当其将下实验之前，苟非略窥破一线之定理，悬以为鹄，而漫然从事于实验，吾恐其劳而无功也。"此言诚当。盖人欲求得一现象之原因，不可不先悬一推测之说于胸中，而自审曰：此原因果如我之所推测，则必当有某种现象起焉，若其现象果屡起而不误，则我之所推测者是也，若其不相应，则更立他之推测以求之，朱子所谓因其已知之理而益穷之也。故实验与推测常相随，弃其一而取其一，无有是处。吾知当倍根自从事于试验之顷，固不能离悬测，但其不以此教人，则论理之缺点也。故原本数学以定物理之说，不能不有待于笛卡儿矣。

下篇　笛卡儿（Descartes）怀疑派之学说（亦名穷理派）

笛卡儿，法国人，生于一千五百九十六年（明万历二十四年）。幼受学于教会所立之学校，久之，不满志于其功课，慨然曰：吾与其埋头于此迂腐陈编，不如自探造化之典籍。乃辞黉舍，为义勇兵。有年，复弃去，游历欧洲诸国。自言天下事一剧台耳，吾自登场为傀儡，何如置身场外，静观自得哉！乃屏居荷兰二十余年，以为宗教、政治之自由，惟此国为最也。以千六百五十年（顺治七年）卒。

笛卡儿以前，宗教之焰极张，凡宗教皆以起信为基者也，路得之创新教，大破旧教积功德之说，以为惟以信获救，于是斯义益深入人心。古学复兴以来，学者视希腊先贤言论如金科玉律，莫敢出其范围，此皆束缚思想自由之原因也。笛卡儿起，谓凡学当以怀疑为首，以一扫前者之旧论，然后别出其所见，谓于疑中求信，其信乃真。此实为数千年学界当头棒喝，而放一大光明以待来哲者也。

笛卡儿以为古今人人之所见，其相殊如此其甚也，五官之所感受，智慧之所观察，其失真如此其频数也，我侪人类之生，常昏昏茫茫，如在醉梦，得无其精神中有一种妄想之原因，不能自拔者耶？抑世界中有一二妖魔，魅吾人之脑而障其慧眼耶？于是乎以人之智慧为不可恃，而必须别求可恃之道以自鉴。

笛卡儿以为断事理者，意识之事也，见事理者，智识之事也。意无涯而智有涯。智识之为物，犹镜也，镜之受物象也，苟明现于其前者，固能受之，固能照之，但其未现来者，或现而不甚分明者，则镜之用穷矣。然则智识之区域本甚狭而有所限制，其致迷谬也亦寡。若夫意识，则区域甚博，且甚自由而无限者也。于是有智镜所未照，或照而未分明者，而我之意识常躁进而辄下判断，是其所是，非其所非。若此者，是谓意识之权溢出于智识之域外，而一切迷谬，缘之而起。

于是乎所以救之者有一术，曰不自恃智识，不滥用意识而已。当一事物之触照于吾智镜也，常自审曰：吾智识之所受，果能合于外物之真相乎？吾自以为不谬误者，保无更有谬误之点存于其间乎？笛卡儿以为学者苟能常以此自疑，则于此疑团之中，自含有可以破疑之种子。盖人但能知吾智慧之易生迷妄，则此自知之功，正为对治迷想之第一良药。何也？既自知之，既自疑之，则凡遇事物，自不敢辄下判断，而大谬乃可以不生。

由是观之，则当吾智识接于外物之时，吾精神中别有自由者存，则判断之一事是也。判断之事，固吾所得自肆，亦吾所得自制，苟不下判断，则无可以致谬之理。盖"迷谬"二字之训诂，惟指判断之不合理者云尔。

夫此自审自疑不遽下断者，非智识之事，而意识之事也。以是之故，我得保其自由，立于外物感触络绎之中，随其来而顺应之。此则吾侪人类之精神，虽云微弱，然其中犹有盛强之力存焉。人之所以异于万物，而能穷天下之理者，恃此耳。苟能善用此力，以防外物之侵入牵引，则彼迷妄之魔想，何由诖误我乎？此实思想界之护身符也。

难者曰：遇外物而不下判断，所以防误谬之患者则得矣，虽然，真理亦无自而发明也。笛卡儿曰：是固然也。然所谓不下判断者，谓不遽下而已，非长此以终古也。譬之战事，未交绥以前，厚其阵，固其营，先为不可胜以待敌之可胜，所谓将军欲以巧胜人，盘马弯弓故不发，此实笛卡儿穷理学之第一步也。故世人名笛氏之怀疑，为故意之怀疑，亦名方法之怀疑。

然则所恃以破疑之术奈何？曰：凡遇物皆疑之，而其中必有不容疑之一物存，曰"我相"是也。当其怀疑也，而心口相商曰："我疑之。"疑之者谁？我也。知我之疑者谁？亦我也。疑也者，思想之一端也，我自知我之思想，而当我思想之之时，即我自知我思想之时。我与思想为一体，此天下之最可信凭而为万理鹄者也。

笛卡儿乃立一案曰："我能思故，是故有我。"（Cogito ergo Sum.）以是为一切真理之基础。此事存于我精神中，与外物毫无所预。我愈益疑我之思想，是我愈益思想也，是我愈益知我之思想也。夫我之断此事而信之，实我之自由也。我自知有我而不敢诬我，则何复有谬误之患乎！（此段析理颇晦涩，是译者不能文之咎也。读下文自解其意。）

笛卡儿之意，以为吾人之遇事物也，当自察吾智慧之能力其程度若何，而运吾之精神以自取舍之。惟然，故就于凡所受物相，一一加检点，其所见分明者取之，不然者舍之，可疑者疑之，不知者阙之，如是者皆我之所有权，而非外物所得而强也。事固有难有易，有单简有错杂，有时宜之差别，有为他人所诖误，彼五官之智识，一一受之，樊然殽乱，不能悉衷于理，有固然者，非智识之罪也。若夫意识固可以自主者，意识一无所事，而惟随智识所受为转移，是我自弃其所以为我之具也，是我自降其尊以徇外物也。笛氏此论，可谓博深切明。《孟子》所谓"耳目之官不思，而蔽于物。物交物则引之而已。心之官则思，思则得之，不思则不得也，此天之所以与我者。先立乎其大者，则其小者不能夺也。"正是此意。

笛卡儿又曰：夫遇事物而妄下判断者，非徒自欺耳，而又欺人，此学者所当大戒也。我未知是事而不能断之，非我之罪也；未知是事而妄谓知之以误他人，是我之罪也。然则惟以至诚无伪之心，行我之自由，自信得过，乃可以信于天下矣。

苟用此法，不特可以为求得真理之具而已，又使我之智慧能独立不倚，而保其自由者也。何以言之？苟此理厘然有当于吾心乎，虽外境界如何拂我，我必取之；苟此理愗然不惬于吾心乎，虽外境界如何煽我，我必弃之。以故虽复亚里士多德之所传说，耶稣基督之所垂训，乃至合古今中外贤哲所同称道，为一世之人所信据之理，苟反之于吾心而有所未安，则弃之如敝屣可也。出吾之所自信，以与古今中外贤哲挑战决斗可也。我之所倚赖者，惟有一我而已。噫嘻！是岂所谓中立而不倚、强哉矫者耶？

笛卡儿以为学者苟各各自有其所信之真理，自坚持之，以成一家言。其有相异若不相容者，则对垒相攻击，往复相辨难，久之而完全之真理，行将出乎其间矣。何也？智慧虽有高下大小之差，而其本性则相同，而真理之为物，又纯一而无杂者也。夫以同一本性之智慧，求纯一无杂之真理，苟黾勉从事，安有不殊涂同归者耶！故其始虽或人人异论，而必有相视而笑、莫逆于心之一日，但其最要者曰至诚无自欺而已。故笛卡儿书中常言曰：公等诚求之，诚求之，非见之极明者，勿下断语，如是则公等之于真理，庶乎近矣。

笛卡儿之没，距今既二百余年。其所谓"非见之极明者勿下断语"一言，自今日视之，几陈腐不足道矣，而所以能开出近今二百余年之新学界者，实自此一语启之。盖自中世以来，学者惟依傍前人，莫能自出机杼，前哲所可，彼亦可之，所否，彼亦否之，不复问事理之如何，附和而雷同之，所谓学界之奴隶也。及笛卡儿兴，始一洗奴性，而使人内返本心，复其固有之自由，笛氏之功，不在禹下也。

综览近世学风，有愈使人佩笛氏之言而不能谖者。不见乎二百年来，学者自腾所见，大声疾呼，无所瞻顾；其有异同，互相攻难，不遗余力，纷纷焉若相仇视者然。虽然，皆以争真理为归宿，故苟有一真理之出现，则相率归之，如水就下，莫或迷其旧以自欺。诚哉！其相异相争者，正所以为相合相服之前驱也。何也？思想之自由，真理之所从出也。且犹有一左证于此。古今诸学术中，其进化最速者，必其思想辨论，恢恢乎有自由之余地者也。是故数学之进步，最速而最完，格致学次之。何也？彼学者苟有所见，可以任意发明之，辨诘之，无所顾忌，无所束缚也。若政治学、宗教学、伦理学，其进步最迟，而至今不完者，大率为古来圣贤经典所束缚，为现今政术、风俗所牵制，或信古人而不敢疑之，或有所见而不敢传述之，是犹不免笛卡儿所谓自欺者，而意识之自由，未能尽其用也。观于是而益叹笛卡儿倜乎远矣。

以上所言自由之性、无自欺之心，笛卡儿穷理学之第一义也。若其用之之方法，则分为三段：一曰剖析，二曰综合，三曰计数。剖析者，谓凡遇一事物，务用心剖析之，以观其内之包容何物是也。综合者，遇诸种之思想及事物，次第逐一总合之，使前后整齐是也。计数者，凡所观察、所思想之事物，一一计算之，而不使遗忘是也。其方法甚简易而甚详尽，而持论尤精者，实在综合之法。

笛卡儿以为世界庶物如此其蕃，虽然，其间必有一大理之贯注，而凡百之理，皆归结于是。故学者当于众理之中，求出其孰为统领者，孰为附属者，所谓通其一万事毕也，然则其道何由？曰：当讲求事物之时，或于其各部相联属之故，不能知其所以然，则当先推测一理，悬以为鹄，然后以实验之法，考其结果之符合与否。若其否也，则更悬他鹄以求之，如是求之不已，必能知各事物所以相联属之故，而大理跃如矣。故笛卡儿尝设一譬曰：智慧犹太阳也，其所照之物虽多，而太阳则一也。智慧所讲求之学术虽多，而其所以用智慧者则常同。故吾人苟于一理见得透，则于讲求他理，自事半功倍。何以故？凡百之理，皆相联属故。又曰：惟天下之理皆相联属，故学者之穷理，不可局于一科。必当涉猎群学，而究其相合之所由。此笛卡儿综合法之梗概也。

此外笛卡儿所言良智之说、灵魂之说、造化之说、世界庶物之说，皆精深博大，巍然成一家言，首尾相应，盛水不漏。以其义太闳远，不适于吾国人今日之研究，故暂阙如，以待来者。要之，笛卡儿之学派，实一扫中世拘挛之风，骤开近世光明之幕。欧美五尺童子，所莫不钦诵，而吾国人所当深求其故者也。

合论

倍根与笛卡儿两派，自其外形论之，实两反对派也。甲倚于物，乙倚于心；甲以知识为外界经验之所得，乙以智识为精神本来之所有；甲以学术由感觉而生，乙以学术由思想而成。两派对峙相争，殆百余年。其间祖述之者，各有巨子。试略举其重要者如下：

格物派（英吉利）	穷理派（大陆）
倍根	笛卡儿
霍布士（Hobbes，1588—1679）	斯拼挪莎（Spinoza，1632—1677）
陆克（Locke，1632—1704）	黎菩尼士（Leibniz，1646—1716）
谦谟（Hume，1711—1776）	倭儿弗（Wolff，1679—1754）

以上诸家各明一义，议论愈剖而愈精，真理愈辨而愈明。至十八世纪之末，德国大儒康德（Kant，1724—1804）者出，遂和合两派，成一纯全完备之哲学。而近世达尔文（Darwin）、斯宾塞（Spencer）诸贤出，庶物原理

之学益光大矣。而要之推原功首，则二百年来俶俶衿缨之子，不得不膜拜于倍根、笛卡儿二老之下，永无谖焉。二老诚近世之伟人哉！

　　倍氏、笛氏之学派虽殊，至其所以有大功于世界者，则惟一而已，曰：破学界之奴性是也。学者之大患，莫甚于不自有其耳目，而以古人之耳目为耳目；不自有其心思，而以古人之心思为心思。审如是也，则吾之在世界，不成赘疣乎？审如是也，则天但生古人可矣，而复生此百千万亿无耳目、无心思之人以蠕缘蠹蚀此世界，将安取之？故倍氏之意，以为无论大圣鸿哲谁某之所说，苟非验诸实物而有征者，吾弗屑从也。笛氏之意，以为无论大圣鸿哲谁某之所说，苟非反诸本心而悉安者，吾不敢信也。其气魄之沉雄也如彼，其主义之切实也如此，此所以能摧陷千古之迷梦，卓然为一世宗也。虽谓近世文明为二贤之精神所贯注、所创造，非过言也。我中国数千年来，学术莫盛于战国，无他，学界之奴性未成也。及至汉武罢黜百家，思想自由之大义渐以窒蔽，宋、元以来，正学、异端之辨益严，而学风之衰益甚。若本朝考据家之疲舌战于字句之异同，钩心角于年月之比较，更卑卑不足道矣。尔来士大夫亦知此学之无用，而思所以易之，不知中国学风之坏，不徒在其形式，而在其精神。使有其精神也，则今日之西人何尝不好古金石、古文字，何尝不谈心性、谈有无，而其与吾之所谓汉学、宋学者，自殊科矣。使无其精神也，则虽日日手西书、口西语，其奴性自若也。所谓精神者何也？即常有一种自由独立、不傍门户、不拾唾余之气概而已。今士大夫莫不震慑于西人政治、学术进步之速，而不知其所以进步者，有一大原在。彼其奔轶绝尘，亦不过此二百余年事耳，我苟得其大原而善用之，何多让焉？苟不尔，则日日临渊而羡之，终无济也。呜呼！有闻倍根、笛卡儿之风而兴者乎？第一，勿为中国旧学之奴隶；第二，勿为西人新学之奴隶。我有耳目，我物我格；我有心思，我理我穷。车驱之，车驱之，何渠不若汉？（《新民丛报》第一、二号，1902年2月8、22日，署名"中国之新民"）

天演学初祖达尔文之学说及其略传

　　近四十年来，无论政治界、学术界、宗教界、思想界、人事界，皆生一绝大之变迁，视前此数千年，若别有天地者然。竞争也，进化也，务为优强，勿为劣弱也，凡此诸论，下自小学校之生徒，上至各国之大政治家，莫不口习之而心营之。其影响所及也，于国与国之关系，而帝国政策出焉；于学与学之关系，而综合哲学出焉。他日二十世纪之世界将为此政策、此哲学所磅礴充塞，而人类之进步，将不可思议。此之风潮，此之消息，何自起耶？曰：起于一千八百五十九年（即咸丰九年）。何以故？以达尔文之《种源论》（*Origin of Species*）出版于是年故。

达尔文，名查理士·罗拔（Charles Robert Darwin），英国人也。生于一千八百〇九年（嘉庆十四年），与美国前大统领林肯、英国前大宰相格兰斯顿同岁生。论者称其年为人道之福星云。其祖父埃拉士玛士（Erasmus Daruin），以医学及博物学有名于时，于植物变迁之迹，颇有所考究。父名罗拔，世其医学。达尔文九岁丧母，其幼年在小学校也，才智无以逾人。校中功课，常出其妹之下。惟好搜集昆虫、草木、金石、鱼介等以为乐。盖其博物学大家之资格，天授然也。十六岁入苏格兰之埃毡保罗大学，复更入琴布列大学，为教师亨士罗所器重，受其薰陶，慨然有立伟功于学界之志。千八百三十一年，卒业于大学。时英国政府奖厉学术，将特派一探险船于海外，周航世界，以资实验。达尔文得亨士罗之保荐，遂得附所派之"璧克儿"船以行，时年仅二十二。是岁十二月二十一日，船发济物浦，直航南亚美利加，复遍历澳大利亚洲等处。环绕地球，五年而还。此五年内，实为其一生学问之基础。一切实验智识，皆得于是。归国之后，首著《璧克儿航海日记》一书，以公于世，声价藉甚。不数月，而诸国翻译殆遍。复陆续著《璧克儿航海之地质学》《珊瑚岛之构造及分布》等书，于是博物之名大噪，被举为国学会院名誉会员。千八百四十二年，遂去伦敦，卜居于京特省附近之一村落，屏绝尘俗，潜心涤虑，将航海五年内所搜之材料，所悟之新说，整齐之、锻炼之。盖其精心毅力，务求真理之极，则不敢自欺，不肯急功近名以取誉于世。殆欲积二三十年之力，成一满志踌躇之大著述，或至身后乃始布之，其眼光之伟大有如此者！

不图事与心违，千八百五十八年，达氏之知友和理士，忽自南美洲寄一稿于达氏，请其商于先辈硕学黎埃儿氏而刊布之。达氏一读其文，恰与己十年来所苦思力索、蓄而未发之新说，一一暗合，若在器量局小者流，或不免争名誉，起嫉忌，而思有以压抑之，湮没之，亦未可知。乃达氏胸中，皎皎若秋月，曾无半点妖云，直携其原稿以示黎埃儿、富伽两前辈。此二人者，皆达氏之亲交，而深知其平生所研究所怀抱者也，乃共劝达氏，使急叙次其新著，一并布行。达氏乃自撮其新论之大略，与和理士氏之书，同宣布之于伦敦林娜学士会，实一八五八年七月一日也。此两论一出，全国学者耳目为之耸动，或叹为精新，或斥为诞妄，评论沸腾，不知底止。达氏乃益搜其材料，纬其理论，叙次成编，所谓《种源论》者，遂以一八五九年十一月出于世。

此书之未出也，世人皆以种为一成不变者，物物皆由上帝特别创造之。自受造以来，以迄今日，未尝或变。今日之犬，即太古之犬也。今日之猴，即太古之猴也。今日之苔之松，即太古之苔之松也。以为秉生以来，即厘然而不可易。若夫下等动植物之次第进化，以至变成今日之高等人类，此等怪诞之说，更无有人敢着想者，可无论矣。达尔文以前，虽有一二博物学者，稍有见于物类蕃变之现象，如拉麦氏于千八百一年所著书，曾微发其端倪；而达氏之祖父埃拉士玛士所著 *Joonia* 一书，亦尝大倡其说。虽然，彼等虽知其变迁进化之迹，而不知其变迁进化之所以然。及《种源论》出，积多年之实验，而以一大学理网罗贯通之，然后人物生生之理，乃显于世界。今述其要略如下。

达尔文以为生物变迁之原因，皆由生存竞争，优胜劣败之公例而来。而胜败之机，有由于自然者，有由于人为者。由于自然者，谓之自然淘汰；由于人为者，谓之人事淘汰。淘汰不已，而种乃日进焉。何谓人事淘汰？凡动物之豢饲者，植物之树艺者，因其豢之、培之之境遇不同，而无量数之变种起焉。譬之家兔，常饲以某物，而其毛可以变色。常豢以某法，而其耳可以加长。如是者使之变百数十种不难焉，其实则皆自同种之野兔来耳。以是例之，乃至养鸠者（达尔文最留心查鸠之变种。当时英国养鸠之风甚盛，达氏为养鸠会会员，细心查之，有数百种变法云）、养金鱼者、栽菊者、栽兰者，其理莫不如是。皆本由一简单同类之种，而人工能使之变至数十数百而未有已也。

此等变种之生，非突如其来者，乃由极微极小之点，渐渐而迁。其始甚细，其末甚巨。试观之犬，有猎犬，有斗犬，有守羊群之牧犬，有卫宅门之家犬，有牵挽车之御犬，皆各具其特别之智能性质，以适人之嗜好，而供人之指挥，非其祖种之生而即然也。人类积多年之力驯之练之，专浚发其机能之一部分，是以及此。

此不徒于物为然也，即人类亦有之。古希腊之斯巴达人，常用此法，以淘汰其民。凡子女之初生也，验其体格。若有尪弱残废者，辄弃之杀之，无俾传种，惟留壮健者使长子孙。以故斯巴达之人，以强武名于时。至今历史上犹可见其遗迹焉。此皆所谓人事淘汰之功也。

自达尔文此说昌明，各国教育事业大有影响。盖今日文明世界，虽断无用斯巴达野蛮残酷手段之理，然知人之精神与体魄，皆能因所习而有非常之变化。以故近日学校，益注意于德育、体育两途。昔惟重教授者，今则尤重训练。可以悬一至善之目的，而使一国人、使世界人共向之以进。积日渐久，而必可以致之，此亦达尔文之学说与有力焉者也。

所谓天然淘汰者，何也？此义达尔文初不敢武断，其后苦思力索，旁征博较，然后寻出物竞天择之公理。此物与彼物，同在一地，而枯菀殊科者，必其物有特别之点，与天然界之境遇相适，则能自存焉，能传种焉。譬之砂漠，有各种色之虫滋生其间，其所以受生者本相等也。但青、红、紫、黑等，易于辨认，故飞禽、蜥蜴诸物，辄搏而啄之。日渐减少，其种遂归灭亡。所存者，则与沙漠同色而难辨认者也。至飞禽、蜥蜴诸物亦然。其有青、红、紫、黑诸色者，易于瞥见，虫类一观而知为其敌，所在避之，故常不得食以死。日渐减少，其种亦归灭亡。所存者，则与沙漠同色而难瞥见者也。以此之故，凡沙漠中惟有黄色、白色之虫，黄色、灰色之鸟，无他，彼惟最适于其所在之境遇而已。

达尔文推物竞之起原，以为地上所产出之物数，比诸其所以营养之之物质，常不能相称。其超过之率，殆不可思议。若使有生而无灭，则一雌一雄所产之子孙，转瞬间可占尽全球之面积而有余。即如人类，生殖最迟者也，二十五年而增加一倍。以此比例，则一夫妇之子孙，经千年后，已屏足而立于地球矣。况乎动植物之孳生速率，远非人类所能比者乎！动物生产最迟者莫如象，自三十岁至九十岁，可以产子，计最少数，一牝牡产六子，经七百五十年，则当得象一千九百万头矣。自余百物，皆可类推，以此之故，于有限之面积中，而容无限之品类，其势固不可不竞争。竞争之结果如何？即前节所述适者生存之公例是也。

达尔文以为此天然淘汰之力，无有间断，无有已时。比诸人事淘汰之力，其宏大过之万万，犹天产物与人造物之比例也。且其影响，不特在同种之物而已。各物与各物之间，往往互有关系，其繁赜至不可思议。试举其例，尝有人移植英国产之一种兰花于纽西仑之原野，屡植而不能孳生。惟村落附近，则丛茂焉。推原其故，盖兰花之孳殖，常借蜜蜂互递其花粉于雄茎、雌蕊之间，然后构精而传种焉。而纽西仑之地多野鼠，野鼠喜食蜜蜂，蜜蜂不生，而兰自不得长。村落附近所以反是者，何也？则以其有猫。有猫故无野鼠，无野鼠故有蜜蜂，有蜜蜂故有兰。夫孰知兰之生产，与彼风马牛不相及之猫，有若此之大关系乎？达尔文引此等证据甚多，使人知事物与事物相关联之间，其原因极繁赜。达氏之眼光，可谓伟大矣！

万物同竞争，而异类之竞争，不如同类之尤激烈。盖各自求食，而异类者，各有所适之食，彼此不甚相妨。虎之与牛也，狼之与羊也，鸟之与蛇也。其竞争不如虎之与虎，狼之与狼，蛇之与蛇也。大抵愈相近，则其争愈剧。人之与鱼、鸟争，不如其与兽争之甚也。欧洲人与他洲之土蛮争，不如欧洲各国自争之甚也。而其争愈剧，则其所谓最适者愈出焉。

夫所谓适者生存，非徒其本体之生存而已。必以己之所以优所以胜之智若力，传之于其子，子又传诸其孙。如是久而久之，其所特有之奇材异能，益为他物之所不能及。于是其当初偶然所得之能力，遂变而为一定之材性，驯致别为一种族而后已焉。此种之变迁所由起也。

苟明此理，则知现今庶物之樊然淆列者，其先必皆有所承袭而来。若深究其本质，必有彼此相同之痕迹，可以寻得者。其最始，必同本于一元。而现今之生物界，不过循过去数十万年自然淘汰之大例，由单纯以趋于繁赜而已。即吾人类，亦属生物之一种，不能逃此公例之外。故达尔文据地质学家所考究地下层石内之古生物，察其变迁进化之顺序，以著所谓《人祖论》（*The Descent of Man*）者，于一千八百七十一年出版，以明人类亦从下等动物渐次进化而来。

达尔文自《种源论》出版以后，犹日日搜集研究，至老不衰。其后陆续著行之书，二十余种。以一千八百八十二年（光绪八年）卒，年七十有四。其讣音登于报纸中，知与不知，莫不嗟悼。卒由国会决议，以国葬之礼，归其遗蜕于名儒奈端氏之墓傍。俄、美、德、法、意大利、西班牙各国，皆派员会葬。诸国之大学、诸学会之代表员，来会者千数云。

达尔文之著书二十七种，不下千数百万言。其学理之精深，证据之繁博，今世无量数之鸿儒硕学，竭毕生之力以研究之，尚不能尽其端倪，况余之新学小生，欲以区区数叶之论文，揭其纲领，乌能有当？但今所以草此篇之意，欲吾国民知近世思想变迁之根由，又知此种学术，不能但视为博物家一科之学。而所谓天然淘汰、优胜劣败之理，实普行于一切邦国、种族、宗教、学术、人事之中，无大无小，而一皆为此天演大例之所范围。不优则劣，不存则亡，其机间不容发。凡含生负气之伦，皆不可不战兢惕厉，而求所以适存于今日之道云尔。

达尔文新说之出于世也，耶稣教徒视之如仇，如数百年前反对地动说之故事，出全力以抗之。盖以其论与《旧约·创世记》所谓上帝以七日造成人物之说，不相容也。虽然，真理者，最后之战胜。彼等至今，已如反舌之无声矣。（《新民丛报》第三号，1902年3月10日，署名"中国之新民"）

法理学大家孟德斯鸠之学说

自一千七百七十八年，美国独立，建新政体。置大统领及国务大臣，以任行政；置上下两议院，以任立法；置独立法院，以任司法。三者各行其权，不相侵压。于是三权鼎立之制，遂遍于世界。今所号称文明国者，其国家枢机之组织，或小有异同，然皆不离三权范围之意。政术进步，而内乱几乎息矣。造此福者谁乎？孟德斯鸠也！自千七百七十二年，英人于本国禁用奴隶，八百三十三年，并属地而悉禁之。八百六十五年，美国南北战罢，奴制全废。而俄罗斯亦以千八百六十一年，行释放农奴之制。于是白种人辖治之地，无复一奴隶。苟及岁者，皆得为自由民。人道始伸，而戾气渐灭。造此福者谁乎？孟德斯鸠也！自白加掠著《刑法论》，为近世刑法之所本。而列国靡然从风，废拷讯之制，设陪审之例，慎罚薄刑，惟明克允。博爱之理想，遂见诸实事。造此福者谁乎？孟德斯鸠也！孟子曰："有王者起，必来取法，是为王者师也。"近世史中诸先哲，可以当此语而无愧者，盖不过数人焉。若首屈一指，则吾欲以孟德斯鸠当之。

　　孟德斯鸠，法国人也，生于一千六百八十九年（康熙二十八年）。幼禀天才，读史有识。稍壮，探究各国制度、法典，并研究法理学。千七百四十年，举为本省议会议员。其年入学士会院，益刻苦厉精，研治各学，颇有著述，为世所称。千七百四十六年，辞议员职，游历欧洲诸国。归国后，益潜心述作，先成《罗马盛衰原因论》《英国政体论》两书，既乃成《万法精理》（法文原名 *Esprit des Lois*，英文译为 *The Spirit of Laws*，译意言法律之魂也。日本人译为此名，今从之），以千七百五十年公于世，盖作者二十年精力之所集也。此书一出，全国之思想言论，为之丕变。真有河出伏流一泻千里之势，仅阅十八月而重印二十一次云。其声价之高，概可想见。

　　当法王路易第十四之际，君主专制政体，正极全盛。及其殁后，弊害百出。群治腐败，道德衰颓。宫廷教会，尤为蠹政渊薮。然其时学术方进，英国文明之化，日浸流入。于是国民思想渐起，将拨反动力以排政治之专制，抑教会之横恣者，纷纷然矣。而当时筑其垒，煽其流，隐然为全国动力之主动者，厥有三人：一曰卢梭，二曰福禄特尔，三曰孟德斯鸠。卢氏之说，以锐利胜；福氏之说，以微婉胜；而孟氏之说，以致密胜。三君子者，轩轾颇难。而用力之多，结果之良，以孟氏为最。

　　孟氏之学，以良知为本旨。以为道德及政术，皆以良知所能及之至理为根基。其论法律也，谓事物必有其不得不然之理，所谓法也。而此不得不然之理，又有其所从出之本原，谓之法之精神。而所以能讲究此理，穷其本原，正吾人之良知所当有事也。《万法精理》全书之总纲，盖在于是。

　　孟氏曰：凡属圆颅方趾而具智慧者，即可以自定法律。虽然，当其未著定法律之前，自有所谓义不义、正不正者存，所谓事物自然之理也。法律者，即循此理而设者也。若谓法律所令之外无所谓善，法律所禁之外无所谓恶，是犹于未画圆形之前，而云自其中央达于周边诸线长短相等也，如何而可哉！故理也者，人与人、物与物相交接之间，所最适宜者是也。而此理常同一而无有变。若各邦所设之政法，特施行此理义之条目耳。

　　又曰：法律者，以适合于其邦之政体及政之旨趣为主。不宁惟是，又当适于其国之地势及风土之寒热，又当适于其国之广狭及与邻邦相接之位置，乃至土壤之沃瘠及民之所业，或农，或牧，或贾，各各相宜。又当适于其国民自由权之广狭及民所奉之宗教。又当适合于民户之多寡及人民多数之意向与其性质。不宁惟是，此法律与彼法律，必有相因。当求其所以设立之故，并创制此法者宗旨之所在。凡欲讲究一邦之法律者，必须就此数端，悉心考求，未可执一以论也。孟氏《万法精理》一书，即用此法以考察各国之法，而论列其得失之林者也。其博深切明，不亦宜乎！

孟氏学说，最为为政治学家所祖尚者，其政体论是也。政体种类之区别，起于亚里士多德，而孟氏剖之更详。其言以为万国政体，可以三大别概括之：一曰专制政体，二曰立君政体，三曰共和政体。凡邦国之初立也，人民皆慑伏于君主威制之下，不能少伸其自由权，谓之专制政体。及民智大开，不复统于一人，惟相与议定法律而共遵之，是谓共和政体。此二者，其体裁正相反。而介于其间者，则有立君政体。有君以莅于民上，然其威权受法律之节制，非无限之权是也。

既明其区别，乃论其得失。孟氏以为，专制政体绝无法律之力行于其间，君主专尚武力以慑其民。故此种之政，以使民畏惧为宗旨，虽美其名曰"辑和万民"，实则斫丧元气，必至举其所赖以立国之大本而尽失之。昔有路伊沙奴之野蛮，见树果累累，攀折不获，则以斧仆其树而掊取之。专制政治，殆类是也。然民之受治于其下者，辄曰："但使国祚尚有三数十年，吾辈且假日偷乐。及吾死后，则大乱虽作，复何恤焉？"然则专制国民之姑息偷靡，不虑其后，亦与彼蛮民之斫采树果者无异矣。

孟氏又曰：凡专制之君主，动曰"辑和其民"，其实非真能辑和也。何也？以彼夺民自由权，使民畏惧为本旨故也。夫民者，固有求自保之性者也。而畏惧之心，与求自保之性，又常不相容。然则专制之国，必至官与民各失其所愿望而后已。无他，其中之机关，本自有相抵牾者存也。故只能谓之"苟安"，不能谓之"辑和"。辑和者，人人各有所恃，以相处而安其生也。苟安者，一时无战乱而已。故专制国所谓太平，其中常隐然含扰乱之种子。

又曰：凡专制之国，必禁遏一切新奇议论，使国民隤然不动，如木偶然。其政府守一二陈腐主义，有倡他义者，则言为畔道，为逆谋。何也？彼其宗旨，固以偷一时之安为极则也。以故务驯扰其民，若禽兽然。时时鞭挞之，使习一二技艺，以效己用。民既冥顽如禽兽矣，则其中有一极狞恶而善威吓者，则足以统御之。不宁惟是，乃至不必以人为君，而治之有余。昔瑞典王查理第十二，尝有所命于元老院。元老院不奉诏，王曰："卿等若犹不从，朕将以一履强命卿等。"元老遂唯唯不敢违。由此观之，一履犹可以御民，故曰：不必以人为君，而治之有余也。

孟氏论专制之弊，大略如是，可谓深切著明也矣。至其论专制与立君两体之比较，则以为专制之国，君主肆意所欲，绝无一定之法律。然行之既久，渐有相沿成习之法以御众。此为政治沿革之第二期。此种政体，威力与法律并行，盖专制之稍杀者也。虽然，其法律非因民之所欲而制定，未可称为真法律，只能谓之例案而已。而此例案者，果何物乎？则旧制相沿。国王之下，有若干之世臣巨室，皆有其先世所传之规例，君主或自恣过甚，若辈辄援例以争，借以限制君权者，如斯而已。

孟氏又曰："立君政体，国之机关，其所以运转自如不至破坏者，有一术焉。盖以一种矫伪之气习，铭刻臣僚之脑髓，牢不可破。即以人爵为莫大之荣是也。惟其然也，故孜孜焉各竞其职，莫敢或怠。以官阶之高下、禄俸之多寡，互相夸耀。因此一念，群臣皆自修饰，其甚者或致身效死，以徼身后之荣者，盖亦有人矣。而要之，不外一种矫伪之气，驱而役之者也。

又曰：立君政体之国，苟欲不速灭亡，必其君主有好名之心，有自重之意，以己身之光荣，与国家之光荣，视同一体。如是则必将希合民心，勉强行道，而其国亦得以小康。虽然，君主好名之极，而世臣巨室，或不能限制其威权，则君主必自视如鬼神，而一无所顾忌。……此孟氏论立君政体之大略也。约而言之，则强暴之威力，与一定之规则，相混合而已。然则此政体者，亦专制、共和两政间之过渡时代也。

次乃论共和民主之政。孟氏以为民政未立以前，必有一种半君半民之政，以介其间。若是者，谓之贵族政治。盖以国中若干人独掌政柄，实君主之余习也。若夫共和政治，则人人皆治人者，人人皆治于人者。盖各以己意投票选举，以议行一国之政，故曰：人人皆治人；既选定之司法官，则谨遵其令，而莫或违，故曰：人人皆治于人。而其本旨之最要者，则人民皆自定法律，自选官吏，无论立法、行法，其主权皆国民自握之，而不容或丧者也。

孟氏又谓民主国所最要者，在凡百听民自为。其不能躬亲者，则选官吏以任之。民各行其权以选吏，其明鉴自有令人叹服者。何也？民非必皆炼达事务，而于他人之炼达与否，辨之最明。身经百战者，必被举为武员；学问湛深者，恒被举为文职。余事皆然，盖有莫之致而致者焉。欲求国事之无失职者，莫善于此途矣。

孟氏论三种政体之元气，其说有特精者，即专制国尚力，立君国尚名，共和国尚德是也。而其所谓德者，非如道学家之所恒言，非如宗教家之所劝化，亦曰爱国家、尚平等之公德而已。孟氏以为专制、立君等国，其国人无须乎廉洁正直。何以故？彼立君之国，以君主之威，助以法律之力，足以统摄群下而有余。专制之国，倚刑戮之权，更可以威胁臣庶而无不足。若共和国则不然，人人据自由权，非有公德以自戒饬，而国将无以立也。

孟氏又曰：立君之国，或间有贤明之主，而臣民之有德者则甚希。试征诸历史，凡君主之国，其朝夕侍君侧，号为近臣者，大率皆庸恶陋劣，见之令人作呕者也。何也？彼其坐于庙堂，衣租食税，不营产业。其皇皇焉日夕所求，不过爵位而已，利禄而已。其气傲，其行鄙。遇上于己者，则又卑屈无耻；遇有直言之士，则忌之特甚。听其言，则阿谀反覆，诈伪无信。故遇仁圣之君，则恶其明察；遇庸暗之主，则贪其易欺。君主之幸臣，莫不如是，此古今东西之所同也。不宁惟是，苟在上者多行不义，而居下者守正不阿，贵族专尚诈虞，而平民独崇廉耻，则下民将益为官长所欺诈、所鱼肉矣。故君主之国，无论上下贵贱，一皆以变诈倾巧相遇，盖有迫之使不得不然者也。若是，君主之国，固无所用其德义，昭昭明甚也。

孟氏又尝著《波斯寓言》一书，以讽当时专制政治。盖其时欧洲惟荷兰、瑞士行民主政，颇为各国所重。而亚洲各国，莫不畏之。故托诸波斯人语，谓荷、瑞不置君主，为欧洲最劣之国，然户口殷息，莫逾二邦云云。篇末遂自伸己意，谓有真光荣、真名誉、真德义者，惟民主国为然。一国之人可称为国民者，亦惟民主国为然。其推崇民主制如是。

虽然，孟氏于民主政治之精义，尚有见之未莹者。盖其于法律与自由两者之关系及其界限，未能分明故也。孟氏谓法治之国（以法律施治，谓之法治），人人得以为其所当为，而不能强其所不可为，此自由权所在也，云云。顾所谓当为者，其意甚晦。何则？政府者，非能举人人所负之责任，而一一干预之也；特责任之关于义者，可以强之使行；其关于仁者，政府初不得而问也。孟氏又谓凡法律之所听，皆得为之。若此者，谓之自由，云云。虽然，此特指自由之关于法律者言之，未得为仁义中正之自由也。何也？所谓法律者，固非尽合于道也。故一国之中，虽人人服从法律，而未可谓真自由。何则？所谓法律者，谁创之耶？其法律果何如耶？是未可知也。夫法律纵为美备，若创法者为不称其职之人，而强行于国中，是亦不正也。即创法者悉称其职，一由国民之公议，然苟有背于自由、平等之理，犹之不正也。孟氏于此义，未尽浏亮，故每以法律与自由并为一谭，此亦千虑之一失也。故孟氏虽推崇民主政体，然颇以不能持久为疑。盖犹囿于当时学者之所见，以古代希腊、罗马之制为民主政之极则，而于法治之真精神，尚一间未达也。

孟氏既叙述各种政体，乃论各政体所由立之本原。于是举英国政体，谓此所谓立宪政体，最适于用，而施行亦易，实堪为各国模范。其言曰：苟欲创设自由政治，必政府中之一部，亦不越其职而后可。然居其职者，往往越职，此亦人之常情，而古今之通弊也。故设官分职，各司其事，必使互相牵制，不至互相侵越。于是孟氏遂创为三权分立之说，曰立法权，曰行法权，曰司法权。均宜分立，不能相混，此孟氏之所创也。

孟氏谓立法、行法二权，若同归于一人，或同归于一部，则国人必不能保其自由权。何则？两权相合，则或借立法之权以设苛法，又借其行法之权而施此苛法，其弊何可胜言！如政府中一部有行法之权者，而欲夺国人之财产，乃先赖立法之权，豫定法律，命各人财产皆可归之政府，再借其行法之权以夺之。则为国人者虽起而与之争论，而力不能敌，亦无可奈何。故国人当选举官吏之际，而以立法、行法二权归于一部，是犹自缚其手足，而举其身以纳之政府也。

又谓司法之权，若与立法权或与行法权同归于一人，或同归于一部，则亦有害于国人之自由权。盖司法权与立法权合，则国人之性命及自由权，必致危殆，盖司法官吏得自定法律故也。司法权与行政权合，则司法官吏将借其行法之权以恣苛虐故也。若司法、立法、行法三权合而为一，则其害更甚，自不待言。故尚自由之国，必设司法之制，使司法官吏无罢黜之患者。何也？盖司法官独立不羁，惟法律是依，固不听行政各官之指挥者也。

孟氏此言，其所以分离三权，而不使相混者，盖以国人选举官吏，固以一己之事，使之代理。因分任其事于各人，而不使逾越。故三权鼎立，使势均力敌，互相牵制而各得其所。此孟氏创见千古不朽者也。

虽然，三权之所以设立者，盖出于官民之互相契约。一则托以自由之权，一则受之。此其故，孟氏实未之知。故其所论之旨趣，不能出代议政体之外。盖在代议政体，则任此三权者，实代民而任之者也。故必设法以防制之者，势也。若夫民主国，则任此三权者，不过受百姓一时之托，苟有不满于民者，则罢黜之而已。

孟氏又谓：自由之国，其国人苟有精神之自由者，则国人皆可以自治，而不必仰庇于人。故国人相聚为一，据立法之权以自守之可也。然此事颇难施行，在大国则必不可行，在小国亦不免流弊。故必选举若干人以代理之，云云。

观孟氏此言，其意盖在代议政体，而未知民政之真精神也。卢梭驳之曰：所谓代理人者，将乘国人之信己，而借口于代理国人，以肆行无忌，是犹书押于纸以授之也。夫官民之交涉，契约而已。故任立法之权者，止可云受托者而已，未可谓代理人也。

孟氏首举立法权而归之国民，诚当矣。次论行法权，则谓立法、行法不可不分，而行法权宜归一统。苟不尔，则事或滞而不行，且不免错杂之弊也。然其论所以统一之之法，则以为舍君主末由。此盖犹拘墟于一时之耳目，而未达法治之大原也。不观诸美国乎？行法之权，统于一人，所谓大统领也。而大统领之性质，与君主自殊科矣。何也？彼固未尝有特权也，孟氏必欲举行法权，归诸累世相承、不受谴责之君主，又欲调剂二权，置贵族于君民之间，以成所谓混合政体者。此由心醉英风太甚，而不知英国此等现象，实过渡时代不得不然，非政法之极则也。

孟氏之论贵族，亦不免于谬戾。彼谓取人之材能勋绩，或炼达事务而选举之者，贵族政治之本旨也。盖彼之意，以为民主之本旨，则以抽签之法为选举；贵族之本旨，则以考绩之法为选举。夫一国之中，设有特权，与一国之中，人人平等者，本不相同。贵族之制，或因门第，或因财产，而握有特权，异于平民。民主之制，则无论其材能如何，勋绩如何，初不因此而握特权。苟愿效力于其国者，则以一己之自由权，自行表荐，而国人亦以其自由权而选拔之。故彼此均有自由权，以互相为约。此即民主政治之本旨也，美国之上院即然。其不得以此为贵族之制亦明矣。

孟氏之所以致误之由，盖不知平等之义故耳。其意若曰：民主国之平等，不过无所区别，而一切贤愚均无所表异而已，是未真知平等之义者也。所谓真平等者，尊重各人之自由权，及由自由权所生之各权，无所等差。虽有奇材异能者，不得自恃其长，以制御众人，亦不得因此而有特权。唯以其自由权，自白其所长，以取信于众人，而众人亦以自由权选举之。如是而已。若夫材能勋绩，绝无所表，异于众要，非平等之本旨也。

至其论法律制度，则孟氏所见，有极伟者。厥后法国改革制度，出于孟氏之功为多。十八世纪攻击奴隶恶习不遗余力者，莫先于孟氏。当时薄休惠及其他教徒等，均以奴隶为不当废，孟氏独辟之。又哥鲁智斯以战争为奴隶所由出，其言曰：战胜者，固得杀获其敌人，于是宥其敌而使之为奴，固无所不可。其他学者又谓：主人与奴隶，互相契约，此奴隶所由出也，云云。孟氏于此等邪说，皆一一驳正之，今摘《万法精理》中数节如左：

战争之时，苟非万不得已，胜者固不能杀其敌人。且人虏他人以为奴，辄曰："吾当时万不得已，固欲杀之。寻又宥之，因以为奴。"然为斯言者，果谁信之耶？盖彼诚万不得已，何不杀之？既可宥之，非真不得已也。

凡有所卖者，必有所自利。既自鬻以为他人奴，则非真出于卖买，明矣。何则？一为人奴，则身命财产，皆为人有。则为主人者一无所施，为奴者一无所得。天下有如是之卖买者乎？夫各人所有之自由权，即众人所有自由权之一部，各人固不得而弃之也。

夫人不得自鬻其身，以弃其自由权，乃其所生之子，豫为设法，以弃其自由权，有是理耶？战胜者不得以所败之敌人为奴，乃并举敌人所生之子以为吾奴，其背于理亦明矣，云云。

当时欧人蓄奴自利之风正盛，学者或文致其理以媚权贵，所以回护奴制，持之有故、言之成理者甚夥。然以遇孟氏之说，则如汤沃雪，如日照萤矣。故真理一昌，不过百年，而奴隶之制，遂绝迹于天壤。斯岂非仁人君子心力之为乎？

孟氏又倡议改革刑法，实为近世文明各国之所宗。先是蒙吞士当十六世纪，尝论刑罚过严，谓为悖理。然闻者习焉不察。若李翕留所定刑典，则惨酷残忍，殆无人理。又路易第十四之敕令，更增揭死刑无算。拷讯之制，视为戏乐。犯者一罪，而受者两刑。一时恬然，莫以为怪者。孟氏乃首唱废拷讯、设陪审、宽刑律诸大义，昭昭乎若揭日月而行，哲理一明，恶风丕变矣。

孟氏以为，凡民政之国，其人皆有爱国之念与自重之心。苟非至凶极暴之人，断不至于犯法。故每以恶名之暴露，为谴罚之极点，在此等国，仅恃民法之力，已足窒邪慝而遏恶心，彼暴力固在所不需也。故文明国之制刑，不在惩恶，而在劝善，所以防未然、易风俗而已。辟以止辟，刑期无刑，此立理官之原意也。

又谓：凡法制之所以乱，罪犯之所以滋者，非由刑罚之宽有以致之也。惟有罪者，得逭其罚，故虽严而不惩。苟廷尉良得其平，则画象而不犯。又谓刑罚过严之弊，足以败坏人心，使丧其廉耻，而自甘卑污。盖国之所以乱，其故有二：一由民之不守法律，一由法律不善，驱民日趋于恶。夫民不守法，犹可教也，犹可坊也。若法不善而驱民于恶，则国非其国矣。何也？病之病，可以药治之。由药生病，则愈病愈药，愈药愈病，不至于死亡而不止也。

自孟氏此论出世后，白加掠复祖述其意，著《刑法论》，发挥而光大之。流泽生民，日进月善，孟氏亦人道之明星哉。

孟氏于富国之学，亦能别创意见，彼谓自由之权，与平等之义相应。而财产之厚薄相去过远，则平等之义终不可保。何则？贫者与富者相并，其势不能无所屈。故孟氏欲新制法律，务使一国之货财，散布于众人，而不使聚于数人。又欲禁造无益之货物，使不害有益。此孟氏之论平准，所由以节约为主，而又欲举古昔民主国租赋之法数条，使复行于今日也。

孟氏之论租赋，谓民之所以出租税者，无他，盖分其财产之一分，而使其余之财产，得借此安固而已。故定租赋之额者，须将政府每年所需几何，与百姓每人所需几何，详为核算。若剥国人有用之财，以充国人无用之费，非自由之道也。

又定租税之基本，须通国人之财产，分之为三：一曰国人所不可一日无者；二曰国人有之，得借此以图利者；三曰即国人有之，亦不必有益于国人者。故第一分则为政府者决不得而税之，第二分则不妨税之，第三分则税之不妨稍重。盖使租税之额有轻重，以求合于平等。要之，从百姓财产之厚薄，以为其负担之轻重差，以上下其租税也。

孟氏又论政府赒济贫人之法，其语亦有独到者。彼云：所谓真富者，有业之民而已；所谓真贫者，无业之民而已。其意盖谓人虽绝无所有，未足为贫，唯无业者乃为贫耳。

又谓抚恤鳏寡、孤独、废疾者，若但给以衣食，虽曰仁慈，非政策也。政府当务之急，在使一国之人各得其所，衣必暖，食必饱，而无饥寒疾病之患，此正为政府者之所当有事也。若夫姑息之计，不过好施者之所为，知政者所不取也。故凡无所业者，则与之，其未知所业者，则教之。如是而已。

孟氏一切议论，深切著明，大率类是。虽后之论者，谓其于意欲自由之理，见之未莹。故其论道德、法律也，能知其主义，不能知主义中之主义，能语其本原，不能语本原之本原。故可谓之法律史学，而未可谓之法律理学云。虽然，作始者难为功，继事者易为力。自孟氏以后，法理学大家陆续辈出，如奥斯陈、伯伦知理之徒，或其博推〔雅〕明辨，驾孟氏而上之。虽然，皆孟氏之子孙也。承其先业，而匡救其失，此正后学者之所当有事，而曾何足以为前辈点耶？若孟德斯鸠者，真造时势之英雄哉！

孟氏以千七百五十五年卒，得年六十六岁。卒后二十年，而美利坚合众国独立；三十四年，而法国大革命起；四十九年，而《拿破仑大法典》成；一百十年，而美国南北战乱平，颁禁奴令于国中，著为宪法。（《新民丛报》第四、五号，1902年3月24日、4月8日，署名"中国之新民"）

近世第一大哲康德之学说

发端及其略传

吾昔见日本哲学馆有所谓四圣祀典者，吾骇焉。稽其名，则一释迦，二孔子，三梭格拉底，四康德也。其比拟之果伦与否，吾不敢言。即其不伦，而康德在数千年学界中之位置，亦可想见矣。作康德学说。

康德（Kant）先生，名俺马努儿（Immanuel），德国人，生西历千七百二十四年。家世寒微，父为马鞍匠，母慈而严，正直谨严，言信行果。故先生幼时即爱真理，意志常确然不可动，盖受母之感化为多云。初受高等教育，至十五岁，入奇尼福士布大学治神学。虽然，彼所好者在哲学、数学、物理学，故其所研究，往往趋重于此点。二十三岁，渐以文学名。千七百四十七年，著一论文，论生力者，题曰 *Thought Concerning the True Estimate of Living Force*。后以家计窘迫，设帐授徒，仅获糊口。三十二岁，始为大学之下等讲师，居此职十五年。初为论理学、哲学、物理学、数学之教授，后更兼授伦理学、人理学、地理学。千七百七十年，四十六岁，渐被举为论理哲学之高等教授，直至千七百九十七年以颓龄辞职，凡担任此讲座者廿余年。其少时从事于著作，所为数学博物学之书甚多。即如天文学上之天王星，亦由先生以理例测之，谓五星以外，必当复有此座，而后此黑尔哲实因其说而测得之者也。自千七百八十一年，其毕生之大著所谓《纯理性批判》者（德文原名为 *Kritik der Reinen Vernunft*，英文译为 *Critique of Pure Reason*）始出世，实为全欧洲学界开一新纪元。虽然，其前此各著述，片鳞碎甲，发明此主义者，固已不少。若一七七〇年所出之《知觉界形式及原理》（*Concerning the Form and the Principles of Sensible and Inteligible World*），其尤著也。此后复著《实理性批判》（*Critique of the Practical Reason*，一七八七年）、《判定批判》（*Critique of the Faculty of Judgement*）及《纯理范围内之宗教》（*Religion within the Bonds of Pure Reason*）等书（俱一七九三年），自此益翕然为一世大宗师。维也纳、埃郎京、哈尔黎诸大学争聘之，悉不就，终身在奇尼福士布大学。故全欧英俊之士欲闻先生绪论者，皆走集此学。至千八百四年，以八十高龄，无病而逝。先生美姿容，碧眼疏髯，接人蔼然，若时雨之化。体质颇弱，然常注意于卫生，故终身无大病。每日起居、食息、著述、讲演、散步、应客皆有一定之时刻，数十年来，不爽杪黍。终生未尝娶妻。盖先生实最严格，最富于自治力之人也，故能以身为德育之标准，取当时腐败之社会而一新之，非徒在思想口舌之功，抑亦实行之效也。所著书数十种，各国咸有翻译，重版皆至数十云。

学界上康德之位置

自近世史之初，学界光明，始放一线。其时屹然并起于欧洲者，厥有二派。一曰英国派，倍根倡之，专主实验，以科学法谈哲理。其继之者为霍布士，为洛克，而谦谟集其大成。二曰大陆派，笛卡儿倡之，专主推理，以发心物二元论。其继之者为斯宾挪莎，为黎菩尼士，而倭儿弗为其后劲。

此两派者，中分欧洲之思想界，各自发达，而常不能调和。当十八世纪之初，实全欧学界最纠纷、最剧竞之时代也。于是乎康德出，集其大成。

康德者，德人也。德国之哲学为近世欧洲中之最有力者，此普天下所同认也。虽然，以年代论之，则德人之哲学，比诸英、法，瞠乎在其后。德学之开祖者惟黎菩尼士，生千六百四十六年，实后于法之笛卡儿五十年（笛生于一五九六年），后于英之倍根八十五年（倍生于一五六一年），其晚出也若此。且英、法二国开祖以后，后哲踵起，大扬其波，而德学则自黎氏以后，阒然无闻，其难继也又若此。而卒能使德国学者之位置一跃而占十九世纪学术史之第一位者，曰惟康德之故。康德实德国学界独一无二之代表人也。

康德之时代，实德意志国民政治能力最销沉之时代也。民族散漫，无所统一，政权往往被压于异族之手，而大哲乃出乎其间。浅见者或以为哲学之理论于政治上毫无关系，而不知其能进国民之道德，牖国民之智慧，使国民憬然自觉我族之能力精神至伟且大，其以间接力影响于全国者，实不可思议。虽谓有康德然后有今之德意志焉可也。

十八世纪之末叶，所谓伪维新思想者风靡一世。若直觉主义，若快乐主义，滔滔然遍被于天下，道念扫地，骄奢淫泆、放纵悖戾之恶德横行泛滥。自真挚谨严之康德出，以良知说本性，以义务说伦理，然后砥柱狂澜，使万众知所趋向。康德者，实百世之师，而暗黑时代之救世主也。

以康德比诸东方古哲，则其言空理也似释迦，言实行也似孔子，以空理贯诸实行也似王阳明。以康德比诸希腊古哲，则其立身似梭格拉底，其说理似柏拉图，其博学似亚里士多德。其在近世，则远承倍根、笛卡儿两统而去其蔽，近撷谦谟黎菩尼士之精而异其撰，下开黑格儿、黑拔特二派而发其华。（二派一主唯心论，一反对唯心论，而皆自谓祖述康德。）其政论则与卢梭出入，而为世界保障自由。其文学则与基特调和，而为日耳曼大辉名誉。康德者，非德国人而世界之人也；非十八世纪之人，而百世之人也。吾今请绍介其学说之大略以贡于我学界。（著者案：康德学说条理繁赜，意义幽邃，各国硕学译之犹以为难，况浅学如余者。兹篇据日人中江笃介所译法国阿勿雷脱之《理学沿革史》为蓝本，复参考英人、东人所著书十余种汇译而成。虽用力颇劬，而终觉不能信达。加以此等极深研幾之学，寻常学者颇难领会，或以为不切于实用，读之而徒觉沉闷者有焉矣。虽然此实空前绝后一大哲之绪论，有志新学者终不可不悉心研究之，反覆熟玩焉，亦自觉其有味也。又案：本篇所述不免太长，似颇与本报体例不合，但为简短之言恐读者愈不解，况康氏百数十万言之著书，括以十余纸，抑已简极矣，读者谅之。）

康德之"检点"学派

康德少时，最得力黎布尼士、倭儿弗之学，后读谦谟著书，深有所感，以为前此学者之言哲学，或偏主论定派，或偏主怀疑派，要之皆非其至者也。主论定派者，每谈及高远幽邃之理，则如形与影斗，引刀欲试，而彼影之刀，旋立于我前。怀疑派攻难之，谓其武断过信，诚哉然也。然彼怀疑派者，遇难决之问题，则以为此殆终不可得决，则亦非也。苟不能指明其所以不可决之证据，则我辈终当亹亹焉求所以决之，此正学者之责也。

故主论定派者，妄扩张吾人智慧所及于过大之域，其失也夸而自欺；主怀疑派者，妄缩减吾人智慧所及于过小之域，其失也暴而自弃。康氏以为欲调和此两派之争，必当先审求智慧之为物其体何若，其用何若，然后得凭借以定其所能及之界，于是有所谓检点派之哲学出焉。盖彼二派皆就吾人智慧所触所受者言之，康氏则直搜讨诸智慧之本原，穷其性质及其作用也。质而言之，彼二派则从事于外，康德则从事于内者也。

（案：康氏哲学大近佛学，此论即与佛教唯识之义相印证者也。佛氏穷一切理，必先以本识为根柢，即是此意。）

康德以为智慧之作用有二：其一推理究义，用之以立言者；其一实际动作，用之以制行者。此二者能力各殊。其在议论时，则就身外事物下考察之功者，此智慧也；其在实行时，则自动自作，而能造出一切业者，亦此智慧也。康氏乃分其检点哲学为二大部，著二书以发明之。其一曰 *Kritik der Reinen Vernunft*，所谓纯性智慧之检点也（东人译为《纯理性批判》），其二曰 *Kritik der Praktischen Vernunft*，所谓实行智慧之检点也（东人译为《实理批判》）。前者世俗所谓哲学也，后者世俗所谓道学也，而在康氏则一以贯之者也。

论纯智（即纯性智慧）

·一　学术之本原·

康德以为欲明智慧之诸作用，宜先将外物之相区为二种：其一曰现象，其二曰本相。现象者，与吾六根相接而呈现于吾前者，举凡吾所触所受之色声香味皆是也；本相者，吾所触所受之外，彼物别有其固有之性质存。故吾所知仅为现象，若云本相吾具知之，无有是处。

今专以色言。吾人所见之色，特就其呈于吾目者，自我名之而已。使吾有目疾，覆视此物，则不复能如平时。譬之病黄疸者，触目所见，皆成黄色；又如戴着色眼镜，则一切之物，皆随眼镜之色以为转移。自余声香味等，其理亦复如是。是故当知我之接物，由我五官及我智慧两相结构而生知觉，非我随物，乃物随我也。

（案：此义乃佛典所恒言也。《楞严经》云："譬彼病目，见空中华，空实无华，由目病故。是故云有。"即其义也。其谓由我五官及我智慧两相结构而能知物。五官者，《楞伽经》所谓前五识也，智慧者，所谓第六识也。）

康德既述此义以为前提，因言治哲学者当一变前此之旧法而别采一新法，如歌白尼之论天体然。歌白尼以前，天文家皆谓日绕地球，及歌氏兴，乃反其说，于是众星之位置虽依旧，而所以观察之者乃大异。吾之哲学与前此诸家相异者，正在此点。

康德复论，我之智慧以何因缘而能使物各呈现象？盖我之于物初与相接，诸种感觉樊然殽乱，零碎散列而不联续。何谓诸感？若色、香、味，乃至大小、轻重、坚脆，幢幢纷投，入吾根尘，而皆可为学问资料。虽然，假使诸感长此扰杂，而吾智慧不能整理而联接之，则吾一生芒芒如梦，所谓思想终不得立。惟其不然，兹智慧者能结此等纷杂感觉，令各就绪，以是能力思想乃起。有思想故斯有议论，有议论故斯有学问。

复次，此等众多感觉，以何因缘能使就绪？康德以为彼诸感者常有几分联续之性。譬如红色以及热气，此二感者，一由眼受，一由身受，其实不过一点之火，为二现象，而吾智慧能联结之成一思想，二象合并，字之曰火。然后彼复杂者始得单一，彼零碎者有联续性。智慧之力，如是如是。是故感觉惟对外物有能受性，而彼思念复能进取，总万为一。思之云者，"综合"而已。

（案：佛言"受想行识"，康氏所谓"感觉即受"也，所谓"思念即想"也。）

康德以为吾人智慧所以总彼众感觉而使就秩序者，其作用有三：一曰视

听之作用（案：此实兼眼、耳、鼻、舌、身所受者而言，举一例余耳），二
曰考察之作用，三曰推理之作用。

智慧之第一作用（即视听作用）

康德以为视听之作用主总合宇宙间各事物者也。譬如仰空见日，我何
以知其为日？实由日体所发诸现象，感觉于吾眼帘，而我之智慧能综合之，
乃自向空中画一圆线曰："此日体也。"苟非尔者，则诸种感觉飞扬流离，不
可捉搦，而所谓"日"之一观念不可得起。由此言之，吾人智慧之作用，必
有赖于"空间"。"空间"者，如画工之有缣纸；诸种之感觉，则画工之材
料也；视听之力，则画工之意匠也。

此专就感觉之属于外物者言也。此外复有所谓内心之感觉者，如苦也，
乐也，思索也，决断也，以何因缘能联续此等感觉，使有先后而不相离？
于是乎吾人智慧之作用必有赖于"时间"。"时间"者，实使我智慧能把持
诸感觉，而入之于永劫之中者也。

〔案：空间、时间者，佛典通用译语也。空间以横言，时间以竖言。佛
经又常言横尽虚空，竖尽永劫，即其义也。依中国古名，则当曰宇、曰宙。
（《尔雅》：上下四方曰宇，往古来今曰宙。）以单字不适于用，故循今名。〕

然则空间、时间二者，实吾感觉力中所固有之定理，所赖以综合一切、
序次一切者皆此具也。苟其无之，则吾终无术以整顿诸感觉而使之就绪，
亦如画工之舍纸缣而不能为绘事也。虽然，纸缣者，画工之所必需，然其
所画之物，未尝待纸缣以为用。（如吾欲画一草一石，无纸缣则我固不能画，
然彼草石非有赖于纸缣也。何也？无之，则彼不出现而已，草石无意识之
物也，非自欲出现，不过我取之以为我用耳。）一切物象与空间、时间之关
系，其理亦复如是。其在各物，固毫无待于此二者，惟我之智慧借此以为
感觉力之围范而已。

康德又曰："空间、时间二者非自外来而呈现于我智慧之前，实我之智
慧能自发此两种形式以被诸外物云尔。"质而言之，则此二者皆非真有，而
实由我之所假定者也。是故当知前此学者以五官之力为穷理之本原，以时
间、空间二者为可由实验以知其情状，是大误也。以吾人性中具此实理故，
始得从事于诸种实验，而谓此物自可实验，无有是处。

（案：希腊以来诸学者常以空间、时间二者为哲学上之问题，以为万物

皆缘附此二者而存立，因推言空间之何以起，时间之何以成，以此为穷理之大本原焉，而皆不得其朕，实由迷用以为体故也。以吾人所赖所假定以观察事物者，而贸然曰：事物之本相全在是焉，混现象于本质，一切矛盾谬见皆起于是。故康氏首为此论以破之。）

智慧之第二作用（即考察作用）

康德以为视听之作用虽能整列一切事物，使为学术之材料，然未可谓之真学术也。真学术者必自考察之作用始。考察作用者何？观察庶物之现象而求得其常循不易之公例是也。如火之遇物，则必焚毁，故知火之现象与焚毁之现象常相随而不离，其间有一定之公例存。考察作用者即所以求得此种公例者也，故亦谓之判断作用。

欲求此等公例，当凭借所谓三大原理者以考之。一曰条理满足之理，谓甲之现象其原因必存于乙现象之中，彼此因果，互相连属也。二曰庶物调和之理，谓凡百现象恒相谐相接，未有突如其来与他现象无交涉者也。三曰势力不灭之理，谓凡现象中所有之力常不增不减也。康德以为此三大原理者，百物所共循，万古而不易。学者苟由是以观察一切，则见夫樊然殽乱之庶物，实皆相联相倚成为一体。譬犹一大网罟，其孔千万，实皆相属，一无或离。世界大势如是如是。

（案：此三大原理者，黎布尼士所倡，而康德大发明之者也。其义与华严宗之佛理绝相类。所谓条理满足者，即主伴重重十方齐唱之义也；所谓庶物调和者，即事理无碍相即相是之义也；所谓势力不灭者，即性海圆满不增不减之义也。华严以帝网喻法界，康德所谓世界庶物如大网罟然，正同此意，考求物理者必至此乃为具足焉。康氏谓樊然殽乱之庶物，实相倚而成一体，此所以欲自度者必先度众生，众生垢而我不能独净，众生苦而我不能独乐也。何也？一体故也。横渠同胞同与之旨犹近虚言，此则征诸实验，哲学之所以有益于人事也。浏阳《仁学》，亦专发此义而已。）

惟然，故世界庶物皆相纽结相维系，而无一焉得自肆者，夫是谓庶物一定不可避之理。康德以为惟有此不可避之理以旁罗庶物也，然后有形之学术乃得立。苟不尔者，庶物而各自肆焉，则其众现象相因之理，欲求之而末由，更恃何道以构成此学术耶？

此三大原理者，为庶物现象之所循，固也。若其本相亦循此否乎？康德曰：是未可知。何以故？以物之本相既不可得知，故使吾人若能有确见本相之时，则此三定理者不为真理亦未可知。且此三理者，谓举凡吾人考察所能及之物莫不循之云尔。虽然，我之所实验者，未足以尽物之全数，或其所未及者犹多多焉，亦未可知。

然则所谓不可避之三大理者果何物乎？康德以为是亦不过吾人智慧中所具有之定理云尔。视听作用必赖空间、时间二者，考察作用必赖此三大理，其事正同。舍吾人心灵以外，则此三大原理者亦无所附丽。盖视听作用必恃彼两者，然后见其远近先后之别，否则庶物游离纷杂，而非吾之所得受；考察作用必恃此三者，然后相引而有条理，否则庶物突兀散列，而非吾之所得想，此皆吾人智慧作用之自然构造者也。若夫事物之本相，其实如是与不如是，是终不可得知。

综上所言，即康德哲学之初发轫，所谓就吾人智慧之二作用而细下检点之功者也。此理既明，则凡学术之关于有形实物者，其基础可知耳。何也？学固以实验为本，而所谓实验者自有一定之界，苟不驰于此界之外，则其实验乃可信凭。界者何？物之现象是也。若贸然自以为能讲求庶物之本相者，则非复学术之界矣。

· 二　庶物原理学（即哲学）之基础 ·

智慧之第三作用（即推理作用）

视听、考察两作用能整理事物之纷扰，定其次序，使之由复杂以渐入于单纯。虽然，犹未能齐万而为一，置之于最高最简之域也。于是吾人之智慧更有一高尚之作用，名之曰：推理力。以是力故，故我智慧能举一切而统属之于其本原。康德以为此推理力者能检点所序列之事物，自一理进入他理，自一例进入他例，如是层累而升，以求达于极致之处。一日达此极致，则非复如前此之事物，有所凭借，是之谓无限无倚。本原之旨义，于是乎在。

（按：朱子《补格致传》谓："即凡天下之物，莫不因其已知之理而益穷之，以求至乎其极，至于用力之久，而一旦豁然贯通焉，则众物之表里精粗无不到，而吾心之全体大用无不明。"与康德此论颇相类。惟朱子教人穷理，而未示以穷理之界说与穷理之法门，不如康氏之博深切明耳。）

康德以为彼二作用所能及者，所谓物理学也。此作用所能及者，所谓庶物原理学，即哲学也。哲学所言之理不能如物理学之确乎不易。何以故？考义察理，以推测为能事，非可征诸实验故。

所谓本原之旨义者何？曰是有三：一曰魂，吾心中诸种现象皆自之出者也；二曰世界，凡有形庶物之全体也；三曰神，魂与世界皆出于神，故神亦名本原之本原。魂也，世界也，神也，皆无限无倚，不可思议，非复视听、考察之两作用所得实验，惟恃推理力以窥测之而已。所谓哲学者，即以研究此本原旨义为目的者也。

（按：康德所谓魂者，谓人之精神独立于躯壳外者也；所谓世界者，如佛说之大千、中千、小千世界，非专指此地球也；所谓神者，景教之言造化主也。下文自详。）

论道学为哲学之本

前此学者皆以哲学与道学（谓道德之学）划然分为二途，不返诸吾人良知之自由，而惟借推理之力，以欲求所谓庶物原理者。及康德出，乃以为此空衍之法不足以建立真学术。舍良知自由之外而欲求魂之有无，神之有无，世界之是否足乎己而无待于外，是皆不可得断定。故必以道学为之本，然后哲学有所附丽。此实康氏卓绝千古之识，而其有功于人道者亦莫此为巨也。

康德乃取古来学者研究此三大问题之学说而料拣之。第一大问题则魂是也。吾人诸种感觉思念，果有其所自出之一本原乎？果有一单纯灵慧之本质号称灵魂者在乎？康德以为此问题非实验之所能决也。任如何反观内照、穷搜极索，欲求见所谓灵魂者终不可得。何也？吾人所得见者不过此意识，若夫意识之所从出，终无可以见之之道也。

前此学者以为意识者，现象也；意识之所从出，本质也。现象为用，本质为体，因用推体，睹此现象而断其必有所自出之本质存。如吾之意识能自见此意识之单纯无杂，以是之故，则吾意识所不能及之本质，亦必单纯无杂，吾能知之。康德以为此不合论理之言也。夫意识之力，自想像以为单纯无杂，是仍意识界之事也，现象中之现象也，借此一现象而直以武断意识以外之本质，次序凌乱，无有是处。然则使吾身中实有所谓灵魂者存，其状云何？终非思念之力所可及。何也？思念者既现之作用，灵魂者未现之本体，二者较然非同物也。

第二大问题则世界之全体是也。康德胪举诸家之说，其不相容者有八种，而皆持之有故，言之成理。八种之中，据数学之理以树义者四，据物力学以树义者四。

其据数学之理者，第一问题曰：世界之在空间、时间，果有限乎？将无限乎？甲曰世界者横无涯而竖不灭者也，乙说反是。其第二问题曰：世界者可得分析之而为若干之单纯原质乎？将分析之至于无穷而终不可析乎？甲说主前者，乙说主后者。康德以为欲决此两问题，宜取四说而并捐弃之。何以故？空间、时间二者，皆吾智慧中所假定，非物本有故。此四说者认为本质无有是处。

其据物力学之理者，第一问题曰：彼世界者别有无形之自由乎？抑仅循形质上不可避之理乎？甲主前者，乙主后者。其第二问题曰：世界之庶物，自无始以来而自有之乎？抑由于后起造出乎？亦甲主前者，乙主后者。康德以为欲决此两问题，宜取四说而调和之。何以故？其所见虽若各异，实皆论别事，而于理皆有所合故。

康德以为此不相容之诸说所由起，皆由自以一己智慧之所见直指为事物之本相，此所谓妄念也。而此妄念者其力极盛，吾人虽或自知其妄，犹不免为其所束缚。如彼带着色眼镜者之视各物，虽明知所见非真色，犹自生分别而曰某色某色。古来学者之谬误皆坐是。

康德以为以上所举诸说，其据物力学之理者为最紧要。何也？其说以辨论自由之有无为旨趣，正道德之所系也。康氏既言物之本相与其现象之区别，乃据此义以论自由之有无。盖以为此区别既明，则所谓自由之理与不可避之理可以并行而不相悖，于是乎两反对之说得以调和。

康德曰：物之现象其变者也，物之本质其不变者也。其变焉者，固托生于虚空与永劫之间，有生而不能无灭；至其不变者，则与时间、空间了无交涉。凡物皆然，而吾侪侪类亦其一也。人之生命盖有二种：其一则五官肉体之生命，被画于一方域、一时代而与空间、时间相倚者也。其有所动作，亦不过一现象，与凡百庶物之现象同，皆有不可避之理而不能自肆。（案：疲而不得不息，饥而不得不食者，皆所谓不可避之理也。此举其最粗者，凡百皆如是。）虽然，吾人于此下等生命之外，复有其高等生命者存。高等生命者即本质也，即真我也。此真我者常超然立于时间、空间之外，为自由活泼之一物，而非他之所能牵缚。故曰：自由之理与不可避之理常并存而不悖者，此也。

（案：此论精矣，尽矣，几于佛矣。其未达一间者，则佛说此真我者实为大我，一切众生皆同此体，无分别相，而康氏所论未及是。通观全书，似仍以为人人各自有一真我，而与他人之真我不相属也。又佛说同一真我何以忽然分为众体而各自我？盖由众生业识妄生分别，业种相熏，果报互异。苟明此义，则并能知现象之所从出。若康氏犹未见及此也。虽然，其划然分出本相、现象之二者，按诸百事百物而皆一以贯之，可谓抉经心而握圣权者矣。康氏以自由为一切学术人道之本，以此言自由，而知其与所谓不自由者并行不悖，实华严圆教之上乘也。呜呼！圣矣！）

康德又曰：吾侪肉体之生命既与他现象同被束缚于彼所谓不可避之理，则吾之凡有所为也，必其受一公例所驱遣，而不能自肆者也。（凡物之现象皆不能自肆，见前论。）苟有人焉为精密之调查，举吾人之持论，吾人之情念，一切比较实验之，寻出其所循之公例，则于吾人将来之欲发何言，欲为何事，必可以豫知之，不爽豪发，如天文家之豫测彗星，豫测日月食者然。

（案：吾昔读佛典，佛言一切众生有起一念者，我悉知之，吾昔以为诞言，及读康氏此论，而知其无奇也。何也？众生之身既落于俗谛，为物理定例所束缚，则其所循一定之轨道固无不可以测知者。夫常人不能测日食，而天文家能之，然则常人不能测众生之举动，而佛能之，有何奇乎？不过佛之治物理学，较深于吾辈耳。）

然则吾人之性果无有所谓自由者存乎？康德曰：不然。现象与本质初非同物也，见现象之性而以为本质之性，亦复如是，无有是处。何以故？肉体生命不过现象，以其为现象故，故受束缚于不可避之理。然吾人生命，不独肉体，复有本质生命为我所未及见。今以肉体之不能自由，而云本质亦不自由，无有是处。

康德曰：吾人毕生之行为皆我道德上之性质所表见也。故欲知吾性之是否自由，非可徒以躯壳之现象论，而当以本性之道德论。夫道德上之性质，则谁能谓其有丝毫不自由者哉？道德之性质不生不灭而非被限被缚于空劫之间者也，无过去，无未来，而常现在者也。人各皆凭借此超越空劫之自由权，以自造其道德之性质。（案：康氏之意，谓道德之本原与躯壳之现象划然为二物，而超越空劫之真我即道德之本原所由出，一切道心由真我自造也。）故我之真我，虽非我之肉眼所能自见，然以道德之理推之，则见其有俨然迥出于现象之上而立乎其外者。果尔，则此真我必常活泼自由，而非若肉体之常范围于不可避之理明矣。所谓活泼自由者何也？吾欲为善人、欲为恶人皆由我所自择。（案：此其所以自由。）既已择定，则肉体乃从其命令以铸成善人、恶人之资格。（按：此其所以不自由。）由是观之，则吾人之身，所谓自由性与不自由性两者同时并存，其理较然易明也。

（案：佛说有所谓"真如"，真如者即康德所谓真我，有自由性者也。有所谓"无明"，无明者即康德所谓现象之我，为不可避之理所束缚，无自由性者也。佛说以为吾人自无始以来即有真如、无明之两种子，含于性海识藏之中而互相熏，凡夫以无明熏真如，故迷智为识，学道者复以真如熏无明，故转识成智。宋儒欲用此义例以组织中国哲学，故朱子分出义理之性与气质之性。其注《大学》云：明德者，人之所得乎天，而虚灵不昧，以受众理而应万事者也（案：即佛所谓真如也，康德所谓真我也），但为气禀所拘，人欲所蔽，则有时而昏。（案：即佛所谓无明也，康德所谓现象之我也。）然佛说此真如者，一切众生所公有之体，非一人各有一真如也。而康德谓人皆自有一真我，此其所以为异也。故佛说有一众生不成佛，则我不能成佛，为其体之为一也，此其于普度之义较博深切明。康德谓我苟欲为善人，斯为善人，为其体之自由也，此其于修养之义亦较切实而易入。若朱子之说明德，既未能指其为一体之相，是所以不逮佛也。又说此明德者为气禀所拘，人欲所蔽，其于自由之真我，与不自由之现象我，界限未能分明，是所以不逮康德也。康德之意，谓真我者决非他物所能拘、能蔽也，能拘蔽则是不自由也。

又案：康德之说甚深微妙，学者或苦索解。法儒阿勿雷脱尝为一譬以释之云：譬有一光线于此，本单纯无杂者也，一旦以一凸凹无数之透光物置于其前，此光线透过此物而接于吾眼帘也，则发种种彩色为圆锥形，而无量数之部位，乃生空间、时间之有许多部位，即同此理。故苟精算者，则能取其圆锥形之相及其众多之部位一一算之，不爽铢黍。何也？以其落于现象，既循不可避之理也。至其所以发此彩色者，由光线之本体使然。光线本体固极自由，谓其必循不可避之理则非也。

申论道学可以证自由

问者曰：现象之我，其循不可避之理而不能自由，既有明证矣，至所谓真我者，其必循自由之理，亦有明证乎？康德曰：此则非可以寻常格致家言、论理家言而断定之者也。何以故？凡治格致学者，必据不可避之理，乃能施实验，反是则实验无从施也。使自由之理而可以实验，则所谓自由者已与彼不可避者同科，非真自由矣。故曰格致家言不能证自由。凡治论理学者必常首揭一理，次解释之，然后引出一旨义，以为结论，此论理之次序也。若自由之理，亦因他一理而始获发明，则所谓自由者，已有所系属于他物，非真自由矣。故曰论理家言不能证自由。然则吾心之有自由，于何知之？曰：惟以道德学可以知之。

康德乃言曰：学者试返观内照，静自省察，必见夫吾人良智之中，有所谓道德之责任者存。此责任者实自然之法令，常赫然临命于吾心曰：汝必当如是，必当毋如是。此责任者不属于现在，不属于过去，不属于未来，实独立而不倚，亘古而无变者也。使吾人惟有肉体之生命，惟有过去、现在、未来之现象，而无复有所谓无限者，所谓不灭者，以位夫其上，则夫道德之法令，必不可得立。今也不然，人虽或不为善，而无不知善之必当为，虽或偶为恶，而无不知恶之必当去。故为善为恶者肉体之我也，现象之我也；知善之当为，知恶之当去者，灵魂之我也，真我也。以真我能以道德之责任临命于吾心故，故知真我必常自由。

曷言乎道德之责任临命于吾心，则知真我必常自由？凡所谓责任云者，吾欲如是则必能如是之谓也。挟泰山以超北海，此其事不可以责诸人者也，故不得以之为责任；为长者折枝，此其事可以责诸人人者也，故得以之为责任。（案：原文引喻不尔尔，今译其意取易解耳。）吾人之良知固知吾人之可以为善而莫能阻也，固知吾人之可以不为恶而莫能强也。夫然后以是为临命焉，故夫责任之理与自由之理，常相倚而不可离者也。以论理学明之，则其式当云：

不能自由者不足以为责任也

真我者有道德之责任也

故真我者常自由也

此康德以道学证自由说之大概也。

难者曰：人或有欺人者，其始非欲欺之，而为一目的之所牵引，因不得不出于欺，若是者盖数见不鲜矣。诚如是也，则其欺人亦循彼不可避之理，何自由之可言？康德释之曰：若以肉体之生命言，则固如是矣。何也？彼既已被限被缚于时间、空间两者之中有过去、现在、未来之别故也，若离此躯壳以溯诸真我，则无论何人皆不当欺人，无论何人皆可以不欺人。

语至此而康德之真意可以见矣。彼以为吾人之为恶也，自其肉体之生命言之，诚循不可避之理，而或不能任其责。若溯而上之，以观夫超越空间、时间之真我，则欲善欲恶固由吾之所自择，故人而为恶也，则其真我终不得不任其责。更申言之，则观吾人之日用行习，诚不能断自由性之有无。然苟涉及道德，则吾之良心，自俨然确见此自由之性而不能自禁。何以故？我之真我实自由故。

（案：康氏此论，实兼佛教之真如说，王阳明之良知说，而会通之者也。阳明曰：未能知说甚行，盖以为非知则不能行也。康德之言，则以为既知则必能行，人人皆能知，故人人皆能行也。其下手工夫，则阳明似更有把握，其鞭辟近里，则康德似更为直捷。又佛氏言真如，以为众生本同一体，由妄生分别故有迷惑，有迷惑故有恶业，故佛氏所谓真我者，指众生之灵魂之集合体言也；康氏所谓真我，则指众生各自之灵魂而已，其理论自不能如佛氏之圆满，然其言各自之灵魂，各有责任以统治各自之躯壳，与孔子所谓"我欲仁斯仁至矣"之理相一贯，其言尤为亲切有味也。康氏所以能挽功利主义之狂澜，卓然为万世师者，以此而已。）

◎论自由与道德法律之关系

康德曰：凡带命令之性质者皆可谓法律。命令有两种：其一曰有所为者，其他曰无所为者。譬诸语人曰：尔欲尔康强，则慎尔饮食，节尔嗜欲，此之谓有所为。盖其命令中必含有一目的者存，意曰必如此乃足以达而目的，不然则否也。虽然，彼之欲达此目的与否，则固其人所得自肆矣。有人于此，甘自罹疾苦而不悔者，则虽日夕自耽于伐性之斧，自酖于腐肠之药，固非他人所得而禁也。凡以利益为目的者皆属此类，皆谓之有所为之命令。有所为之命令，与道德厘然无涉也。

若夫道德之责任则异是。凡曰责任云者，皆非有所为而为者也，不得以之（指道德之责任），为手段而求达他之目的者也。何以故？手段即目的故。譬诸语人曰：尊重尔之自由，无或放弃。则所谓尊重自由者，非其手段也。何也？舍其所尊重之自由之外，更无有他目的者存也。（案：慎饮食、节嗜欲之命令，则为欲康强之一目的而发也。故谓之手段。）凡道德之责任，皆属此类。盖其所负之责，实贵重而莫京，与他种利益绝比较，非如彼行手段以求利益者，或趋或舍，听吾之自择也。

然则道德之责任何为而若是其可贵耶？康德曰："道德之责任生于良心之自由。而良心之自由，实超空间、越时间，举百千万亿大千世界无一物可与比其价值者也。"

（案：康德所说自由界说甚精严，其梗概已略具前节，即以自由之发源全归于良心（即真我）是也。大抵康氏"良心说"与国家论者之"主权说"绝相类。主权者，绝对者也，无上者也，命令的而非受命的者也。凡人民之自由，皆以是为原泉，人民皆自由于国家主权所赋与之自由范围内，而不可不服从主权。良心亦然，为绝对的，为无上的，为命令的。吾人自由之权理所以能成立者，恃良心故，恃真我故，故不可不服从良心，服从真我。服从主权，则个人对于国家之责任所从出也，服从良心，则躯壳之我对于真我之责任所从出也，故字之曰"道德之责任"。由是言之，则自由必与服从为缘。国民不服从主权，必将丧失夫主权所赋与我之自由（若人人如是，则并将有主权的国家而消灭之，而自由更无着矣）；人而不服从良心，则是我所固有之绝对无上的命令不能行于我，此正我丧我之自由也。故真尊重自由者，不可不尊重良心之自由。若小人无忌惮之自由，良心为人欲所制，真我为躯壳之我所制，则是天囚也。与康德所谓自由，正立于反对的地位也。

（又案：王阳明曰："一点良知，是汝自家的准则。汝意念着处，他是便知是，非便知非，更瞒他些子不得。汝只要实实落落依着他做，善便存，恶便去。"是亦以良知为命令的，以服从良知为道德的责任也。阳明之良知即康德之真我，其学说之基础全同。）

康德又曰："就令天命不佑，使我抱一善意而不能实行，或竭力实行而无其效，但使常保持此志而勿丧失，则自能笃实光辉，坦坦荡荡。"何以故？有效无效于善意之分量无所增减故，其价值全存于自由中故。

（案：凡行一手段以求达一目的者，若所目的不得达，则手段为枉用。若践履道德之责任者，即以践履此责任为目的，既践履则目的已全达矣。故此后之有效无效，于本体之分量价值毫无增减，其理甚明。）

康德又曰："人苟自持其自由之善意，则天下之利益莫大于是，盖以其与己身不可分离，实己身中最崇贵之品之所寓也。"又曰："凡物之价值，皆以有所比较而生，故得计算之曰：甲事之利益几何？乙事之利益几何？因得比例轻重以为趋舍。自由之善意则绝比较、绝计算者也。故曰：善人之声价，惟他善人得与之齐，若加乎其上者，天下无有也。此道德之制裁所由生也。"

是故自由者，自以为目的，自以自为法令，惟自能实守此法令者，乃能实有其自由。质而言之，则我命我使勿受我以外之牵制，而贯彻我良知之所自安者云尔。是故威权也，自由也，立法人也，法律也，主也，宾也，皆合为一体，无差别相。所谓中立而不倚，强哉矫者，正在于是。是故讲学者苟以真我之自由以外之物为目的，虽有善言，终不免于奴隶之学。此康氏一针见血之教也。

康德据此学理，乃为简易直捷之格言三条，以垂示后学。其一曰：汝之自待及待一切人类，当视之为自由的善意之化身，尊之重之，故以他人为目的可也，以他人为手段不可也。何以故？我有自由的善意，人亦有然。故如奴隶制度之社会，无论其体裁如何，要之皆以人为手段，天下之可嫉莫此甚也。

故康德推论道学之极则，谓宜合全世界以建设一"自由的善意之民主国"。夫然，故各人皆互以他人之行为为目的，而莫或以为手段，若是者亦名之曰"众目的之民主国"。众目的之民主国，各人有互相崇重，无互相利用者也，即卢梭所谓人人皆立法者，皆守法者，人人皆君主、皆臣从也。

于是乃为第二之格言曰："汝之自待及待他人，皆当求在此众目的民主国中，备有可为君主、可为臣庶之资格。"此资格之标准何如？吾每一动念、一举事必自审度曰："此念此事果可以为此种民主国之法律否？"此最简单直捷之试验法门也。其可为法律者，则是合于道德之所命令也，不然则否也。譬诸有人于此，受他人金钱之寄托而私干没之，若是者可得为此众目的民主国之法律乎？果尔，则谁复肯以其所重畜者托人也？由是观之，凡不信之类终不可以为法律。盖人之无信者，其意以为己独不信而望天下人之尽信也，不尔，则于己无所利也。而天下之决无此事，岂待论矣。准此例之，则夫所谓道德的法令之标准者厘然可见矣。于是康德乃更示第三之格言曰："汝欲有所为，当务使之可以为通用于天下之法律。"

康德又言：尊重人身而无或以之供我之手段，是不特为道德之基础而已，亦制度法律之本原也。盖法律有二种：一曰制之于中者则道德是也，二曰制之于外者则寻常所谓法律是也。寻常法律之所目的，凡一切责任非在身外者（案：谓人与人之交涉也），则不干预之。何也？身内之责任非以他力所能强制者也。而推原权理之所由立，罔不起于尊重自由之一要义。两者相互之间而各皆欲保全其自由勿使放弃，此法律上之权理所由生也。故康德关于权理之学说复有一格言曰："汝当循法律上所定者以使汝之自由与他人之自由相调谐。"即所谓人人自由，而以不侵人之自由为界也。

康德曰：凡号称权理者必含有强制力之意义，遇有加障害于他人之自由者，则行威力以压制之，是不得以侵人自由论也。虽然，欲使此强制力行之而适当，则（第一）当使所行之地位程度与行抑制者之自由相应，（第二）则当使与受抑制者之自由相应。如债权者对于债务者之抑制，则不得云侵害债务者之自由。何也？彼其乞贷之始，订其偿期，及期不偿，则任债主之处置，斯乃彼所预认也。然则非债主抑制彼，而彼躬自抑制也。故循康氏之法律学说，则虽在抑制手段之中，仍保有独立自尊之鸿旨，此论实发前贤所未发焉矣。

康氏之政治论殆与卢梭民约之旨全同，而更以法学原理证之。其论法理上之私有权也，曰：凡私有权必起于社会制度既立以后。当其始也，众人以土地为公有，无或有定主以专其利。虽然，其弊也争，争则乱，于是乎相共而立此疆彼界各自名田之约。而此约又非公认则无其效也，于是乎必于其先而更有结群建国之一约存焉，是即国之所由立也。故当未立国之先，所谓私有权者，不过一假定之物，其得成为一神圣不可侵犯之权理者，则民约建国以后之事也。此等理想，殆皆祖述卢梭而加以引伸发明而已。

康德又谓：今之所谓国际公法者，其起原全与民法同，盖国与国之交涉，人与人之交涉，其道一耳，国国皆自由自主，而莫或服属于他国，甲国毋得以乙国为自利之一手段，是国家独立自尊之大义，而国际法所准据之原理也。

康德曰：今者两国有违言，动辄以干戈相从事，此野蛮时代之恶习也。凡生于今日为各国国民之一分子者，宜各自振厉，务涤改之，以进于文明，此人道之责任也。夫野蛮时代人与人之交涉而往往有决斗也，以无完备之法廷以为之裁断也。今欲免国与国之决斗，则不可无完备之国际法廷。今虽未能至，犹当孜孜焉准备以待来者。于是康氏乃有《永世太平论》之著。

《永世太平论》之纲要凡五大端：

（一）凡邦国无论大小，不得以侵略手段或交易、割让、卖买等名义以合并于他国；

（二）诸邦不得置常备军，如现时之积习；

（三）一国中有内讧，而他国以兵力干预之者，在所必禁；

（四）各国皆采民主立宪制度，以此制最合于最初民约之旨，且可以巩固全国人自由平等之权理也；

（五）各独立国相倚以组成一大联邦，各国国民相辑和于国际法之范围内，若有龃龉，则联邦议会审判之，如瑞士联邦现行之例。

或难康氏曰："兹事美则美矣，然实行之日终可得望乎？"康氏曰："此则非以强力所能致者，惟民德与民智两者日进于光明，可以得之。夫人之有欲也，斯其争之所由起也，若智虑益进，然后知真利益之所存，乃恍然于昔之所争者，自以为利，而实乃害之甚者也，于是废然返焉。故于人生有欲之中，而弭兵之萌芽乃潜滋暗长于其间，则造化之妙用也。"（《新民丛报》第二十五、二十六、二十八号以及四十六至四十八号合本，1903 年 2 月 11 日、26 日，3 月 27 日以及 1904 年 2 月 14 日，署名"中国之新民"）

政治学大家伯伦知理之学说

按：此题已见本报第三十二号中，以其所叙述尚简略也，且夫著者之所感触别有在也，故不避骈枝之消，再撰此篇，读者谅之。

发端

日日而言政治学，人人而言政治学，则国其遂有救乎？曰：嘻，仅矣！言而不能行，犹无价值之言也。虽然，理想者，实事之母，而言论又理想之所表著者也。则取前哲学说之密切于真理而适应于时势者，一一介绍之，亦安得已。

卢梭学说，于百年前政界变动最有力者也。而伯伦知理学说，则卢梭学说之反对也。二者孰切真理？曰：卢氏之言药也，伯氏之言粟也。痼疾既深，固非恃粟之所得瘳，然药能已病，亦能生病。且使药证相反，则旧病未得豁，而新病且滋生，故用药不可不慎也。

五年以来，卢氏学说稍输入我祖国。彼达识之士，其孳孳尽瘁以期输入之者，非不知其说在欧洲之已成陈言也，以为是或足以起今日中国之废疾，而欲假之以作过渡也。顾其说之大受欢迎于我社会之一部分者，亦既有年。而所谓达识之士，其希望目的，未睹其因此而得达于万一。而因缘相生之病，则已渐萌芽，渐弥漫。一国中现在、未来不可思议之险象，已隐现出没，致识微者慨焉忧之。噫！岂此药果不适于此病耶？抑徒药不足以善其后耶？

伯伦知理之驳卢梭也，以为从卢氏民约之说，则为国民者必须具有三种性质，反是则国不可得立。三种者何？一曰：其国民皆可各自离析，随其所欲，以进退生息于此国中也。不尔，则是强之使入，非合意之契约，不得为民约也。虽然，人之思想与其恶欲，万有不同者也。若使人人各如其意，乃入此约，则断无全国人皆同一意之理。以此之故，亦断无全国人皆同一约之理。若是乎，则国终不可得立。故从卢氏之说，仅足以立一会社。（即中国所谓公司也，与社会不同。）其会社亦不过一时之结集，变更无常，不能持久。以此而欲建一永世嗣续之国家，同心合德之国民，无有是处。二曰：其国民必悉立于平等之地位也。不尔，则是有命令者，有受命者，不得为民约也。然熟察诸国之所以建设，必赖有一二人，威德巍巍，超越侪类，众皆服从，而国础始立。即至今日，文明极进，犹未有改。若使举国无智、无愚、无贤、无不肖，皆以同等之地位，决议立国，无有是处。三曰：其国民必须全数画诺也。苟有一人不画诺，则终不能冒全国民意之名，不得谓之民约也。然一国之法制，势固不能有全数画诺之理，岂待问也？卢氏亦知之，乃支离其说，谓多数之意见，即不啻全体之意见。夫服从多数，虽为政治家神圣不可侵犯之科律，而其理论独不适于诸民约主义之国家。盖盟约云者，人各以其意而有愿与此约与否之自由权者也。彼不愿与此约之少数者，而强干涉之，谓其有服从多数之约之义务，无有是处。此三义者，伯氏于国家起原论，取卢氏之立脚点而摧陷之者也。（参观本报第十一、十二号《卢梭学说》。）

伯氏又言曰：民约论之徒，不知国民与社会之别，故直认国民为社会。其弊也，使法国国础不固，变动无常，祸乱亘百数十年而未有已。德国反是，故国一立而基大定焉。夫国民与社会，非一物也。国民者，一定不动之全体，社会则变动不居之集合体而已。国民为法律上之一人格，社会则无有也。故号之曰国民，则始终与国家相待而不可须臾离。号之曰社会，则不过多数私人之结集，其必要国家与否，在论外也。此伯氏推论民约说之结果，而穷极其流弊也。

中国号称有国，而国之形体不具，则与无国同。爱国之士，睊睊然忧之，其研究学说也，实欲乞灵前哲，而求所以立国之道也。法国革命，开百年来欧洲政界之新幕，而其种子实卢梭播之。卢氏之药，足以已病，无疑义矣。近则病既去，而药已为筌蹄，其缺点率见是正于后人。谬想与真理所判，亦昭昭不足为讳也。独吾党今日欲救吾国，其必经谬想而后入真理，以卢氏学说为过渡时代必不可避之一阶级乎？抑无须尔尔，径向于国家之正鹄而进行乎？此一大问题也。卢氏之说，其有功于天下者固多，其误天下者抑亦不少。今吾中国采之，将利余于弊乎？抑弊余于利乎？能以药已病，而为立国之过渡乎？抑且以药生病，而反失立国之目的乎？此又一大问题也。

深察祖国之大患，莫痛乎有部民资格，而无国民资格。以视欧洲各国，承希腊罗马政治之团结，经中古、近古政家之干涉者，其受病根原，大有所异。故我中国今日所最缺点而最急需者，在有机之统一与有力之秩序，而自由平等直其次耳。何也？必先铸部民使成国民，然后国民之幸福乃可得言也。如伯氏言，则民约论者适于社会而不适于国家，苟弗善用之，则将散国民复为部民，而非能铸部民使成国民也。故以此论，药欧洲当时干涉过度之积病，固见其效，而移植之于散无友纪之中国，未知其利害之足以相偿否也。夫醉生梦死之旧学辈，吾无望矣。他日建国之大业，其责任不可不属于青年之有新思想者。今新思想方始萌芽耳，顾已往往滥用"自由、平等"之语。思想过度，而能力不足以副之。芸芸志士，曾不能组织一巩固之团体。或偶成矣，而旋集旋散。诚有如近人所谓"无三人以上之法团、无能支一年之党派"者，以此资格，而欲创造一国家，以立于此物竞最剧之世界，能耶？否耶？此其恶因，虽种之薰之在数千年，不能以为一二人之咎，尤不能以为一学说之罪。顾所最可惧者，既受彼遗传之恶因，而复有不健全之思想，以盾其后而传之翼也，故人人各以己意进退，而无复法权之统属，无复公众之制裁，乃至并所谓服从多数之义务，而亦弁髦之。凡伯氏所指卢氏学说之缺点，今我新思想界之人人，皆具备之矣。

夫以今日之中国，固未有所谓统属，未有所谓制裁，未有所谓多数，则吾国民之踯躅焉，凌乱焉，而靡所于从，夫亦安可深责？顾所贵乎新思想者，欲借其感化力以造出一新世界，使之自无而之有云尔。若徒恃此不健全之新思想，果能达此目的否耶？是不可以不审也！吾非敢祖伯氏而薄卢氏，顾以为此有力反对之一大学说，为有志建国者所宜三复也，作伯氏学说。

（附注：此论与革命论、非革命论无涉。盖无论革命不革命，无论革命前革命后，皆必以统一秩序组成有机团体，为立国之基础。伯氏之反对卢氏，非反对其鼓吹破坏，谓其于建设之道，有所未惬云尔。建设云者，则兼破坏之建设与平和之建设，而两言之者也。

又：伯氏略传，已见本报三十二号，不再述，其遗像揭于本号卷首。）

一　国家有机体说

伯论〔伦〕知理曰：十八世纪以来之学者，以国民为社会，以国家为积人而成。如集阿屯以成物质，似矣，而未得其真也。夫徒抹五彩，不得谓之图画；徒堆瓦石，不得谓之宫室；徒集脉络与血轮，不得谓之人类。惟国亦然。国也者，非徒聚人民之谓也，非徒有府库制度之谓也，亦有其意志焉，亦有其行动焉。无以名之，名之曰"有机体"。

然国家之为有机体，又非如动植物之出于天造也，盖借人力之创作，经累叶之沿革，而始乃得成。而其沿革之所自来，厥有二端：一曰由国中固有之性习与夫外界事物之刺激而生者，二曰由君长号令所施行与夫臣民意志所翊赞而生者。此所以异于天产物也。虽然，造者不同，而为有机体则同。试即国家与寻常有机物相类之点而比较之。

一、精神与形体相联合。（按：国家自有其精神，自有其形体，与人无异。）

二、肢骸各官（原注：即其体中各部分），各自有其固有之性质及其生活职掌。（原注：指政府各部分及议院。）

三、宜联结此等肢骸以结构一全体。（原注：谓宪法。按：肢骸不联属则不能呈其用，国家之各部分亦然。）

四、先自内部发育，然后长成以达于外部。（原注：谓国家之沿革。）

由此观之，国家之为物，与彼无机之器械实异。器械虽有许多零件纽结而成，然非如国家之有四肢五官也。故器械不能发育生长，而国家能之。器械之动，循一定轨，不能临时应变，现一新象。国家则自有行动，自以意识决之。故曰国家非成于技工，成于意匠也。此伯氏国家有机体说之崖略也。

（按：此说不起于伯氏。希腊之柏拉图，亦常以人身喻国家。伯氏前之德国学者，亦稍发之，但至伯氏而始完备耳。国家既为有机体，则不成有机体者，不得谓之国家，中国则废疾痼病之机体也，其不国亦宜。

又按：自国家有机之说出，而知凡人造物与国家相类者，无一不属于有机。即法律上所谓法人者，皆是也。故欲组一团体而不具其机，未有能成者也。）

二 论国民与民族之差别及其关系

伯氏以为，学者往往以国民与民族混为一谈，是瞀见也。彼乃下民族之界说曰："民族者，民俗沿革所生之结果也。"民族最要之特质有八：（一）其始也同居于一地。（非同居不能同族也。后此则或同一民族而分居各地，或异族而杂处一地，此言其朔耳。）（二）其始也同一血统。（久之则吸纳他族，互相同化，则不同血统而同一民族者有之。）（三）同其支体形状。（四）同其语言。（五）同其文字。（六）同其宗教。（七）同其风俗。（八）同其生计。有此八者，则不识不知之间，自与他族日相阂隔，造成一特别之团体，固有之性质，以传诸其子孙，是之谓民族。

伯氏乃更为下国民之界说为二。一曰："国民者，人格也。据有有机之国家以为其体，而能发表其意想，制定其权利者也。"二曰："国民者，法团也。生存于国家中之一法律体也。"国家为完全、统一、永生之公同体，而此体也，必赖有国民活动之精神以充之，而全体乃成。故有国民即有国家，无国家亦无国民，二者实同物而异名耳。

故夫民族者，有同一之言语风俗，有同一之精神性质，其公同心渐因以发达，是固建国之阶梯也。但当其未联合以创一国之时，则终不能为人格，为法团，故只能谓之民族，不能谓之国民。

伯伦知理曰：古代之国，渊源于市府。中世之国，成立于贵族。十八世纪专制时代，认政府为国家。法兰西大革命之时，同国家于社会。凡此皆与民族之关系甚浅薄者也。自千八百四十年以后，而民族建国之义乃渐昌。虽或间遇抵抗，或稍被制限，而其势力之不可侮，则固已为有识者所同认矣。虽然，或持之过偏，以谓民族为建国独一无二之源泉，推其意，一若地球上之邦国，必适从于民族之数而分立，此又暗于实际之论也。伯氏乃据历史上之事实，述民族与国家之关系如下：

（甲）凡一民族，既有其固有之立国心，且有能实行之之势力，有欲实行之之志气，夫然后可以创立国家。虽然，苟持此主义以立国，则当以保存族粹为第一义。凡祖宗传来一切制度，苟非有妨害于国家之发育者，不可妄事破坏。

（乙）民族之立国，非必举其同族之部民，悉纳入于国中而无所遗也。虽然，必须尽吸纳其本族中所固有之精神势力，而统一之于国家。

（丙）合多数之民族为一国家，其弊虽多，其利亦不少。盖世界文明，每由诸种民族互相教导、互相引进而成。一国之政务，亦往往因他民族之补助而愈良。如铸币然，不徒用纯质之金银，而反混加一二贱金类之物，则肉好较完，纹彩愈美也。然此等多族混合之国，必须以一强有力之族为中心点，以统御诸族，然后国础乃得坚。

伯氏又言曰：民族与国民，固异物也。然其性质颇极密接，故于政治上常有相互之关系，以故民族大而国境小者，则其结果之现象，有两极端如下：

（一）国家化其人民而别造成一新民族，自本族而分离。如古代雅典、斯巴达之于希腊，中世威内萨、佛罗棱志、挪亚之于意大利，近世荷兰、瑞士之于德意志，是其例也。

（二）合并同族诸邦而成一大帝国。如法国当路易第十一以后之政略，意大利、德意志千八百四十八年以后之政略，是其例也。

若国境大而民族小，境内含有数民族者，则其国势之所趋如下：

（一）谋联合国内多数之民族而陶铸之，始成一新民族。在昔罗马帝国，及今之北美合众国，是其例也。

（二）国内诸族，心志各殊，互思分离。如第九世纪法兰西人与德意志人分离，十六世纪奈渣兰人与西班牙人分离，十九世纪比利时人与荷兰人分离，是其例也。

（三）诸民族之言语风俗等，悉放任之，使仍其旧，惟于政治上谋所以统合之道。此策也，瑞士善用之，而收其效者也。

（四）政府教唆各民族，使彼此相阋，乘间抵隙以谋合一。此极危险之道也，奥大利用之，几覆其国。

按：由此观之，伯氏固极崇拜民族主义之人也，而其立论根于历史，案于实际，不以民族主义为建国独一无二之法门。诚以国家所最渴需者，为国民资格。而所以得此国民资格者，各应于时势而甚多其途也。两年以来，民族主义稍输入于我祖国，于是排满之念，勃郁将复活。虽然，今吾有一问题于此，曰：汉人果已有新立国之资格乎？此吾不能无疑之第一问题也。

伯氏论民族建国之所恃者三：（一）固有之立国心，（二）可实行之之能力，（三）欲实行之之志气。其第一事，则吾固具之矣。其第三事，则在今虽极少数，而不能谓之无也。独其第二事，则从何处说起耶？日言排而不能排，犹无价值之言也。即使果排去矣，而问爱国志士之所志，果以排满为究竟之目的耶？抑以立国为究竟之目的耶？毋亦曰：目的在彼，直借此为过渡之一手段云耳。苟遂不克达于目的地，则手段何取也！吾非谓我民族终不能有此能力，然吾信其今日犹未有此能力。此论也，虽持最急激主义者，当以无以为难。而难者则曰：惟其未有此能力，则当以排满炼造之。然徒排满而遂能炼造此能力与否，则吾别有所欲陈，今且勿于此枝蔓也。曰：排满者以其为满人而排之乎？抑以其为恶政府而排之乎？此吾所不能无疑之第二问题也。如以其为满人也，且使汉人为政，将腐败而亦神圣之也？如以其为恶政府也，虽骨肉之亲，有所不得私。而满不满奚择焉？夫今政府与满洲有二位一体之关系，憎政府而及满人，亦固其所。然以是为鼓舞之手段则可，以是为确实之理论则不可。何也？今日之中国，实非贵族政体，而为独裁政体。其蠹国殃民者，非芸芸坐食之满人，而其大多数乃在阉婀无耻、媚兹一人之汉族也。而其所以为媚者，非媚满人，媚独裁耳。使易独裁者为汉人，其媚犹今也。媚独裁之汉人，其蠹国殃民，亦犹今也。故今日当以集全国之锋刃向于恶政府为第一义，而排满不过其战术之一枝线。认偏师为正文，大不可也。

《大学》曰："人之其所贱恶而辟焉。"此古今之通蔽矣。今之论者，或乃至盗贼胡、曾，而神圣洪、杨，问此果为适于论理否耶？且使今日得如胡、曾其人者为政府，与得如洪、杨其人者为政府，二者孰有益于救国？而论者必将倔强而曰："毋宁洪、杨。"此吾所不敢苟同也。章炳麟氏之言曰："不能变法当革，能变法亦当革。不能救民当革，能救民亦当革。"嘻，此何语耶！夫革之目的，岂以快意耶？毋亦曰：救民耳。如曰：能救民而亦当革，则是敌视此目的也。假曰信今政府之必不能救民而革之也，斯可谓健全之理论矣，而犹当视其所以代之者何如。如章氏言，能毋使国民迷惑耶？默察两年来世论之趋向，殆由建国主义一变而为复仇主义。问建国与复仇孰重？其在一人一家之仇，而曰：身可杀，家可破，仇不可不复。是所宜言也。其在一国之仇，而曰：国可亡，仇不可不复。则非所宜言也。我不敢知曰：复仇可以亡国。我不敢知曰：复仇可以兴国。顾吾特不欲吾民族于建国、复仇两主义，倒置其轻重也。以谓此不健全之理论，为造成国民资格之道一魔障也。曰：必离满洲民族，然后可以建国乎？抑融满洲民族乃至蒙、苗、回、藏诸民族，而亦可以建国乎？此吾不能无疑之第三问题也。

伯伦知理所述异族同国之诸款，与中国今日情事，皆不相应。盖各国发育之不同，如人面焉。未有可以他国之历史，为我国之方针者也。而伯氏下民族之界说曰："同地，同血统，同面貌，同语言，同文字，同宗教，同风俗，同生计。（地与血统二者，就初时言之，如美国民族，不同地，不同血统，而不得不谓之一族也。伯氏原书，论之颇详。）而以语言、文字、风俗为最要焉。"由此言之，则吾中国言民族者，当于小民族主义之外，更提倡大民族主义。小民族主义者何？汉族对于国内他族是也。大民族主义者何？合国内本部属部之诸族以对于国外之诸族是也。中国同化力之强，为东西历史家所同认。今谓满洲已尽同化于中国，微特排满家所不欲道，即吾亦不欲道。然其大端，历历之迹，固不可诬矣。大抵北虏之同化于我也，稍难，而东胡较易。金、元、清之比较，盖昭然矣。元则九十年率其游牧之俗，金、清则一入中原，而固有之特质顿丧焉。今关内之满人，其能通满文、操满语者，已如凤毛麟角，他无论矣。故如伯氏之说，虽谓满人已化成于汉民俗可也。即未能然，苟汉人有可以自成国民之资格，则满人势不得不融而入于一炉，此则吾所敢断言也。

姑勿具论。今所欲研究者，则中国之能建国与否，系于逐满不逐满乎，抑不系于逐满不逐满乎，实问题之主点也。自今以往，中国而亡则已，中国而不亡，则此后所以对于世界者，势不得不取帝国政略。合汉，合满，合蒙，合回，合苗，合藏，组成一大民族，提全球三分有一之人类，以高掌远跖于五大陆之上。此有志之士所同心醉也。果有此事，则此大民族必以汉人为中心点，且其组织之者必成于汉人之手，又事势之不可争者也。独今日者，欲向于此大目的而进行，其必将彼五百万之满族，先摈弃之而再吸集之耶？抑无须尔尔，但能变置汉满同病之政府，而遂有可望耶？欲研究此问题之真相，不可不取狭隘的民族复仇主义，暂搁一边，平心静气以观察焉。当预备时代，将排满而能养汉人之实力乎？抑用满而能养汉人之实力乎？当实行时代，将排满而能御列强之侵入乎？抑合满而能御列强之侵入乎？当善后时代，将排满而得国础之奠安乎？抑利满而得国础之奠安乎？此三者不可不察。夫自今以往，有汉满同奴耳，否则汉族必为国中之主人。今不务养成可以为主人之资格，而徒曰："吾不愿奴。"不愿而奴，遂可免耶？一言蔽之，吾若有建国之能力，则以小民族成一国民可也，以大民族成一国民亦可也。若其不能，亦安所往而有合哉？

吾因读伯氏书，有所感触，不觉其言之长而与著述体例不相应也。吾又知吾之此论，必非新学界青年诸君所乐闻也。虽然，吾道吾今日之所信，所信之为进步、为退步，不敢计也。以其所信与一世之舆论挑战，不敢辞也。若夫预备乎？实行乎？则各应于其地位之可得为者而孳孳焉，非笔舌之范围所宜及也。

三　论民主政治之本相及其价值

伯氏博论政体，而归宿于以君主立宪为最良，谓其能集合政治上种种之势力、种种之主义而调和之。其说繁，今不备引。谨介绍其论共和政体者，而以鄙见发明之。

伯氏以为主治权与奉行权分离，是共和政体之特色也。主治之权，掌之于多数之选举者（即国民），奉行之权，委之于少数之被选举者（即大统领及官吏）。以故奉行者虽为臣仆，而反常治人。主治者虽为主人，而反常治于人。以牵制之得宜，故无滥用国权之弊，而多数国民得所庇焉。此其所长也。虽然，坐是之故，而国权或渐即微弱，侪国家于一公司。加以众民之意向，变动靡常，而国之基础，因以不固。此其所短也，故行此政体而能食其利者，必其人民于共和诸德，具足圆满，不惜牺牲其力其财，以应国家之用。且已借普及之学制，常受完备之教育。苟如是，其庶几矣。若其人民浸染衰废之俗，务私欲而不顾公益，气力微弱，教育缺乏，而欲实行此政体，则未睹其利，而先已不胜其弊矣。其甚也，必至变为阿里士多德所谓暴民政治者，而国或以亡。

伯氏乃详考共和政体之沿革，述美国、法国、瑞士三者之成败，而指其得失之林。其言曰：美国之能变英国政体而为今政体者，何也？彼其未离母国羁轭之时，而共和之原质已早具也。当其初年，其民之去本国而移殖于他乡者，于祖国之议院制度、自治制度，固已久习熟练，怀抱政治心以去。及其至新大陆，又不能复倚赖贵族及本国官吏之力，不得不以自助及相济两主义为安居乐业之本原。共和政治之精神，实根于此。及其自助相济之既久，习而成风。一旦而欲再加以束缚，其势自不乐受。且所居新辟之地，广漠无垠，任其所之。稍有不适，褰裳去之耳。故当千六百六十九年，英国法理学大儒洛克氏者，曾为植〔殖〕民地草一新宪法，欲以英国所固有之君主贵族政体，传其种于美洲。百计经营，竟成画饼，职此之由。故美国之共和政体，非出现于独立之后，而出现于殖民之时。其植根如此其深，而发源如此其远也。

此政体之播植于欧洲也，自法兰西始。法人以千七百九十三年，立革命后之新政府，其规模略仿美国。惟一切政权，不以畀诸一人之大统领，而以司诸数名之行政委员。虑其权之在一人，而将滥用之以复于君主也。乃曾几何时，而拿破仑第一之帝国出现。及千八百四十八年，再为共和，置大统领，一如美国。然此第二次之试验，亦不见效。拿破仑第三旋起而盗之，再建帝国。今者第三回之试验，旋行于千八百七十年。而此新共和国之能否永年？识者犹疑之。（按：伯氏国家论成于千八百七十四年，其时值法国新造之后也，今民政完备，虽不及美，然久经陶冶，国民之资格渐备矣。）

考法人之政治思想，当人权论出世之时，始大发达，其国民爱平等，尊自由，彻始彻终，心醉共和主义。虽然，其国民之性情，乃与共和主义最不相容。昔西士罗（按：罗马之伟人也）尝评高卢人（按：法国民族所自出也），云："其性好新易迁，无论为压抑，为自由，久之皆不能忍受。"夫孰知当千数百年以后之今日，而法人此性，竟不克改也。不宁惟是，自治者，共和政治最切要之条件也。而法人曾无所练习，百事皆仰赖政府。故读法国建国以来之历史，其治国之道，常以中央集权制度相贯彻。全国之运命，悉系于巴黎一城。此自古及今，未或有改者也。夫欲行中央集权，使圆满而适当，则必有强大之主权，精悍之官吏，有力之军队。若此者，惟君主政治为最宜。故法国虽当两拿破仑及麦马韩为大统领之时，其表面则装示共和政治之美名，其实质则与君主政治无毫厘之异也。

若夫瑞士则异是，其人民自数百年以来，既于村落而有自治体裁。其市府之旧宪法，皆略带贵族政治之性质。无论何市府，皆于行政小会议之外，别有立法之大会议。其在村落，人民皆有直接参政之权，每年集会，以多数之决议，制定法律，任命高等官吏。以故千八百九十五年创建共和以后，虽蒙外界之影响，未能实行，而历时未久，遂克改良，传今不替。盖其先天所受者，与法国殊异也。

伯氏又曰：共和政体之优于他政体者有五端：（一）养成国民之自觉心，使人自知其权利义务，且重名誉也。（二）使人民知人道之可贵，互相尊重其人格也。（三）以选举良法，使秀俊之士，能各因其材以得高等之地位，而因以奖厉公民之竞争心也。（四）凡有材能者，不论贫富贵贱，皆得自致通显，参掌政权，以致力于国家也。（五）利导人生之善性，使国民知识，可以自由发达，而幸福日增也。以故苟为国民者，能于共和所不可缺之诸德，具足圆满，则行此政体，实足以培养爱国心，奖厉民智。驯至下等社会之众民，其政治思想，亦日发达，以进于高尚，美哉共和！

虽然，天下事之结果，每不能如其所期。虽以最适于共和之美国，而其政治社会之趋势，犹有与此诸德适相背驰者二事。一曰贱视下级之国民也。同为公民，同有自由平等之权利，但使其教育程度在社会水平线以下者，一律蔑视之，不独待烟剪人、黑人为然也。凡与彼辈在同等之位置者，莫不有然。（按：观其待华人，可知矣。）此亦平等主义万难实行之征证也。二曰猜忌非常之俊杰也。凡国民之门第、学识、聪明、才力、资产挺出于社会水平线以上者，率为公众所嫉忌，而不得自效于政界。惧其含有君主贵族之余质，而将以倾覆国宪也。（按：此论最确。凡美国第一等人物，皆不久于政界。此其原因甚多，伯氏所言不过其一端耳。吾所著《新大陆游记》，研究此问题颇详，今不先赘。但现在帝国主义之风潮渐急，虽美国亦渐革此恶习矣。）故共和政体者，最适于养中等之人物，齐国民之程度而为一者也。

伯氏又曰：共和政体，为国民谋普通之利益则有余，谋高尚之幸福则不足。如设学校、治道路、奖慈善等事，共和政所最优也，至如文学、哲学、美术等高尚事业，虽百计奖厉，而发达总不能如其所期。夫此等无形之文明，寻常政治家或不措意焉，而不知此乃导进人格独一无二之法门。如美国者，崇拜实利之主义过甚，国民品格之堕落，亦滔滔可惧也。

伯氏又曰：共和政体之最缺点者，使其政府如一机器然。循轨自动，几无复有活泼之意识行乎其间。彼以防弊故，不能不用牵制之法。故选举更迭，为此政体所不可缺之一要具。以屡更迭故，执政者之地位，常不巩固。以不巩固故，无余裕以练习政务，以通览大势，以养成完全大政治家之资格。何也？凡入政界者，必经一二年后，乃能增进其政治能力，渐有所擘画，为国家百年大计。而实行此计画，又往往非数年之力不能，而瓜代之期已至矣。后任者之能否继吾志而竟吾业，非所期也。故人人各存五日京兆之心，而于国家有机体之永续发达，所窒实多矣。

伯氏又曰：置多数之常备军，此共和政体之所大禁也。夫常备军者，外之以发扬国权，内之以保维秩序，实国家之要素也。而在共和政之国，以嫌忌专制故，惧此兵权所属，将为多数人民自主之蟊贼也，故其势不得不代以民兵。民兵者，其于警卫守御之力，虽不可侮，然以视素练之常备军，固有间矣。故他日者，世界进于大同，战争之迹绝于天壤，则共和政诚为立国之极轨，今则犹非其最适而最优胜者也。

（按：伯氏所论，大半就美国现状而评骘之，其语固动中肯綮，但末两条，则今日情状大变矣。美国自麦坚尼以后，实行帝国主义。至重新解释宪法，增加中央政府之威力，于是社会中最高流人物，渐投身于政界。而西班牙战争以来，扩张军备之志日以锐。今年总统罗斯福巡行全国，所至演说，皆注重军实。于是此两缺点，皆渐去矣。此亦共和政体之一进化也。

又按：伯氏所论共和政体之价值，可谓博深切明，然犹有未尽者。顷读德国柏林大学教授波伦哈克所著《国家论》，有足以相表里者，附译如下。波氏者，比较法制派之巨子。原书以千八百九十六年出版，日本早稻田大学校于三月前译出，实最新之学说也。）

波氏曰：国也者，何也？以平衡正义、调和社会上各种利害冲突之一团体也。（按：其意谓社会各种小团体，其利害势不免冲突，必赖有一大团体，超然立于其外以调和之，即国家是也。）而在彼共和国，则其统治之主体（按：即国家）与其统治之客体（按：即国民）同为一物。舍人民以外，则国家之要素，他无复存。（按：君主之国，亦非不以人民为要素也，而人民之外，尚有他要素。若英国，则合君主、贵族、平民三要素而成国者也。原文词简意赅，翻译殊窘。读者谅之。）夫无论何国，其社会上、宗教上、民族上及其他种种关系，莫不错综分歧。此之所利，或彼之所害。利害抵触，而必有冲突。此等冲突，即由人民本体而发生者也。以本体所发生之冲突，而还欲以本体调和之，是无异使两造之斗讼者，而自理曲直也。天下困难之事，孰过于此？君主者，则超然于此等种种利害关系之外，而代表大团体之国家，以调和之者也。所贵乎有国家者，其目的莫大于是。而君主国之达此目的，与民主国之达此目的，其难易判然矣。（按：古今政治学者，论国家之目的，言人人殊。波氏谓国家为正义平衡之源泉，以调和国内种种利害而融合之为目的。是其创见，亦笃论也。学者不可不深察。）以是之故，凡共和之国家，大率革命相寻，使法制失其永续之性，而几于不国，殆非无故。（按：此指南美洲各共和国言也，详见下文。）

共和政体，惟有一种结构特别之国家，可以行之而无弊。其结构云何？则奉同一之宗教，集同一之民族，其社会上各种利害之关系，不甚冲突。而其最要者，曰国境甚狭。苟具此资格而结成一小共和团体者，夫然后可以持久。瑞士之各村落、各市府，美国独立以前之各州，是其模范也。（按：今之美国，国境甚辽阔，而仍能行者，其根柢全在各州也。吾所著《新大陆游记》，言其性质颇详。）在此等结构之国，其国家自减缩其行动之范围，而一以放任之于私人。其人民之监督公共事业也，亦无鞭长不及之患。而自治制驯致巩固，则共和可以行之数百年，而大纷扰不起焉。而不然者，种种阶级，互相悬隔，贵族与平民阅，资本家与劳动家阅，甲族与乙族阅，甲省与乙省阅，于此之国，而欲行共和政以图宁息，是无异蒸沙以求饭也。

夫共和国者，于人民之上，别无独立之国权者也。故调和各种利害之责任，不得不还求之于人民自己之中。必无使甲之利害能强压乙之利害，而诸种之关系常克相互平等，而自保其权衡。若此者，惟彼盎格鲁撒逊人种，富于自治性质，常肯裁抑党见以伸公益，以故能行之而绰绰有余。若夫数百年卵冀〔翼〕于专制政体之人民，既乏自治之习惯，复不识团体之公益，惟知持个人主义以各营其私，其在此等之国，破此权衡也最易。既破之后，而欲人民以自力调和平复之，此必不可得之数也。其究极也，社会险象，层见叠出，民无宁岁，终不得不举其政治上之自由，更委诸一人之手。而自帖耳复为其奴隶，以图性命财产之安全。此则民主专制政体所由生也。（按：民主专制政体之原因结果，下文详之。）

又别有一种之国家，其于享受共和政之资格，虽一不具，以多数土著人种为基础，而少数之欧罗巴人立于其上，而此少数者，亦未尝有政治思想及其能力，纯然为一无秩序之社会，若此者，自当以君主专制政体为最宜者也。虽然，以其为殖民地之故，欲置立君主，而无历史上之基础，乃不自量而妄效美国，侈共和之美名。（按：此指南美洲、中美洲诸国也。）虽然，彼高尚完美之共和制，与此等之国程度不相应，以故累冲突以冲突，重革命以革命。而彼之所谓革命者，又非起于人民之万不得已也，徒为二三霸者之私斗而已。一胜之将，假共和之形式以答畜其民，不旋踵而他将代之，起仆兴亡，迄无宁日，国民进步之障碍，莫大于是。

波氏又曰：因于习惯而得共和政体者常安，因于革命而得共和政体者常危。请言其理。夫既以革命之力，一扫古来相传之国宪，取国家最高之目的，而置之于人民仔肩之上矣。而承此大暴动之后，以激烈之党争，四分五裂之人民，而欲使之保持社会势力之平衡，此又必不可得之数也。于斯时也，其势力最猖獗者，即彼鼓吹革命率先破坏之一团也。而此党派，大率属于无资产之下等社会，其所举措，往往不利于上流。作始犹简，将毕乃巨。其力既无所限制，自必日走于极端，而遂取灭亡。彼曷为而致灭亡？夫既已自紊历史上之权利，自伤政权之神圣，一旦得志，而欲以我新获之权利，造成历史的之根柢，虽百般拥护，未有能济者也。于是乎社会阶级之争夺，遂相互迭起而靡有穷。（按：自此以下数节，大率皆借法国立论，其性质与南美诸国略异。）

争夺之极，其得最后之胜利者，则彼从梦中惊起之富豪阶级也。然彼等虽胜利而已厌政权。何也？当彼之时，其握政权者常危殆也。彼等欲得政治上之权利，不过以保其生命财产之安全云尔。其既得之也，则必孳孳然复自营其生计，不惜出无量之代价，以购求和平。而社会棼乱疲敝之既极，非更有独立强大之主权，则终不能以奠定。故君权思想之复活，实剥复之道所必至也。然历史上之国家，既已覆灭，今欲使一姓再兴，重复其旧，则其结果更酿百弊。欲别拥新主，而无一人可认其固有之权利，即勉戴之以行君主议院制度，终觉其主权微弱，不足以救济沉痼疮痍之社会也。于是乎民主专制政体，应运生焉。若此者，于古代之罗马见之，于近世之法兰西见之。

民主专制政体之所由起，必其始焉，有一非常之豪杰，先假军队之力，以揽收一国实权。然此际之新主治者，必非以此单纯之实力而能为功也。而自顾己所有之权利，以比诸他国神圣不可侵犯之君主，而觉其浅薄无根柢也。于是不得不求法律上之名义，即国民普通投票之选举是也。彼篡夺者（按：即所谓一非常之豪杰），既已于实际掌握国权，必尽全力以求得选。而当此全社会渴望救济之顷，万众之视线，咸集于彼一身。故常以可惊之大多数，欢迎此篡夺者。而芸芸亿众，不惜举其血泪所易之自由，一旦而委诸其手，又事所必至、理所固然也，何也？彼时之国民，固已厌自由如腐鼠，畏自由如蝎蛇也。

此篡夺者之名，无论为大统领，为帝王，而其实必出于专制。彼时之民，亦或强自虚饰，谓我并非以本身之权利，尽让于此一人。而所定宪法，亦常置所谓国民代议院，谓以此相限制也。而实则此等议院，其权能远在立宪君主国议院之下。何也？君主国之议院，代表民意者也。君主而拂议院，是拂民也。此等之议院，则与彼新主权者（即篡夺者）同受权于民，而一则受之于各小部分，一则受之于最大多数。故彼新主权者，常得行长官之强权。不宁惟是，议院之所恃以对抗于彼者，赖宪法明文之保障耳。而彼自以国民骄子之资格，可以随时提出宪法改正案。不经议会，而直求协赞于国民。权利之伸缩，悉听其自由，故民主专制政体之议院，实伴食之议院也。其议院之自由，则猫口之鼠之自由也。

君主专制国，其诸臣对于国民无责任，惟对于君主有责任。（按：君主对于国民本非无责任也，然其责任不分明，故驯至于无。）君主立宪国，君主无责任，惟议院政府诸员（按：如英国之制，政府即议院之多数者也。故两者并举），对于国民而代负责任。独民主专制国不然，惟民主（按：波氏所谓民主者，兼大统领及帝王言之。拿破仑两帝亦此类之民主也。读者勿误。）对于国民而负责任，他皆无之。虽然，所谓责任者，亦不过宪法上一空文耳。夫既已以永续世袭之最高权委托之于彼。此后而欲纠问其责任，则亦惟视其力所能及，更破坏此宪法，而移置其主权耳。质而言之，则舍再革命外，无他途也。要之，此专制民主犹在，而欲与彼立宪君主政体之国民，与纯粹共和政体之国民，享同等自由之幸福，势固不能。

译者曰：吾心醉共和政体也有年。国中爱国蹀躞之士之一部分，其与吾相印契而心醉共和政体者，亦既有年。乃吾今读伯、波两博士之所论，不禁冷水浇背。一旦尽失其所据，皇皇然不知何途之从而可也。如两博士所述，共和国民应有之资格，我同胞虽一不具，且历史上遗传性习，适与彼成反比例，此吾党所不能为讳者也。今吾强欲行之，无论其行而不至也，即至矣，吾将学法兰西乎？吾将学南美诸国乎？彼历史之告我者，抑何其森严而可畏也！岂惟历史，即理论，吾其能逃难耶？吾党之醉共和、梦共和、歌舞共和、尸祝共和，岂有他哉？为幸福耳，为自由耳。而孰意稽之历史，乃将不得幸福而得乱亡；征诸理论，乃将不得自由而得专制。然则吾于共和何求哉，何乐哉？吾乃自解曰：牺牲现在，以利方来，社会进化之大经也。吾尽吾对于吾子孙之义务，吾今之苦痛，能无忍焉！而彼历史与理论之两巨灵，又从而难余曰：南美诸邦，人之子孙。藏其自由铁券于数十层僵石之下，谁敢定其出世之当在何日也？曰：法兰西自一七九三年献纳牺牲以后，直至一八七〇年，始获飨焉。而所飨者，犹非其所期也。今以无量苦痛之代价，而市七十年以后未可必得之自由，即幸得矣，而汝祖国更何在也？呜呼痛哉！吾十年来所醉、所梦、所歌舞、所尸祝之共和，竟绝我耶！吾与君别，吾涕滂沱！吾见吾之亲友，昔为君之亲友者，而或将亦与君别，吾涕滂沱！吾见吾之亲友，昔为君之亲友，而遂颠倒失恋，不肯与君别者，吾涕滂沱！呜呼！共和，共和，吾爱汝也，然不如其爱祖国；吾爱汝也，然不如其爱自由。吾祖国、吾自由其终不能由他途以回复也，则天也；吾祖国、吾自由而断送于汝之手也，则人也。呜呼！共和，共和，吾不忍再污点汝之美名，使后之论政体者，复添一左证焉，以诅咒汝。吾与汝长别矣！问者曰：然则子主张君主立宪者矣？答曰：不然。吾之思想退步，不可思议，吾亦不自知其何以锐退如此其疾也。吾自美国来，而梦俄罗斯者也。吾知昔之与吾同友共和者，其将唾余。虽然，若语于实际上预备，则不在多言，顾力行何如耳。若夫理论，则吾生平最惯与舆论挑战，且不惮以今日之我与昔日之我挑战者也，吾布热诚，以俟君子。

四　论主权

主权者，一国精神所由寄也。故论国家者，必明主权。伯伦知理之论主权，其要有五：

一　主权者，独立不羁，而无或服从于他种权力者也（原注：独立不羁，与无限殊科，勿混视）。

二　主权者，国家之威力也。宜归于人格之国家及国家之首长。其余地方团体及法院、议院等，皆隶于国家之一机关耳，于主权无关也。

三　主权者，至尊者也。主权者据之，以立于国内所有一切权力之上。

四　主权者，统一者也。一国中不能有二个主权。（原注：主权之统一，在君主国最为易见。即在他种政体，亦莫不然。如共和政体，则国民全体为其主权者。贵族政治，则贵族会议为其主权者。英国之立宪政治，则国王与议院连合而为其主权者。是其例也。）

五　主权者，有限者也。主权有受成于国法之权利，即有受限于国法之义务。

伯氏之论主权，所以驳正平丹、卢梭二氏之谬，而求其真相者也。其有功于国家学也最巨。平丹（法国人，生十六世纪）之言曰："主权者，无穷无限之国权也。"又曰："法律依于'主权者'（即运用主权之人）而得其效力，'主权者'非依于法律而得其权能。"此说也，以国家之首长，与国家之全体，混为一谈。路易第十四"朕即国家"之谬论，所从出也。其说久已吐弃，兹不待辨。卢梭之言曰："主权不在于主治者，而在于公民。公民全体之意向，即主权也。主权不得让与他人，亦不得托诸他人而为其代表。虽以之交付于国会，亦非其正也。社会之公民，常得使用其主权，持之以变更现行之宪法，改正古来成法上之权利，皆惟所欲。"伯氏以为卢氏之说，欲易专制的君主主权，而代以专制的国民主权也。然专制君主主权，流弊虽多，而犹可以成国；专制国民主权，直取已成之国而涣之耳。外此更有所得乎？无有也。夫谓主权不在主治者而在公民全体，公民全体之意见，既终不可齐，终不可睹，是主权终无著也。主权无著，而公民中之一部分，妄曰："吾之意即全体之意也。"而因以盗窃主权，此大革命之祸所由起也。公民之意向，屡迁而无定。浸假而他之一部分，又妄曰："吾之意即全体之意也。"而因以攻攫主权，此大革命之祸所由继续也。伯氏所以断断焉与卢氏为难者，其意在是。乃更为申言主权之原则如下：

一　主权既不独属君主，亦不独属社会；不在国家之上，亦不出国家之外。国家现存及其所制定之宪法，即主权所从出也。

二　或谓社会为私人之集合体，主权即为私人之集合权。其言谬甚。主权者公权，非私权也。虽合无量数之私权，不能变其性质使成公权。

三　或谓一民族相结合，虽未具国家之体裁，亦可谓之有主权。此说亦非也。彼民族者，未能成为一"法人"（谓法律上之人格），未有形不具而脑先存者也。故有主权，则有国家；无国家，亦无主权。

五　论国家之目的

伯伦知理曰：自昔论国家目的者，凡有两大派。其在古代希腊、罗马之人，以为国家者以国家自身为目的者也。国家为人民之主人，凡人民不可不自牺牲其利益以供国家。其在近世日耳曼民族，则以为国家者不过一器具，以供各私人之用而已。私人之力有所不及者，始以国家补助之。故国家之目的，在其所属之国民。由前之说，则谓民也者，为国而生者也。由后之说，则谓国也者，为民而设者也。伯氏则曰：两者之说皆是也，而亦皆非也。夫天下之事物，固有自一面观之，确为纯粹之器具，自他面视之，又确有其天然固有之目的者存。即如男女婚媾，其显证也。就其夫妇相爱之情欲言之，则婚媾实一器具也；就其居室大伦传种义务言之，则婚媾实有其至大之一目的存。惟国亦然。

以常理言，则各私人之幸福与国家之幸福，常相丽而无须臾离。故民富则国富，民智则国文，民勇则国强。是此两目的不啻一目的也。虽然，若遇变故，而二者不可得兼，各私人之幸福与国家之幸福，不能相容。伯氏之意，则以为国家者，虽尽举各私人之生命以救济其本身可也，而其安宁财产更何有焉？故伯氏谓以国家自身为目的者，实国家目的之第一位，而各私人实为达此目的之器具也。

虽然，伯氏之论，常无偏党者也。故亦以为苟非遇大变故，则国家不能滥用此权。苟滥用之，则各私人亦有对于国家而自保护其自由之权理云。

（案：天道循环，岂不然哉！无论为生计，为政治，其胚胎时代，必极放任。其前进时代，必极干涉。其育成时代，又极放任。由放任而后为干涉，再由干涉而复为放任，若螺旋焉，若波纹然。若此者，不知几何次矣。及前世纪之末，物质文明发达之既极，地球上数十民族，短兵相接，于是帝国主义大起，而十六七世纪之干涉论复活。卢梭、约翰·弥勒、斯宾塞诸贤之言，无复过问矣。乃至以最爱自由之美国，亦不得不骤改其方针，集权中央，扩张政府权力之范围，以竞于外。而他国更何论焉！夫大势之所趋迫，其动力固非在一二人，然理想之于事实，其感化不亦伟耶？若谓卢梭为十九世纪之母，则伯伦知理其亦二十世纪之母焉矣。）（《新民丛报》第三十八、三十九号合本，1903 年 10 月 4 日，署名"中国之新民"）

严　复

《日本宪法义解》序

《日本帝国宪法义解》一卷，日本伊藤博文撰，金粟斋属桐乡沈纮译。既卒事，以序诿侯官严复。案其书凡七章，章各为条若干，为天皇者十有七，为臣民权利义务者十有五，为帝国议会者二十有二，为国务大臣枢密顾问者二，为司法者五，为会计者十有一，为补则者一，总七章七十三条。而日本维新之规，凡所以体国保民，纪纲四国，经纬万端者，具于此矣。斯大礼必简之义也。义解者，所以达宪法之怡，而明夫其用者也。日本之立宪也，伊藤氏之曹，实杂采欧洲诸国所已行者就之，间亦度其国势民情所能行者以为损益。故是编者，谓之日本帝国宪法可耳，若以概欧洲立宪之制，则亦有僢驰不相比附者矣。此读者所要知者也。

今夫政学家之言国制也，虽条理万殊，而一言蔽之，国立所以为民而已。故法之行也，亦必视民而为之高下。方其未至也，即有至美之意，大善之政，苟非其民，法不虚行；及世运之进也，民日以文明矣，昧者欲殉区区数百千人之成势私利，执其湿束庹使之法，挟天祖之重，出死力保持，求与之终古，势且横溃荡决，不可复收，而其群以散。此为治之家所为必消息于二者之间，以行其穷变通久之术，则法可因民而日修，而民亦因法而日化；夫而后法与民交进，上理之治，庶几可成。而所谓富强之效，抑其末已。是故日本帝国宪法者，非明治维新之众之所能为也，日本通国之人实为之，又非日本通国之人之所能为也，日本所席之旧治，与所遭之时世实为之。盖一果之成，固必有其无数因者，合而使之，必出于此。使见者而曰是某与某之业也，其于言治遽矣。(《日本宪法义解》)

主客平议

中国自甲午中东一役，而情实露，自庚子内讧，而情实愈益露。盖不独列强之所以待我者大异乎其初，即神洲之民，所以自视其国者亦异昔。于是党论朋兴，世俗之人从而类分之：若者为旧，若者为新。夫二者若徒就其所论而观之，则若甚异而莫一合，至察其用意，则皆爱国一念之发中也，特时势事情有审不审耳。本报开既数日，搢绅先生、绩学巨子，颇不弃而临存之，时时教以报事之所不逮，致足感也。日者二客见临，姓氏既通，伟论乃始，主人旁聆其言，窃有以窥夫时论大凡症结之所在。客既去，爰泚笔而录之报端，意或者亦海内之所愿闻也。

旧者曰：嗟夫！时至今日，世变亟矣，外侮深矣。而事之所以至此者，坐师不武，臣不力耳。而时务之士，乃病其政教。夫纲常名教，凡中国所恃以立国明民者，亘万古而不变者也。属者之不振，正纲常名教之不张。张则格苗贡雉之盛，可复见于今日。是故谋国之要，在于反经，经正而庶民兴，无余事矣。且吾不解夫世之所谓洋务与西学者，果何物也？吾《大学》之所教，始以明德，终以新民，固无一不止于至善。其为目自格物以至于平天下，金声玉振，何所不赅！世岂有外是为学者乎？就令有之，无亦杂霸功利之末流，可以幸一时之富强，而不可以致太平之盛轨。又况洋者吾仇，西者吾寇，寇仇之所为，安往而不祸中国？是宜深恶痛绝之不暇，奈之何又从而慕之？且扬澜推澜，使其物反加于吾先圣先王之上乎！方今阳九百六之运，道丧言尨，周、孔、程、朱之泽，不绝如线。子为中国人而被服儒者也，固宜出万死不顾一生之计，求有以维持之，使人道无至于遂绝。乃设淫辞而助之攻，意若谓是陈陈者，固不如早爇之为愈也。呜呼！其亦不仁甚矣。吾闻守己者之可以存己矣，未闻毁己从人者之能存己也。

　　新者曰：今夫国其盛衰废兴，必非一朝一夕之故也，莫不有其所从来。故中国之弱，非弱于财匮兵窳也，而弱于政教之不中，而政教之所以不中，坐不知平等自由之公理，而私权奋压力行耳。盖先圣之创垂非一，要以维亿兆之治安；而泰西之法制多方，归于使种民之强殖。况今者全球云蒸，五洲趾错，物竞之风潮甚大，优者必胜，劣者必僵。今试取吾国之形以与彼族者较，则几几焉无一事不瞠然后也。溯自道、咸至今，徒以气矜之隆，其受创于异种人者，为前世所未曾有。则天之所以儆吾民者，可谓至矣。夫今不图奴虏灭亡之忧，势有所必至，仅失财蹙地云已哉！且墨守者之言过矣。政教立，所以为民，非民生所以为政教也。使循古勿变，而可驯致于强乎，则吾辈何必取高皇帝之法度而纷更之。诚情见势屈，知非更始不为功，则刍灵輴涂，固无取再寝之眯，此虽管、葛生今，其为术不外是也。如曰是莘莘者皆先圣之所留贻也，宜死守而勿去，是则以国与民殉乎政教。顾国亡民散之后，政教亦无所托以为存，智者所图，固若是乎？故吾重思之，宁为更新之难，不为笃古之易。洋务西学，诚经世者所不可不讲也。不然，尊宗国而疾寇仇，吾岂异于人哉！

　　旧者曰：中国古之学者，无所谓经世之术也，治礼焉而已。而先王之宰制天下，亦无所谓经世者也，明礼焉而已。故孔子曰："能以礼让为国乎，何有？不能以礼让为国，如礼何？"至于三代之治，愈无所谓富国强兵者矣。盖至仁无敌，而治具既张，则民德归厚，先仁义而后利资，斯无假力征经营，自有以奠其国于磐石。熙皞之民，耕三余一，鼓腹含和，无过庶过富之通患。惟至世衰道散，而希俗取容之士，始扼腕争言富强，如管仲之内政，李悝之任地，白圭之治生，商君之阡陌，孔仅之盐铁，桑羊之均输，大抵偷为一切之政以中伤君，而其究也，民俗凋敝，而国本之拨随之。故曰利也，常不如其害。嗟乎，彼西人今日所称富强之术，岂异此哉！且夫礼莫大于等威，故上天下泽，君君臣臣者，天之秩叙，而国之纪纲也。秩叙紊，纪纲亡，则民僭奢谮张，相率以从于无等之欲。故物力常屈于纷争，而世且敝敝大乱。当此之世，国虽有粟，得而食诸？子所称今日之西人，以言富强，则固富强矣，以言其治，则未至也。何以言之？彼数年之间，法兰西、美利坚之总统，皆死于非命矣；比者奥、意、德、俄之主，咸早暮廪廪于均富无政府之党人。如此而曰国治，得乎？寡昧无识之夫，徒震于彼族一再胜之威，不知吾立国之经，固自有其大且远者，乃嚣然欲举中国数千载之天经地义，弁髦弃之，旦而言平等，夕而说自由。有民权者，有民主者，甚且蔑君相之尊，指为一国之公仆，忘非后何戴之义，有用夷变夏之思。涓流可以断山，星火则以燎原，乃今者革命之谈，遍南北矣。夫拨乱反正可也，弃治从乱不可也。闻国治而后富强者矣，未闻倡乱以图自强者也，革命之谈，非倡乱耶？夫中国丁今时之厄运，谓之贫弱可耳。然尚足以肤立于列强相轧之世，得一二老成人为维持其纪纲，则庶几可以治，治则庶几可以强。乃使蜂气者起而乘之，将外之则海水群飞，内之则瞻乌靡止，于斯之时，彼眈眈环伺之敌，将并集于吾敝，则天下乃真亡耳，新若故奚择焉。

新者曰：有是哉，吾子之拘于所习也！今夫中与西之言治也，有其必不可同者存焉。中之言曰，今不古若，世日退也；西之言曰，古不及今，世日进也。惟中之以世为日退，故事必循故，而常以愆忘为忧。惟西之以世为日进，故必变其已陈，而日以改良为虑。夫以后人之智虑，日夜求有以胜于古人，是非决前古之藩篱无所拘挛，纵人人心力之所极者，不能至也，则自由尚焉。自由者，各尽其天赋之能事，而自承之功过者也。虽然彼设等差而以隶相尊者，其自由必不全。故言自由，则不可以不明平等，平等而后有自主之权；合自主之权，于以治一群之事者，谓之民主。天之生蒸民，无生而贵者也，使一人而可以受亿兆之奉也，则必如班彪王命之论而后可。顾如王命论者，近世文明之国所指为大逆不道之言也。且以少数从多数者，泰西为治之通义也。乃吾国之旧说不然，必使林总之众，劳筋力、出赋税，俯首听命于一二人之绳轭。而后是一二人者，乃得恣其无等之欲，以刻剥天下，屈至多之数以从其至少，是则旧者所谓礼、所谓秩序与纪纲也，则吾侪小人又安用此礼经为？且吾子向所谓富强者，富强此一二人，至少之数也；而西国所谓富强者，举通国言之，至多之数也。法与美之总统不数年而皆死于非命，固也。然吾子之所谓乱者，政吾之所谓治也。何以言之？向使其事见于中国，则全局之危岌，将不知几人称帝，几人称王，以逐此已失之鹿，民生涂炭，又当何如！乃在欧美之间，则等于牧令之出缺已耳，此非其治欤？嗟乎！二十世纪之风潮，不特非足下辈旧者所能挽，且非吾辈新者所能推。循天演之自然，而其效自有所必至。使天而犹眷中国乎，则立宪与革命，二者必居一焉。立宪，处其顺而易者也；革命，为其逆而难者也。然二者皆将有以存吾种。惟二者举无所为，夫而后眈眈之敌，有以承吾敝耳。足下前言，所谓知其一而不知其二者也。

于是大公主人乃起而解两家之难曰：美哉！二子之言。是皆持之有故，言之成理者欤。虽然，其皆有所明，而亦各有所忽。夫自由、平等、民主、人权、立宪、革命诸义，为吾国六经历史之不言固也，然即以其不言，见古人论治之所短。今使其人目略识旁行之文，足稍涉欧、美之地，则闻闻见见，将无所遇而不然。彼中三尺童子皆知义务民直为何等物也。至于发明伦理治法之书，则于前数者之义为尤悉。士生今日，使朝廷禁其读西书、治新学则亦已矣。若必读西书，必治新学，而乃取前数者之说而绝之，曰：此非西士之言也，直康、梁之余唾耳。此何异以六经四子授人，乃大怪其言仁义，曰：此非孔孟之说也，直杨、墨之唾余耳。公等有不大笑轩渠者乎！往者某尚书最畏民权自由之说，亲著论以辟之矣，顾汲汲然劝治西学，且曰西艺末耳，西政本也，不悟己所绝重者，即其最畏之说之所存，此真可为强作解事者殷鉴矣。然此不具论。窃谓国之进也，新旧二党，皆其所不可无，而其论亦不可以偏废。非新无以为进，非旧无以为守；且守且进，此其国之所以骏发而又治安也。故士之无益于群而且为之蟊贼者，惟不诚耳。倾巧险巇，于新旧二者之旨，本皆无所信从，而徒以己意为禽犊。遇旧则为墨守，逢新则为更张，务迎合当路要人，以苟一朝之富贵，则吾真未如之何也已。使皆出于诚，则心之不同，如其人面。旧者曰：非循故无以存我。新者曰：非从今无以及人。虽所执有是非明暗之不同，要之其心皆于国有深爱。惟新旧各无得以相强，则自由精义之所存也。

嗟呼！庚子妖民愚竖，盗兵潢池，其贻祸国家至矣，然而其中不可谓无爱国者。特愚妄愤戾，而其术又纯出于野蛮，此其所以终被恶名，而无以自解于天下。呜呼！亦可伤已。虽然，士处此时，新旧固各任其自择，苟出于诚，其于群皆有一节之用，顾不佞所以为天下正告者。中国以一统之局，为其旧者三千余年于兹矣。乃今开关以与五洲之人类相见，则本屈伸相酬，无往不复之理，吾策新机之动，将必有不可思议者见于方来。公等惧其过而为祸烈欤？则莫若利导之，其次整齐之，最下与之争。争之犹可，若乃据一时之国柄，而逞其禁锢剿绝之淫威，则无异持丸泥以塞孟津，势将处于必不胜，而后此流血滔天之祸，有其尸之者矣，咎不必尽在新者徒也。吾所为旧言者止于此尔。

至于新者独无以云乎？夫中国亲亲贵贵之治，用之者数千年矣，此中之文物典章与一切之谣俗，皆缘此义而后立。故其入于吾民之心脑者最深而坚，非有大力之震撼与甚久之渐摩，无由变也。且异族之来而与吾种竞者，仅五十年耳。先是则以谓横目之民莫我贵也，宇内治制，莫此优也。至疆场之事，一彼一此，何足计乎？故一旦欲变其感情思想，则其势不能。当此之时，前识忧时之士，旷观千古，横览五洲，念吾民设长此而终古，则不足图存于物竞最烈之余。于是忧其笃古者，则进之以从今，起其受治者，而勖之使自立。此其意诚善也。独数千载受成之民质，必不如是之速化；不速化，故寡和。寡和则勍者克之，必相率为牺牲而后已。夫牺牲何足辞？独是天之生先觉也不易，而种之有志士也尤难，奈何以一二人倡说举事之不详，遂牵连流血以灌自由之树乎！是公等为己谋之未臧，而又使吾国受大损也，其亦重可悲矣！且其效于群又何如？昔英之革命也，实当胜代之季，法之革命也，近在乾嘉之间。至今考其国史，其酝酿之也皆百余年，而事后之创夷，国之唫呿〔吽〕呻吟者又百余岁，夫而后文明之终福获焉，则其难有如此者。且欧、美二洲之间，非一国也，所谓自由溥将而民权大重者，独英、美及中间数小部则然耳。西班牙不如是也，德意志不如是也，至俄罗斯则愈不如是。比者学子乡佣之蠢蠢，有明征矣。乃至即英、法诸先进之国言之，而其中持平等民权之政论者，亦仅居其大半。卢梭氏之《民约》，洛克氏之《政书》，驳其说以为徒长乱阶者，岂止一二人哉！夫泰西之民人怀国家思想，文明程度若甚高矣，其行民权之说，尚迟而且难如此，公等试思，是四万万者为何如民乎？而期其朝倡而夕喻也。嗟呼！傲旧俗之余劲，与沮文明之潮力，二者贤不肖异，而皆不祥之金也。以其皆长杀机而拂天演之自然故也。

言未竟而新者进曰：使人力必不可以胜天，则日本以三十年之变政，而比迹列强，是何兴之暴耶？主人曰：日本殆天授，非人力也。彼固得其所权藉，而非他国所可当也。何以言之？其始也，有天皇与幕府对立之现势，使得阴行革命之实于反正之中，一也；其开通也，先于上位，故能用专制之柄，以偃维新之风，二也；有老大帝国之支那，以为其及锋之质，以一胜之效，而民气振焉，民志坚焉，凡此皆其所权籍也，故能三十年而成世史未有之丕烈。问吾中国有一于此乎？盖中国之湛痼，不亚于昔之法兰西，而政教之火烈水深，又不如其已甚，又无笛卡儿氏、贝礼氏、福禄特尔氏辈之导其先也。其幅员之广博，庶几夫俄罗斯，而风气之纯一，又远过之，独无大彼得之为君以新其国命。今者转弱为强之机，内之悬于两府，外之系于封疆。顾斯二涂，后此二十年之间其能得人与否，几几可以预卜。方将资学校以培才，而今之所谓学堂者，特书院之变相耳，何能为乎？公等诚皇皇矣，然独弦哀歌，而无如其孤唱寡和何也？仆诚无以慰足下，特望忍之而已。斯宾塞尔不云乎："士必有宁静之智，而后有以达其宏毅之仁也。"
（《大公报》1902 年 6 月 26—28 日）

《英文汉诂》叙

扬子云曰："言，心声也。"心声发于天籁之自然，必非有人焉能为之律令，使必循之以为合也。顾发于自然矣，而使本之于心而合，入之于耳而通，将自有其不可畔者。然则并其律令谓之出于自然可也。格物者，考形气之律令也；冯相者，察天行之律令也；治名学者，体之于思虑；明群理者，验之于人伦。凡皆求之自然，著其大例以为循守。文谱者，特为此于语言文字间耳。故文法有二：有大同者焉，为一切语言文字之所公；有专国者焉，为一种之民所独用。而是二者，皆察于成迹，集其所会通以为之谱。夫非若议礼典刑者有所制作颁垂，则一而已。庄周曰："生于齐者，不能不齐言，生于楚者，不能不楚言。"小儿之学语，耳熟口从，习然而已，安有所谓法者哉？故文谱者，讲其所已习，非由此而得其所习也。

十稔以还，吾国之习英文者益众，然学者每苦其法之难通，求之于其师，又罕能解其惑而餍其意。癸卯南昌熊子访不佞于京师，殷然誦讬，意谓必篡是编，乃有以答海内学者之愤悱。窃念吾国比者方求西学，夫求西学而不由其文字语言，则终费时而无效。乃以数月之力，杂采英人马孙、摩栗思等之说，至于析辞而止。旁行斜上，释以汉文，广为设譬，颜曰《英文汉诂》。庶几有以解学者之惑而餍其意欤？未可知也。虽然，文谱者，讲其所已习，非由此而得其所习者也。诚欲精通英文，则在博学多通，熟之而已。使徒执是编以为已足，是无异钞食单而以为果腹，诵书谱而遂废临池，斯无望已。（《英文汉诂》）

《英文汉诂》卮言

中国自甲午一创于东邻，庚子再困于八国，海内憬然，始知旧学之必不足恃，而人人以开瀹民智为不可以已。朝廷屡降明诏，诏天下广立学堂，省、府、州、县有大、中、小之程级，寻常高等，民立官设，名称纷繁，又设大学于京师，置学务大臣以总通国之教育。且虑利禄之路不开，不足导天下使归之于一也，则议递减制科所岁进之人数，欲十年以往，中国之人才，无一人不出于大学。盖百年之间，行政之殷，求效之切，未有过于此一事者，可谓盛已。

然而事有至难。夫吾国教育所不可不改图者，以旧有之经义词赋，议者以为无所用也。德行道义，一切形上之学，此吾所归求之而有余；独功利机巧、兵商工虞之事，吾国失官久矣，是必求之于彼而后能。此体用主辅之说，所以日腾于士大夫之口也。然学固不可以徒得，是必有讲业解惑之师资，又必有佔毕揣摩之编简，是二者将皆求之于外乎？则文字语言，又为山之一篑，而不可阙矣。循此说也，又虑鞮寄象胥之业，古先圣王所视为至贱者，浸假乃遍于党庠术序之中，而吾之典籍文章，所谓数千年贻传之国粹者，举以扫地。此亡国沦种之先驱也，又恶乎可？

由是不得已而有译书之说焉。其意以谓：吾之所患，特无书耳，借令有书，虽有至深之术业，奥衍之文辞，伏而读之，皆可谙解，中西新旧，不过一转移间耳。则由是向之所苦于无师者，今可以我为之师。其所诵读而揣摩者，将皆旧有之文字。凡学校之师保，依然往日之搢绅先生也。而西国之文字语言，即欲治之，为吾一科之译学焉可耳。乌有异言之人，接踵于学校，操其贱业，以比诸吾国经史之列者乎？此真今日海内讲教育者之公言也。

虽然，吾尝思之，昔英博士约翰孙有云："民无论古今也，但使其国有独擅之学术，有可喜之文辞，而他种之民，有求其学术，赏其文辞者，是非习其文字语言必不可。文字语言者，其学术文辞之价值也。夫入市求物，不具价者无所得也，矧文辞之精，学术之宝贵者乎？"此其言尽之矣。又使反而观之，仲尼之述作，莫大于《易》《春秋》，今使西人欲会其微言，考其大义，则译而求之，可乎？秦汉之文辞，屈原之《离骚》，司马迁氏之《史记》，非绝作欤？今使西人欲知其恫款之诚，赏其吊诡之观，则译而求之，得乎？而西之与中何以异？且西字之难以译求者，不止此已。其名词标目，则未有其观念也；简号公式，则未有其演习也。

使闻者而疑吾言乎，则试与举其浅易者以譬之。今夫读历史固莫重于其人之氏姓也，言舆地又莫切于国土之专名也。其在本文，一举其形声，则章别源流，靡弗具焉，不独易为称而便记忆也。而于译则何如？一名之转写，辄聚佶屈钩磔、雅俗互有之字以为之，少者一文，多至八九，羌无文义，而其音又终不相肖。虽有至敏强识之夫，尚犹苦之。以之阅图则溢目，以之读史则吃口，唇呿舌缚，前后相忘；又况名不一译，字不一音，谓能融合贯通，了然心目者，欺人而已。此非天下至难而困惫学者脑气者欤？且史乘地志，西学之粗者耳，待译而治之，其扞格不通既若此，遑问其精者哉！嗟乎！南民不可与语冰者，未有其阅历也；生瞽不足以喻日者，无可为比例也；天下言西学而云可不习其文字者，惟未之学故耳。

而不佞尝闻世俗之论矣，曰：吾云西国语言文字之不必学者，非恶其物也，防其学之流弊也。夫中才莫不牵于所习，彼习某国之语言文字者，莫不崇拜某国之文物而心仪之。海通以来，互市之场，所在多有，不独官求译人也，而彼族亦需之。使学堂而课外国之语言文字乎？彼于于而来者，其志非以求学也，变其口耳，冀为西人效奔走以要利耳。夫立学堂，将以植人才铸国民也。乃今以习其语言文字之故，驱吾国之少年为异族之奴隶，如立学之本旨何？吾闻国之将兴，未尝不尊其国文，重其国语，未闻反是而以兴者。且今日学堂所以进西学而跻于旧文之列者，所望其学浸假将为我学也。使犹治之以西国之文字乎，则所谓西学者，必终于为西学。西学既日兴，则中学固日废，吾观今日之世变，中学之废，殆无可逃。顾必自吾曹为之开关延敌而助之攻，夫非与于不仁之甚者耶！

今之主毋治西文、毋学西语者，其忧深虑远，而持有故、言成理者，有过于前说者乎？殆无有也。虽然，吾又思之，窃以谓凡此皆见浅而不见深，知一而不知二之论也。夫事变之来也，往往果者非其所期，而所期者不必果；非所果与所期者，必相遁也。坐常人之为虑粗，而耸于近似之说故耳。今且无言其悬理，而请证之以已形之事实。夫国学而习外国之文字者，不徒中国有此事也，故今日东西诸国之君若臣，无独知其国语者。有之，独中国耳。且所习者不止一国也，兼五六国者常有之，果使必牵于所习而崇拜之，则西国之卿大夫，将人人皆犯交通之刑宪，此其事然耶？否耶？且交通之为贼，固莫甚于使与将。而彼职外交者，于外国之语言，固最习也；所不习者，且不中选焉。英之陆军，且增其资俸以劝将弁之通俄语者矣；法之陆军，其将校且必娴德语；至于各国海陆军中，莫不重其通知外国语者，何我之所忌与彼之所求，竟如是其相反也耶！

至谓习西语者多为西人效奔走，此诚数见不鲜之事。虽然，为此者其能事皆至浅薄，至于精通，吾见亦罕。且吾人于此，上不责之用人行政之家，下徒责之急谋生计之学子，此其为论，无乃苛欤！夫草野之人，恒产无资，固必以治生为最切，此人之至情也。且使其人治业十余年，或具私财，或资官帑，幸而成业，于其身有一节之用，而为上者于其才之短长，既莫之鉴别，于其身之饥饱，又漠然无概于其心，则相率而听外人之招，又奚足怪乎？夫开学堂，固云植人才、铸国民也。彼治西学、习西语者，固不尽为人才，亦不尽及国民之平格，然使果有人才而得为国民之秀杰者，必不出于不通西语不治西学之庸众，而出于明习西语、深通西学之流，则今日之厘然可决者矣。岭表之民，有习京师之言而从官为胥役者，其乡之人乃以子弟之习官音为戒，曰是且相率为奴隶也。彼谓习西文则为异族之奴隶者，其持论与此，岂有异乎？

至谓国之将兴，必重国语而尊国文，其不兴者反是。此亦近似得半之说耳。夫将兴之国，诚必取其国语文字而厘正修明之，于此之时，其于外国之语言，且有相资之益焉。吾闻国兴而其文字语言因而尊重者有之矣，未闻徒尊重其语与文而其国遂以之兴也。二百余年以往，英、荷、法、德之硕师，其著书大抵不用本国之文，而用拉体诺语。此如斯平讷查之《外籀哲学》、虎哥觉罗挟之《战媾公法》、奈端之《格物宗论》、培根之《穷理新机》，凡此皆彼中之"不废江河万古流"也。顾其为书，不用本语，而当时之所以为习者，又可知已。然则必如议者之言，以西文治西学者，西学将终于为西学，是必英至今无格物，德至今无哲学，法至今无公法而后可；否则彼之所议，其去事实远矣。

曩者吾人以西人所知，但商业耳，火器耳，术艺耳，星历耳。自近人稍稍译著，乃恍然见西人之所以立国以致强盛者，实有其盛大之源。而其所为之成绩，又有以丰佐其说，以炫吾精。于是群茶然私忧，以谓西学必日以兴，而中学必日以废。其轻剽者，乃谓旧者既必废矣，何若恝弃一切，以趋于时，尚庶几不至后人，国以有立；此主于破坏者之说也。其长厚者则曰：是先圣王之留贻，历五千载所仅存之国粹也，奈之何弃之，保持勿坠，脱有不足，求诸新以弥缝匡救之可耳；此主于保守者之说也。（往者桐城吴先生汝纶，其用心即如此。其哲嗣辟疆有句云："饥饱上通黄帝鬼，存亡高瞩素王文。"情见乎辞矣。）二者之为说异，而其心谓中国旧学之将废则同。虽然，自不佞观之，则他日因果之成，将皆出两家之虑外，而破坏保守，皆忧其所不必忧者也。果为国粹，固将长存。西学不兴，其为存也隐；西学大兴，其为存也章。盖中学之真之发现，与西学之新之输入，有比例为消长者焉。不佞斯言，所以俟百世而不惑者也。百年以往，将有以我为知言者矣。呜呼！世变之所以不测，以笃时者观化之甚肤；救败之所以难为，以拘墟者防弊之无当。老氏曰："既以为人己愈有，既以与人己愈多。"当秦之逐客也，幸李斯之言用耳，不然秦之帝业不成可也。吾安得掌华蹠衰者，与之议道国明民之业乎！

虽然，吾之为此言也，非谓教育之目，必取西文而加诸国文之上也，亦非谓西学之事，终不可以中文治也；特谓欲以中文治西学、读西史者，此去今三十年以后之事。居今日而言教育，使西学不足治，西史不足读，则亦已矣。使西学而不可不治，西史而不可不读，则术之最简而径者，固莫若先通其语言文学，而为之始基。假道于移译，借助于东文，其为辛苦难至正同，而所得乃至不足道。智者所为固若是乎！夫此时之所急者，通其术而得其情云耳。而所以通所以得之涂术，不暇校也。洎夫家通其术，人得其情，将向所谓授业解惑之师资，呫〔佔〕毕揣摩之编简，皆不期而自集，而不必勤求乎其外。夫而后以外国文字为一科之学可也。一切之学，治以国文，莫不可也。夫公理者，人类之所同也。至于其时，所谓学者，但有邪正真妄之分耳，中西新旧之名，将皆无有，而吾又安所致其断断者哉！（《英文汉诂》）

述黑格儿惟心论 Hegel's Philosophy of Mind

德哲黑格儿之言心也，其分为三：曰主观心、客观心，终之以无对待心。其论至深广，见所著《智环通解》（*Encyclopedia*）。今为举其大义，略述之如左。谈心性者，或有取欤？

主观心（Subjective mind）者，就吾一人而得之者也。黑格儿曰："人之所以为人，唯心。"心之德曰知觉，曰自繇。方其始也，为蛮夷，为童幼，其心德未发皇也，存于其理而已。万物为天演所弥纶，而人心亦如此，故所谓知觉，所谓自繇，当其滥觞，不可以物。天演之行既久，其德形焉。心德者，天演之产物也，而天演之迹，历史载之。

草昧之未开也，童幼之未经教育也，盲然受驱于形气，若禽兽然，顺其耆欲，为自营之竞争。浸假而思理开明，是非之端稍稍发达，乃知有同类为一己之平等。所谓理想，所谓自繇，所谓神明（三者实为同物），非其一身之所独具也，乃一切人类之所同具，而同得于天赋者。（此老氏所谓知常。）由是不敢以三者为己所得私。本一己之自繇，推而得天下之自繇，而即以天下之自繇，为一己之自繇之界域、之法度、之羁绁。盖由是向者禽兽自营之心德，一变而为人类爱群之心德，此黑氏所谓以主观之心通于客观之心（Objective mind）。客观心非他，人群之所会合而具者也。（案：客观心即吾儒所谓道心。）

黑氏之论客观心也，曰主观心受命于形气。有饮食男女之大欲，一以为自存，一以为蓄育，有所拂逆，则祸害仇疾之情生。之数者，虽经进化，犹常存也，而其形质则大变。有先觉之民起，乃教之以礼让，而婚姻饮醴之俗成；董之以刑威，而流宥锾杀之法立。盖礼刑兴，而向之耆欲竞争，乃出于禽兽，而成于人道矣。

故客观心之发见也，首著于人类之天直。天直者何？人人所受自繇之封域。其一身自繇，而为社会所同认者，谓之一民。一民之享是自由封域也。自其所主之产业，所受之利益而见之，故法典认其人有主物之天直，复由主物之天直，而得通物交易之天直。通物，交易之天直，以契约质剂，为之证书。故契约质剂者，国家法制之胚胎也。

主观之人心，忽而有所欲为，而所为或与众志（客观心）迕。当是之时，其所享之天直封域最显。此时之客观心，其大经皆著于社会之法典矣。迕之而过，则罪犯形焉。罪犯者，越其天直封域者也。故谓之不法，又谓之不直。彼为此之主观心，固以为未尝犯也，然天直封域，众志之所定也，虽暂为私者之所胜，而公道必有时而伸，伸则行其诛罚。无道奸慝之行，徒以显公道之权力，见公理天直之尊于私欲云尔。故诛罚之行，依于法典，非弼教也，非改良也，乃公道之报复。报复事之终也，鹄也；弼教改良，事所由也，微也；天直，自直者也；法者，去不平也，罪其人所以昭法戒也。刑而平允，则大辟宜勿除。今之欲除大辟之刑者，皆以刑为使民更新之具。果如是言，彼死者不可复生，断者不可复续，以之弼教，非滋谬欤！社会之有刑，非以怵为恶者，使自新也；公理天明，为其人所侵犯，而法为施其所当得之刑而已。

此言，法家之言也。法家之说核，而易使人失其真。盖法家所重者法，与是法之必行耳。法外之意，非彼之所及也。今有人于此，其言行，自其外言，于法无不合，而其人之用心，于所谓客观心者，可以大径庭焉。此法所以于化民易俗之事，有时而穷也。

虽然，化之进也，此主客二心之相忤而不协者，将尽泯而悉除。向者虚悬无所附之公志，所谓天直，所谓公理，必散而分丽于社会之人心，主于中而为言行之发机。向之法典，今为民德。此自黑氏言，所谓以客观心为主观心是已。

然则仁义者，民心之法典也。而国家之三尺法，乃与人心方寸所怀之志愿无殊，曰义理，曰良心，曰德行，举凡人心所为善者，乃深入于隐微，而为之防检。向也，法典自为法典，人心自为人心，乃今有民义焉，其异于法典者，所课不徒外迹之合也，神明之地所发中而起迹者，皆无遗焉。故法典之坊民，事止于形质。其型民也，犹以杞柳为杯棬，极其能事，形利而已。若夫义理之所治则不然。形之利者，将进之以为神善而后可。道德义利之行于社会，于何而见之？曰：见于伦理也，见于礼俗也。伦理、礼俗之为用，将以会人人之志气而使之共从事于一涂。（所谓一涂，即客观心之证果，下文所谓皇极是也。）

伦理礼俗基于家，而为一切之基础。则夫妇之匹合也，父子兄弟之相维也，由此而后有社会，亦由此而后有国家，无家不可以为国。故夫妇匹合，为斯民天职所由昉，而其合也，必不可以不由礼。方一男女之合也，使其以社会为心，以国家为心，则其合义也；即不然，将其事下同于苟合。文明国之于嫁娶也，皆称天以临之，虽夫妇道苦，律许休离，而其事望于不得已，为之制限至严。何则？法之所容，而礼之所讳故也。其事之严且重如此，夫亦曰国基于斯而为下民幸福之原已耳。观于历史，凡有男女淫佚，易内窃妻，与夫民恤己私，各立于独，其国种未有不凌夷衰微者也。

家积而为宗，宗聚而成群，如是之群，尚未足以为国也，以其宗旨在保护小己之利益故。逮进而成国，将其所以为一二人之私利泯焉，而所祈向之公义立，此成国与未成国之社会之大分也。其未成国也，以个人之利益为最重；其既成国也，以求臻于所祈向之上理为最重。所祈向之上理，思想之所成也。每有欲臻此境，虽牺牲个人之利益而不恤。故往者之治，散而近于私，极其成就，分据小康而止；后乃除蔽去偏，和同调燮，而成一统大同之治体，一统大同者，思理之治制也，客观心之现象也，而人治以此为之极则。向者之宗法，小成之分据，不合不公，特此境之前驱资为蜕变而已。

是故自黑氏言，庶建共和（Republic）之治，非治之极则也。以主其说者，不知群与国之分殊，而视小己之利害过重。古之庶建，其制恒不可以久长，而号令其众之枋，常卒归于一姓。此其故何耶？彼不悟国有皇极，皇极即向所求臻之上理，所合成之客观心，所由思想而得之胜义。国之进者，必以此为鹄，而牺牲其个人之利益以趣之。乃今不然，转牺牲此皇极焉，以为个人，以为私家，以为品流。希腊之霸朝，罗马之帝制，为世所鞶蛰而言久矣。顾其物之所由成，皆此庶建民主与夫贵族擅朝，先私益而后公义者开之耳。

君主者，治之正制也。一人首出，其所行无所屈，其所居为至尊，而向之皇极上理胜义客观心，乃于此得代表焉。向也为虚悬之理想，乃今得此而道与器合，余为天王神柄攸属。往古相传大经大法，壹是宪章文物，于此焉得守器之长子，建极求诣，彼之职也。故大君者，有形之皇极也，变虚悬之道，而为有知觉之道，所以会亿兆之公志而为一人之大志者也。路易十四之言曰："朕为国家。"其精义盖如此。呜呼！炎炎大言，黑氏之言皇极与君主也。

政治之自繇（Political Liberalism），黑氏之所訾也；民族之自繇（National Liberalism），又黑氏之所右也。自功利家（Utilitarian）之眼藏而观之，聚异族之民，以为联邦合众之国可也。瑞士为国，固如是耳。虽然，国者民族之所成也。民族者何？一言语，同文字，乃至宗教礼俗与夫道德之观念，靡有殊也，如是者谓之一民族。是故国以强力。取一绝异之民而羁平之，不顾其所不欲，而强使服焉，如是者犯大不韪，而行逆性之事者也。脱其众有能起而叛之者，为无罪，国之合，以观念之先合为之。未有观念不合而能强合其民者也。

虽然，犹有辩。夫羁轭异种之民，所以犯天下之大不韪者，以所胜所羁之民，乃有道之种民也。其国民思想之所标揭，其上下所求臻之上理，精深博大，而可自存于天演界者，无所愧于胜家，夫如是而夺其国土，虏其种民，乃为大戾，而可叛也。假其不然，叛乃逆耳。天下固有民族，傲然无礼义，即其始有教化可言，而经数百千年之陵迟衰微，已为天下之敝民，而丧其所以立国者，如是而不强为善；抑见他族之有善，又虚憍傲慢，耻于相师，斯其国固宜灭。如法国之布勒敦，与其南之巴斯几种人，其见并于法与西班牙，正天理之极则耳，乌有所谓不矗而可叛者乎？

五洲无虑数十百国，国各有道，以为存立。道之胜者常为雄，是征诸历史而不惑者也。夫历史所载无他，前立之国家，与后起之国家，二者继继绳绳，相与竞于无穷而已。且道者，观念之事也，其始浑然暗然，莫之知孰为优劣，至各持之而有胜负，斯其优者见。见乃形，形乃进，是故历史所载之前后国家，皆道之有形者也。随时而暂成，不久而蜕化，道常新，故国常新，至诚无息，相与趋于皇极而已矣。虽然，皇极无对待，无偏倚者也，无对待无偏倚。故不可指一境以为存，举始终，统全量，庶几而见之。是故国家进化于何而极，虽圣者莫能言也。皇极在在而是，无在而是。其在在而是也，以历史所载之国家，莫不以此为归墟也；其无在而是也，以此问题必后乃能决，而后之后，又有后也。历史之所载，其渐进之能决也。皇极如佛氏浮图然，古今并世之国家，于造是浮图也，皆有一砖一石之布施。然而民族各有种业，种业与皇极之大道常反对，以反对故早晚亡。自皇极之道言，凡为国家所存立者，莫不载其一义而莫或载其全体者，故曰无不亡之国，无不败之家。皇极以下皆对待之物也，惟对待乃相胜，故国恒相灭；然而灭者必载而传所灭者之典章文物而加张皇焉。然则虽号胜家，实则所胜者之法嗣，而承其衣钵法器者也，惟其承之，是以保之。（此节入理最深，非熟看深思不能得其妙义。）

黑格儿曰：民族朝代相传，以后者受前之文物，此历史之相生名学也（Dialectics of History）。夫相生名学（黑氏之言名学也，谓理之相克者恒相生，近而譬之，如警察之法愈严，将奸宄之术亦愈密，老子所言，大抵皆此等名学），于寻常理想，着人心思想天演之情态耳；而于历史，则着世界思想天演之情态。然则依黑氏之名义，此无异云寻常名学，乃主观心之名学，而历史为客观心之名学。二者所论，异者特在外缘，至所明之理趣，所用之涂术，固无少异。人心之进化也，悬意观念相续，前之偏狭而黮暗者日退，后之溥博而条理者益臻。万物之进化也，形象官品相续，前之混沌不精者日远，后之井画分理者日滋。是二者既如此，历史之进化何为独不然？其为进也，人心之观念，渐而著于事为〔物〕名迹之中，纠合经纬，日就月将，缉熙光明，相与趋于人类之终局而已。是故其为物也，为心意之玄冥，而哲人收视之所独见可也；为物体之粲著，而森列于上天下地之

间亦可也；或相与组织鸠合，而成历史递嬗之国家。三者为物至殊，而其
进化之情，所以隤然沛然，相与趋于无对之皇极为归墟者，其秩序浅深，不
可丝毫紊也。夫理者，史之内精也。此所以为客观之心，而与主观之心为
对待也。欧之帝国，古曰希腊、罗马，今曰英、法、德、俄；亚之帝国，
曰波斯，曰突厥，曰蒙古，曰支那，此数者起伏相乘，成功者退。史家但
见朝代之兴亡，人民之相竞，军旅之相斫已耳，岂知此之现象，皆人心观
念之代表，非国之争为雄也，乃道之争为优也。两军交绥之间，以黑格氏
之法眼观之，皆新旧教化之争，宜孰存立而已。（按此节已开斯宾塞天演学
之先声。）

　　刑罚古酷而今祥，战伐古烈而今恕，此文明进化之实征也。虽然，以
云弭兵，殆犹远尔。何则？国群天演，所以淘汰劣者之利器也。自十八世
纪末造以还，民皆知今之为战，大异于古所云。古之为战也，以一二人之
私忿慾，率其民人，以膏血涂野草；乃今为战，将必有一大事因缘。质而
言之，恒两观念两主义之争胜。向谓民族国种，有共趋之皇极，今之战而
胜者，其所持之主义，必较战而负者之所持，其去皇极为稍近。何则？世
局已成，非近不能胜也。胜者天之所助也，败者天之所废也。故居今而
言强国，问所持主义之何如？显而云乎，则察乎其通国之智力与教化耳。
不讲于此，而痛哭流涕，为苌叔之违天，专专乎于排外争野蛮文明之稍
异，则浅之为庚子之义和团，深之为今日之日本留学生，而是二者皆亡国
之具也。博塞读书，其于亡羊等耳。黑氏曰："亡国败群，皆天谴（Divine
Reprisals）也。"其所加者，恒即于有限（Finite）、一偏（One Sided）与不完
全（incomplete）者，此真无穷不变之天威（Eternal "dies crae"）生于两间
者所莫能逭也（Nothing earthy can escape）。五洲之民，相与竞进于皇极而
世降世升，常有其最近之民族。此当其时，则为世界文明主人而为他族所
宗仰。此如古之埃及、叙利亚、希腊、罗马、法兰西是已。盖一切之民族，
各自为其客观心，而无对待心，为之环中枢极。前所指之先进民族，尝一
一焉为其喉舌，为其代表者也。

　　故民群天演为三候焉，萌蘗一也，膨胀二也，会萃三也，其见于历史者
常如此。亚洲之国家，建于君主之一身，总至尊之主权，以临御亿兆之小
己。及其过也，小己之所为小己者亡。国犹海也，小己犹沦漪也，海固未

尝为沦漪计也。

希腊尝席卷亚洲矣。亚之风俗，入希腊而一变。振其颓惰宁谧之风，而为事业之勤竞。此专制之后所以往往为共和也，共和而后有国民。盖专制虽有民，其于国无所与，非若共和之民，为国家一切事根本也。故共和之民常自重，知国家之有待于彼为成立也。

古欧之民主，其存立必小己与大群之利害，得调燮而平均。故其局之散也，恒由小己奋其私，各立于独，不相下而害大群之公义。当此之时，则必有专利之霸权兴焉，以弹压小己之私，使有所服从而用命。其初起也，势恒至利，足以大启士宇，齐一异俗，致同文同轨之盛规。此如中国之秦、隋，欧之甄撒、夏律芒，蒙古之成吉思，西域之铁木真，皆其选矣。浸假而大群小己之利害又过于不平，其势复不可以终日，则于是景教起，而国会之制，乃以众治救独治之末流，而底于今日之治制。英伦法度，其模型已。

严复曰：欧洲之言心性，至迪迦尔（Descartes）而一变，至汗德（Kant）而再变。自是以降，若拂特（Fichte），若觇林（Schelling），若黑格儿（Hegel），若寿朋好儿（Schopenhauer），皆推大汗德之所发明者也。然亦人有增进，足以补前哲之所未逮者，而黑、寿二子所得尤多，故能各有所立，而德意志之哲学，遂与之古之希腊，后先竞爽矣。考汗德所以为近代哲学不祧之宗者，以澄澈宇宙二物，为人心之良能。其于心也，犹五官之于形干，夫空间、时间二者，果在内而非由外矣，则乔答摩境由心造，与儒者致中和天地位〔为〕万物育之理，皆中边澄澈，而为不刊之说明矣。黑格儿本于此说，故惟心之论兴焉。古之言化也，以在内者为神明，以在外者为形气，二者不相谋而相绝者也。而黑则以谓一切惟心，特主客二观异耳。此会汗德、迪迦尔二家之说以为说者也。由是而推古今历史之现象、起伏变灭，皆客观心理想之所为。然而其中有秩序焉，则化之进而共趋于无对待之心境，此鄙人所译为皇极是已。故其言化也，往往为近世天演家之嚆矢，又于吾国往圣之精旨微言有相发者。（如张横渠云为天地立心，试问天地之心于何而见？）黑氏著论至多，后之学者，辄苦难读。丙午夏日，鄙人自皖旋沪，适《寰球学生报》出，总理李君登辉等，踵门求文字，前后书七八通，殆不可已。则勉强挥汗，为发黑氏之蕴如右。所论止于主客观二

心，尚有无对待心者，则未暇及也。（《寰球中国学生报》第二期，1906 年 7 月）

康有为

域多利义学记

我黄帝之亿万子孙弥满中国，而吾中国亦环地球皆见日光。若其游于美洲者，又皆吾粤人也。吾粤际海无涯，自汉时与诸蕃互市，环行海外诸国，多吾粤人。故粤人之善商业、务工艺、履巨海、涉洪涛而交于诸蕃，殆天性。若西人之语言文字，则无人不通之矣。异邦人皆称吾国人勤苦坚忍，俭啬而聪敏，其入欧美各国之学，皆魁于列国，此天之假吾国人以殊质也。然虽有此殊风特质，而古今之故，中外之事，物理、政治、教育之学，工商之业，皆有学问，乃能讲求而致精。若其中土孔子之教，敬天而爱人，尚公而亲亲，忠孝信义，爱国亲上，及四千年之礼俗史事，尤吾国人所宜不忘而熟讲者也。惜万里重瀛，与中原文献不接。既未能深知吾国孔教之义，则亦未能入各国之校，以博通其国史、物理、政治、教育、工商之学，则辜负此通译提怀、聪敏之资矣。

方今中国多艰，变法需才，游海外者皆将来维新之俊杰也。我皇上爱民如子，尤重虑海外。去岁六月，诏令海外各商民立学，举者优奖，并赐御书。当是时，万流踊跃，面内愤发，虽经政变，而圣意拳拳于薄海旅民至厚也。域多利在北美英属嘽唎地之西，有热流自日本来，故当五十度而地暖草木繁。吾邦人之客是土者，共有二万余。志士虽经政变，乃能挺发义愤，怀故国，思孔教，大集布施，一举而成是学，以上答明诏，下育髦士，与横滨之大同学校对海相望，以区区小埠，飚举电驰，为大地各埠先，岂非尤明保种保教之大义者哉！

吾以二月游域多利至呍哥咇二埠，乡人环而观听，集者千余人。问故国事，慷慨于维新之业，而望故国之不亡，欷歔叹息、愤恨流涕者皆是也。爱国之心如是，吾尤有望也。群义士倡是学，主持尤力者李梦九，吾乐书之以告五百万同胞之旅海外者也。孔子降生二千四百五十年，即光绪二十五年三月，奉诏逋臣康有为记。(《清议报》第十六册，1899 年 5 月 30 日)

《中庸注》叙

孔子生二千四百五十一年，康有为避地于槟榔屿英总督署之明夷阁。蒙难艰贞，俯地仰天，乃以其暇绎思，故记。瞵然念孔子之教论，莫精于子思《中庸》一篇。此书自《汉·艺文志》既别为篇，梁武帝曾为之注，而朱子注之，辑为《四书》。元、明至今，立于学官，益光大矣。恨大义未光，微言不著，予小子既推知孔子改制之盛德大仁，昔讲学广州，尝为之注。戊戌遭没，稿多散佚，吾既流亡，不知所届。逡巡退思，此篇系孔子之大道，关生民之大泽，而晦冥不发，遂虑掩先圣之隐光，而失后学之正路。不敢自隐，因润色夙昔所论，思写付于世，而序之曰：

郑康成曰：《中庸》者，孔子之孙子思作之，以昭明圣祖之德也。天下之为道术多矣，而折衷于孔子。孔子之道大矣，荡荡如天，民难名之，惟圣孙子思亲传文道，具知圣统。其云"昭明圣祖之德"，犹述作孔子之行状云尔。子思既趋庭捧手，兼传有子、子游之统，备知盛德至道之全体。原于天命，发为人道，本于至诚之性，发为大教之化，穷鬼神万物之微，著三世三统之变。其粗则在人伦言行、政治之迹，其精出于上天无声无臭之表。而所以行之后世，为人不可离者，则以其不高不卑，不偏不蔽，务因其宜，而得人道之中。不怪不空，不滞不固，务令可行，而为人道之用。尚恐法久生弊，又豫为三重之道，因时举措，通变宜民。惟其错行代明，故可并行不悖，既曲成万物而不遗，又久历百世而寡过。因使孔子之教，广大配天地，光明并日月，仁育覆后世、充全球。嗟乎！传孔子之教者，如子思之亲贤，亦可尊信矣。天下欲求大道之归、至教之统者，亦可识所从事矣。

去圣久远，伪谬滋炽，如刘歆之派，既务攻今学，而乱改制之经，于是大义微言湮矣。宋、明以来，言者虽多，则又皆向壁虚造，仅知存诚明善之一旨，而遂割弃孔子大统之地，僻陋偏安于一隅。后进承流守旧，画地自甘，不知孔子三重之道通变因时、并行不悖之妙，气弊水浅，不足以容民畜众，则群生将困，而不得被其泽。耗矣哀哉！圣道不明，为害滋大，予因此惧。幸仲尼祖述尧、舜之旨，犹存大义。子思昭明祖德之说，尚有遗言。敢据兹义，推阐明之，庶几孔子之大道复明，而三重之圣德乃久。此区区之意，其诸后圣复起，亦不惑于予言乎？

光绪二十七年辛丑春二月，康有为叙。（《不忍》第四期，1913年5月）

《孟子微》序

一王之起，必有熊罴之士、不二心之臣为之先后疏附御侮，而后大业成。一教主之起，亦何独不然？必有魁垒雄迈、龙象蹴踏之元夫巨子为之发明布濩，而后大教盛。不惟其当时，而多得之于身后，若佛教之有龙树，基督教之有保罗是也。孔子改制创教，传于七十子，其后学散布天下，徒侣六万，于是儒分为八。而战国时，孟、荀尤以巨儒为二大宗，太史公编《孔子世家》《弟子列传》，继以《孟子荀卿列传》，诚知学派之本末矣。

昔庄生称孔子之道，原天地，本神明，育万物，本末精粗，四通六辟，其运无乎不在。后学各得其一体，寡能见天地之容，故暗而不明，郁而不发，而大道遂为天下裂，嗟夫！盖颜子早殁，而孔子微言大义不能尽传矣！荀卿传《礼》，孟子传《诗》《书》及《春秋》。《礼》者防检于外，行于当时，故仅有小康，据乱世之制，而大同以时未可，盖难言之。《春秋》本仁，上本天心，下该人事，故兼据乱、升平、太平之世之制。子游受孔子大同之道，传之子思。而孟子受业于子思之门，深得孔子《春秋》之学而神明之。故论人性则主善而本仁，始于孝弟，终于推民物。论修学则养气而知言，始于资深逢源，终于塞天地。论治法则本于不忍之仁，推心于亲亲、仁民、爱物，法乎尧、舜之平世。盖有本于内，专重廓充，恃源以往，浩然旁沛滂汗，若决江河，波涛澜汗，传平世大同之仁道，得孔子之本者也。其视礼制之末，防检之严，盖于大道稍轻，故寡言之。盖礼以防制为主，荀子传之，故礼经三百，威仪三千；事为之防，曲为之制，故荀子以人性为恶，而待檃括之，传小康、据乱之道，盖得孔子之粗末者也。以传学既殊，不能解蔽，故《非十二子篇》大攻孟子，所谓寡能见天地之容，而大道不能无裂也。

　　夫天下古今，远暨欧、亚之学，得本者攻末，语粗者忘精。印度哲学之宗，欧土物质之极，盖寡能相兼、鲜能相下者。吾国朱、陆之互攻，汉、宋之争辨，亦其例也。夫本末精粗，平世拨乱，小康大同，皆大道所兼有。若其行之，惟其时宜。故曰万物并育而不相害，道并行而不相背。四时错行，日月并明，惟溥博渊泉而时出之。此天地所以为大，而孔子所以为神圣也。苟非其时而妄行之，享钟鼓于爰居，被冕绣于猿猱，则悲忧眩视，亦未见其可也。故诚当乱世，而以大同平世之道行之，亦徒致乱而已。举佛法之精微以语凡众，亦必眩视茫然，不解所谓也。故佛乘有大小，根器有上下。孔子则曰：中人以上，可以语上。中人以下，不可以语上也。夫制法之本，立义之原，不能告众。故曰：民可使由之，不可使知之也。然则精粗本末，皆不可缺，而亦不能相轻也。如东西墙之相反而相须以成屋也，如水火、舟车、冰炭之相反而相资以成用也。故孟、荀并尊，已在战国时，而太史公并传，非谬论也。宋时心学大盛，于是独尊孟子，乃至以上配孔子，称孔孟焉。

　　夫孟子不传《易》，寡言天道之精微，于孔子天地之全，尚未几焉。虽然，孟子乎，真得孔子大道之本者也！养气知言，故传孔子之道，霹雳而雷声者也。虽荀子非难之，亦齐之于圣孙子思，以为传仲尼、子游之道。今考之《中庸》而义合，本之《礼运》而道同，证之《春秋》《公》《穀》而说符。然则孟子乎，真传子游、子思之道者也。直指本来，条分脉缕，欲得孔子性道之原，平世大同之义，舍孟子乎莫之求矣。颜子之道不可得传，得见子游、子思之道，斯可矣！孟子乎，真孔门之龙树、保罗乎！若夫论者因孟子发民贵君轻之义，誉子贡过于仲尼，则未之知孟子传道之本末也。孟子曰：乃所愿，则学孔子。孟子之义，由子游、子思而传自孔子，非孟子所创也。民贵君轻，乃孔子升平之说耳。孔子尚有太平之道，群龙无首，以为天下至治，并君而无之，岂止轻哉？大医王药笼中何药不具？其开方也，但求病瘳，非其全体也。病变则方又变矣，无其病又不能授以药也。岂有传独步单方，而可为圣医乎？未知孔子太平大同之道，天地之全，而以一言为轻重去取，是犹入智井而遇灯，乃谓日月不明，不如灯也。其于观圣也，不亦远乎！

　　夫天地之大，测者难以骤明也。孔子之道之大，博深高远，当时弟子已难尽传，子贡已谓得见宫庙之美、百官之富者寡矣。数千年之后学，而欲知孔子之道，其益难窥万一，不待言也。虽然，天不可知，欲知天者，莫若假器于浑仪。孔子不可知，欲知孔子者，莫若假途于孟子。盖孟子之言孔道，如导水之有支派脉络也，如伐树之有干枝叶卉也，其本末至明，条理至详。通乎孟子，其于孔子之道得门而入，可次第升堂而入室矣。虽未登天囿而入地隧乎，亦庶几见百官之车服礼器焉，至易至简，未有过之。吾以信孟子者知孔子，惜乎数千年注者虽多，未有以发明之。不揣愚谬，探原分条，引而伸之，表其微言大义。不能循七篇之旧，盖以便学者之求道也，非敢乱经也。若有得于此，则七篇具在。学者熟读精思焉，不尤居安而资深乎？

　　孔子二千四百五十三年，光绪二十七年冬至日，南海康有为序。（《不忍》第一期，1913 年 2 月）

《春秋笔削大义微言考》自序

　　宅神州之中，绵二千年之邈暖，合万百亿兆之衿缨，咸奉孔子为国教。诵其遗书，尊之信之；垂为科举，习之传之。然言孔子之道，则若指天而谈空，苍苍不得其正色，浑浑不得其际极。或割大圆，得锐角以自珍；或游沙漠，迷方向而失道。所号称巨子元儒，皆不出是矣。

　　夫孔子之道广矣博矣，邃矣奥矣，其条理密矣繁矣，又多不言之教，无声无臭，宜无得而称焉。请掸其涯，求其门。子贡曰：我不欲人之加诸我，吾亦欲无加诸人。庄子者，得子贡太平之传；故善言孔子者，莫如庄子，曰：古之人其备乎，配神明，醇天地，育万物，和天下，六通四辟，小大精粗，其运无乎不在。其传而在六艺者，邹鲁之士、搢绅先生能言之。《诗》以道志，《书》以道事，《礼》以道行，《乐》以道和，《易》以道阴阳，《春秋》以道名分。

　　然则求孔子之道者，于六艺其可乎？子思曰：仲尼祖述尧、舜，宪章文、武，上律天时，下袭水土。譬如天地之无不持载、无不覆帱，如四时之错行，日月之代明。孟子者，得子思升平之传；故善言孔子者，莫如孟子。孟子言禹，则曰抑洪水；言周公，则曰兼夷狄、驱猛兽；言孔子，不举其他，但曰"知我罪我，其惟《春秋》"，又曰"其事则齐桓、晋文，其文则史，其义则丘窃取之"。然则六艺之中，求孔子之道者，莫如《春秋》。

于《春秋》之中，有鲁《春秋》之史文，有齐桓、晋文之事，有孔子之义，惟义乃为孔子所制作。然则求孔子之道于《春秋》之义，其不误乎？董子，群儒首也。汉世去孔子不远，用《春秋》之义以拨乱改制，惟董子开之。凡汉世学官师师所传，惟公、谷二家，实皆孔门弟子、后学口说。然则求《春秋》之义于公、穀、董、何及刘向之说，其不谬乎？《春秋》经多无传无说，凡无传者一千零八条，无说者七百零五条，其遗落不闻者，盖已多矣。据今二家口说所存者，虽掇什一于千百，微言大义，粲然具在，浩然闳深，虽其指数千，不尽可窥。然综其指归，亦庶几得其门而入焉。

康有为乃言曰：孔子之道，其本在仁，其理在公，其法在平，其制在文，其体在各明名分，其用在与时进化。夫主乎太平，则人人有自立之权；主乎文明，则事事去野蛮之陋；主乎公，则人人有大同之乐；主乎仁，则物物有得所之安；主乎各明权限，则人人不相侵；主乎与时进化，则变通尽利。故其科指所明，在张三世。其三世所立，身行乎据乱，故条理较多；而心写乎太平，乃意思所注。虽权实异法，实因时推迁，故曰孔子圣之时者也。若其广张万法，不持乎一德，不限乎一国，不成乎一世，盖浃乎天人矣！

汉世家行孔学，君臣士庶，劬躬从化，《春秋》之义，深入人心。拨乱之道既昌，若推行至于隋、唐，应进化至升平之世。至今千载，中国可先大地而太平矣。不幸当秦、汉时，外则老子、韩非所传刑名法术、君尊臣卑之说，既大行于历朝，民贼得隐操其术以愚制吾民；内则新莽之时刘歆创造伪经，改《国语》为《左传》，以大攻《公》《穀》，贾逵、郑玄赞之。自晋之后，伪古学大行，《公》《穀》不得立学官，而大义乖；董、何无人传师说，而微言绝。甚且束阁三传，而抱究鲁史为遗经；废置于学，而嗤点《春秋》为"断烂朝报"。此又变中之变，而《春秋》扫地绝矣！于是三世之说不诵于人间，太平之种永绝于中国；公理不明，仁术不昌，文明不进，昧昧二千年，督焉惟笃守据乱世之法以治天下。病愈而仍服旧方，儿壮而仍衣褓褓。群盲相证，以为此名医所开之方，不敢不食；父母所遗之服，不敢不衣也。呜呼！使我大地先开化之中国，五万万神明之种族，蒙然蘭〔茶〕然，耗矣衰落，守旧不进，等诮野蛮，岂不哀哉！

天未丧斯文，牖予小明，得悟笔削微言大义于二千载之下。既著《伪经考》而别其真赝，又著《改制考》而发明圣作，因推公、穀、董、何之口说，而知微言大义之所存。又考不修《春秋》之原文，而知笔削改本之所托。先圣太平之大道，隐而复明，暗而复彰。撰始于广州之草堂，纂注于桂林之风洞；戊戌蒙难，遗稿略存，东走日本，抱以从事。己亥之春游欧、美，不能携焉，存于《清议报》中。九月渡太平洋而东归，二十二日过横滨，而《清议报》火，稿从焚焉。

孔子生二千四百五十年，岁在庚子，康有为避地槟屿，刺客载途，拳贼大乱，蒙难晦明，幽居深念。喟然曰：昔孔子厄陈、蔡，作《春秋》；今《春秋》灭于伪《左》，孔道晦于中国，太平绝于人望，岌岌殆哉！吾虽当厄，恐予身不存，先圣太平之大道不著。不揣孤陋，再写旧闻。因旧传凡得一十一卷，岂有所明？亦庶几孔子太平之仁术、大同之公理不坠于地，中国得奉以进化，大地得增其文明。亦后之君子所不罪欤？其诸君子亦乐道之耶？孔子二千四百五十一年，即光绪二十七年辛丑夏六月二十三日书成，康有为写于槟榔屿英督署之大庇阁。

此书旧草于广州羊城之万木草堂及桂林之风洞。戊戌蒙难，东走日本，携以俱。后游欧、美，留于日本。己亥九月二十二日《清议报》被焚，此稿遂烬，今乃补成之，自庚子十一月朔冬至始，凡阅七月有二十三日，共一百九十七日书成。（《不忍》第三期，1913 年 4 月）

《大学注》序

善乎庄生之言孔子也。曰：内圣外王之道，暗而不明，郁而不发，而道术遂为天下裂。故推孔子为神明圣王，明乎本数，系于末度，内外精粗，其运无乎不在。若夫内圣外王，条理毕具，言简而意该者，求之孔氏之遗书，其惟《大学》乎？明德为始，则先不欺以修身；新民为终，则絜矩以平天下。精粹微远，深博切明，未有比焉。是篇存于《戴记》，朱子以为曾子所作，误分经传。夫《诗》《书》《礼》《乐》《易》《春秋》，孔子圣作，乃名为经，余虽《论语》只名为传，《礼记》则为记为义，况一篇中岂能自为经传乎？篇中仅一指曾子，亦无曾子所作之据。惟记皆孔门弟子后学传孔子之口说，孔子之微言大义实传焉。朱子特选《中庸》与此篇，诚为精要。惟朱子未明孔子三世之义，则于孔子太平之道，暗而未明，郁而不发。方今大地棣通，据乱之义，尤非所以推行也。不量愚薄，更为笺注，其旧文错简，亦窃正焉。戊戌之难，旧注尽失，逋亡多暇，补写旧义。僻在绝国，文献无征，聊复发明，庶几孔子内圣外王之道，太平之理，复得光于天下云尔。光绪二十八年七月，康有为序于印度大吉岭。（手镐，藏台湾"中央研究院"近代史所）

《论语注》序

《论语》二十篇，记孔门师弟之言行，而曾子后学辑之。郑玄以为仲弓、子游、子夏等撰定，则不然。夷考其书，称诸弟子，或字或名，惟曾子称子，且特叙曾子启手足事，盖出于曾子门人弟子后学所纂辑也。夫仲弓、游、夏，皆年长于曾子，而曾子最长寿，年九十余，安有仲弓、游、夏所辑，而子曾子，且代曾门记其启手足耶？

夫孔子之后，七十弟子各述所闻以为教，枝派繁多。以荀子、韩非子所记儒家大宗，有颜氏之儒，有子思之儒，有孟氏之儒，有孙氏之儒，有仲弓之儒，有乐正氏之儒；其他澹台率弟子三百人渡江，田子方、庄周传子贡之学，商瞿传《易》，公孙龙传坚白。而儒家尚有宓子、景子、世硕、公孙尼子及难墨子之董无心等，皆为孔门之大宗。自颜子为孔子具体，子贡传孔子性与天道，子木传孔子阴阳，子游传孔子大同，子思传孔子中庸，公孙龙传孔子坚白。子张则高才奇伟，《大戴记·将军文子篇》孔子以比颜子者，子弓则荀子以比仲尼者。自颜子学说无可考外，今以《庄子》考子贡之学，以《易》说考子木、商瞿之学，以《礼运》考子游之学，以《中庸》考子思之学，以《春秋》考孟子之学，以正名考公孙龙之学，以荀子考子弓之学，其精深瑰博，穷极人物，本末、大小、精粗无乎不在，何其伟也！

《论语》既辑自曾门，而曾子之学，专主守约。观其临没郑重言君子之道，而乃仅在颜色、容貌、辞气之粗；乃启手足之时，亦不过战兢于守身免毁之戒。所辑曾子之言，凡十八章，皆约身笃谨之言，与《戴记·曾子》十篇相符合。宋叶水心以曾子未尝闻孔子之大道，殆非过也。曾子之学术如此，则其门弟子之宗旨意识可推矣。故于子张学派攻之不遗，其为一家之学说，而非孔门之全，亦可识矣。

夫以孔子之道之大，孔门高弟之学术之深博如此，曾门弟子之宗旨学识狭隘如彼，而乃操采择辑纂之权，是犹使僬侥量龙伯之体，令鄙人数朝庙之器也。其必谬陋粗略，不得其精尽，而遗其千万，不待言矣。假颜子、子贡、子木、子张、子思辑之，吾知其博大精深，必不止是也。又，假仲弓、子游、子夏辑之，吾知其微言大义之亦不止此也。佛典有迦叶、阿难之多闻总持，故精微尽显，而佛学大光。然龙树以前，只传小乘，而大乘犹隐。盖朝夕雅言，率为中人以下而发，可人人语之，故易传焉。若性与天道，非常异义，则非其人不语，故其难传，则诸教一也。曾学既为当时大宗，《论语》只为曾门后学辑纂，但传守约之绪言，少掩圣仁之大道，而孔教未宏矣。故夫《论语》之学，实曾学也，不足以尽孔子之学也。

盖当其时，六经之口说犹传，《论语》不过附传记之末，不足大彰孔道也。然而孔门之圣师若弟之言论行事，借以考其大略。司马迁撰述《仲尼弟子列传》，其所据引不能外《论语》。凡人道所以修身待人、天下国家之义，择精语详，他传记无能比焉。其流传自西汉，天下世讽之，甚久远，多孔子雅言，为六经附庸，亦相辅助焉。不幸而刘歆篡圣，作伪经以夺真经。公、穀《春秋》，焦、京《易》说既亡，而今学遂尽，诸家遂掩灭，太平、大同、阴阳之说皆没，于是孔子之大道扫地尽矣。宋贤复出求道，推求遗经，而大义微言无所得，仅获《论语》为孔子言行所在，遂以为孔学之全。乃大发明之，翼以《大学》《中庸》《孟子》，号为四子书，拔在六经之上，立于学官，日以试士。盖千年来，自学子束发诵读，至于天下推施奉行，皆奉《论语》为孔教大宗正统，以代六经，而曾子守约之儒学，于是极盛矣。

圣道不泯，天既诱予小子发明《易》《春秋》阴阳、灵魂、太平、大同之说。而《论语》本出今学，实多微言，所发大同神明之道，有极精奥者，又于孔子行事甚详。想见肫肫之大仁，于人道之则、学道之门、中正无邪，甚周甚备，可为世世之法。自六经微绝，微而显，典而则，无有比者；于大道式微之后，得此遗书，别择而发明之，亦足为宗守焉。其或语上语下，因人施教，有所为言之，故问孝问仁，人人异告。深知其意而勿泥其词，是在好学深思者矣。

曾子垂教于鲁，其传当以鲁为宗，凡二十篇。汉时常山都尉龚奋、长信少府夏侯胜、丞相韦贤及子玄成、鲁扶卿太子太傅夏侯建、前将军萧望之并传之，各自名家。齐《论》者，齐人所传，多《问王》《知道》二篇，凡二十二篇，异于鲁《论》；昌邑中尉王吉、少府宋畸、琅琊王卿、御史大夫贡禹、尚书令五鹿充宗、胶东庸生并传之，惟王吉名家。《汉·艺文志》有《鲁传》二十篇、《传》十九篇、《鲁夏侯说》二十一篇、《鲁安昌侯说》二十一篇、《鲁王骏说》二十一篇、《齐说》二十九篇，说《论语》者止此而已。安昌侯张禹受鲁《论》于夏侯建，又从庸生、王吉受齐《论》，择善而从，以教成帝，最后行于汉世。然鲁、齐之乱，自张禹始矣。刘歆伪古文《论语》，托称出孔子壁中，又为传托之孔安国，而马融传而注之，云多有两《子张》篇，分《尧曰》以下子张问政为《从政》篇，凡二十一篇，篇次不与齐、鲁同。桓谭《新论》谓文异者四百余字，然则篇次文字多异，其伪托窜乱，当不止此矣。自郑玄以鲁、齐《论》与古《论》合而为书，择其善者而从之，则真伪混淆，至今已不可复识。于是曾门之真书亦为刘歆之伪学所乱，而孔子之道益杂屡矣。晋何晏并采九家，古今杂沓，益无取焉。有宋朱子，后千载而发明之。其为意至精勤，其诵于学官至久远，盖千年以来，实为曾、朱二圣之范围焉。惜口说既去，无所凭借，上蔽于守约之曾学，下蔽于杂伪之刘说，于大同神明仁命之微义，皆未有发焉。

昔尝为注，经戊戌之难而微矣。遍地多暇，不揣愚昧，谬复修之。僻陋在夷，无从博征，以包、周为今学，多采录之，以存其旧。朱子循文衍说，无须改作者，亦复录之。郑玄本有今学，其合者亦多节取。后儒雅正精确者，亦皆采焉，其经文以鲁《论》为正，其引证以今学为主，正伪古之谬，发大同之渐。其诸本文字不同，折衷于石经，其众石经不同者依汉，无则从唐，或从多数。虽不敢谓尽得其真，然于孔学之大，人道之切，亦庶有小补云尔。

孔子生二千四百五十三年，即光绪二十八年癸卯〔壬寅〕春三月十七日，康有为序于哲孟雄国之大吉岭大吉山馆。（《不忍》第四期，1913年5月）

论强国富民之法

凡横目之民含有知识者，莫不好强而恶弱，好安而恶危，好荣而恶辱，好贵而恶贱，好富而恶贫，好乐而恶苦，好存而恶亡。虽极至愚，未有好弱而恶强，好危而恶安，好辱而恶荣，好贱而恶贵，好贫而恶富，好苦而恶乐，好亡而恶存者也。夫有所好恶，则思所以遂其好恶者必有术矣，非空言所能冀也。且人人皆同此好则有竞争，有竞争则不能平等，则人人不能皆强，人人不能皆安，人人不能皆荣，人人不能皆贵，人人不能皆富，人人不能皆乐矣。于是有弱者矣，于是有危者矣，于是有亡者矣，于是有辱者矣，于是有贱者矣，于是有贫者矣，于是有苦者矣。

夫均是人也，耳目心思同也，非如鸟兽草木之愚也。何为而强弱、安危、荣辱、存亡、苦乐、贫富、贵贱相反也？甚且辱之、奴之、鞭挞之、杀戮之，取其地、逐其人、灭其国、绝其种，而益强、益安、益富、益乐。是何故哉？夫岂其心之所愿耶？得非其求强、求安、求荣、求存、求富、求贵、求乐之术有未至耶？得无其术未至而不能自知，或保守其旧识而不知改良，以至此耶？是故得其术者，可以强、可以安、可以存、可以荣、可以富、可以贵、可以乐，可以取人之地、灭人之国、奴人之身、灭人之种；不得其术者，至于弱、至于危、至于亡、至于苦、至于贫、至于贱，甚至举国见灭，全种见奴，渐且灭绝，惨状不可言、不可道。今万国竞争，弱国日被剪灭。远者若犹太、波兰等国不必言，近者二十年中，非洲全灭于欧人，若突尼斯、马达加斯加、安南之灭于法而暹罗分其半，基洼阿霸科尔孔卡突、描路可乾地之灭于俄，琉球之灭于日，而印度、缅甸之灭于英，南洋马来各国之尽属于英、荷，甚至近易知者也。

今仰光之地，缅甸其故国也。吾同胞久旅于此，亲见缅甸之亡，又与加拉吉打埠不远，亦见印人之事矣。凡为英国人者，虽一童子、妇女及贱工、贫人，亦扬鞭洋洋，人皆畏之；凡学堂、医院、宴会、出游、坐船、坐车皆精神旺长，活泼自得。而印人、缅人之最富、最才者，而不得与之齿，屈首避之。若夫英人之最最愚下者得为官，而举印人、缅人者数万万不得为官。（吾生子，雇一英女保抱之，是婢妪耳，亦不与印人语。印之王者不得与英人齿，有大事印王不得观，胥执鞭守门，印王欲入则呵之，其他勿论，则孰荣孰辱矣。文官自小审事官外，武官则什长亦不得为之。）以印度二万万八千万人，而头等医生仅得一人，其他上等工、大商皆属英人为之，印人数万万不得预焉，则孰贵而孰贱矣。为英人者，居高楼大园，蓄马车，用印、缅人为奴仆，不为官则为商，否则为大农、大工，饮食、游乐、打波、跑马，男女相携，行者避道，以扬扬于印人、缅人之故国；而印人、缅人既无为官者，皆穷苦瑟缅〔缩〕，为奴为婢，以事英人。即稍才而富者为工商，亦居下等，受英人之指挥，果孰富、孰贫、孰乐、孰苦矣，此吾同胞久客于印、缅者之所日睹也。且此亦幸遇文明之英国，犹得容其故王、故臣而养之，不加剪绝；若遇野蛮之国，不止此矣。昔吾中国南方，固三苗之地也，吾之祖剪灭之而居之，逐其人民而将绝之。今之苗、瑶、侗、僮、㑩寥寥遗种于深山者，犹今缅甸之乌屠人也。吾黄帝之子孙号称华夏之人，富贵游乐于全中国者，犹英人也，何足异乎？此是何故？英人与吾华夏人求强、求安、求存、求荣、求乐、求富、求贵之术精妙，而印、缅及苗人求强、求安、求存、求荣、求乐、求富、求贵之术粗疏愚拙，守旧不改，以致此耳。吾自游印来缅，凭仰光之马车，睹缅甸亡国之遗黎，心焉哀之。夫所以哀此缅人者何哉？非哀缅人也，惧吾华夏之强种，四万万黄帝之子孙，亦将践缅人之败轨也。

今华人之在南洋也，虽贱辱而尚未至极地者，以南洋人少，土人皆愚，开垦、工商皆有待于吾华人也。若在南、北美洲及澳洲华人，则已纷纷禁之逐之，不能比于黑人矣。其在美国，惟旧人许入口者，皆囚于木屋，七十五日往来验实，乃释放登岸。其在美境中，为美人踢打凌辱，皆受之不敢较，即杀死亦无事，盖不独不能比于黑人，且不能比于犬马矣。而日本小国之人，乃扬鞭登岸，莫敢过问。有一日妇被裸衣者，日本举国哗然，电责美政府，美外部即电复谢罪。檀香山误烧日本人屋，立即赔偿；烧华人屋八万，至今不赔。呜呼！何日本人之荣且贵，而华人之贱且辱如是哉！若加拿大一境，昔日人口税仅百金者，今加至千金矣。夫美国前四十年，何尝不招华人往作工而厚待之，今则遂禁之矣。然则在南洋之人，亦何可恃矣？此何以故？以中国太弱之故也。今吾国尚无恙也，犹堂堂万里，为地球最大之国也，而人之待我者如此矣。若令再削亡乎，则真为印人、为缅甸人矣。俄人之逐犹太人也，限二十四点钟出境，有田园不能卖，有商业不能收，扶老携幼，死亡道路不绝。然则平日之安分守己，但发财生子孙以自乐者，至是皆不能保矣。

夫方今竞争之世，不在国土之大、人民之多也，在其求强、求安、求存、求荣、求富、求贵之术得也。昔印度之地七千里，人民将三万万，而亡于千万人之英。即缅甸之国土，亦数倍于英伦三岛，人民亦几倍于英人，而强乐亡辱之相反乃如此也。固知不在人民之多与国土之大也。然则吾国人何恃而不恐乎？何方何术而乃得避弱亡、去贱辱、除贫苦、远灭绝乎？大地之变如此，时势之迫如此，吾同胞生此优胜劣败之世，不可不考之讲之，惶然惊其由，愁然忧其故，则所以求为避弱亡、去贱辱、除贫苦、远灭绝之术，如何去其术之不善者，如何从其术之精者，不可不熟讲而亟行矣。若熟知之而知有术焉，可以为避弱求强、避亡得存、去辱得荣、除苦得乐、去贱得贵、去贫得富者，此无异大雪赤体而忽得重裘，绝海无航而忽得铁舰，夜路无火而忽得电灯，此其欢喜踊跃，应无不从之矣。得文轩者，断无有恋敝车；食八珍者，断无有爱藜藿；虽至愚者，宜无有恋旧法而不肯改良者矣。

夫求安去危、求荣去辱、求富去贫、求贵去贱、求乐去苦、求存去亡，而其本皆在求强去弱而已。竞争之世优胜劣败，万无中立之理。是故强则安，弱则危；强则荣，弱则辱；强则乐，弱则苦；强则富，弱则贫；强则贵，弱则贱；强则存，弱则亡。此今世界之现状，人人所知，不待繁征引者也。国既亡矣，举国无一贵者，如印度、缅甸然。即尚有独人少富者，而必不免在危辱弱贱之境矣。故孔子作为五福六极，以弱为六极之极，而以强为福。《中庸》频言强哉矫。故普天下之理，只有求强而已。吾人之日日食鸡豚、臇鹅鸭、烹牛羊者，亦以人太强，而鸡豚鹅鸭弱者，夫岂天理之宜哉。而今人人行之，若以为道理者，此盖以强生理，强为父而理为子也。盖自古吾人所以存长于万物，吾中国所以存长于万国者，惟其强故也。呜呼！强之时义大矣，可不务哉！故强者天人之至理，中国当今之急务，吾国同胞当时之圣药，独步救死之神方，舍此无他策者哉！

夫强之要急如是矣，则求强之道不可不讲矣，讲之不可不求其至矣。两强相遇，则少弱者败，则求强之术稍有不如人者，不可不改良矣。水愈涨则船愈高，甲愈坚则弹愈锐，两强相争，增长无已，稍一不如，败绩立见，而灭亡从之。当今万国强弱竞争之时，如两军相当，又如孤兵转战万军之中，卒少者败，将不和者败，将卒不相知者败，枪炮少而不熟者败，营阵少不熟者败，心思少疏者败，精神稍倦者败，调导稍误者败，迟争要害者败，将卒不听命者败，战备有一不早修者败。一败则国亡种绝，其与中国昔时天下一统、垂帐高卧、轻扇拨蚊者，相去远哉远哉！当此危境，吾国人宜如何哉？

今譬吾国之在大地万国之间，如万斛巨航之泛于巨海，当大风盛雾、沙礁交集之时也，舵师、船长皆不识驾驶，而船将沉矣。吾四万万同胞既同搭此船，将坐视其沉，而与之俱尽乎？抑明知其沉，而从容谨守其箱箧，玩视其金银，斗殴其兄弟，娱乐其妻子乎？吾谓不知船之将沉则可耳，苟明知之，必不肯坐视同尽矣，必不肯从容谨守其箱箧，玩视其金银，斗殴其兄弟，娱乐其妻子矣。必将大呼义士，纠合同志，牵帆曳缆，视针测风，去其不良之柂师，而复其良柂师，以冀救此将沉之船矣。谚所谓同舟遇风，必相济也。

虽然，吾中国人则有大奇相反不可测者，真似乐船之沉而同归于尽也，真似求亡恶存、求辱恶荣、求苦恶乐、求贱恶贵、求贫恶富也。何也？以中国人今之行事不约而同，皆求弱而恶强也。夫求弱而恶强，因以求辱亡、求贱苦，岂吾中国同胞之智敏而肯为此，而无如其日行之道，则实遵此轨矣，日乐行此求弱亡、贱辱、贫苦之轨而不知避，有告以避弱、亡、贱、苦、贫、辱而致强、安、富、乐、荣、贵之道，而攻击之、非笑之而不从矣。举国皆然矣，各埠皆然矣，是不能掩耳盗铃，妄自称而为深讳矣。吾何以谓中国人恶强好弱哉？则吾闻中国上等之人、智识之士，述先达之雅言而力行之者曰：凡人宜安分守己，勿理公事也。又曰：安本分、务本业也。又曰：各人自扫门前雪，休管他人瓦上霜也。此等格言，昔在大地未通，中国一统号称天下之时固可也，而当今在万国竞争、公德合群之时，则此等言论入于人心，实亡国之本也，绝种之根也。何以言之？以其为求弱避强之奇法，而遂为求灭亡、求贱辱、求贫苦之轨道也。呜呼！五月披裘，轻车渡海，必病暍与溺死矣。岂车裘之罪哉？为其时地之反，而人之误用之也。

夫强弱之道，视其从行之术。凡物独则弱，众则强；少则弱，多则强；

分则弱，合则强；散则弱，聚则强；私则弱，公则强；愚则弱，智则强；愈少愈弱，愈多愈强；愈分愈弱，愈合愈强；愈散愈弱，愈聚愈强；愈私愈弱，愈公愈强，此为普天之公理，无以易之者也。至于合多公聚之中，愚而无良法则弱，智而有良法则强；同是良法，其尤智、尤良者尤强。若夫怯则弱，壮则强；退则弱，进则强，此则在众合多公聚之后者也。天下惟独、少、分、散、私乃怯退耳，安有众、多、公、合、聚而退怯者哉！然则今日求安存荣贵富乐之道，在于避弱求强。而避弱求强之术，在于戒分而求合，戒独而求众，戒少而求多，戒散而求聚，戒愚而求智，戒私而求公。合于此道者为英、为法、为德、为俄、为意、为日本而致强，反于此道者为印度、为缅甸、为安南、为非洲而致亡。吾国之人孰从孰违？何依何去？从强国之术者昌，从亡国之术者丧。故曰，达其好恶，视其从行之术也。

吾又见中国之俗，好弱而恶强矣。于一国之中分满、汉界；于内地之中分省界，同省者亲，异省者视若外国焉；于一省之中分府府〔界〕，同府者亲，异府者若外国焉；于一府之中分县界，同县者亲，视异县者若外国焉。若夫姓与房者，乃在一乡村之中，亲其本枝固也。施之一县，已当亲其乡人；施之全国，又当亲其省人。若在外国，则当亲其本国之人，虽蒙古、西藏、回疆之人，皆当视为同胞矣。乃复举其乡曲之故态，悬某姓某房之鹄，而立之于数万里外国之域。于是异姓则相战，甚且同姓而异房亦相战矣。如今在南洋者，福建、广东几不相通，本地、客人若不相容。而福建则漳、泉若各立国。广东又广、潮、琼、嘉各立国。而广州之中，新宁人多又自立国。更有奇者，新宁、新会与南海、番禺、顺德本同广府也，恩平、开平则属肇庆，异府也，仰光分四邑、五邑亦其类也。昔在美境，偶别立三邑、四邑之会馆，自此若异国然。前岁大战，至买卖不通，同店拆股。不知何等不共戴天之仇而相绝如是？不知会馆为何等圣经贤传、金科玉律之规而亲疏相反如是？真不可解也。若夫新宁中有陈、李、余、黄之大姓，各姓相争，各姓中分长、二、三、四各房，房房互斗，枪弹震耳，白昼行于街市之中，死者如麻，同胞相争，而重为白人所鄙贱笑辱。乃至美国不容，而加驱逐，今遂永禁入境，齿诸黑蛮之下矣。夫兄弟阋墙，外侮侵之，事理之必然也。当出万里文明之异国，而为乡曲野蛮之私争，其无耻不自重而召辱逐，亦其所也。即在南洋各埠，各省、各府、各县、各姓之公司互斗，而讼于英、荷之吏，费金无数，受辱无数，以益外人而重为辱笑者固多矣。无一总令之调人，即福建中亦分陈、杨、邱、曾等姓。加拉吉打有六县公司，而无中华会馆，仰光亦无中华会馆，故各公司之斗者，于万里之异国，而行乡中之私亲，亦于合群之义有大妨也。

总而言之，中国人浸于旧日天下之义，故知有身家而不知有国家，知有私而不知有公。缘是之故，中国人之性质风俗，好分而不好合，好散而不好聚，故遂至好少而不好多，好独而不好群。故以一中国而分为万国，遂以四万万人而各为一人。夫以一人之小国，而立于各大国团体至坚之地，安得不弱亡绝种哉！是故谓之好弱而恶强，既弱之后，无所不至。故谓之好危亡、辱贱、贫苦，而恶安存、荣乐、富贵，乃实事也，非激言也。闻来仰光者问一广东人曰：中国人几何矣？答以某县若干、某府若干、客人若干。问者曰：此广东人耳，吾问通中国人。答者曰：福建亦在内乎？然则彼以福建为非中国人矣，况云南乎？况新疆、西藏乎？其愚而可笑如此。又法国割广州湾时，吾问一顺德人知否，顺德人抗声而言曰：知之，彼割广州湾耳，与我无预，若割吾顺德，我必与之战矣。然则割顺德时，广州湾人亦必如是矣。吾闻新加坡之无来由人，有欺凌者，同种必拼身命与之斗，故无敢欺凌之者。中国人则不然，甲被他种人凌辱，乙在旁走避，以为于己无干，幸得逃免也，丙则熟视不理。是故中国人虽多，实为独人。夫独人者，则两人者得而欺凌之矣。

吾闻法使将攻日本，日本人剖心于法使前，于是法人畏之，兵舰立退。是死一人，而退一国之兵也。昔俄太子之游日本也，不免冠礼其神，日本人以鞭击之，而自投于狱。夫以俄太子之尊，不礼其神，日人即舍身击之。若夫日本一妇被美国解衣之辱，即全国震怒，致令美国政府谢罪。日人以小国寡民而能强，实由能舍身以御外侮，能合群以卫种族之故。而吾华人入美、澳各口岸，皆见驱逐，或囚禁。日人则独得扬扬执鞭，大步登岸，无有少呵禁讥察者。此不独禁逐之，大失利源，而荣辱之相悬已甚矣。夫日人与华人皆为东亚同种也，而何以荣辱相反如此哉？此则吾同胞分群角立，安分守己，与自扫己门、休管他人之成效所至也。日人反是，故效亦殊。种瓜得瓜，则享其食；种棘得棘，则受其刺，至今日而得失是非亦可鉴矣。亦既荆棘满地，四肢流血，尚不思拔除之，而仍保守之。然则谓之求弱恶强，岂为过乎？

夫人道之相与扶立，与不能扶立，在群与独之别而已。独则一物不能成。若欲为衣而得一缕，欲为食而仅得一粟，欲为室而仅得一梁，是终无以致饱暖而得居处也。若夫能群，则合万亿缕之麻茧可以织而成衣，合亿万粒之稻粱可以蒸而为食，合亿万之材木、砖瓦、灰钉可以建而为室。故群之为文从羊，凡美善之义皆从之，以羊最能群者也。独之文从犬，故狱□之义从之，以犬聚则相啮，独而不群也。今吾同胞聚则相斗，或各立小公司，各分县邑、姓房以相斗，好合小群而恶合大群，何其求强之道相反也！昔者秦之能灭六国也，史称其民怯于私斗而勇于公战，是以致强！今吾同胞仰视外国人则畏之如虎，见之瑟缩走避，甘受贱辱，何其怯也。及与同胞也，一言不相合、一事不相容即变色而作，厉声而骂，握掌透爪，相与殴击，甚者持枪携刀而相杀。若美国华人一面之食，为人白昼杀人于市街，以为固常，何其勇也！但其勇者专以凌弱同胞，而以自夸。及絷辫系缧，在外国之法堂，则垂首骈足，以受折辱，或竭其生平辛苦之资与公司之款，请状师，贿差役，媚长官。呜呼！何其工于欺弱同胞，而受辱外人如此也。今有人焉，能在其家中殴辱杀伤其父兄子弟，而以勇夸于人，人必笑之。既殴伤杀戮其父兄子弟，乃卖鬻其身家产业献于外人，则未有不笑其愚。而我同胞之怯于御外，而勇于自斗，何其为术，得无类是。是果为愚耶？智耶？何其与强秦反也！夫物必内和而后可以御外，必合小群然后可以成大群。吾同胞之为道与之相反，故其所得之强弱亦适相反也。

夫人之为道在群而已，无群则不能相收也。近之合父子兄弟以为一家，以相生养扶卫，此为至小之群。渐推而为一姓、一乡，则为稍大之群。又进而为一县、一府、一省，则为益大之群。极至于一国，而有政府、有法律、有吏、有兵、有师，以为教养护卫，则为大群之极。在今之合群，则无以加矣。

夫求强在合群。合群之道，独不如众之强。少不如多之强。则仅合一人者，不如合一家之强；合一家之强，不如合一姓、一乡之强；合一姓、一乡之强者，不如合一县之强矣。由此而推，合一县之强者，不如合一府之强；合一府之强者，不如合一省之强；而合一省之强，不如合一国之群之强矣。如有舍一国之群而仅合一省，舍一省之群而仅合一府，舍一府之群而仅合一县，舍一县之群而仅合一姓，则是舍多求少，舍强求弱矣。而今吾国人有各省会馆而无中华会馆，广东、福建各不相合，福建则漳、泉各不相合，广东则客人、本地各不相合，潮、琼与广州又如异国，五邑与四邑又各为异国，立一大公司矣。其中又分无数堂号，若惟恐其群之稍大而必极力斫削分析，务须小之又小而后止。是惟恐吾华人势之稍强而弱之不极也，务须弱之又弱而后止。夫既力恶强，而求弱之又弱矣，则是极恶安、荣、富、贵，而力求危、辱、贫、贱、绝、亡之不极，至于危之又危、辱之又辱、贱之又贱、贫之又贫、绝之又绝、亡之又亡而后止也，何其反也！

　　夫我国人何为如是其愚，而行恶多求少以为避强求弱之术哉？推本其故，盖由旧习相沿，有籍贯以限之故也。籍贯者何？即某省、某府、某县之谓也。籍贯所寄，无论何省、何府、何县本皆同国。籍贯者，不过人所偶住者耳，非与家族、国土之有一定不可改易者也。何所定义而一亲至此，一疏至此哉？盖以国家定例，必住居三代始得入籍，以故入籍甚难，而同籍遂有甚亲之势也。率土皆为同国人，何迁居而不可？国家何以限此新奇不可解之例，至待于三代乎？盖以所谓籍贯者，专以考试也。考试皆本国之才，何籍不可而限定之，则以取士有额故也。以有额之故，大县大省才高士多而额少，小县小省士少才下而额多，故大县大省之人多往小县小省而应试，必夺小县小省之名额。如广西举额四五十，而广东人占者常居半，而又不居于广西。进士额亦然。是使广西常少进士、举人一半，而进取常乏也。国家恐偏省、偏县地僻才乏，而为大县大省所夺也，故别设额以调剂之，民间遂常争此额，以为进取之计。故于辩籍其严，有冒籍者辄攻之，其挟势冒籍考试者，如南海、顺德人多冒考广西小县之试，常为其县人所恶，不能攻去，则约大众以锥刺之。此同籍所以联亲，异籍所以不合之由来也。风俗既成，然行之国中则可耳，乃至远适异国而亦行之，其分姓，分县、府、省如故，若忘其为同国人也者。于是广东人有以福建为外国人矣，三四邑人有互相仇杀矣，客人、潮人、琼人又若各一自立国矣。既非考试，无籍贯名额之争，何县、何府、何省不可，而必立彼疆此界何耶？孔子言：人有恒言曰天下、国、家、身。故《大学》自修身齐家之外，即

云治国平（下缺）（《康有为政论集》上）

官制议卷八·公民自治

举中国万里之土地、四万万之人民，内治外交之繁夥剧赜，而人人不分任，惟政府一二人任之，虽圣人亦有不周者矣。士民睹国政之不善，则叹惜痛恨曰：此地方官之不善也。外而守令，内而诸曹，睹国政之不善、国体之削弱，则又叹惜痛恨曰：此大官之不善也。吾辈小臣不得与焉。若京卿司道，近于大官矣，则又叹惜痛恨国政之不善、国体之削弱，曰：公卿督抚之责任也，吾辈闲曹何与焉？其大学士、尚书、侍郎、督抚睹国政之不善、国体之削弱，则叹惜痛恨曰：此枢臣之责也，吾辈何与焉？其枢臣睹国政之不善、国体之削弱，亦痛心蹙额，叹惜痛恨曰：此首辅之责也，吾辈随班何与焉？吾自与公卿、士大夫游而习闻之。乃以四万万人之大国，无一人有国家之责任者，所谓国无人焉，乌得不弱危削亡哉？呜呼！岂不异哉！虽然，此非其不忠之诿托也。本朝之法，钳制其下，上下隔绝，官民隔绝，其权限实有然也。而所谓首辅者，则类皆以亲王、国戚、旗人为之，身未尝学问，足未出国门，其才仅足以奉君上之意旨，而以尊宠弹压百僚而已。故中国虽有四万万人，而实得一二人，且得一二瞽聋、喑跛、心疾之人。以此政体，投之季世乱时，已不能立矣。

夫今欧美各国，法至美密而势至富强者，何哉？皆以民为国故也。人人有议政之权，人人有忧国之责，故命之曰公民。人人皆视其国为己之家，其得失肥瘠皆有关焉。夫家人虽有长幼贵贱，而有事则必聚而谋之，以同其利而共其患，今以此一二瞽聋、喑跛、心疾之人，而负荷万里之广土众民，以与彼数千万人分任极轻者斗，其成败不待计算矣。孔子之经义曰：天视自我民视，天听自我民听。又曰：灵承于旅。又曰：谋及庶人。又曰：媚于庶人。《孟子》曰：国人皆曰贤，然后用；国人皆曰可杀，然后杀。此不易之经也。然此犹言义理，吾姑为言事势可乎？夫以一人任重任易乎？抑众人分其重任易乎？必曰众易矣。同舟遇风，则胡越同心；一人专利，则至亲袖手。与众人同忧乐易成乎？抑一人独忧乐易成乎？必曰与众同忧乐易成矣。为人谋与己自谋，孰周乎？则必曰为人谋不如为己谋之周矣。

夫欧美、日本各国之立公民也，使人人视国为己，而人人公讲其利害而公议之。故上之有国会之议院，下之有州、县、市、乡之议会，故其爱国之心独切，亲上之心甚至。昔法之偿德兵费也，十五万万，限期三年，法人年半而偿之。此非公民而能得是哉？盖其分责一大任于数千万人也，乃所以陶融铸冶数千万人而为一体也。夫以数千万人而共担一任，其政安得不美密易举哉；以数千万人共治一体，则其力安得不坚固洪大哉；以人人自谋，安得不亲切哉！故弊无不克去，而利无不能兴；事无不能举，而力无不能入。此今大地各国致富强之成败大验，而非儒生空言引经之迂说也。故有公民者强，无公民者弱，有公民虽败而能存，无公民者经败而即亡。各国皆有公民，而吾国无公民。则吾国孤子寡独而弱败。若吾国有公民，则以吾四万万人，选公民至多。以多公民与少公民者较，吾国必较列国而尤强。故今之变法，第一当立公民矣。今中国民智未开，虽未能遽立国会，而各省、府、州、县、乡、村之议会，则不可不立矣。且今各省、府、州、县常有公局，有绅士聚而议之，又有大事则开明伦堂而公议，有司亦常委入焉。是议会中国固行之矣，吾粤尤久行之。特制未明宜，法未详密，任数绅士之盘踞争倾，而未尝有国法以为之监定，故未见其大益。而所以助有司之治而通小民之情，为功已大矣。但在立定律、举公民以为之，则长官劣绅不能武断，而公民为公益得以自为谋焉。故人人与之俱死，而后可与俱生；人人与之俱亡，而后可与俱存。公民哉！人人与之同忧，而君可免忧；人人与之同患，而国可免患。公民哉！人人与之同权，而君权益尊；人人与之同利，而君利益大。公民哉！夫英之维多利亚，德之威廉第一，其威名尊荣，与亡国奔走或被杀逐者亦远矣。故康有为曰：今中国变法，宜先立公民哉！

凡公民之制，美国则男子年二十无过犯，人人得为之。德则有租三千、纳税十二马克，英则纳四十喜林，奥则百金，其法、意、瑞、荷、琏、挪各国皆数十金不等，日本则纳六元者得为之，皆取有名誉、无过犯，许为公民。公民者，担荷一国之责任，共其利害，谋其公益，任其国税之事，以共维持其国者也。既有公民之资格，则可被选举为乡、县、郡、国之议员乡官，可自举乡、县、郡、国之议员乡官。若无公民之资格，则不得举充乡、县、郡、国之议员乡官，亦不得自举乡、县、郡、国之议员乡官。

夫凡人皆有耻心，皆有好事心，况合举国大众而驱之，如风潮之怒涌也，其声必大；有报馆而鼓之，如钟铎之激撞也，其响必应。人之有耻心、好事心、进上心，必日增而大长。既耻不列于公民，尤乐预于选举人，尤望己之可为议员乡官，而发论议而舒其意志也。盖举国之人，苟非贫极无聊者，无不发扬蹈厉而争为公民矣。

凡既为公民有四益：一爱国之心日热，一恤贫之举交勉，一行己之事知耻，一国家之学开智。加以报馆之终日激扬，大众之互相鼓励，日进而愈上。行己知耻，则风俗日美而犯罪者少；恤贫交勉，则仁心日长而贫民有托；爱国热心，则公益日进而国事有赖；学识开进，则才能日练而人地升进。是以举国之民而进化之，而后能以举国之政事风俗而进化之。昔者普为法弱，几不成国，自立公民而国骤强，此其明效也。是故今欧美、日本各国，乃至专制之俄，无不立公民者。虽少分等级，而其不能不立公民则一也。故昔者之国，争在一君、一相、一将之才；今者之国，争在举国之民之才气心识，与其举国之政之学及其技艺器械。即以中国之大，而昔者败于蕞尔之日本者，非吾将相之才之必远逊于日本也，乃吾无公民之不如日本也。以无公民，则散四万万而为数人；有公民，则合数千万而为一人。此其胜败之数也。夫万国皆有公民，而吾国独无公民，不独抑民之资格、塞民之智慧、遏民之才能、绝民之爱国、导民之无耻已也。且人有寥寥之寡民，而善待而用之，其民日进，其国日强，其主日荣；吾有地球第一之众民，乃不善待而善用之，其民日退，其国日削，其主日辱。孰得孰失，不待再计而决矣。抑且举万国皆有公民之资格以贵其民，而吾乃遏民使贱。昔者一国闭关而立，钳制之余，民智未开，犹之可也。今万国比较，日视各国之民如此其通贵，其国因以致富强也；吾国之民，如此其辱贱，而国日以削弱也。枭桀之民，将自求之。夫使民自求之，则有土崩瓦解之忧，有主弑国乱之祸，英，法、意、奥百年内乱，可为鉴也。孰若君自与之，则有尊君亲上之美，有爱国奉公之益。普之威廉、法之拿破仑之盛强，可为法也。戊戌之秋，我圣主尝欲开议院以同民矣，此所谓自君与之者也。然且吾民未尝有求之，而圣主慨然行谋及庶人之典，此大地所未有，而绝出于万国者也。虽今民智未开，未能遽行，若夫州、郡、乡、邑之议院，则虽俄之钳压专制，犹行之矣。今变法第一，当令省、府、州、县、乡、市遍举公民，选举议员而公议之。

今中国举公民之制，凡住居经年，年二十以上，家世清白，身无犯罪，能施贫民，能纳十元之公民税者，可许为公民矣。凡为公民者，一切得署衔曰公民，一切得与齐民异，如秦、汉之爵级然矣。既为公民，得举其乡、县之议员，得充其乡、县、府、省之议员，得举为其乡、市、县、府之官。不为公民者，不得举其乡之议员，不得举充乡、县、府、省之议员，不得举充乡、市、县、府之官。一切权利，不得与公民等。如此则荣辱殊绝矣，民将皆发愤为公民，民将皆自爱而期为公民，民将皆务施舍而为公民，民将皆以清白贻子孙而为公民，民将皆勉输十元而为公民，民将皆好学而期为议员、为乡官之公民。其未能为公民者，皆将有进愤愧耻之心；其已为公民者，皆将有爱国施舍、自重好学之心。夫民抑之则无耻，冷之则自守，塞之则蠢愚；扬之则进上，热之则摩厉以须，导之则开明通达。况以中国之夙昔教化，而生质敏慧者乎！一举公民，则举国四万万之民进于爱国，进于公益，进于自重，进于好施，进于学识。踊跃磨濯，如大海之鼓潮，如巨风之振山也，其孰能御之？

且今内外汲汲忧贫，司农之终日仰屋也，疆臣之终日持筹也，群吏之分途搜括也；摸金都尉，搜粟中郎，无不遍及矣；间架推酤，卖赌鬻爵，无不入微矣；裁职事之官，停群臣之俸，绝勋烈世爵之禄，无所不至矣。而无如百执胸中，只知中国之旧法，而不知东西之新法，甚且政务处只知节流之死法，不知开源之生法，宜其极力搜括聚敛而无所补也。夫以旧制之坏若彼，执政之谬若此，吾不敢以新法理财告之以累吾民矣。惟今姑以立公民之一法告之，或不以为爱民同民之义行之。姑以为筹款之法行之可乎？自道光二十九年，普计民数四万二千六百七十三万，以东西各国例之，五十年人数当倍，自道光二十九年至今五十余年矣，人数当倍至八万万五千万。吾中国养育之法未至，或不能倍，且咸丰时大乱，或丧其十之二三，或数未能确，然以各国公埋推之，必五六万万矣。但未尝核算，人引旧文而忘之耳。即以少数五万万推之，男子当二万万五千万。吾粤人也，且以粤论。顺德、新会、番禺、南海、香山、东莞之大乡，如九江、沙头、两龙、容奇、桂洲、外海、沙湾、潮连等乡，男子数皆十数万，过于东西一大郡矣。英、德、法之盛，以二三万人以上为大都会，比于吾粤之大乡，曾不足齿数。故吾粤人数数千万，可比英、法、德、奥、意、日本者也。而户口亦多给足，人民有气好进上，虚衔翎顶之无用，而争输重金以捐之也，以炫荣于乡众。若有公民之实权利，若税仅十金，其将耻于不齿而争为之也，壮男必十逾大半矣。故即以广州一府论，人口千余万，男子不止六七百万，老壮男子三四百余万，公民必可得百万；人纳公民税十元，是即一府岁入千万矣。其余九府四直州，当近得百数十万公民，亦可得千数百万。其他江、浙、四川之富庶，亦略与粤近，当得千余万，如此已得五六千万。此外十八行省，应合得四五千万。故但以公民一事论之，已可岁筹万万。因人心之乐输，而未尝有分毫强之，既可同民，又可集大款。然则为今日计，一举而数善备者，虽孔、孟、管、葛、拿破仑、俾斯麦复生，亦何能舍公民！何能舍公民！

为人代谋者之不如自为谋也，人治之者之不如自为治也，此天下之公理矣。以一人为十百人谋，智犹不暇给；若以一人为百数十万人谋，无有能给者矣。既不能给，而欲因时制宜、周密纤悉、无不至也、无不举也，未之有矣。未能因时制宜、周密纤悉，而欲其无利不兴，无弊不去，所欲必成，有事皆举，无一夫不得其所，未之有矣。假而能四目四聪，因时制宜，周密纤悉，兴利除弊，率作兴事，人民皆被泽矣。然贤吏千百而一见，且未必能久任，则循吏煦哺于前，而酷吏坏之于后。假而久任终身，举国二千余县令皆吕父、杜母，永永代任皆贤圣，如阳城、元紫芝，民不识不知，含哺而游，以乐闭关之国可矣，以当竞争之国，犹之愚弱而亡也。何也？盖以民之徒受治于官也，无议政之权，则无政事之思虑也，无政事之学识也，无大众之讲议也，无得失之激射也，无美恶之法戒也，无进退之比较也。是故其民俗朴而愚，乔而塞，蠢而野，耕田凿井，长子抱孙，没齿老身，自幸承平而已。以此之故，民有六害：学问不进，智识不开，技艺不新，器械不巧，心思不发越，志意不踔胜。夫进化开发者，提携互进，日升而无已；守旧闭塞者，扶同沉溺，日下而无已。以日下之民与日升之民较，日退之国与日进之国较，其胜负不待决。故挟此旧制以较今日，而遍国郡县永永得人，如阳城、元紫芝、吕父、杜母者，国必亡。此非矫激之言也，比较之数也。

若夫今者令长之官百数十万，人民之所寄，而选之极轻，养之极薄，责之极重，课之极繁，待之极贱，佐之极少，此虽周公之才之美，所不能以空饿而独任数百里百千万人刑狱、催科、抚守、教养之责者。况于法网之密，束缚手足；风俗之坏，败损人才；借地之远，如客入主家；迁移之多，视官如传舍。而又屠伯市侩，纨袴〔绔〕孩婴，朝输金货，夕绾铜墨；或文字不识，国土不知，若阳城、元紫芝者。乃古今天下不一二数者也。而其下仅佐杂数人以供奔走，且无乡官以分治之。以此之制，而与万国自治日进之民角，其胜负不持决矣。且即内不为兆民计，外不与各国角，而今之言变法者，亦未始不知措意于学校，农、商之业，制造、选兵之事，及其日夜忧贫，思所以为聚敛民财之法。然以今地方治法之疏，以一切非常变法之大政，责之于未尝学问、耄老穷困、捐纳钻营之令长，于其簿书、刑名、钱谷之余行之，是何异使蚊负山也！夫以万里大国之大，而江鄂大都会乃始有一二学堂，则其余为自割地鬻民已甚矣。若欲望之令长遍举新政，以是法制人才，学校如何而能兴？农、商如何而能劝？制造、选兵如何而能精？且即设印花、房屋之税，如何而能遍逮于民，俾差役不害而隐匿不行？假即令长能举之，而何能令普国乡市遍举之？夫国何以成？非成于民耶？治何以起？非起于乡耶？

故古者之治，起化于乡，自州党族里，其法至纤悉时皆举。今者各国乡邑之治，自户籍、死生、婚姻、产业、警察、保卫、治安、审判、议税、印花、劝办中小学校、专设石路，及县路、乡路、市场、广场、桥梁、筑室、防火、消水、卫生、救贫、医生、病院、狂院、选兵、公债、山林、桥梁、铁路、银行，以及激其爱国之心，进其学业之识，劝其技艺，长其精神，凡此皆一乡所有之政，其繁密纤悉，精详琐细，几同小国之体。各国何以能然？盖皆听民自举人而治之。故其自为谋也，至当且周；其趋公也，至勇且热。故其民志意腾踔，心思发越，神气王长，学识开明，技械精巧，政体皆随时议决。故其气象新而体理生，租债皆量力公定。故其输将乐而作事举，民安而乐之，动而翔之，进而扬之。以视闭关守分受治之民，循死法而窒心思，抑志意而闭学识，风俗阻闭蒙塞，神气萎靡颓散，政事芜荒疏绝，财用困匮乏短，技械苦窳钝朴。是故其民新旧日相反相远，愚智日相反相远，开塞日相反相远，板活日相反相远，鲜腐日相反相远，神识志意日相反相远。以此而与万国自治日进之民角，其胜负不待决矣。

　　夫民者国之本，乡者治之本，本立则基固，基固则虽拱把之小树，亦能干枝坚劲而花实繁荣。若本根萎弱，则虽参天大树，枝叶亦应时悴落，况求其着花结实，何可得哉？是故小国民本能立，其国亦强；大国民本不立，其国弱亡，观于英三岛之臣印度，日本三岛之败我国，其已然之迹矣。呜呼！以今日地方之制，而按之孟子同民之理，既相悖驰，而敢不戁不竦。投之于列强竞争、优胜劣败之时，则是恐四万万民之太安而自涂炭之，虑万里地之不速割而急自鬻之也。惨愚若此，而举国谋臣智士不知所以救之，岂不大可哀哉！

　　救地方之术若何？曰知病即药。今吾中国地方之大病，在于官代民治，而不听民自治也。救之之道，听地方自治而已。今欧美之日强，人民之日智，地利之日出，学校之日盛，技械之日精，宫室、桥梁、道路之日修，警察保卫之日安，赋税之日多，医病恤贫之日仁，铁道、银行之日广，山林渔泽之日辟，因以整其兵备，精其航船，以横于大地，剪灭东方。此其本非在国政也，非在政府及强〔疆〕吏令长之一二人也。乃由于举国之公民，各竭其力，尽其智，自治其乡邑，深固其国本故也。非惟欧美而然也，日本明治维新以来，行地方自治而骤强矣。又非惟日本为然也，专制威权无上之君权若俄者，亦已行地方自治矣。故其民才足用，而乡政克修，地利尽举。夫俄与我国之专制同，而强弱异者，由地方代治与自治异也。

　　此又非今各国之新制也。我三代、汉、晋、六朝实行之《周官》乡遂之制，一万二千五百家为乡而有大夫，二千五百家为州而有长，五百家为党而有正，百家为族而有族师，二十五家为闾而有闾师，五家为比而有比长，设官若此之多，而职事若此之少，此非朝廷所命也，盖亦民自举而官许之耳。以其自治，故能登其夫家众寡，辨其贵贱老少废疾，辨其弛舍及其六畜车辇，以令贡赋听讼移民，治其祭祀、丧纪、冠昏、饮酒、师田、行役、相保、相受、刑罚、庆赏之事。岁时读法，兴贤举能，书其孝、友、睦、姻、有学、敬、敏、任、恤，其间简兵器，教稼穑，正地域，列沟树，行其下剂、乐昏、土宜以利民，且能大说众志，以开议会。其纤悉若此，故其自治至密，过于东西矣。汉人十里为亭则有长，十亭为乡，有三老、啬夫、游徼以掌教化、讼狱、盗贼之事，则今欧美之学校、警察、审判官也，亦皆民自举而官命之，故政虽疏而未失。至隋尽收小吏之权，簿尉皆命于天子。而吏部数人，安能察万里之地？官守令以上，已行崔亮停年之格、孙丕扬抽签之制，安能及乡？故乡政由是尽瘼，乡官由是不举，自治之法废而地方不修。民治不举，国本不立，职是之由。自上言之，则督、抚、司、道、守、令层级累重；自下言之，则乡州、党族、里闾无一官焉。有大官而无小官，有国官而无乡官，有国政而无民政，有代治而无自治，故政事粗疏芜荒，人才不进，地利不辟，而财用匮乏。盖立法之意，但以为国，非以为民；但求不乱，非以求治。故即有循吏，至于桴鼓不鸣，厖吠无警，余粮栖亩，讼狱少囚，则以为治效之至矣。故自来地方政论，皆以清静无为、宽简不扰为主。曹参曰：勿扰狱市，乃千古治法之极则。此皆老子愚民之法，所谓常使民无知无欲，安其居，乐其业，美其服，老死不相往来。夫所求不过如是，乃与今竞争之理相反，故谓举国守令皆吕父、杜母、阳元而国必亡也。盖将南其辕而北其辙，则愈疾行而去愈远。起点既异，则测线之相反，差以毫厘，而谬不止百千万里者。故天下之患，莫苦于举国习为固然，以古自证而不知察，其病不可救也。

虽然，地方自治法，吾中国固已行之，而吾粤尤盛矣。盖一县之地，为里数百，为口百数十万，多者乃数百万，此盖东西一小国之地。加拿大万里之国，人数不过四百万耳，顺德几几比之矣。仅以一令及八九品数佐杂治之，此必不给之势也。故地方之讼狱，以辽远不及赴诉于令；地方之保卫，不能不民自为谋；学校、道路、桥梁、博施院、医院，不能不民自为理。于是有绅士、乡老、族正以断其狱，选人为更，练壮勇以卫其乡。以及堤堰、庙堂、学校、道路、桥梁、公所、祭祀，一切不能不自为私敛以成之，或特别捐抽，或常行征税于尝业、田亩、室屋、人口，事毕布告其数于公所。其重且大、思垂久远者，则请之官得许而为例。乡、县处处不同，各因其俗而人安之，虽私税之无间言。至咸丰之乱起，绅士各团练自卫其乡，以一乡力薄，则联数乡或数十乡，因其地势以成之。或一大乡自为一团，号之曰局，则常有征税，而有乡官治事其间。即以南海同人局言之，其治下凡三十六乡，男女约五万，局有长二人，以进士、举人、诸生充之，乡人有讼断于是。局勇二十人，有武官统之，犹警察官也。有书记一人，司会一人。其一切诸局，或大如九江，则男女三十余万人，小则数千人，体裁详略不同，而大体不外是，粤中几遍省有之。局绅皆由绅举而官允许者，亦有不请于官者。有大事，则凡列绅士者得预议焉，甚类于各国议员。其大局则规模章程具备，纯乎地方自治之制矣。但国家未为定制，而议员、局长不由民举，故时有世家巨绅盘踞武断之弊，而小民尚蒙压制愚抑之害而不得伸。此盖贵绅遗制之害，盖旧俗之源出于国治，而非出于民治，故虽美而未尽善。若国家有公民议员之制，则民气之激扬，可一朝而勃发也。盖乡官公民议员之义，出于天然之公理，国不为立而民自立之。各直省虽不能然，然乡落皆有绅士主持之，有事则有司咨之，小民请命焉，犹然地方自治之意。此则举国皆然矣。今若就广东先行之，为定乡官议员之制，粗定大律，而听令各乡斟酌其枝条细目，则可立为施行矣。因其地之本有而润色之，至易为功；纾其民之积气而利导之，至易为德。夫万国自治之效若彼，中国故事自治之善制如此，察之现时之民俗，自治之制已具。故以势言之，中国不能不改地方自治；以俗言之，中国已行地方自治，在一转移间耳。

　　且夫自治之制，天理也，自然之势也，无论如何，专制之国不能钳绝废止之也。凡民一家之中，听其父兄自治之，故古经名曰家君，而今律名曰家长。国法虽极密，亦万无代治及其家者；君权虽极专，亦未尝虑家权之分之者。盖国者大团体也，家者小团体也，凡一大团体，必积无数小团体而后能成，此物之公理也。故人积无数血点然后成身，天积无数星球而后成天，国积无数之家乡、土司、县邑、州、厅、府、省之小团而后成国之大团。故大团之国权患其不集，而小团之民权患其不分。故兵事与外交集权之益最大，民治与竞争集权之害最大。今夫人之为身也，固患脑魂不强大，心血不丰足，而若无万千微细脑气筋、九十余里之微丝小血管以遍周而营卫之，则手、足、指、爪、眼、舌亦何能开合屈伸、便捷机警，以为言语、饮食、动作、行持之用乎？舌之脑气筋不能自主开合，则一日而饮食绝，人死矣。其他，目筋不能自主则盲，耳筋不能自主则聋，手、足、指、爪筋不能自主则不能持行而百事废。有此者，号之曰废疾，命之曰废人。故国之无地方自治者，其国臃肿颓败不生活，虽庞然大物，亦号之曰废国。有废疾者，小儿得而欺弄之；为废国者，小国得而割灭之。盖体不备者，谓之不成人；机不备者，谓之不成器：法不备者，谓之不成国。不成国者，大何恃乎？

　　且今大地，民立铁道，民立汽船，民立矿山，民立学校，民立保险，民立会社，民立工商、农业各种公司，皆听其自为立法，自为行政。其大公司用人十数万，上下百司，同于小国，等于古之封建矣。英以一商业公司而辟万里之印度及南洋各岛，若德之克鲁伯炮厂之宏大，工人数万，绵地数十里，是皆中国人所耳热而艳称之者，而皆由民权自治法得之。即中国工商百业善堂，皆有行有公所，有总理、值理之人。如今上海之广帮、浙帮、苏帮、徽帮、闽帮，则以地聚众而自治。钱业、丝业及广东之七十二行，则以业聚众而自治。皆在国家法律之下，而国家听其自立，未尝分毫挠之，此工商业所以盛也。故凡集国之大权者，惟恐其不一；而民之分小权者，惟恐其不多。分之愈多愈细则愈灵活，否则臃肿蹒跚而不能行，故集权与分权相反而相成者也。

　　古者以封建而治民可以纤悉，后世不能行封建，故遂疏阔不修。唐行口分世业之田，其制至善，由无封建之故，故旋踵不能行。然儒生开口言三代，即及封建、井田、学校。夫地方自治，即古者之封建也。但古者乱世，封建其一人，则有世及自私争战之患，此所以不可行也。今者升平，封建其众人，听民自治，听众公议，人人自谋其公益，则地利大辟，人工大进，风俗美而才智出。若美国之州郡并听自治。此则古公侯大国之封建，与德国联邦同矣。法、英、德、日本之例，但听乡邑自治，此则子男小国附庸之制矣。德之籛斯乌衣孖路人二十九万，税乃八千万。呼路咩悟自立市方里九十九，不过中国三十里，当附庸之地耳，人口十四万，而男子八万，然立外务、文部、司法、大藏、警察、医务、卫生、陆军、商船、港津、铁道、土木、殖产、救恤十六部，凡十六长官，其议员用大学卒业者十四人，商四十二人，工二十二人，上判院一，下判院二，岁入至二千三十三万二千二百八十马克。吕伯雷地积政体略同，人仅六万，乃有高等学生五百人，工学一，商学一，女高等学一，中学一，高等小学一，小学十八，学生六千七百人，报馆三，警察费至十六万，其繁盛如此，此深得古封建之意故也。

　　今吾粤九江、沙头、龙山、外海、容奇、桂州各乡，皆二三十万口，比之古者大国廿四万口已过之，则即今之俗，其地方自治，已合古者封建大国附庸之制而尽兼有之。但国家不为定律，而乡官不入典章，无以增其荣而予其权，故治效不著。且无公民以担国事，则民自安于愚贱，而不与君国分其忧，共其任，此所以颓败而失其本也。德国自治之法行之，则一乡而可税数千万，立多官群学矣。今若此小团者数十百万，鼓其志而发其识，大地何有焉！故通地方自治之制，知古人之所以胜于今者，在有合乎封建之意；欧美之所以胜于中国者，在以民自治而不代治之也。

美国州县之自治，今不能行于中国，可无论矣。法、德、英、日地方自治之法，有都市镇之治，有乡村之治，其制略同，但繁简少异耳。日本纯采法国之制者也，由公民中举议员，议员中举乡、市长，有正有副，有参事会员，有议会名誉员，有收税役，有医长，有常委员，有特委员，数千之口，官多若此。德国自治，制尤密矣。凡人口五百至三百，力能任公事、具费用者，可为一区，其力弱者合五村为一区，五乡长有参事会、会计院，议员治焉。凡人口一万以上之都邑堡，皆设都府。凡二千五百为市。凡千六百口以上之区设警察，由大地主举之，立判审官、警察官，设户籍局。判审官、警察官，小者英、德、美皆由民举，大乡镇由官命。法则悉由官命，今亦多民举矣。然警官纯乎官体。法乡会员十人至三十人，可议乡税，管财产，可建议于政府，法除乡外皆官掌之。德则官民划然，即大区亦民赞之。法则乡之团体可直通于州郡，德则乡上于县邑，由县邑乃上于州郡，村长之上有邑长。而德制以大团包小团，而小团之中皆有独立之权、生活之体，尤得古者封建之意，而助民人发扬之力也，于中国俗为近。法则国税、乡税同收，令乡必需之款，先输其地之物，名曰间税，不足则国补助之，分两度征税，得手工数两次为益。德、英则国与乡分收，乡税有普通，有特别，听其自定，然亦两法并行。英限乡税，不得过国税十之五。日本限乡税，亦不得过五之二。德则有人税、独立税、犬税、赁屋税、收入税、舞蹈税，其手工数则自卖买免许、死生婚姻、产业凭照、墓地照、学校照、道路照、度量权衡、抚赏照，皆惟乡治举，乃能纤悉若是。

德制，凡由公民举议员及乡长官，廿岁以上居一年，贫民受恤，未尝一年不纳税，未尝犯罪者，有产业若干、土地若干者，得被举焉。美国收租五百以上乃得为判官。其破产受人救助、伤损公权者，皆不得举。举人有明有暗，而论者以暗为是。凡四百口者可举一人，以次类推。其被举之人，第一须有学识，曾经阅历实事者，分担事务；第二须有德行高志，以求公益；第三凡生计饶裕者，即尽力助公，此乡官之选格也。其都会之制，自府长以下，皆同乡制，惟分百数十区。巴黎、日本分二十区，伦敦、伯林皆分二三百区，各设区长焉。区长位议员下，从其命令。凡都市乡官皆以荣誉劝职，都人士以有职为荣，除长及建筑技师、法律士有俸外，余皆无之。德之伯林从事者二万人，皆以荣名效职而无俸者也。其年限六年，留三之二，或九年、十二年不等。都市举议员，凡二千五百人举十二人，万至二万举三十人，十万下则举六十人。各国虽有不同，略皆相近也。

今中国举行地方自治，因乡邑之旧俗而采英、德、法、日之制，可立推行矣。请略以万人以上、地方十里者为一局，或名曰邑，不得过多阔矣。每局立局长一人，总任局事，兼理学校。设判官一人审讼狱，用古名曰士、曰啬夫皆可，或名曰乡正。警察官一人，巡捕奸宄盗贼。非常税官一人，收赋税，管户籍。邮官一人，主通信兼印花，邮官或专或兼摄，皆由议员中公举。设议事会，五官共之，而长官为议长决焉。其长官之下，设文案、杂役数人，酌其地之大小立焉。下为议例会，众议员聚议，决一乡之政制、赋税大事，上以应国事，下以增公益为义务。其议员视其地之大小、民之众寡，以三四百人举一人，由公民公举之。凡公民中有学识及能捐助贫民，有行未尝犯罪为乡里不齿者，曾办过乡国之事，实有阅历及身家富厚者，皆得充焉。其有犯不孝、不弟、不睦恤及有不齿之事者，摈不得举。如此则清议所在，汝南月旦之评，九品中正之制，而风俗知耻矣。其有职官、绅士、举贡诸生向有位于乡者，除其行不齿于众外，皆许预议，名之曰绅议员，如各国上议院之制，日本所谓名誉员也，则绅士不失其荣矣。而议之决否，以议员人数多少为定。如是则劣绅不能武断矣。其职事惟五官支薪水，余皆不支。大都市宜皆以荣誉体面为劝，如善堂然，则诸官不支俸可也。每都市邑局之中分各村，各约以千数百人为度，立正副二人董任其事。其大乡，则增设警官、判官分治焉。地方大者，其判官或多设数人同审判焉。乃言乡官之职。

第一职 立警察。简禁盗贼奸宄，有风火大灾皆当救之，以保卫闾里。

第二职 修户籍。凡生死、婚姻、葬埋及礼乐、吉凶、歌舞之事。

第三职 修道路。分国道、县道、乡道，分别敷设石路，俾远近易通。其有水利开浚，设桥梁，筑堤堰坡塘。其有民所走集，设市场，筑广场，以合民众。其有可为铁道、马车道者，皆议开通焉。以及种殖树木之事。

第四职　凡人民通信及电报、电话之事。

第五职　收赋税。凡土地、舟车、烟酒出产，制造营业卖买，因其旧俗地宜，随时公议。

第六职　学校。凡男女中小学塾及工艺院之募开、增长、鼓励，令凡民七岁皆入学，否则罪其父母。

第七职　劝农业。凡耕地种植，山林原野，酌土宜觅新种，开农会以劝垦辟。

第八职　助工商。开劝工场、技艺院，以鼓励百工，振兴商务，而设法资金以补助之。其有民间乞丐，驱入技艺院教之，俾其糊口，不听者判官禁之圜土。其穷老者付之恤贫院。

第九职　讲卫生。洁净室屋道路，俾免疠疫，疾病则设公医院医之。

第十职　开善堂。举恤贫养病癫狂之会，开院养之，拓增经费。收禁乞流，无使有乞丐颠连者。并开讲堂以诱导愚蒙。今江粤已大行，每乡局推广之。

法以三万人以上者为都会，然举国亦不过四十七耳。德以五万人者为都会。法有邑二万六千百四十，然过万人者不过二百三十二，故法之邑真吾粤乡局之比也。若数万人之都会，则吾国不可以数算。其都会若顺天、广东则百余万人，此外各省会及上海、天津、汉口、宁波、厦门、重庆、潮州、九江，凡诸通商之口及诸府城、大县城，及大市如佛山、景德，及大乡数十万者，尚不胜数。皆宜以地方自治行之，采用伦敦、伯林、巴黎、横滨之法，酌其地之大小分为各段，每段皆用乡官之制，而立总局以总之。省、府、县城名某城总局，市、镇曰某市、镇总局，每局设总办、会办、帮办。凡赋税、工程、邮政、印花、监狱、学校、慈善，皆当每事设司，令纤悉皆至。德伯林执事者至二万人，其繁密可知也。立议事局，以会办、帮办及诸长官为之，而总办为之长而决焉。由各段举公民为议员，三万人以上，凡五百人举一人；十万人以上，千人举一人；三十万人以上者，二千人举一人；五十万人以上者，三千人举一人。其贵官、绅士皆为上议员，别自公举，皆以人数多寡决从违；其职事皆如乡制，而增加繁密，以适事宜。皆如善堂之制，不设薪水。其长及五官有俸，其长皆由议员公举，告诸官。其诸官皆由其长与众议，各举半数，其长及诸职无官衔者皆给职衔。万人以下者，长给正九品乡正下士衔，诸职给从九品从下士衔；万人以上者，给正、从八品乡中士职衔；三万人以上者，给乡上士职衔；五万以上者，给六品乡大大职衔；十万人以上者，给五品公大夫职衔。日本东京之制，可采用之也。其市长之下，有助役四人，收入役一人，长技师长一人，即副长也，有名誉参事会十二人。内局有事务员十人。分四部，曰总务部，曰土木部，曰水道部，曰会计部。各有部长一人，事务员百数十人；土木、水道部则有技手数十人；总务部则有扫除巡督长一人，监督十人，巡视数千人。分十五区，每区有长一人，书记数十人。有养育院、病院、医院，医员数人，其警察裁判，皆隶于官焉，可全用日制而行之。其长有遗爱者，以半俸终其身。

其县皆开议会，令一县之公民举议员。凡公民住居一年，年二十五以上，大农、大工、大商家产万金，或曾游历外国，或在大学卒业诸生、士人有学者，能创学校、工艺院、医院、善堂者，一市一乡选一人，大者或二三人。每七十万人议员三十人，过百万者每五万人加一人，其绅士自知县、举人以上，许大县别为选举，皆以人数之多寡决从违。其县官之议事局，得用议员二人，余悉同乡制，其道或府皆开议会，以大农、大工、大商业家产十万，或曾游历外国及大学卒业，若士人之著书有学名者，暨能创学堂、工院、医院、善堂者，一县一人，大县或二三人，每百万人议员二十人，过百万者每十万人加一人。绅士自道府、郎曹、进士以上，许为绅议员，其道府官之议事局得用二人。其各直省皆开议会，以大农、大工、大商家产百万，或曾游历、游学外国，若大学卒业及名士学问有名、著书传世者，及独力捐资成一学堂、医院、工院、善堂者，一县一人，大县或二三人，每十万人选一人。其省官之议事局，用议员二人，余皆用乡制。议员皆以三年为限，一年去二留四，以资谙练。凡一县、一道府、一省之政，例在国律范围之中。凡赋税、公积、警察、户籍、学校、农工商、道路、桥梁、市港、山林、川河、医病、卫生、慈善、教化，皆由议会议定，地方长官许可，则施行之。其大事则许省、道、府、县之议会公详政府。

夫举民有乡举里选之遗，集议得公是公非之见，地不阔则直接而易得其情，生其地则熟习而周知其故。国当其冲，而乡行其密，人人有言事执政之权，人人有爱国爱家之意，诱其同心，长其神气，开其知识，发其志意，联官民之交，而密其结合，无有阻碍谋公益之事，则自为受用，争自激励，官仅为之监督，律粗为之范围，而一切听之。输赋、筹饷、起债为百事之原，则出自公议，必度民力所能、民心所乐者乃为之，皆有决算出入表以告于众。各议员自议之而告于所举之人，人人知自为自益也，知身家营业之增长也，知官未曾取之也，知强绅不得独占强夺之也。人自鼓舞，虽有大举而事无不成，观于各善堂之大举而可见矣。故欲养警察之卒而卒可养，欲修道路、桥梁、场所则工可立修，欲经营学校、医院、贫院、狂院则事可立集，欲劝工、辟地、植农、惠商则策可立举。人慕作乡官议员，皆知自爱，重犯法，争于恤民，奋于爱国，务于公益。则仁惠之风行，廉耻之俗成，风俗美而大进矣。学校多而才智出，农工商盛而财用足，国乃于是取其材，用其气，收其财用。所谓百姓足，君孰与不足也。以四五万万人之众，成城断金，谁能御之？必若此而后富强之基可立。故行地方自治之制，而民不富乐，士不智勇，而中国尚弱者，未之有也。（《官制议》）

物质救国论

序

大昏也，博夜也，坠乎重渊，荡乎大漠，泛乎溟海，雾雾濛濛，飞沙重重，洪涛汹汹，昧目无见，魂荡魄惊，则有迷道而失所、妄行而无之者矣。中国者，数千年一统者也，自以为天下而非国，甚于罗马者也，以文物战胜其邻而晏然自足者也。一旦飞船奇器排闼破门而入，有若诸星之怪物忽来吾地，所挟之具皆非吾地所有，空吾地之物而无以拒之，则必全地苍攘，沉沉而莫测，彷徨而无术，才人智士纷纭献策而皆无当。盖未游诸星，未能深知其所挟之具，而议拟测度之，或得一端而不见其全体，虽欲不迷行失步而不得也，中国今者犹是也。

乙未、戊戌以前，举国鼾睡，无可言也。至庚子以后，内外上下，非不知吾国之短，而思变法以自立矣，则举措茫然，不知欧美富强之由何道，而无所置足也。议者纷纭，各自以其测天之识而倡狂论之，谓天圆覆犹笠也，谓地平方犹块也。当同、光之初，曾文正、李文忠、沈文肃诸公，草昧初开，得之太浅，则以为欧美之强者，在军兵炮舰，吾当治军兵炮舰以拒之，而未知彼军兵炮舰之有其本也。至乙未东败之后，知之渐进，以为欧美之强在民智，而开民智在盛学校也。于是十年来，举国争事于开学矣。至戊戌之后，读东书者日盛，忽得欧美之政俗学说，多中国之所无者，震而惊之，则又求之太深，以为欧美致强之本，在其哲学精深，在其革命自由，乃不审中国病本之何如，乃尽弃数千年之教学而从之。于是辛丑以来，自由、革命之潮，弥漫卷拍，几及于负床之孙、三尺之童以为口头禅矣。医论日以多，药方日以难，脉证日以乱，病势日以深。当此危命如丝、弥留喘息之时，言学之参术，既迟不及救；言自由、革命之天雄大黄，则益以促其生。俄之破坏中立，既欲窥新疆，英伸手取藏，而德则忍俊不禁，明索山东矣。大势岌岌，瓜分可忧，而我举国上下，尚复瞽者论目，盲人骑马。危乎哀哉，其可畏也！

吾既遍游亚洲十一国、欧洲十一国，而至于美。自戊戌至今，出游于外者八年，寝卧浸灌于欧美政俗之中，较量于欧亚之得失，推求于中西之异同，本原于新世之所由，反覆于大变之所至。其本原浩大，因缘繁夥，诚不可以一说尽之。欧洲百年来最著之效，则有国民学、物质学二者。中国数年来，亦知发明国民之义矣。但以一国之强弱论焉，以中国之地位，为救急之方药，则中国之病弱非有他也，在不知讲物质之学而已。

中国数千年之文明实冠大地，然偏重于道德哲学，而于物质最缺然。即今之新物质学，亦皆一二百年间诞生之物，而非欧洲夙昔所有者。突起横飞，创始于我生数十年之前，盛大于我生数十年之后。因以前绝万古，桄被六合，洪流所淹，浩浩怀襄，巨浸稽天，无不滔溺。自英而被于全欧，自欧而流于美洲，余波荡于东洋，触之者碎，当之者靡。于是中国畴昔全大之国力自天而坠地，苟完之生计自富而忽穷。夫四海困穷，则天禄永终；肢体茧缚，痿痹不起，则有宰割之者矣。夫势者，力也，力者物质之为多，故方今竞新之世，有物质学者生，无物质学者死。小国若缅甸、安南、高丽，无物质学者立死；文明大国若突厥、波斯、西班牙，无物质学者，少辽缓其死，然削弱危殆而终归于亡。

吾既穷览而深验之，哀我国人之空谈天而迷大泽也。方草各国游记，而苦时日之难毕也，先为《物质救国论》以发明之，冀吾国吏民上下，知所鉴别，而不误所从事焉。天之将暝，为时无多；夜之将旦，鸡鸣嘤嘤。迂道而行，将不及期；之楚北马，愈远愈非。及风雨之未烈，绸桑土以御之，勿迷大泽，冻死无归。嗟我兄弟，雾雪凄迷，遵道而行，我心伤悲。指南之针何欤？其在物质兮猗！

孔子二千四百五十六年，即光绪三十一年二月，南海康有为序于美国之罗生技利。

彼得学船工

光绪三十年八月十九日，吾游荷兰，在鸽士道大市出海口，凡十三里，地名山泵，观彼得学船旧屋遗迹，二百八十年矣。至马车不通处，遵小径行得之。屋以板为之，高六七尺，如中国渔家屋然，分两室，深二丈许。今半倾颓，以木架扶之。入门即为灶矣，其烟气薰蒸可想。陈一桌数几，皆彼得遗物。室西北隅一橱矮短黑色，岂知即床也，前垂遗帐，大二尺许，坏纱已破，污旧黝黑。入内室则作工处，有彼得三像。一帝、后像，极庄严者也；一彼得操工像，倚斧于地，壶冠皆在地，眼如望羊，其目营四海耶？一像操锯，方造小舟，其从臣在侧作书，貌尤英绝。前有小玻窗四门，上有玻镶之，其侧一小玻窗。今有大厦，饰红紫伟丽者覆盖之，则今俄王亚力山大请于荷而筑之也，今八年矣。吾购得其影像，归以示吾国人，瞻眺感叹，流连而不能去也。

康有为曰：呜呼！天下今古万国，岂闻帝王而亲执劳役、苦身作工者乎？板屋敝陋如此，衢道污狭如此，佣保杂厕如此，其苦难污秽，士夫富人犹难受之，此岂玉殿瑶台、紫宫黼座、陛仗警跸之王者所能忍乎？而彼得乃能安之数年，忘其苦辱者，彼见己国之短乏在物质也。其得之也，则辟地万里，在指顾也。故彼得不知其劳辱也，但见此即奏凯报捷之甘泉宫也，但见此即威黑海、收东亚之缩图也。有此在其心胸中，故忘其劳辱也，若不知屈己学工也，则缅王之欲英使跪而不得也，以黄幔遮英使之足，而身囚印度岛，国且夷矣。印度王侯士大夫不知国之强弱在物质学，而但欲革命自立也，则万里之土疆，三万万之士民，皆夷为奴隶矣。欲发愤求强立，而不知其道，则盲人骑瞎马、夜半临深池也。今吾国人欲变法自强，不知学彼得之讲物质学，而师印度之张空拳，以革命自立，则其去俄且远，而不为印度也几希！

闻彼得之变法自强也，令群臣子弟分往意大利学制小船，往荷兰学制巨舰。自更服从船匠学艺，手制帆樯，凡锯木、截铁、造缆、制帆皆学焉；

就波兰医院学医，格物院学格致。彼得念欧洲各国所由强，在于工艺，大募法、荷、瑞巧匠，面试其技，优者招往本国，开厂教工。又闻英艺尤巧，遂之英，学造船、造钟表，学天文算法，遇奇材异能，皆聘至俄用之。又游法，受业于大学，凡绘画所、刻石所、天文器所、金绒所、织所、格致所，皆延其名匠归俄，以充教习。阴召瑞典之巧匠居俄，厚侍之，用以兴窑开矿，开凡百制造之业。其世爵大僧子弟，皆遣习兵学，游学各国，学工艺；其惰而无成者，发在王宫充苦差。大开工厂，使民习各国之工艺，令民不读书者不得承父产。大开海军学堂，习海舟战术。夫俄起自野蛮荒寒之小国，而彼得三十年间，乃辟地九千方里，声震全欧，后世承之为第一强国者，则以彼得能自知己国所短而采用各国之工艺故也。彼得非徒知己国短而欲师各国之技也，乃至自屈帝王之尊，躬杂佣役之列，亲执劳辱之事以先之；又使其群臣世爵、大僧子弟及人民大往各国分学之，而自开工厂于本国而自教之。盖深知彼己之短长，极校国力之厚薄，乃知强弱之故，不在人民之多寡、土地之大小，而在物质工艺之兴盛与否也。故遍观各国，有物质学者盛强，无物质学者衰微。是故彼得聚精会神，降志辱身，不弹〔惮〕劳辱，竭国力而为之，而即及身收其效也。合大地古今之帝王，无有能舍国远游，杂厕佣工，亲执劳役者，惟彼得一人能之。是其英绝之心力绝出千古，故俄之骤长亦绝出一时也。俄本野蛮，政法皆无，所乏非独物质也；若中国则数千年之政法，本自文明，所乏者独物质耳。若能如彼得之聚精会神，率一国之官民，注全力以师各国之长技，则中国之盛强，远过于俄彼得，又可断断也。

荷兰国海口山泵，游俄彼得学舟遗板屋，矮小敝陋，以帝王之尊，屈身学工，古今未有，感叹愤发：

板屋滨河边，高广蔽风雨。云是大彼得，学制船于此。

遗灶对卧榻，疏布遮床处。几桌凡四事，朴陋苦难似。

昂头户碍眉，伸手瓦触纸。遗像犹在壁，执斧舟斜倚。

身衣贱工服，目若营大地。眉宇天人姿，顾瞩有雄气。

当时同业者，宁知帝王至。玉座何尊崇，纤身执劳肄。

深宫何安乐，久习能捐弃，臣妾亦已众，只身走万里。

日与工人伍，降辱成舟技。岂不惮孤苦，归成图霸志。

迄今横三洲，雄图霸大地。乃知英雄主，举动自殊异。

横览古帝王，神武无可拟。我仪主父偃，瑰玮差可比。

变服学骑射，入关窥秦主。王者欲强国，苦身犹胥靡。

况兹我庶士，劳辱更何齿。欧人所由强，物质擅作器。

百年新发明，奇伟不可记。遂令全地球，皆为欧人制。

吾国大物博，所乏制造帜。士夫习尊大，难劳身降志。

何况帝者崇，玉食九重蔽。坐兹成孱弱，众强召吞噬。

沉吟古今人，最敬彼得帝。昔者编其传，写黄进丹陛。

圣上为感动，变法大猛厉。忡忡震予心，大业倾不世。

岂知九万里，来视旧庐敝。木架与支持，游者踵相曳。

大厦覆其外，丹碧耸瑰丽。遗构及像设，拓影杯盘细。

大购数十种，将以赠国士。感叹喟然兴，耸立起强志。

论欧洲、中国之强弱不在道德哲学

欧洲者，今世号称文明发生之地也，吾既遍游各国，而深观尽揽之矣。虽有所未尽，然其大体亦既暴露矣。若其展转发达之由，亦既考其所以然，而审其进化之序矣。未游欧洲者，以为其地皆玉堂琼楼、阆苑瑶池，以为其人皆神仙豪杰、贤圣明哲，以为其政皆公明正直、平等自由。及今游之，则其乞丐之夫，穷困之子，贪诈、淫盗、杀掠之风，苦恼之情，饥寒、污秽之状，压制、等别之事，及宫室之古陋卑小，道路之狭隘不洁，政治之机巧变诈，专制压抑隔绝、不完不备，一切人情风俗事势，乃皆与中国全同合化而无有少异。盖凡人道皆有形骸，则皆待于衣食居处。当中世千年黑暗时，固远不及我国，即在近世论道德之醇厚，我尚有一日之长，即不易比校，然亦不过互有短长耳。今以其一日之强富，宫室器用之巧美，章程兵政之修明，而遂一切震而惊之，尊而奉之，自甘以为野蛮，而举中国数千年道德教化之文明一切弃之，此大愚妄也。

盖号称为人者，必圆首方足，五官百骸，不能离形而仅有灵魂以自立也。既有形骸，则有待于声色臭味、衣食居处，则有余不足之数，而贫富贵贱、权势利害出焉。有势则挟，有害则避，有欲则争，不得则求。有求有争而不遂，则贪诈盗杀、机巧变伪、压制苦恼之诸恶心起。故夫恶心之轻重大小，视其求争之风之轻重大小以为差。苟非绝无教化之野番，日以杀掠为业，以渔猎为生者，则凡诸国之俗之美恶，不能以大小强弱而差论也。强大之国，冲繁之地，其所挟避求争之势最甚，则其相迫而为贪伪盗杀、机巧变诈、压制苦恼之风亦最甚；弱小之国，地方僻简，求争不繁，无所于迫，故其贪伪盗杀、机巧变诈、压制苦恼之风亦不甚。夫从来乡人朴鄙而悫，都士文巧而诈，既有然矣。

故夫文明者，就外形而观之，非就内心而论之。以吾所游大地几遍，风俗之至仁厚者，应以印度为冠焉。吾频与印人行游，中途忽抱曳吾绕道行，吾怪诧之，则指地下之蚁队，虑吾之践之也。吾室尝有虫，命印度仆扑之，仆谓不可。责之则力争之，以为不仁，终不奉命。后乃与商，放之竹外，乃奉命。吾深入其穷僻乡，皆寂然坐道，无闹者，无哗者，客来则让道，油涂身而道拜日，诵经于途，食充则止。游于西藏、哲孟雄、廓尔喀之间，随所在野人家皆可入宿，让床与客，授餐与被，行时赠以金不受。以中国内地言之，穷乡多类是，而都邑则否。可由是推之，鄙僻之区多道德，而文明之地道德反衰。盖巧智之人，多外观而少内德也，比比矣。夫以印度之民，爱及虫蚁，终日讽经拜祷，不尚武争，故二千年来，累灭于外族，则道德之鞭辟太深，仁厚逊让之俗太甚所至也。今印度既灭，降为奴虏，为万国所轻贱久矣。如以道德论文明也，则吾断谓印度之文明，为万国第一也。

美国者，今大地号为最富盛、好自由之国也。吾闻芝加高一埠，而一岁之狱，凡二十万事。繁盛则繁盛矣，而犯罪者若是其众也，则其治化何如也？美国人堪骂李语我曰：吾美国一岁杀死者万数，多于英之灭波焉，率死于酒色气者六千，死于劫财者三四千。吾闻美之富人，多为其妻子亲戚谋杀死，盖利其财也。此则不著于狱者矣。其官吏相斗于朝市，其警察受贿而暗听人之赌。其杀人大狱，则贿其陪审员而可免死矣。故在英国者，人畏法不敢犯，而居美者横肆矣。其州各异法，有作奸者，逃之他州则道遥矣。故一妻而分嫁数夫于各州者，所在多有。其电线、铁路愈捷便，其窃盗诈谋之事亦益以易遁焉。数月前，吾国人所开干城学校之教习，为其累年笃友得金所卖，而捉将官里矣。其他恶俗，不胜枚举。盖以尚富为俗，故耻贫而好利，有可以得金者，无不为也，然则所谓富强者，则诚富强矣，若所谓道德教化乎，则吾未之知也。是其所谓文明者，人观其外之物质而文明之耳；若以道德风俗言之，则忠信已浇，德性已漓，何文明之云？美犹如此，何况欧洲各国日处竞争之中，如沸汤盘马者乎？抑无待论证也。

故以欧美人与中国比较，风俗之善恶，吾未知其孰优也。推其孰为冲繁简僻乎，则道德俗尚之醇美浇漓可推也。如以物质论文明，则诚胜中国矣。若以道德论之，则中国人数千年以来，受圣经之训，承宋学之俗，以仁让为贵，以孝弟为尚，以忠敬为美，以气节名义相砥，而不以奢靡淫佚争竞为尚，则谓中国胜于欧美人可也。即谓俗尚不同，亦只得谓互有短长耳。中国自古礼乐、文章、政治、学术之美，过于欧洲古昔，见于大地万国比较说，既无待言矣。今者宫室、器用之朴拙，盖由峻宇雕墙垂为大戒，机巧奢靡视为淫风，亦由道德之说鞭辟太过致然，非人巧有不如也。斋路士者，英国监布烈大学之汉文总教习也，尝曰：华夏人之勤学及多识字，过于欧人。其贫苦而好学，不求利达，殆天性也。

试考道光廿八年以前，欧洲各国未定强迫入学之例，华人与欧人孰为多学者乎？以今英国教育之盛，而恶士佛大学之地，不即有识字之人。吾用一奥人，其父即不识字者，故数岁无书与其子。英人夸其恶士佛之古已六百年，岂知我国郡县立学在宋仁宗皇祐之年，故凡今我各直省、府、县学宫凡千余，皆立于宋世。即如苏州学宫，为范文正之宅让出者；广东学宫，经营于唐世，皆千余年之古物。彼恶士佛者，尚不能为我云来，而何文明之比乎？

故合种种而论之，我国人今之败于欧人者，在此一二百年间。而所最大败远不如之者，即在一二百年间新发明之工艺、兵炮也。凡欧人于百年来，所以横绝大地者，虽其政律、学论之有助，而实皆借工艺、兵炮以致之也。夫工艺、兵炮者物质也，即其政律之周备，及科学中之化、光、电、重、天文、地理、算数、动植、生物，亦不出于力数、形气之物质。然则吾国人之所以逊于欧人者，但在物质而已。物质者，至粗之形而下者也，吾国人能讲形而上者，而缺于形而下者。然则今而欲救国乎？专从事于物质足矣。于物质之中，先从事于其工艺、兵炮之至粗者，亦可支持焉。若舍工艺、兵炮而空谈民主、革命、平等、自由，则使举国人皆卢骚、福禄特尔、孟的斯鸠，而强敌要挟，一语不遂，铁舰压境，陆军并进，挟其一分时六百响之炮，何以御之？

夫炮舰、农商之本，皆由工艺之精奇而生；而工艺之精奇，皆由实用科学及专门业学为之。实用科学与专门业学，皆非六七年不能成，即捷径可得，亦须四五载，而学异国之语者，尚须数年。故总计工艺、炮舰之学能成，非十载不可。此十载之中，事变纷纭，国势更炱，谁欤许我以休暇者？若再卤莽从事，歧途趋走，或背道而驰，之楚而北行，马疾而去之愈远，则所谓举国四万万之卢骚、福禄特尔、孟的斯鸠，或康德、斯宾塞、倍根、笛卡儿，进而人人为柏拉多、亚里士多图、耶苏与佛，无数无量，亦皆供人宰割之具、奴虏之用而已。不观耶苏之生于犹太乎？不数十年而犹太为墟，七十万人移于罗马，科重税以筑哥林多庙而已。夫耶苏能为欧人之教主，而无救于犹太之灭亡；佛能为东亚之教主，而无救于印度之灭亡，则以应用之宜与不宜、当与不当故也。

论中国近数十年变法者皆误行

夫中国土地之大，人民之众，物产之多，教化、文字、风俗之统一，其欲以强国，至易易也，大地未有其比也。苟得各国物质之一二，即足自立，不待其致精而求备也。故为中国谋者，无待高论也，亦不须美备之法也，苟得工艺、炮舰之一二，可以存矣，可不忧亡矣。今日所急急者，救亡耳。既不亡矣，则其后之盛强繁美，不待期而自致焉矣。

·论一误于空名之学校·

然窃观数年来举国之所奔走驰骛者，何如哉？以昔者兵船炮械之未足也，于是进而言学。夫欧人数百年兴学之变也，始则为古文学，进而言人道学，近百年来乃讲实用学，又进而为国民学。而十年来所以摹仿东西学校者，何为乎？不过语言文字之微，堂室窗户台椅之式，欧美政俗之粗略，分毫未得其实用，乃先将中国数千年之圣经贤传、道德名义而弃之。夫既谓举国皆康德、斯宾塞、倍根、笛卡儿、柏拉多、亚里士多图之无救于亡，而岂区区诵蟹行拼音之言，讲堂室窗户之式，略知欧美之粗者所能济乎？

·论再误于自由革命之说·

既又深原夫政治之本，攻专制为不可，于是发明民权自由、立宪公议之说，引法、美以为证，倡祥其词，煽动全国。于是今之床头之竖，三尺之童，以为口头禅焉。夫"自由"二字，生于欧洲封建奴民之制、法国压抑之余，施之中国之得自由平等二千年者，已为不切。英博士斋路士曰："不知中国者，以为专制之国。乃入其境，则其民最自由。卖买自由，营业自由，筑室自由，婚嫁自由，学业自由，言论自由，信教自由，一切皆官不干涉，无律限禁，绝无压制之事。"真知言哉！其比之欧人之限禁繁多，过之远矣。或者不知人己，误以为欧美之强，其所服药必极补益，而妄用之，则无病服药，必将因药受毒而生大病。故今日中国自由之教，亦令人发狂妄行，子弟背其父兄，学者犯其师长而已。盖自由已极，无可再加。若欲加乎，舍此何进？

且英文非里泵 Freedom 者，仅为释放之义，尚含有法律之意。若日本所译为"自由"二字，则放手放脚、掉臂游行、无拘无管、任情肆意、不怕天不怕地之谓，则人道岂有此义理乎？此等名词，不特意偏而不举，亦且理穷而难行，而可公然标为名理，从之者举国若狂，不辨皂白。夫使中国而为野蛮无文学之国则可也，然而中国已为五千年文学之国，而此等无理不通之名词公然通行，视为圣人之金科玉律焉，岂不大愚哉？或明知其不可，而以其便于任情肆意也；或怵于西欧强盛之由、大哲之说，而不敢难也。《世说新语》曰，愍道人与一道人过江，惧不得食，乃定立义曰，心无二以动众。其说大行，愍道人寄语之曰，心无二岂是道？当时为啖饭耳。欧人之言自由者，标一义欲立名以动众，盖亦心无二之类耳。今有愍道人在，则笑之矣。

明季学者，好择二三字以树义。王阳明称致良知，湛甘泉称随处体认天理，耿天台称知止，聂双江称寂然不动，刘蕺山称慎独，如此类者，不可更仆数。夫道有万千，裘葛异时，舟车易地，兼备而后可行；有本有末，大小精粗，内外文实，阴阳夹持，乃可遍行。安有偏举单词偏语而可行者乎？即为至理，亦必偏而多弊，君子虑终计患，不敢妄称也。况自由之无理者乎？法国当时只以民人对君主之压制言之耳，非就普凡人伦事理言之也。即孟的斯鸠之言自由，亦曰或言带刀自由，或言留须自由，或言抗暴主之专制、开民权公议之自由，或言革命之自由，要皆含有法律之意义。夫于自由之上，用"带刀""留须"等字，则有限之自由，而非无限之自由矣。

即今各国宪法，所号为言论自由、宗教自由、迁徙自由、出版自由者，亦所谓一事之自由，而非普通之自由矣。姑无论其言论出版之自由尚有法律之限制、文部之检定，即以美之宽大，其得罪政府而无据者且下狱终身，或至杀，他义类是。夫既有法律，则是桎梏囚人而稍令游园，或仍有足镣而仅放手枷使之饮食，号称自由，何以异此？然犹著明某事之自由以限制之，则自此一事外，皆不得自由可见矣。此皆出于欧土封建之世，及天主之教压制之极，故志士大倡此以纾民。若不著明某事之自由，而仅提倡"自由"二字为义，则必上无法律，下无阻碍，纵意恣浪，绝无拘检，而后得完自由之义。然天下有此理乎？其可一刻行乎？

夫自由之义，孔门已先倡之矣。昔子贡曰：我不欲人之加之我也，吾亦欲无加之人。不欲人加，自由也；吾不加人，不侵犯人之自由也。人己之界，各完其分，语意周至。然未至大同之世，尚未可行，故孔子谓非所及也。夫道非一言可举也，是故一阴一阳乃谓之道。人之生也，若手足不能舒放，身体不得反侧展转，口鼻不许呼吸啼笑，则孩提已死，不得生矣。然若听孩提之童自由，任其持刀弄火，则又安得不死？故有听其自由之时，亦有礼法拘束之时，此乃人道之自然。终身由之，不在辨难，不能去取，不能加减者也，所谓一阴一阳之谓道也。故自其极端言之，虽在重囚，亦有能行立之自由；虽在隋炀、武后，纵欲自恣，亦有不能行其志之一时。然则举天下之人，无一不少有自由，亦无一能自由者，特视其分数之多少耳。

若"自由"二字完全义，则虽万千年大同世后，亦无能致也；必若致之，则惟野禽兽能然。夫野禽兽者，无法律之限制，无教义之拘检，纵情恣欲，浪游任食，真能得自由之完全义者也。夫禽兽之所以能自由也，以其无群道故也。人道以合群为义，以合群而强。既有群，则有人己之对待。既欲合之，则许多调睦和就之法，而万不能行其猖狂浪行、肆情纵意之为。苟有此也，则性情乖戾，行事悖谬，所谓方命圮族而必不能合于其群。故自由之与合群，其义至相反。故苟天地只我一人，无群可合，则不须法律，不须教化，则自由之义可立；苟有两人，即当有法律教化，自由义即不立。盖我欲自由，势必侵犯人之自由，若不侵犯人之自由，则我必不能自由也。故夫自由之完全义，必无可致也。苟云某事之自由，则已在限界之内，而他事不得自由，即不得立"自由"二字之义。是故吾先圣不立此义也，非不知立之也，以欲立之，而人群所不许有此义也。

若谓欧美人得自由，则大谬之论也。欧美人至重法律，诇及纤微，一切皆不得自便，少不中律，罚即及之。其拘困服从过于吾国人百倍，安得谓自由也？欧美人又至重礼法名誉，若起居、动作、服食皆无法律，然风俗所行，苟有不协，则非笑嘲讪而轻薄之。生其地者，懔之畏之为谨，安得自由也？至于官吏有官吏之法律风俗，学生有学生之法律风俗，工商有工商之法律风俗，皆戢戢惟谨。是故动作有法，行事有度，谓之文明，而岂闻学生以不受师长之学规、污壁毁墙，以为自由也？若以从法律、服教化，则斥为服从、笑为奴隶，则行遍欧美，其良民善士，无一非从教化、服法律之人，无有以逆法律、背教化为美者，亦无有以服从为恶者。

且人生于群中，自言语、饮食、衣服、动作，何一不服从于前人？虽极自立，然不从此则从彼，究何能免乎？且服从乃与自立为对义，不与自由为对义也。人生群中，事事须服从，亦事事须自立。不自立，则不能成一器用；不合群，则不能成一群业。此如车之有双轮，屋之有两墙，并行而立而相成者也。臂如合群砖以成屋，苟散沙则不能为砖，然砖而不方平如式，圆凸尖肿，则亦必弃去而不能为用也。且观欧美人之行事，最尚专制，任立一事，皆必推立一长以主之，而下皆服从焉。故欧洲官制，有正长而无副官，故其事能行。盖苟不服从而言自由，则为庖厨者浪游而不作食，则众皆饥死；否则必致人人并耕而食、饔飧而治，而后可也。如是则通工易事之义遂绝，亦人道可一日而息也。凡百作工者，不服从而言自由，皆舍业而嬉，而天下之事皆废，则大地可一日而榛芜也。若此则无理之言，岂能树义？而举国若狂，几若以为救国之奇方大药，亦可怪也，其愚何可及也！吾国人在唐世前，无裹足之俗，甚怪自宋后，何能天下移风，以裹足之苦而人人从之，甚可怪也。今之妄倡自由者，而举国从之，曾何异乎？

推非里泵之义，但主开放，盖由法国风俗，压制既甚，故以开放为上义。譬之久在囹圄者，一旦释枷解锁，得出狱耳，非谓可以胡行乱走，猖狂妄行，遇库支钱，逢店饮酒也。夫释枷解锁之与猖狂妄行、遇库支钱、逢店饮酒也，相去不可道里计也。而以释放误译为自由，此日本之误也。而不知者，误以日译之误而再演大之，又加中国已自由而加重其药矣，宜其见大害而不见丝毫之益也。故释放之义，在中国人施之于妇女、奴隶，则可也；施之于国民，则吾国二千年来，本已大受自由之乐，本无待于释放也。若以未有选举权以参政事，则索选举权可也。夫选举权之与自由，至相远也，选举权乃国政之一事，自由乃人身之无限，岂可混合之以生他病乎？凡立义皆有度量分界，何可于此大义以易世化民者而乱之？夫自立、释放之义，各有度界，尚不能与自由乱，何况选举权乎？

中国法律太疏，教化太宽，从此采用欧美，益当加密，今之游欧美者当知之。一饮一食，一行一坐，发声之高下，吐唾之回避，礼法益当整饬，恐令后人益不能自由耳。若无病加药，日言自由，则必中风狂走，势必士背学，吏犯法，工不职，弟逆师，子叛父，尽弃规矩、法度、教化而举国大乱，不待大敌之来而不能一朝居也。其可行乎？以此化民，此真如洪水滔天，生大祸以自溺也。吾游德国，整齐严肃之气象，迥与法国殊。呜呼！此德之所以强也，俾士麦之遗教远矣。方今中国之散漫无纪，正宜行德国之治，而欲以自由救之，所谓病渴而饮鸩也，其不至死不得矣。若夫革命、民主之说，则万里文明古印度之亡已为吾覆辙也，中国万不可再蹈印度之辙，吾已别有书矣。故自由、革命、民主、自立之说，皆毒溺中国之药者也，其万不可从，不待言也。

中国救急之方在兴物质

然则今者救国之急药、亟服之良方，皆不在是，而我国之所大败而不能自立者，亦不在是，即中国所以不如人者，亦不在是。然则果何在乎？以吾遍游欧美十余国，深观细察，校量中西之得失，以为救国至急之方者，则惟在物质一事而已。物质之方体无穷，以吾考之，则吾所取为救国之急药，惟有工艺、汽电、炮舰与兵而已，惟有工艺、汽电、炮舰与兵而已！

夫为国之道，万绪千条，缺一不可，如人之有体然，百体具备，乃谓之人，苟缺一官，即为废疾，不得齿于人类。故凡论理而偏举一事者，皆不全不备之道，学为废人而已。其于国也，亦奚不然？吾一生论理，每发一义，必举其本末、内外、大小、精粗完满不漏，而后为之，万不肯举一端偏致之论，以毒害吾民。但理有先后缓急，而救火追亡，更不可雅步鸣琚以从事也，此吾今者救国开方之意耳。夫今中国之缺处固多矣，而吾暂缓一切，独汲汲焉特以工艺、汽电、炮舰与兵数事至粗者相望，何也？诚以百凡要政之缺，可以一朝而举，而工艺、汽电、炮舰与兵数者，不可曰吾欲为之而即为也。

论欧人之强在物质而中国最乏

夫百年来欧人之强力占据大地者，非其哲学之为之也，又非其民权自由致之也，以物质之力为之也。汽船创始于嘉庆六年，至道光十一年遂以二舰驶入广东，而卢敏肃督粤，调水师二万、帆船三千，不能拒之。嗣是二十年间而开五口、开十一口，入北京矣。美之侵日本浦贺亦然。而安南、缅甸之灭，皆以此故。假令今日汽船未出也，则虽以欧美之文明事而加于今日十倍，为不能于中国少有所损也。有汽船之后，其压力之速如此；未有汽船之前，则亘古万年不相通。即如墨领周地球之后，欧人文明新学亦大进矣，而三百年相通以来，无分毫之能侵压。当彼百年前，英既全灭印度矣，其势亦已横厉矣。而道光二十年时，领事义律尚拜跪于粤督前，戢戢惟谨。及汽船之速率日加，则举欧西一切精奇之器艺兵力，尽举而压入，故致近来之戚戚也。故魏默深谓师其长技以制之。当时固未知欧人之别有文明、道德、法律、政治、文学、哲理之盛，而就中国本有之文明论之，则保国之道，中国所缺乏者，乃最在物质。假令当道、咸之世，乃迟至同治、光绪初时，大奖励新器艺、新思想，则今日之制作已数十年，以我国力之厚、人民之慧，已可与欧人并驱争先矣。岂复有来侮者乎？然则魏默深之论，至今犹为至论也。曾文正、李文忠、郭筠仙皆颇从默深之说，又皆居要地，惜乎其未能深讲而力行之也。

自光绪二十年以前，中外大臣之奏牍，及一切档案之在总署者，吾皆遍览之，皆知讲军兵炮舰而已，惜乎其未及物质之学，一切工艺、化电、汽机之事也。夫无物质之学，及一切工艺、汽机之本，则其军兵炮舰必不能至精，仅借购于外国，一有兵事即守中立之局，而无从措手矣。安有立国而若是乎？其后也，亦知自开船政厂，及津、沪之制造厂矣。而中国之大，过于英、德、法之本国以十倍，而区区一二小厂，虽有若无。自甲午之前，福建船政厂仅成廿四艘。吾游津、沪之制造局而问之，津之制造局所造之火药铜帽子，仅足当前敌七日之用；沪之制造局所制之毛瑟枪，一日仅成七枝，是一岁仅成二千余枪也。中国之兵百万，若有战事，则后备兵更需无数，而此物皆中立国所禁者，即能窃卖，其事极难，且亦非国体也。若就沪制造局而论之，则须二百年乃给中国兵之所用，乃能一战。夫至于二百年，则大地将合之时，枪炮将废之日矣。夫我而不知制枪炮船舰以待敌，而欲制梃以挞秦楚可也。既知敌之长技，而欲师之以制之矣，则必一切与欧之列强相等而后可。而所办事如此，则何必岁糜百万多此一举，以授守旧者攻击之借口乎？招商局之开办已数十年矣，而船主驾驶者，至今无一华人。创办之始，固不解矣，然数十年来，犹不能开一航海学以为之乎？日本之开航海学也，在甲午之后，不及十年，今已一切自为船主矣。况我之开招商局而已四十年乎？于招商局中开一学，其于中国之大、航海之多，曾不足为微尘，乃并此而不知举行，而终古举手待人。当事者之谋，其愚何可及也！

　　且同、光数十年来，所开之新器局所皆官办也。夫一切待于官办，无论财力不足，不能多开也。即使财力能多开，其能有竞争致美之心以与欧洲列强敌乎？又能有无穷之大厂乎？必不能也。今数十年来，诸使之游记亦多矣。即如德之克虏伯厂，英之阿姆士庄厂及墨边厂，最有大名者，诸使所熟游频购者矣，其物遍于吾国之炮台矣。试问此数厂为官办乎？为民办乎？则无一为官厂也。然则诸公何为不奖励吾民而为之也？将虑民之有枪炮厂而致乱乎？则今欧洲之枪炮厂多矣，何虑焉？且中国固无此民造之厂，而何尝不乱？何尝不能购运于外国乎？假令有厂焉，造成一枪炮厂固不易，官可监查其出售之数及购买之人，至易易也。商人之畏官以事封之也甚至，以莫大之厂，岂敢贪区区之利而致封乎？此可不必过虑也。不奖励民厂，而欲待官厂之为之，与不为同也。然则数十年前之言军兵炮械，实与未尝言同也。况于工艺、汽机、化电一切物质之学乎？此固欧人之长技也，然则魏默深师其长技以制之之说，实未尝少行也。中国向有中外之界，虽国民之学未开，而爱国之情深，排外之理笃，实不待于教也。以今者国民之说大倡矣，人人之知爱国，应更甚矣。而以今日媚外之甚，畏外之甚，实远不如昔者风气未开时也。

　　欧人之强也，数百年来，学校之间，说三变矣。自古文学复倡后，始则为人道学，近数十年来则为国民学，终则为物质学。吾国民学之不知，无可言也。然即今人人有国民之资格，又有公议选举之民权，此其难至，诚非可以岁日计功也。然使无物质之精新，终不能以立国。夫国民为精神之本，而物质乃形式之末。以常理言之，末固不如本之要也。而以今日中国之所最乏者，则在物质也。无物质之实用，而徒张国民之虚气以当大敌，亦犹制梃以挞秦楚也，必不能也。盖精神之本，又在人道学之道德礼义，而不能以国民虚矫之气当之也。立国之道固多端，譬如筑室之需群材也，不可以一物尽之，立说者万不可以偏举也，吾尤恶夫发偏至之论者也。国民之说，固吾所最鼓舞提倡，郑而重之，为今日救时之药也。而以两者较之，则物质之重要尤急也。以中国之人道学固备矣，且有过于欧人矣。即因昔者一统而误有天下之故，而少国民之说，然亦自有中外之界，以为爱国之切也，是发之亦已多也。其所绝无而最缺，而不能以立国者，则在物质之一事也，故吾之于物质学，最为深切而谆谆也。

论英先倡物质而最强

　　同在欧人之中，其国之物质最进者，其国亦特出于欧洲群雄中而最强。夫论二三百年来，德、法之哲理新学何减于英？德人康德之学说，既无有出其范围者；若雅得、黑智儿，皆为大家。而百年之哲理大家，若福禄特尔、孟的斯鸠、卢骚、智德路、勃封、陀林比刊、特尔舍等出，以哲学理施之实行，与夫以一切平等自由之说，革除前古之专制及一切旧俗，宜无若法国者。革命之喋血数百万，前后垂八十年，尊行道理而以为教，乃至欲实行公产之义，宜无若法国者。然胜法而据印度，得亚丁，抚有加拿大，于是收澳洲，以海军、商业冠大地，而声威之赫奕，语言文字之通达，欧洲列强无及之者，即强霸之法亦退缩而远让之，则以英国最讲物质之学、植产之义故也。

　　盖寻新地、创新法、制新器，此物质之大效，而欧人之所以雄跨大地者也。凡主动力之创始者，必先收其效，欧人已然矣。而英国者，又欧人中物质学之主动力也，故英人又最先收其大效焉。盖溯其初寻新地者，先有甲顿曲与晏逊矣。而物质之尤为大效。今天变色、人变用而地缩形者，莫如汽机，而华忒创之，英人以为重生日，诚不谬也。吾过苏格兰之哈布颠，见华忒之遗居，观其立像，尤钦迟之也。若夫阿克来之制新器，觅哲活之为新陶，格兰布敦之创新织，马蔿之创煤汽灯，若斯之类，不可悉数。而达尔文为创生物学之祖，更因物质而令道德人群皆一新焉。更上推欧人之学说，拨千年黑暗而致万里光明者，则倍根创实验学派，为之先驱。而自陆克、霍布士、弥儿敦以至于斯宾塞，凡英国之学派皆偏重物质，故能致此大效也。

英国以物质最昌明之故，故自雍乾之间，不过为欧洲小国，地不及德、法三分之一，人民不过数百万，不数十年而地广数万里，人民数万万，盖数十倍于德、法焉。伦敦之人口，盖数十倍于昔，为地球都会第一。乃至噎颠堡、拉士贡、柏明溓诸邑，昔者户口寥寥，今亦人口百万。盖其工场、煤气、电气、商业、开道、浚河、电线、印刷、裁缝、纺织，一切皆汽机为之致然，则皆自乾隆四五十年间创为之。英以此汽机物质之故，冠欧洲而横大地，增国百倍，实为地球千万年来文明势力增长所未有也，则物质之为之也。夫以欧人与他洲较，物质之效否，既可深明。然欧人同讲物质者矣，然讲物质之有先有后，有多有寡，而国力之进退遂若此其远也。夫以德、法学术之精，霸业之强，以缓讲物质故，其土地、人民犹逊于英数十倍。若西班牙者，更无论矣。然则吾人之所鉴观以为法戒者，固有在矣。

论今日强国在军兵、炮械，其本则在物质

夫方今竞争之世何世哉？吾敢谓为军兵、炮舰、工商之世也。此数者，皆不外物质而已。故军兵、炮舰者，以之强国，在物质；工商者，以之足民，亦在物质。今我中国而欲立国于竞争之世，强兵足民皆当并起而不能少缺也。而强敌之压迫日甚，则欲自保护其国民，亦有不能如其愿者，安得待我从容富国足民而后御侮乎？波兰之见逼于俄，安南之见迫于法，埃及之见压于英、法，此其至易见者矣。若夫朝鲜，尤为近者，忽而闵妃被杀于日使，忽而国王见迁于俄馆，而宰相闵泳翊、鱼允中等死焉。近者高丽民气非不昌也，以采木一案拒日，即撤通使而裁兵，同于亡国矣。近者迫压我国之事，若胶州、旅顺、广州湾之割，及各处铁路、矿山、航路、商业之取，教案之索赔，已不可言矣。盖自同光已来，史不绝书，至今则势将岌岌。苟不从事于军兵，则无复自立之地。

英征非之帅颠当，入我湾高华保皇会而语曰："方今世界，只有军兵，勿信其他所谓文明也。"故俾士麦以铁血为义。盖争乱世立国之需兵也，犹冬寒雨雪，人之需衣也。无衣无褐，则无以卒岁而将冻死。故夫能自立而自保者，兵也；号称为文明，使人敬之重之者，兵也；掠其地，虏其民，系缧之，劫夺之，奴隶之，而使其人稽首厥角、称功颂德者，兵也。今日本胜俄，则欧人大敬之。兵乎兵乎，人身之衣也，营垒之壁也，文明之标帜也，土地文明之运取器也。立国而无兵，是自弃其国也。此至浅之义，无人不知，亦数十年来，诸能臣之所同知，盖自曾文正、李文忠、沈文肃、丁雨生诸公所日倡导者也。然卒兵不少治，战则必辱败，至于寒冬无衣，栗栗疲缩，此诸公之不能无罪。而物质之无，其本故也。

今将欲治兵乎，如何乃谓之有兵？夫兵犹衣也，人之制衣，必集成其衣料足以周身者，度其暖力足以御寒者，而后裁之缝之，乃服之。假令衣料不足以周身，或有胸而无背，或有上体而无下体，或有一衣而无重裘，则风雪仍感中于肌肤，卒亦冻死而已。今数十年诸公之议兵也，或有陆军而无海军。即陆军乎，甲省有而乙省无，丙省洋操而丁省土操。或有战卒而无后备兵，急则募市人为之，听直省之自为募练，而兵部无全权以操纵指挥之，是无缝人也。洋操土操杂，是棉絮与禾杆杂用也；有陆无海，是有上体无下体也；甲省有而乙省无，是有胸无背也；不量今各国之兵势如何而思有以抵之，是不审寒度风雪之高下大小也。以若所为，不筹全局，乱舞偌偌，欲制一衣以御寒，犹未可也。乃以数十年百国交通之久，压迫之甚，而所以对待之，如此其愚谬，真不可解也。夫欧人他学说、他政法之不知，固无责于彼矣，岂兵者自保之道，至浅之说，而亦不知耶？自同治以来，终日言之，频岁言之，诏令不止千百，奏议何啻万亿，靡饷何止数十万万，而以全国才智之所经营，国命寄托之大事，乃等于儿童弄沙作饭、剪彩为戏，乞丐百结，露肘见脊，何其怪异之甚！至于创办海军，是何等事！而太后于光绪十三年以海军三千万之款，为兴筑颐和园之用。海军衙门，置在颐和园中，凡园中若禁止折花、污地、窃物等事，尚贴海军王大臣之姓名告示，王大臣则醇亲王、庆亲王、李鸿章、定安、曾纪泽也。当万国竞争、强邻压迫至急之世，以国事军事游戏至此，此则自古无道之君所未闻也，虽周幽烽火尚未至是。演斯绝怪之妙剧，欲不亡得乎？

若谓不能大练精兵，以为无经费乎？则甲午祝寿储二万万两，假令以此费早为练海陆大军，岂有败辱乎？至乙未败后，诏裁海军，日本人大惊而讪笑之，岂知其为停颐和园工程。乃出于善政乎？中国军政、国政之不可测识如此，游戏奇怪如彼，此固无可议者也。孟子所谓安其危而利其灾，乐其所以亡之者。复何论焉？今又经庚子之祸，夜雨淋铃，君臣同走，艰苦更备尝矣。近岁尤议治兵岌岌矣，若袁世凯、张之洞等，亦各能治一劲旅矣。各省有治者，有不治者，情形不一，款式不一，章程不一。若夫枪炮之精足与否，海军之复修与否，则皆不顾也。吾见其鹑衣百结，露肘穿胁，儿童剪彩为剧，犹如故也。寒风亦既凛烈矣，冰雪亦曾切肤矣，冻死之不忧，而尚儿戏之无已，以四万万人之国而颠狂游戏若此，欲不亡得乎？今将欲制一衣，筑一室，亦必备足储材而后可。若孟浪小试，终与无衣无室同科，况于兵之大事乎？苟不能御侮，则靡费无量，亦与未尝有兵同耳。度数十年执事者，亦非不欲备兵也，殆以经费无从筹故也。夫谓经费之难筹诚是也，然何以祝寿则有二万万两乎？赔日本败款则有二万万三千万两款乎？赔八国败款则有十万万两之款乎？合此十五万万之款以治海军，更及农工商学，则中国于地球莫强焉，其拓地辟土不知几许矣。不此之预计大局，恐后不止割地赔款也。夫款之必当筹，而不能不出一也。一则以强而可取诸人，一则以败而频输于人，其得失之相远若是，未审执政者何取焉。夫至省一衣之费以中寒获病，展转医药，其费过于一衣千百倍，乃至为省一衣之费而鬻田庐且病死焉，其愚而失算，亦何可言也！

论今治海军当急，而海军终赖于物质

今将欲统筹兵备，则海陆军固乃国所公有，而不可少缺矣。若以经费不足，而有先后缓急之图，则何先焉？应之曰：如筑屋然，堂室固要，而门庭亦不可无者也。以昔者美、德之故事言之，美则先有陆军以自守足矣，德先有陆军以敌近邻可矣。若今中国之势，惟防俄、日乃急于陆兵，英之于西藏尚远，法之于安南非大敌也。方今新世，以海为万国交通之大道。故言乎陆，则有俄、日、英、法之界；言乎海，则凡有海舰者，即皆为界焉。故昔者敌之扰我海疆也，一舰纵横于海上，朝闽暮广，今日入长江，而明日犯天津，则我七省设防矣。马江之役，法未尝扰粤，而粤之防御费千余万两。岂知法之取安南也，用兵三年，福利请款于其议院，第一次五百万佛郎，第二次一千万佛郎，第三次三千万佛郎，第四次四千万佛郎。当时银价不贱，一两可值五六佛郎，则尽法人灭安南之兵费，不过吾粤一省防御之费，而南北洋尚无预焉。德之取胶州也，海军犹未大成也，然以二船来，而百里之胶州得矣，山东之铁路、矿务取矣。假令吾陆军虽有百万精练之卒，将奈之何？彼以舰扰我沿海，声东击西，多方以误我，屡扰以疲我，则我数年之兵费疲敝耗竭，虽或不败，而断无胜彼之理。然以百

万之防兵以御数舰，工商不行，士民惶恐，其为败也，盖已甚矣！苟有海军乎，则如法、德之来，已先截之亚丁、锡兰、槟郎屿之海峡矣。彼劳师而袭远，岂能多来？又从何飞渡乎？而我当国者绝无远谋，不知竭力以营海军，甚且取以为颐和园之佚游，亦无议矣。

夫德国之强，而前数年海军未备，犹为人侮。若马尼拉之变乱，德人为所蹂躏，而不能救；尼加拉及古德玛之自立，而不能弹压；黑都共和国之乱，德之臣民被捕，终日望救而无一舰之至。故于西千八百九十七年，德主威廉二世诏议院曰："德国之兵舰，不能保护在外之臣民，且曾费巨资而不能与一等海军相敌，则向之巡舰皆同废物，故知维持国力，不得不多备兵舰，以防他国之轻侮与欧洲之战事也。且平时于远洋诸国，亦宜增驻兵舰，以保护臣民。"于是国民皆赞成之。其海军统计表且称大营海军，于人口移住外国及海上商务、航海、造船、渔业、殖民，皆因有海军而获大益焉。于是决费四万万一千万马克，以制大舰十七，铁卫舰八，大巡舰十九，小巡舰二十六，水雷及炮舰若干。当八九月时，俄以误击英船几开衅。吾时在伦敦，诸大臣约见，而皆以俄事未暇，举国哗然备战。吾问英人，谓英海军制胜于俄，何所虑？英人谓俄联法不足畏，独虑德助之耳，德人海军近者新强也云云。即此一端，德兵舰之声威已见，他日之掠取土地更属无限。

德人尝诵富兰德令士之说曰："海者，地球之大路、万国运动之大野也，发其实力在此，广其愿望在此，一国权民之提篮、天下财政之乳母也。不知此义，是忘天与之权。故国民无船舶，犹鸟之无翼，鱼之无鳍，兽之无爪牙，兵之无军械也，岂止不能成大业哉，惟安待以望为奴而已。"其言可谓警切矣。吾国滨于太平洋而无海军，何异万宝储藏，海盗环集，而孤岛无舟，坐待贼至耶？且吾国民遍于大地，凡七八百万，与英旗随日月相出入，其为财富，不可究诘。以无保护故，听人之驱逐侮辱践踏，而财源与生计皆屈。假有兵舰保护，则旅民之增多，生计商业之发达，日月滋长，不可算数。吾闻昔者海军舰之至星加坡也，舰队有登岸者，英巡捕以事阻之，队勇殴巡捕，英吏不敢问焉。以英之强，犹逊顺若此，海军之威棱甚矣。然而数十年来，不知极力营此，当列强交迫，而抱持万里之珍藏，绝不设备。狡焉思启，何国蔑有？唾手可得，何事不为乎？

　　且大地万国，何国为强，何国为大，则莫如英矣。英者地兼五洲，雄视四海，问其强之所由，则海军之故。故英之海军，常冠大地。故其海军冠于大地者，其土地、人民亦冠于大地也。且大地万国，何国以数十年之间，增国有百倍者乎？莫如葡萄牙、西班牙、荷兰及英矣。是四国者，皆起于蕞尔，而葡、荷犹小，仅能当中国一府之地，以先从事于海故，故骤致膨胀。西班牙尝以此霸欧洲焉，至今南美广土无垠，犹其遗民也，文字、语言、风俗皆西班牙也。今西班牙之祖国虽弱，而百年之后，南美必有莫大之国出焉，则西班牙之孙枝所发也。是故有海力者，可谓为虽弱犹强，虽死犹生也。夫英、荷诸国，于欧洲陆军无名也，其于欧洲大陆不能增分寸之土也。假令英仅治陆军，穷极其量，不过为拿破仑而止，安所得今日之广土众民乎？仅治陆军者，开辟皆有止，遇于强邻而不得进焉；治海军者，则大地广漠，惟其所取。故英人之俗，以波涛为国。以波涛为国者，犹以周行地球立国也，宜其旗之遍日月出入哉！种瓜得瓜，种豆得豆，所求如此，故以三岛之小而遍地球。

　　我国之义，仅在保守门户，而强邻已破门而入，据室而处，欲保无从矣。故其在今日竞争之世，真欲保守，必先扩张。盖惟扩张，乃能保守也。不然，诸葛之治蜀也，用兵不戢，屡耀其武，岂不忧民而好杀哉？诚以不张皇六师，则人亦将侵我，至此而御之，则兵不习战而无可恃，国小有警则全国震动，势将不国矣。故终身以进取为退保，以扩张为防御，令敌人疲于防守，而我内国得以从容从事于农工，此诸葛不得已之至谋也。今虽少异于三国，我国至大，苟能内治，亦可以止外侮矣。然大地新地未辟者尚无垠也，以吾国生齿之繁，甲于大地，则移民生殖实不得已，若南美之广土，实吾之植民地也。吾国久能自治，与强邻永保和平，而保护植民以广生计，实有国者之天职，不可以已也。故有陆军者，仅以防俄、日而已，尚不足以防他国；若有海军，则不止防内，且可以拓外焉，进之有强英之威棱，弱之亦有西班牙之裔胄。故强陆军者，仅可望一身之不死；而强海军者，且可得子孙之长生。孰得孰失，不待智者而决之也。

　　且我陆军虽云未备，而未尝无一二焉。若海军，则自日本战败后，舰队士伍扫地而尽矣。数年来虽少有萌芽，其足当漫野牛羊之践踏哉？夫以德国之强势，而忧患犹如此，何况我乎？我而不能内治，固无可为言。即内治已备，而无海军，犹有心有目而无手无足，是亦供人执缚屠割之资而已。且陆军可以内练，其事迅速，无求于人。若海军乎，则一巨舰之制，最速亦须三年，而海军之将弁须学三年，士卒又须练之数年，而后可用焉。且制舰亦须次第乃能增加，海军将士亦必在舰练习乃能增长。此非可如他事焉，谓我欲发愤即能发愤者也。我及今为之，非五六年后不能致用也。然且偏军寡舰，苟不能与第一等海军国比者，亦不能从事焉，犹之废物也。舰队既非可立成，大军更不能速致，则从萌芽而至合抱，非十年不能为功。然且若列强见忌，或联合遏阻，若庚子之约不卖军械，然则吾本无铁甲舰厂也，是则欲营一艘而无从也。然则及今不早经营海军乎？经营海军而不自营铁甲舰厂乎？及于被缚刲宰之时，犹牛羊也。牛羊者，食草于大陆，自以为肥腯至乐，与世无关也；不知夫屠人者一旦贽之屠之，剖分其手足身首，寸剪而尺脔之也。朝游原野，夕甘鼎俎。嗟乎！吾悲夫吾国之不预营海军，将剖分而登他人之鼎俎也！日本之于俄舰既歼之，则束俄军于一陆而缚之矣。与我对凭太平洋之强美乎，则已破孟禄宗旨，而东来取吕宋矣。今年总统罗士佛大治海军，将欲与英比矣。捷足而逐鹿者日多，伸牙锯爪者日甚，奈之何尚有庞然大物奄然高卧，喘息于龙虎狮鹫决斗之下者乎？夫以有海军之利如彼，无海军之害如此，然则海军不可不急营，有若救火拯溺，不待言矣。

然欲营海军而已无舰厂，仰生命于他人，卒与无海军同科，而国命终无可托。则舰厂之急如救火拯溺，又不待言矣。我有闽厂二十余年矣，而无少长进，迄今犹之老旧之小厂也，意者官办之过耶？我游于英之拉士贡，及麦边阿姆士庄之船厂，作工皆二三万人，船渠若大河，其闳大之气象，固非他国所能比，即荷兰、丹墨、瑞典之船厂，我皆游之，已甚伟大，然此区区当吾一府之国，即吾国有若此之船厂，固未足恃也。吾尝游德之汉堡马德者，船舰新造之时耳。六七年前，德欲造大船，必资于英。今其支蒲罗船场，以巨资筑成船渠，尤极宏巨，军舰大船皆可泊焉。其诸市船场凡十二，工匠迅速，船舰精巧，价值又廉。故各国多与购舰，商业甚盛，日本曾与购十余舰，我国亦与购七艘。司德定市场亦盛，日本曾与购万吨之大舰，而以汉堡为最矣。汉堡之船场，又以美利加公司为大，开创仅五十年，造船八十余艘，近五十万吨，冠于大地焉。欧美一岁往来船客约三十万，而德居六万，法仅二万。德月行四次，船廿五艘；法月行一次，船四艘。汉堡入口船数一万二千，吨数六百五十万，较三十年前多五倍。全国各市港增二三倍。盖能奖励商业者，其速效如此。

我闽之船政厂，沪之招商局，亦将四十年矣。是时日本维新方始，未有多汽船如我焉。而德、日今如此矣。夫造船非极难之业也，不过铁板铁钉为多耳，然制式之精，则鉴观今古，日异月新，务求巧速矣。我游荷兰、英、德、法之博物院，自大地内之军舰商船，古今之变式，进化之层累，皆有缩型，莫不备具，凡千数百，弥十数栋。苏格兰与荷兰为造船之祖，其博物院之船式机械，尤为专备。而所游各船厂，亦皆集各国之军舰、商船之缩型，以备画则者之观摩。盖当竞争之世，不尽备内外各国古今之船式，则所经营制造者尽归于无用。且今一舰之费，多至千余万金，若舰成而不如人，则虚縻巨币，如投海中矣。故尤不得不合大地各国至新之式而比较之，又必尽具其旧式，乃知进化之所由，而不得已改良之故，亦可一览而明焉。然我国之大，乃无此博物院，何况于古今万国之船式乎？夫以国力犹无博物院以备之，而区区船厂，计本求利，何能浪费而得之。至铁板铁钉，虽至浅之事，及其他转炮之机轴，亦至易明，然用钢之生熟厚薄如何，制机之滑敏坚久如何，是皆操之甚熟，有程度焉。以我国之大，而无大制铁厂，若大冶亦制之矣，其能比荷、丹等小国者乎？我国地方几里，人民几何，应需军舰、商船几何，而言变法者数十年，乃区区之万国船式、制铁大厂未有焉，将何以竞争乎？

且军舰又不可徒恃人者也。三十年前，既知购铁舰矣。如以铁舰为不可有，则勿购。既知购之，则知其要用矣，而不求自制，其愚又何可及也！夫海军之铁舰者，今日保己国与掠人国者之有手足羽翼也。知手足羽翼之有用，而不求自有之，可乎？假雕木为手足，张布为羽翼，其能行持飞游者几希。然欲为之而不可得也，以无其船式、制铁、机轴之材料工匠也。苟已有船式、制铁、机轴诸材料工匠，则今日不制乎，无大害也，如美国是也，一旦欲为之则为之，若今年之罗士佛之定议经营第一等海军是也。夫所谓万国之船式缩型、制铁造机之工匠材料者，物质也，非空言也。空言可以期月而学之，此物质者，不预蓄数年前，而欲得之于我欲为之时，不可得也。

　　若夫炮者，尤海陆军所共托命；而枪者，陆军之步兵、马兵之所托命者也。德国者，大地新强之国也，以得赉赐之后膛枪而割奥，以克虏伯炮而胜法，人所共知也。议海陆军以自强，既数十年矣，而于枪炮乃不知自求精制，而待购之于他国。有如庚子之约，禁售于我则何如？不将束手待毙乎？且即听我之购之，而枪炮之式，日新月异，我竭国力以购之，则人已视为旧式而弃之矣。吾游克虏伯炮厂时，厂主指各新式炮示我曰："此皆中国所未有也。袁世凯、岑春煊昔曾来购，皆旧式者耳。"又指以示我。然则我今购其新者，不期年又视为旧而弃之，是糜饷无数也。若不弃乎，则人远我近，人速我迟，势必求败而已。如甲午日本之役，我枪乱发，不及日军。而日军枪发，我之前锋立尽焉。普后膛枪之胜奥，开战七日而大败，深入之，即赔款割地焉。故今者之战，苟械有不敌，胜负立决，无可为言。当此之时，虽数十万士卒皆卢骚、福禄特尔、孟的斯鸠及一切全欧哲学之士，曾何足以救败？故枪炮一事，断无倚借他国之理，只可采用之。故今各国新出一军械式，必禁他国之购之。吾游英阿姆士庄厂，睹三寸径转机之过山炮，英之新出以破波国者也，即禁他国购之。由此而推，欲购枪炮而倚于他国，徒得其旧式而已，我国人于此学太浅，但见旧式，已大惊奇。夫以其弃余之旧式而与其新用新式斗，不待问而知其胜负矣。

　　夫使今为一统之时，销兵器以为金人，铸剑戟以为农器，犹之可也。然既不得，而已变为大列国之势，霸义大出、竞争最烈之时，而此托命之物，乃不知自为之，而倚命于外国，其愚又何可及也。夫一切他学政治、法律、理财诸术，诸公不知可也。至于枪炮之最浅，而数十年来，诸公又日言军兵炮械矣，乃今我叩其两端，空空如也。此尚不举，他更何言！真不知数十年来诸公所终日经营者何事也。虽然，诸公非不购械也，惜不知为求精也。不自求制枪炮诸式、制铁机诸匠，则无致精之日也。吾游于伯林武库中，及巴黎博物院，与拿破仑墓旁之武库，其兵械既无不备，凡枪炮弹药之式，剑戟甲胄之具，帐篷运车之形，桥梁阵垒之状，万国古今进化之序，程度可明。各国亦类是，而德之武库尤备。是皆从实形测考之，非可空言致也，其妙法在新机，其精坚在制铁。吾所游欧洲制铁厂尤夥矣，自比利时、瑞典、英、德皆见之，英若拉士贡厂数家及阿姆士麦边数厂，而以德之克虏伯尤宏大。处处皆有黄人作工，问之则皆日本人，无一中国人也。

其在阿姆士庄日本十人，亦为军官焉。制铁且未有学者，则我之舰炮何从诞生？然则数十年呼号，而曰吾欲自强、吾欲不为人所凌弱侵分，是犹居朔雪玄冰之地，终岁不豫制衣裘，至朔风凛冽，大雪漫天，乃赤体而号寒也，惟待冻死而已。

夫一物之能成，备万物而为之用，苟有一缺乏，卒不能成。舰炮乃欧人万有物质中之一事，然其制作精新，备极繁赜，非今所能详举也。此非大派学生，多聘名匠，亟亟学之，学成而又必有实在演试之。如是数年，然后真能传其法。又必待有明敏灵巧之才，不泥其迹而更新其法，其新制者又能与万国竞，又能统计全国，器数皆备，习练皆熟，而运输灵通，财用丰足，然后可以一战。苟少有一失，终归于败，则亦与未营治兵舰、枪炮同耳。故欲自强、不受人凌弱侵分者，又当合治物质种种之科学，遍收其用，而后兵舰、枪炮乃可致精。此欲治兵舰、枪炮者又仅治兵舰、枪炮所不能者矣。

治军在理财，理财在富民，而百事皆本于物质学

夫海军一大舰，动逾千万，巨炮一尊费数十万。寻常陆军过山小炮，亦须万数千圆乃得一口。以中国今日之负债累累、加税重重，何从治此？然则欲治海陆之军，其根本又不在兵政，而在财政矣。夫筹饷之巨如此，竭一国之所入，不足抵国债三分之一，此非撙节搜括之所能为也。盖其本又在富民。民不足，国孰与足？富民之本，在精治农、工、商、矿、转运之业而更新之。然是五业者之竞争，非精于物质之化学，则无从措手也。故今日者，无论为强兵，为富国，无在不借物质之学。不以举国之力、全国之才，亟从事于物质之学，是自恶其国之寿而先自绝之也。奈之何吾国数十年来，能臣才士之所经营倡导，而不知学此以自绝其国命也。故以其通贯言之，则数学及博物学也；以其实物言之，则机器、工程学及工土木学也；以其求精新者言之，则电化学也；以其运输言之，则铁道、邮政、电信学也；以求文美言之，则画学、着色学、乐学也。夫是数学者，所谓物质学也。凡新世界国家人身万事之用，得以日出精新者，悉赖数者组织而成，如五味、五色、五声之不可须臾离也。新世界之所以新者，缘此也。有此者为新世界，则日升强；无此者为旧世界，则日渐灭。

故夫战事之有速发枪炮也，钢制大炮也，炸药也，汽船也，汽球也，兵

舰也，炮台也。新世界之新兵器也，非旧世界之兵器所御也，非兼通物质学者不能制之。开矿、凿路、运河、隧道之机，今新世界以之缩地交通取宝之至术也，此非旧世界器所能办，非新学物质学不能从事也。水压力、天然煤气、电线、海底电线、电话、留声、显微镜、千里镜、光线、电气灯及电力运传机器、蒸汽捶、蒸汽唧筒，今新世界尤要之物质学，凡军国民之大用，乃至物体、知识、道德、风俗、国政，悉因以剖晰变动，则以至粗易其至精者矣。以旧世界之物当之，何异大风之震落叶，怒潮之卷昆虫，莫不摧破毁灭矣。如夫芟草刈稻、播种起土、耕耘各机，纺织、裁缝、制胶、造玻璃陶磁诸新机，皆农工之新法，新世界富民之所赖，其与旧世界农工之术，相去百千倍，富亦百千倍。富既百千倍，则可尽吸夺旧国之生计，而奴隶其人民矣。夫开通一河，亦小事耳，而苏彝士河一开通后，欧航之东来者，省三万里之程，一月之计，欧货日贱，而舰队亦易东，所关岂不大哉！

夫电线能通语意于万里，铁路能缩大地于咫尺。旧国经年而不能通一信，舟车数日而不能至者，今则皆以顷刻成之。减费增寿，大变之力，未有过此。而汽船一出，沧海无垠，遂使大地交通，亚欧邻比。凡此至粗至浅之物，而全球之地理人类，实赖此而发明变化。其古今摇动变迁之大，无如三者之力。当汽船初出世之顷，帆船废者值二百万吨。昔以牛马运者，费二百元，铁路既出，运价十元足以当之。汽机之力，今各国值二万万匹马力，可代十万万人之劳作。以全球人计之，劳作人仅三万万作力，三倍于全球之人，则富力亦三倍递加，故新世界之生计，亦三倍于旧世界之人。其生人乐利如此，又不止通运灵速、文明开进已也。物质之益固多，而是三者，实开通新地球之怪物，使新世界突现于人间。则非他学之功，而物质之功也。盖物质之学，以日积而日进，日集其大成，而因以日增其速率者也。其始以指南针船舰，搜讨之于全球之中，渐乃以蒸汽、煤汽、电力、千里镜、显微镜穷测之于精微之物，于是新器与新理互出，新地与新法交明，继长增高，互相助长。材料器物之增长既甚，故物质科学之发明日多。于是以小为大，缩远作近，照暗为明，省日增寿，速行开智，倍植人口，开辟地利，增产滋富，移风易化，治国强兵。盖无不由物质而来，而于他学无预也。

各国强弱视物质之盛衰为比例

方今新世军国民百业之待用，无一不资于物质之学。自农业之百谷果木、畜牧渔鱼，皆赖电化学、物理学、机器而后致精。采矿、制盐、造纸、制革、探石及织工、陶工、土工、金工、木工，皆赖机器化学而后千万倍其用。乃至图画音乐、装修运转，亦皆赖机器化学而精美特出。故物质学尤精、机器改良尤妙者，其国之强、民之富、士之智亦因以进。军国之力与物质之学，相比较为升降之率焉，万国皆然。若新造之美国者，未尝有一哲学者出，而物质甚精，故其国力尤宏大。若意大利、西班牙，崇奉天主教，其神学、哲学虽深，而物质不精，国力亦微。法国亦有然。比利时以蕞尔小国，精机器制铁之业，遂以立国。荷兰首创海船业，俄大彼得亲往学之，则遂先霸南洋。此皆物质之功之成效大验，不止英先创物质学而先霸大地也。德国之昔者哲学尤众矣，而久弱于法。自胜法后，专讲物质、工艺、机器、电化之学，事事业业，皆有专学，讲求不过二十年，今遂胜于强英。德国工商之业，今已横绝欧、亚、美、非之间，英人处处退缩，不独法国已也。故德、美两国，将来雄飞大地，为英代霸，可决决也。所以能代霸者，在精物质工商之业，以治军国民之用也。夫以德国之小国寡民，大治物质学二十年而霸，英即让之，况于十倍德国之中国，以全国二十年之力讲求之，其何有比焉！

二十年来德国物质盛，故最强

考德国所以致富强者，在致精工学，专意工学校之教。一曰高等手工学，二曰工学，三曰专门工业学。凡各大都邑，各皆筑专门学校，不惜重费聘名匠师，备一切之机器教具，无少缺乏。初入学者，才志未发，先养成其专门之业，其后遣往英国或精工之国，设法建筑工场，俾监其工焉。一德人常相语曰："德国昔者不知培养工学人为手工，如自练其技艺而已。今则无论何业，皆有专门学。如煤业地有煤学，织地有织学，铜铁矿地有铜学、铁学，以及蚕丝学、玩具学，莫不因其地设之。人多则增设数所或十数所，故各郡县无不有官立专门工学者矣。"善哉！导民之法也。其手工学为预备科者分三部，二年为期，十五岁可入学。一机器工学，将为冶工者，入铸型、制造、设机等场业。二化学，将习化学者，入染料、陶器、玻璃、染物、皮革等场。三土木学，授以工场、桥梁、宫室制造法。若汉堡高等工学，则有五科，增数学及物理学、电学与分为建筑学也。亦有设图画、音乐、铁道、邮政、电信学者。总之科学与工业，日见增长，以其有商工之新学，能备精巧之机器。故德力之所以骤涨者，由其物质学理方法多也。如知造船与制铁有相关，则二业之长，不惜縻巨金，增益工匠之智慧，兴工人之教育，应因之法，既精且多。则铁路亦有妙捷之法，而关税及运送，亦日改良法。于是河海运路，亦因而敏速，而国内外之市场，亦因之增长矣。

十年前德人高工学，仅二千余人，今将二万人。法人自谓曰："吾法人学律，注重于法学、医学而轻视工学，工人无学问，安能与德人竞争耶？我法以高等学校著称于世，此仅教上流人耳。今为商工业之世界，若以旧时学术沿袭不改，以虚名心自骄，则于实用必大败，何能立于新世竞争之时乎？"此说若为吾国针砭也。今吾举国新立学，亦所谓教上流人也，与昔何异乎？法人犹如此，何况吾国纯无物质学者乎？闻法人开一工学工厂，聘一名匠，皆计较费用，久而不成。德人于聘各国名匠也，不惜重金，不待多谋，故其进率之速如此。德国以贫困著，虽破法后，各种汽机未兴，制造不振，物价腾踊，用品缺乏，生产甚微，岂知一兴物质工学后，二十年间，遂轶强英而冠万国乎？吾国人亦可兴矣，亦可择所从事矣。

今举国皆言变法，皆言兴学，而学校之所习，兼习英文，稍增大地之学，其为无用，亦何以异于八股者乎？昔讲八股虽不切于时用，尚诵圣经贤传，得以修身寡过，其于风俗尚为有益。今乃扫弃中国之大教、经传之格言，而后生新学，稍拾一二自由立宪之名、权利竞争之说，与及日本重复粗恶名词，若世纪、手段、崇拜、目的等字，轻绝道德而日尚狂嚣，叩以军国民实用之学则无有，欲以御强敌乎，则空疏无用如旧，而风俗先大坏矣！然则举国志士，奔走呼号，所以改书院为学校，日谋所以筹经费、延教师者，何为焉？夫道德哲学空论之说，中国固至美矣，不待求之外矣，求之外则益败坏之耳。数千年之历史、风俗、教化皆不同，而自有纯粹卓立之处，乱之益害。若以立国御敌乎，强军富民乎，则一切空论之学皆无用，而惟物质之为功。然则今日救国之术，惟有急急专从事于物质工学之事斯已耳。

盖议院虽要，而可一朝而大开；官制虽綦，而可数月而改定；外交、民法、海港之法律虽未备，而亦可期年而粗举；译书虽重，而可一二年而佳书略具；理财虽难，而理之得法，亦可一二年而国用粗支。惟工艺、汽电、炮舰及兵诸事，非有六七年不能成，最速者，亦非三四年不能举一业而推行之。以我观于英、德诸舰厂，万吨巨舰，至速之工率三年而后成；四千吨以上者，至速亦要十八月乃成。一厂数年仅作数舰。炮之大者长数丈，十月乃成。学为舰者，须中学以上之资，四年在厂，三年在舰，七年乃成，至速亦须厂、船各二年，亦须四年乃能卒业。学制炮者，学练钢须二年，制炮须二年，亦四年乃成。盖凡百政制，皆可吾欲之则为之，惟物质之工业，则非欲之而即得、旋至而立效者也。由斯而谈，然则假令政府立行发愤，举国维新，议院立宪，即成民权公议。而此六七年之中，外衅迭生，强邻交迫，将何以御之？即如辽东、西藏之失，举国咸责詈政府之无用，引为大耻。夫政府不预备于凤昔，诚无用矣，然至今日而令议者人人代为执政，亦以何物御之乎？由成都往打箭炉四十日，由打箭炉入拉萨七十日，由拉萨至亚东关二十一日，调兵运粮，历四月乃至；而印度之调兵运粮，由加拉吉打都会，一日而汽车可达大吉岭，由大吉岭有小路两日可至亚东关。彼之程不及四日，我之程乃至四月，何以待之？若东三省之事，条理甚多，我今日亦不暇详说及此。要之，炮舰、军兵不备，道路不通，工艺、汽电不解，虽有尧、舜，万不能以立国拒敌，此相因之势也。

数年以来，万国注射于我，交涉日多，边衅日启，如狂风骤雨之四集。一有俄日之战，朝鲜我血属也，数千年箕子之封，一日而亡。当国者闻之，宁能不寒而栗耶！此五六年中，我海军未成，陆军未练，道路未通，汽电未解，工艺未开，而强敌之交压而进迫，谁敢保其不来？一有来者，既无御具，何以待之？是则虽举国之学校已开，法律已改，官制新定，译书遍野，农商并辟，理财有术，议院大成，国民皆得自由，士人皆通外学，才俊如林，雄杰满野，岂能以肉薄而御一分时六百响之炮乎？

吾于四万万人中，亦为粗有知识，于中国之书既无不读，即欧美之学理、事迹风俗亦无不探检而略通之，且亦自竭至诚、舍性命以图救国矣。吾于普大地万国中不在人后，虽地球诸圣哲，吾亦未见其长。然使物质不兴，则即令四万万人者皆如我，然已无补于亡矣。盖我虽略具热诚，粗通学理，而于物质实业不能成一艺，则于救国之实事，即为无用之尤。故犹太有耶稣之生，而数十年即亡；印度有佛，而印度累灭。故苟非与时适用，虽有教主，而无救于国焉！吾师乎，吾师乎，俄之大彼得帝也！吾观彼得学船之木屋，卑隘嚣陋，不可以常人居也，而彼得以帝者杂伍于工人，苦身学之三年以归，教其国人，卒以海师霸北欧。夫以彼帝王而不自安乐，乃遁于异国，自苦学实业如是，而我不能之，此我之大惭大耻也。我既惭耻，而我四万万同胞，上至士夫，下至贱工，鲜学实业者，此中国之大忧也，亦四万万人上下公同之大耻大谬也！

· 美国文明在物质，非教化可至

美国者，百年新造之国，至浅鲜也，而今者富冠大地。虽兵不多，昔仅二万，今六十万，近者东定古巴，西取吕宋。欧洲诸强，侧睨而涎望，莫敢正视者，非有他也，物质之学盛而工艺最精故也。将谓其文明之美耶？则奸诈贪邪，不可枚举。国尚富，以好利为主义。苟富矣，则杀人可不死，重贿陪审员与辩护士足矣。子不养其父，至于死于纽约街亭。故人贫落，则反眼不相识。伪为银纸者相望，公园僻地多劫盗，甚者且劫银。诈以妻诱人而勒财。工党岁相杀，官无力以制之。以奸色相杀者，岁七千人。各郡邑报纸，无日不言劫杀淫盗事，兄妹为夫妇，甚者父子为婚。其他淫案异状，不可胜道也。小吏诈赃勒放者，抑不足计，国人惟逐利，故尚工而不好文学。然以尚富故，故人皆讲工艺，而致富强矣。自美东诸大市工厂，吾游殆遍，其日出新奇，殆有轶欧洲者。如电线能写笔迹于千里外；算盘一秒〔秒〕时，三百数可讫；市肆官衙，电话筒在手，留声电板在口；藏书楼取书者，机可走送；银行寄货店，一日发八千信，印信、开信、黏口、加印花，无在非用机者。故一人一时所作，皆可兼百数十人之工。以铁构筑，室高至二十余层。游于华盛顿乎，观其创新专利院，自彼一千七百九十五年始，以至于今，凡十九万五千具，则新世界之制作，无不备百年之间。所以转旧世界为新世界者，皆在此十九万五千具矣。美之人习之若忘。此院黑暗尘污，几无人省视。吾游而叹之，以旋乾转坤在此院也。美自彼一千八百六十五年，当我同治五年也，始作纸币，当南北战后，国贫甚，以之充兵饷，遂以富国，观于全球之富强也，在于华盛顿之纸币局与创新专利院，二者备矣，皆至粗物质之事也。

美工业既盛，富源日辟，于是垄断新法日出，而百业归于托辣斯矣。全美制铁大厂廿一，以十五万万一公司尽买之，开一制铁学校，期尽地球制铁之利。煤油、铁路亦然。于是纽约股票之起落，摩根之徒，得低昂操纵各国之商业，虽数百万之富可一日而倒。于是化臭腐为神奇，奔走各国，惟其意矣。物质之粗，今时为帝者哉！其力乃至如此。

夫中国之不振，百事败坏，固不可胜数矣。今不言国事，但言民俗。然文明之不进，民智之不开，固由教之未尽，亦由道路未通、民富未充之故，则一切根原，亦由物质不讲致然也。即如美国教会之盛，能布教于全球，其传教固勤勤，而其教亦日光大矣。然美之富人居地球之半数，煤油大王落机花路之布施，已十数万，中国何从得此？若学校乎，则若英之恶土佛，美国三藩直司高之斯丹佛，芝加高之钢铁大王卡利忌，及落机花路等，皆以一人费数百万，成一大学。若卡利忌之施于全美，为书楼、学校者，已一万万矣。闻卡利忌富八万万，施观书楼凡一千三百所，在纽约者一百三十余，统在美六百余，余皆在英，以其本苏格兰生也。凡有欲开观书楼者，请之必应。必珠卜则筑之登登，书楼相望，今又营一专制铁之学校，欲极地球之大观者。吾皆游之。今日阅报，卡利忌又施千万营一新学校矣。闻全美人才，借卡利忌书楼而成学者十之八。其余如卡者尚不可胜数。展转相生，云来千亿，又有无数之卡利忌出。而书楼人才，亦与为无量数焉。此岂中国所有乎？吾遍游美东各藏书楼，有分男女者，置报以数千，但无中国之报耳。工艺、小说之书尤夥。楼多以云石为之。其妇女别自为藏书楼，一大市而数所矣。非中国人之乐施不及美国人也，其富力实远不逮也。

夫美之人，能为此好善乐施者，则以煤油、制钢、制电之富力至大也。必珠卜一埠，地方六十里，人数十万，几皆为钢铁大王之部民。德之克虏伯厂部民廿余万，立学十数，亦皆克虏伯施舍为之。盖大富之余，一身用之不尽，如卡利忌富者八万万，则以一万万兴学，不过出其涓滴之余以济人，而可得千秋之美誉。此固顺人情之所乐，而非有所难强也。然而学校由此而大开，藏书楼由此而大盛，国民之智慧、才艺日发生滋长而不穷。而爱的森、摩根、落机花路、卡利忌之流日出而无已，建学堂藏书施医亦无已，两者相生无已。全国之学既设，道路开，百机日新而并作，而军国民之日富以强，遂不求而自致矣。于是丽其宫室，美其服食，善其仪容。盖富既至矣，则以礼法相尚，言语、坐立自有规式，其不能者则笑之，自谓文明，而谓异此者为野蛮。此乃万国之通俗，而非欧美之特俗矣。

惟其学校遍国，工艺大开，人人入学，故礼俗同一。人人能作工以得食，八时即散，余以行乐。故其贫人工子，放工之余，或来复之日，大众相聚，谈宴游观，相摩相视，亦能盛饰衣服，习成礼俗，而不至鄙朴粗疏之容言，几若近乎文人之举动者，则以少曾入学而习之，长得游会以摩之也。工艺既开，运输日便，致财日多，乃至家用之物亦日贱。乃其阿耳频山、落机山荒僻高峻之地，其贫人之屋必铺地毡，其墙必裱花纸，其妇女亦皆曾经入学，故以洁相尚，屋无纤尘，厨无纤污，陈设雅丽，盘碟整美。其溷厨道路，则吏时巡视而罚之。其警吏既众，故鲜道路间诟詈殴斗之事。不洁或大声诟詈者，则相非笑不比于人。治密俗成，故其工人男女，皆若有士君子之仪容；而乡民服居，皆若有公侯之都丽。此则今日欧美文明绝出之俗，而吾国所不及者。然此必非中国旧法所能有也，无可责也，无可望也。即使尧、舜复生，伊、周执政，化行俗美，户尽可封，家敦廉让，乃至若孔子之大同，孔子之甑瓶，庄子之建德，人人性善，皆有君子之行，而无铁路以通远，无电车以合近，无电话以通言，无影相以摄形，无千里镜以视远，无显微镜以辨小，无报纸以开见闻，无汽机以省人力，而欲滇黔荒僻之壤、溪冈蛮夷之域，莫不家铺地毡、墙裱花纸，士女服用无异都人，童妪言动有类学士，此必不可得之数也。以无物质之媒介桥航，则此文明有如绝流断港，不可至也。故道德之文明，可以教化至也；文物之文明，不可以空论教化至也。物质之学，为新世界政俗之源本，为新世界人事之宗祀。不从物质学措手，则徒用中学之旧学，固不能与之竞，即用欧美民权、自由、立宪、公议之新说，及一切法律章程，亦不能成彼之政俗也。

加拿大湾高华、美国罗生技利之为都邑也，仅十八年耳。二十年前，当安南、缅甸亡后，此二都会者，尚皆荒山榛莽，为狐兔之窟。今则拓成数十里之大都会，居民十余万，宫室、园林之丽靡，学堂、公馆之壮盛，电车如织，电灯如月。来复之日，咸游公园，士女揩裳，马车如云。罗生比湾高华尤盛也。吾游罗生叻论之乡，开辟仅六年耳。大厦云耸，园林妙丽，占山辟墅，垂杨夹道，士女走集，农圃满路，整齐妙丽。则以我数千年之中国、日本，及大都会之江、浙、楚、粤、江户、横滨，无能及其六年之小乡者。则以彼地暖产橙，易于获利，有纽约之富人东迁至此，故开辟迅速，数千人中，过百万之富者已四十六人，余中富不可数。每人园林宫馆，皆自占一山，各斗诡奇，遥遥相望，各有电行车良马，以复日相逐，于是客店、戏馆、学堂、公园因之而闹。而高山辟广路，车马可以盘旋而登颠；僻屋通电车，居人可以搭车而出入。夜则电灯如昼，日则游女如市。此其原因，皆由电车汽车之所致。士卜枞市之开辟亦然，全美类是，皆纽约之能有多富人，及诸富人之易于移居也。非电车汽车，无以得此。其园庐之分处野中山上，宏大荒漠，冠山占壑，不嫌荒野，皆电车汽车为之。故叩论乡以六年之力，而胜于我东方数千年文明大国矣。此非我东方数千年、数万万人之不及也，物质之学使之然也。物质之倍数既甚，导源极远，故其收效亦超绝无伦也。

夫美国东方之繁富诡丽，此在美西太平洋之荒地僻乡，固不足为美国道，吾就适所游言之，然其过绝吾东方大都会已如此也。况美东更繁丽之乡也，不止三年成大聚，五年成大都也，又不徒此乡也。落机以西五省，开辟仅五十年，当我生之初，尚皆野番之地，莽木灌莽之所幪，鸟兽虫蛇之所窟，今其都会之盛大伟丽，宫室之新奇都妙，学堂、宫馆之庄严华妙，士女之游乐昌丰。四十年前，无乾沙埠人家六十万，室屋道路皆精丽博大至矣，与老欧洲之巴黎、伯林、伦敦争胜，而罗马以下各都，有同唅等之不可伍矣，岂独我东方哉？故欧人赴之，如水之就下，开辟日盛，乐土乐国，爰得我所，此间乐不思蜀矣。盖美之荒地至多，而物质至盛，故数十年即呈此突兀之巨观也。自三藩自一土通纽约之车路成于同治四年，而有此大效也。岂惟美西数省之僻壤哉，即美国东方全境之盛，亦在南北战后，修补疮痍，在同治四年车路成后，乃始盛美。上下古今，不过四十年耳。此皆吾所目睹者，以修明物质、讲求农工商矿之学，今遂富乐冠于万国。此非徒言共和、自由所能致也，物质学为之也。如谓共和、自由之所能致，则南美诸国何不然也？吾一入墨西哥境，满目荒凉，居人如鸠如豕，野蛮之象有如马驴。此岂非共和、自由之政哉？以物质未兴故也。故论者谓华式以来百年之世宙，过于亚当以来数万年。夫美国之所以为美者，在此数十年物质之修明，而即冠万国，亦可证物质之变化人类最大也。盖自华盛顿开国后，至南北战时，凡八十年，地利未辟，人口未盛，赋入未多，不过今南美小国之列，未足与欧洲大国等也。今以四十年之力，骤冠万国，遂以东取古巴，西定吕宋，今为海军一等国，亦可惊也。观德之二十年中，工商之业之盛于大地如彼；美之四十年中，富强之效之冠于万国如此。此何以哉？皆物质之为之也！

论中国古教以农立国，教化可美而不开新物质，则无由比欧美文物

贾谊曰：一夫不耕，或受之饥；一妇不织，或受之寒。至欲罢弃技艺工巧女红，驱天下人转而缘南亩。盖人道之始，惟需衣食，圣人因人道而为治也，乃以劝衣食为第一要务。故古圣专意农桑，乃为之擘画细微，深计民生之曲折。每夫家人数口，受田百亩，耕之则可无饥；五亩之宅，墙下种桑养蚕，织之则可无寒；又于地旁，养五母鸡、二母彘，生子众多，则可养老者。据李克所计，当国时每石米值钱，高者九十，下者三十，而六十为中。一人一岁之衣，用钱千。岁时、伏腊、祭祀、吊丧、问疾，用钱一千五百。妇人就月而织，则一月得四十五日，相劳则歌。冬获入邑，则童子入学，诵诗读书，教以孝弟。而大蜡以一日劳农夫焉。其士大夫、君王，则因农夫所入而倍之，皆依农夫以起算。如此则衣食足，教化兴，礼让行，颂声作，被发美好，含哺而游，以是为治化之极。然此境为中国士人数千年所想望而未得之者，徒令千年八股家赞叹想慕，如神山楼阁而已。然使果如所望，则勤农丰岁，终岁劳动，胼手胝足，耰锄被裋，亦仅得家人仅免饥寒。至一岁之中，大蜡之飨，乃始见黄衣野服，闻草鼓黄桴，得一日之乐，此已为张而能弛之妙法矣。然以此民生之劳苦俭觳，国体之不壮美丽都，今欧美人必极笑之，或且以为朴陋近野蛮矣。盖以彼深山穷谷之僻氓，皆有地毡铺地，花褾纸墙，白布衣桌，软几安体，瓷盘供食，玻杯备饮，此等受用美备，则公卿之所不及者。若其作工不过八时，仍不赤体跣足，工罢则游园看剧，美衣美食，鼓琴二女裸，有古天子之奉焉。而七日一蜡，更为终日之极乐，比之终岁一蜡者，其为乐五十倍焉。即其男女无别，相携为乐，此则桑间濮上，采兰赠芍，教育各殊，彼以人道主乐云尔，今且勿论。就此氓民器用过于公卿，省劳行乐倍于五十而近于天子，其劳逸、美苦、恶乐之殊科悬绝乃至若此，非古人思之未至也。先圣为民计乐利，非不欲去劳苦恶而就美乐逸也，为物质学之未开，而财力有以限之也。故穷思所得，以农立国者，不得不止于此也。

今自物质学之既新，蒸汽、电化之机日出，无一而不易为机工之世界

矣。校之以劳手足而为农世界，其比例可得而考焉。

其最变易世界者有三事，则铁路、汽船、电线，为力最大。人之行移，每日百里，马行倍之，舟车行亦与人相伯仲。康熙时有八百里红旗报，则圣祖大喜，以为自古未有。中国国土既大，以一省之程计之，在广东之内，自省城至南雄，舟行须一月，至廉、琼廿余日；由桂林至龙州，须四十日，至镇安界云南处，则须四十余日矣。如自广东至京，须三月，往云南亦然。有一道员，自桂林移官往甘肃者，闻之须半岁。而新疆、西藏且勿论也。吾好游者也，昔游桂林平乐，欲便道一游龙州，计程须四十日，即不往。道既阻远，人士艰于出游，则知识不开，而常闭于乡曲拘泥之见；商货难于输运，则品物难流通，而习于窳败俭陋之俗。试问广东连州猺、峒，广西苗、峒之中，四川蛾眉山顶，云南点苍道旁，而欲家家陈玻璃之电灯杯盘、五色之地毡墙纸，须费几何？人人习京师槃辟之礼法，衣上海时新花样之纱绸，从何习得？故欲人性之善，家敦廉让，尚有以致之；若欲易滇黔山间之俭陋为欧美之文明，则先圣无术以致之也。他日数十年间，点苍、蛾眉之巅，岂有以异于落机山顶乎？其陈玻璃之电灯杯盘、五色之地毡墙纸，可决之也。此非文明与不文明，实有物质学与无物质学之殊也。今法国铁路，速者一时行七十英里，是二百余中里也，一日二十四时可行五千中里，是纵横吾十八省内，则举国无过一日之程者。以此则人人游历，智识大辟，而礼俗可以相同；百货运输，无远不届，既贱既时，而器物可以平等。则欧美人向来笑我之俭陋者，乃有以雪之也。如无铁路、汽船，则吾滇黔山谷之民，服食之陋，如鸟如豕，焉得而不为欧美人轻也？岂惟滇黔山谷之民，以欧美人视，举中国人之俭陋亦犹是也。

若电线之为用，今以九杪〔秒〕时而周于大地矣。近且有无线之电，立线台巅，散之空中，万千里可复收之者矣。大之有变乱之事，则数万里而顷刻可知，而可亟为调集弹压焉，则乱源长弭而盗贼不行矣。商贾通货，则如时其高下而立传焉。官吏办事查奸，可不出堂户，传电话而执行之矣。士民交欢，通信可千万里而如同堂，以传情亲而合大群焉。昔者特遣一人，经年累月，乃能寄一信者，今则传电可立通焉。此其增长知识，省时增寿，便于民用，尤益军国，以加饰文明者，其增率岂止百千哉！

一女之手织，计可衣被者，岁不过数人；今美国之织工，一年平均三万码，可足供千六百中国人之用，则所入应数十倍于昔，而服器行乐，自增数十倍矣。一农之耕，中国仅养十数人；以机为之，能出麦五千五百逋士，以五百留作种，以五千逋士制粉，可得千桶，又供千人之食，则所入亦应数十倍于昔，而服食行乐，自增数十倍矣。故中人之以手制钉，一日不过千数百；而以机为之，则可七百五十余万。制钮者，一人一日之力，不过十数具，今以机器为之，则一人一日可以至万数。衣履之具，以机为之，顷刻可成。昔日之十日成一衣履者，今则一日成十万衣履矣。其他借化学、格致之物，莫不皆然。其作工之货物增古者千万倍，则其器服行乐亦必千万倍也。

况交通既便，新物、新制、新事、新业亦随之而日增，而生人亦得从而增长，以受其乐利。如执铁路、邮政、电线之业，驾海、通商、撰报之人，日增无数，以通为其事业，此皆古农国所无者也。

电灯可以照夜为昼，电戏可以动跳如生，电板可以留声听歌，电车可以通远为近，影相可以缩人物山川于目前，印板可以留书籍报纸于顷刻，凡此开知识、致欢乐之事，人道所号为文明，国体所借为盛美者，皆新物质之为之也。古者无之，自为觳觫俭陋之观，故可使比户可封，人知廉让，道德美矣，而不能得此文明也。

国之强弱视蒸汽力、人马力之涨缩为比例

自蒸汽力之出，可以代人力、马力之劳作，资本既省，运输尤便。故自道光二十年，蒸汽未大行，欧洲各国，代人力者增三倍，凡十五人所作，用五人而可成。美洲则增八倍，至今则增三十五倍焉。其十之六为铁路，十之二为汽船，又十之二为制造、开矿。夫蒸力倍于人力者三，则所入者亦倍三，而人道之服器行乐亦三倍，国力之增强亦三倍；倍于人力者八倍与三十五倍，则人道之服器行乐亦八倍、三十五倍，国力之增强亦八倍、三十五倍。其在欧洲，英汽机力最先最大，故最先强。法、德迟变，力亦稍薄，故次之。西班牙小变，而美国变尤速尤盛，故西班牙遂东西被割于美。故觇国力者，量其蒸汽力与人力之多寡为反正比例，而可定其国势焉。今以各国汽力与人马力比较表如下。

	蒸汽力 百万吨	人马力 百万吨
美国	六七七六〇	六一〇〇〇
英国	五一八八〇	九五三〇
德国	三〇六〇〇	一五七六〇
法国	一九六六〇	一二八〇〇
俄国	一一二〇〇	七〇一五〇〇
奥国	一九五六〇	一〇四二三〇
意国	五四八〇	六五五四

英、美之至富者，其蒸汽力之至多也。德亦过于法二之一，而半于美。法倍于俄。其蒸汽力愈多者，其人马力愈减；其蒸汽力愈少者，人马力愈多。惟美略反是耳，故与英相等。当此之世，安南、缅甸、突尼斯、马达加斯加等国，土地、人民与欧洲各国平等者，不足当其一睐矣。即以土地、人民十倍大之中国，数倍大之突厥与比较，三十五倍之蒸汽力，则国势实逊其数倍，故仍听其蹂躏宰割也。即其人民之苦乐文野，亦因其动力之多寡而得比例焉。夫势由力生，故欧美之能以小为大、以弱为强者，能以物质学自增其力也。力增则势增，故吾国之见弱于欧美，吾民之见贱辱于欧美，力之多寡为之，非幸致也，数使然也。今开口动言自强，夫强弱者势力之谓也。既较实力，而不从事于物质，乃从事于空言民主、自由、革命之说，岂非望空而射天、缘木而求鱼乎？所由非其道也。

运输之业，自有铁路、轮船各机器以来，以欧计之，每人每日运一千万吨，较之本人力多二十倍，则所得之利当亦如之，所享之服器行乐当亦如之。以汽机之力能代人力而倍数之多也，故人力益舒，故益得闲暇。昔之一日作工十四时者，今以作工八时，而来复日则停工，来复六日亦有停工半日。停工之后，或行乐，或就学，于是有夜学来复学焉。故人益得闲暇，以寻乐愤勉而进学。美如总统林肯之流，皆为佣工，以夜学而成才者也。而何必逐月而织，以为一月得四十五日之算也？故我国人作工之勤，不息之苦，各国所共称，而所入反少，则以用徒手与假之于物之异也。人能假之于物，则富逸而乐；我专待手作，则劳苦而俭贫，然则吾国人亦太劳苦矣哉。贫俭则肉食不足，而血枯致病，或死劳苦，则不能寻乐，不暇为学，神明无自而畅，智识无自而开。劳工不易以成才，而面色黄瘠，血肉枯槁，不得遂其生以死者，一岁之中，不知几亿万也。以其劳苦不学，身躯枯弱，其传种也，亦复愚弱相寻矣。夫吾国人之以身体黄弱枯瘠、愚暗无学见轻笑于外人者，推其本原，则无汽机以代力，俾其得有暇裕以养生学业致然也。然则物质学之不开，其害遍于全国人，劳苦、黄弱、愚暗而延祸于种类，至于无穷。甚矣！物质学所关之大也。吾尝见乡里之中，士人之家，世为儒业，子孙不能自立，不一二传而为鄙人，面黄瘠而暗愚，即礼法亦不知，丁口亦因之渐微矣。其以工商致富者，渐教其子孙读书登第，一二传后，子弟皆秀发端丰，翩翩知礼，丁口繁多，称盛门矣。

美国人不尚文学，惟事工艺致富，其总统无一从博士起家，各长官亦寥寥。一牧羊致富，举为埃利贺总督；一鞋肆之主，立公举为波士顿总督。与吾周旋，恂恂无能。盖大地之尚文学，无若中国者，而与美贫富强弱相反，盖从事于虚与从事于实之相反若是也。夫人道之始，国势之初，皆造端于实力。其文学、哲理之发生皆其后起，既强盛之后，而后乃从而文之。故物质学乎，乃一切事理之托命。如有平地矣，而后可跳舞践蹈；有巨舰矣，而后可临阵赋诗。若皮之不存，毛将焉传？故无新物质学，则军国民无所托依以为命，而被人吞割，何复云云？况竞争之世，优胜劣败，少劣不能自立，如法及西班牙且然，况全无者乎？《诗》云：无衣无褐，何以卒岁！今无新物质者，无汽无电，无工无商，无兵无炮，何以立于今之竞争之世乎？故中国四千年，无可比例；三代立法，亦不同时。即在欧洲，亦非复其旧故。非欧美之有胜于我，而新物质学之战胜大地，莫不屈服。而我尚守旧负气，盲瞽妄行，不知所从，则惟有举莫大之国土、挟无数之同胞以求亡绝而已。

实行兴物质学之法在派游学、延名匠

今将大振物质工学，以为富民强兵立国之道，凡有二焉：一曰大派游学以学于外，一曰广延名匠以教于中。夫此二事之本，皆在理财。理财之法，精深奥微，非今日诸公所能知，亦非今日之政体所能行（欲言之，亦当在他篇），然既知为立国富民之根，不则亡国绝种，当必举国耸然震动而合力以赴者。比之赔款，其急万倍，则不可已。使全国人知之，则必全力赴之矣。今不为理财之本原计，而为官民合办之谋。中国县凡二千，每县筹游学生五人之费，其大县多筹者听之，小县无人通语言，能游学者暂缺。统而计之，必当立派学生万人，往欧美、日本，学物质、工艺、兵炮垒、机器、电化之学，有监督官略为部分。虽各因其性之所近，然必使凡百工业莫不备具，无使有太偏多而致缺乏者。

德国工艺甚精，其通德语者，遣往德尤善。但国人多通英语，则以学于英、美为便。日本同文，则尤近易矣。专以学工艺、兵事为主。

派游学宜往苏格兰学机器

英之伦敦，乃政治、文学之中心，非工艺之聚处也。其最著之恶士弗大学，及监布列住大学，皆教人道学与哲学、神学、文学，旁及医、律；其生徒多皆世爵官子，骛名而来，翩翩文采，都丽自高，而非物质学之地。法人高矜，鄙工艺而尚哲理、文学，与中国略同，故巴黎大学尤远于物质。若苏格兰之噫颠堡京，及拉士贡与柏明谦市，则物质学之源泉数泽也。华忒、达尔文，皆产于是焉。吾过其宅，游其博物院，瞻其像，几可谓新世界之发生由是也。万国之博物院，皆陈古器物为多，其于考人道进化之理，固不可少矣。而噫颠堡之博物院，则皆机器也，古今各国之机器多陈于是，而尤以苏格兰所制出为尤多，上下各层，周行院落，无非汽机也。有机以动之抚之，则各机自行旋动，而观者可解，因可推求其用，比较其得失，以至深至精之机，可一览而得之。各国游博物院皆取资，游此者不取资焉。其于开牖其民智，而广辟制造之途，而普导引之，至为良法也。故苏格兰之工厂如林，而学堂乃精于物质，其医学因而最有名焉，多所取证故也。故学物质学者，宜往苏格兰也。且苏格兰物价贱，无英伦繁华体制之尚，其于工学者尤宜，且大省学费焉。

学电学莫如美，汽机亦然

若电学乎，则本创于美人之富兰克今，今美议院及哥林布大学有其像。故美为最精，德人次之。盖德人胜于虚论，美人胜于实测也。英国人且世学于德，吾国人则宜专学于美矣。且国人在美者多，言语习惯，一转移间，即得人材无数，但在所以鼓励之、养育之耳。

美之大学校，吾遍游之，自波市顿之哈佛，纽嬉份之耶路，纽约之哥林布，及芝加高、新薤、波利磨、费城、乾沙色地，皆尝登堂入室。校制学科，皆仿英监之〔之监〕布列住、恶士弗，远不如英、德之精深。盖以美人好实利，而不尚虚文，故开国百余年，未尝出一哲学。吾与美人谈美风俗，曰："吾美国物质学胜全球，而百年不曾出一哲学家。"可谓知言。故探求他学，英人士多轻视之。在美学文学、律学者，领有 ba 秀才文凭，英不认之，到英之恶士佛等学，尚须考试乃许入，至于物质乎，电学乎，则美之专长也。若美西大学，规模之劣小，比之英、德、法，相去不可道里计，吾尝游其西林埃利、贺今抓拉诸大学矣。其美东有名数学，亦迥非英恶士佛、监布列住及德国大学之比也。故学于美者，莫如学其电化与物质矣。

美之物质学，莫如纽约之刊呢尔（Cornell）大学校，其电学尤为全球第一。闻美国去年新蕴之会考，电学金牌皆为是校所得。方今机器之途渐过，电学当代统而为帝。吾逐人后而学汽机，须数年乃成，则电又日新矣。电学一新出，旧制胥弃，则吾所学成者，乃为人吐弃之余，其为无用则一也。（芝加高大学、波土顿工艺学亦至有名，鸟柯连工艺大学机器至多。）故宜多派学生就此学电学，次之乃及物质焉。其学脩仅百元，或过百元。然是地多华人，一岁学费，华银千元而已足，实费尚不及英国之多也。若派学生千人，岁费不过百万。但恐今日无入学之资格，不足千人，则岁费不过数十万耳。五年后学成而归，每省有数十人之用，以之制造一切电气汽机。人数既多，必有聪敏明悟之士、能创新法者，则军械用器亦必有可观，如此则可以与万国争矣。此最要最后之胜着，今日不可不预为之地者也。

若欲省费，则美之恶伦有卜忌利大学校（Berkeleu）〔Berkeley〕一富人之所施也，其物质学亦可言焉。今中国物质学尚未萌芽，但求满于实用，不必待于精奇。其岁脩不过十圆，其地华人之物尤多且贱，服食尤廉，岁费不过华银四五百圆而足矣。若由官派，有华厨办食，合而为一，人数既多，其费尤省，虽派千人，不过岁费三十万两可矣，况今尚无千人入学之资格乎！国家赔款赔磅，岁费不止数千万。而宫廷万寿，大吏供应，随在皆费数十万。不为强国根本之计，而妄为无谓之举，其愚而求亡辱，何可当也！及为外人侵割凌辱，不得已而赔款割地，动辄数万万，所失不尤多乎？昔赔日之款二万万，戊戌之春为一万万应偿之时，司农仰屋而无术，张樵野侍郎借得一万万于德华银行，喜极而自功。吾语之曰："惜乎其借以与人，而不借以自用也。吾恐此万万者甫偿，而后之赔款数万万又来，而官司农者益难也。"张为愕然。吾曰："若多借一二万万，以一万万治海军，一万万兴学派学生，则吾可取偿于人矣。否则后之偿款无已也。"不数年而庚子祸偿十万万矣，今又不再图自强。后之视今，犹今之视昔也，宁有可幸乎？故宜决筹远计，大养学生而为不败之地也。若为一日之计而吝此学费，不谋大局，是待亡而已。

鸟柯连大学校长语我曰："若中国派人来学，吾当特别相待。若学工程，虽不识英文，亦可入学而教之。"若此最捷矣。

卜忌利学校学生三千人，其教物质有六科，率四年卒业。机器、工程、化学，分为三科，其三科则农、商、矿也。

其机器科分年课程如左：

（第一年）		（第二年）	（第三年）	（第四年）
算学	代数、几何、微积之分析为〔及〕应用	同上	微积方程理解	
物理	初级试验与讲义	通论、物质测量	分析重学、电气测量、电学	物理实验、电机意匠
化学	无机讲义 实验与求质			
绘图	器机学、几何画	几何画、机器图	机器图	建筑图
兵操				
器械		厂工实习	同上、电机	动物学、水机学、器机学、器机运动
工程		测量与形图	材料之力	
天文				

其工程科分年课程如左：

	第一年	第二年	第三分三专科
算学	代数、几何、微积之分析及应用	续上年、微积问题	一铁路工程 二卫生工程 三水利工程
物理	初级讲义与实验	通论 试验	
化学	无机讲义 求质实习		
绘图	机器画、几何画	几何画	
兵操		同上	
练身		同上	
工程		讲义 测量与图形 写景图	
矿物		试验	
机械		厂工实习	

铁路工程第三年		卫生工程第三年		水利工程第三年	
工程	测量铁路、大路运河讲义 测量与图形 夏季一月实习 铁路计学 材料之力 建筑材料 试验 间架之结构	工程	测量铁路、大路运河讲义 测量与图形 沟渠制度 材料之力 建筑材料 试验 间架之结构 夏季一月实习	水利	工程与计学
				工程	材料之力、建筑材料
				物理	分析重学
				农学	通论
				绘图	机器图
				选择	
				兵操	
天文	最小方		自由选择		
物理	分析重学	物理	分析重学		
绘图	机器图	绘图	机器图		
兵操		兵操			

续表

铁路工程第四年		卫生工程第四年		水利工程第四年	
工程	建筑之意匠 大路与铺路 基址 试验讲义 高等测量	工程	供水制度 筑坝 建筑之意匠 大路与铺路 基址 试验	水利	建设与法律
				工程	基址 间架之结构 筑坝
				机械	动水学
机械	动水学			农圃	通论
天文	测天实习	机械	动水学	选择	
地质	通论	地质	通论	毕业文题	
兵操	理论	选择		兵操	理论
毕业文题		毕业文题			

化学科分年课程如左：

第一年		第二年		第三年		第四年	
算学	代数、几何、微积之分析与应用	算学	续上年	物理	分析重学	机械	机械工程
物理	初级讲义与试验	物理	通论试验	机械	电机与构造实验	绘图	机器图
化学	无机讲义求质实习	化学	求数实习有机讲义	绘图	徒手画几何画	工程	材料之力
德文		德文		化学	有机实验物质物质实验	化学	实用化学

续表

第一年		第二年		第三年		第四年	
兵操		兵操		选择 兵操		选择 毕业 文题	
练身						兵操	理论

美之小学，冠于各国。以各国工艺均别立学以待穷子，若美国则一切小学，不论贫富，初级即有制造、机器二科，使全国童子，人人少而习之，故长而执艺乃熟习，不待专学而然。故物质之精美，冠于列国，而富亦为最也。今当工艺竞争之时，工精则富且强。欧洲各国尚有世爵，以故家之习，不欲亲学贱工之业，故别设学。亦犹中国旧法，一入学堂即诵《大学》，识字之始即言治教，轻视工艺，绝无一学习之者。在一统之世，专崇德教则可；若列国竞争，则最重物质之粗者，有粗者强。此又中国小学之所当取法美国者也。

美国有穷工学，富人捐资，不受脩金，多延教习，兼备各科，或昼或夜，听人来学。纽约、波士顿皆有之。美之大制造名人，多从此起家。此我国所宜急设者。

职工学宜往德

德国物质学之实业专门学校，分六级，而最贵实地练习也。若其本原，则如识字、习算、物理、绘图、史学、地理，皆在先习之普通学科中，此各国所同。其最下之第六级，以九岁者许学焉；至第四、五级，皆以一年为学期；自第三级至第一级，以二年为学期；凡九年而后完全卒业。第六级至三级，实兼高等小学之课。以贫子至第三级后，多不复学，故立课当极周备也。第五、第六两级，则为实业之特别学矣。故自农矿、音乐、园艺、邮驿、建筑、野猎，及各职至粗之业，皆学成考试而后许为之，不仅行政、律法、海陆军、税学诸职也。

其下之职工学则分三级，每级以一年为学期，其二年为理论学，一年为实用学。其欲成完全之学者，入学须十四岁以上，须有中学之学科，乃能入之。若不以成完全之学为志者，则听其本人之所愿而学之。

职工学之教科，以德、法、英之国语，地理学、历史学、自然化学、数学、物理学、化学，及化学之工艺学、矿学、测量、模型、制作、计算、簿记、书信、机械、建筑。以自十七岁至廿七岁为入学之龄。

柏林之技艺学、土木学、织工学之校相连，以共发其手工之巧趣为乐也，俾相摩而善也。其织学分别手织、机器织之物质色素诸科，与模绘较相通焉。

农业学分耕作、畜牧、农业经营学、化学、物理学、博物学、数学、生计学、农业工艺学、山林学、农业土木学、农事法规、农业沿革史、统计学，凡虚理实用，皆当并习。尚有园艺学校、种树学校、山林学校、猎人学校，又分科中之分者也。

德之新立商学三百所，故德之商务骤进。航海学五所矣。德人武备、文学、工商、医业，无一不冠于大地。今必宜多派学生，就德国学各职业专门学，乃其最长，但学语须多费一二年工夫耳。德国物价最廉，若在其边州学之，费用省于英、美殆半。彼国有特长之学，无论费否，必当派学生往，尽收其长技也。乃至制纸、制皮、制陶、制玻璃皆有学，皆可派人入其学而学之。音乐学于欧洲亦德为冠，不可不师之也。

陶学法为最，法之赊华市陶最精，吾两游之，宜取法。

画学、乐学、雕刻宜学于意

绘画之学，为各学之本，中国人视为无用，岂知一切工商之品、文明之具，皆赖画以发明之。夫工商之品，实利之用资也；文明之具，虚声之所动也。若画不精，则工品拙劣，难于销流，而理财无从治矣。文明之具亦立国所同竞，而不可以质野立于新世互争之时者也，故画学不可不致精也。

画学、雕刻二者，皆以意大利为最精美，盖二事者源于希腊，而盛于罗马。吾曾游意国，至罗马之都，过佛罗炼士及美兰之市，其图画、雕石之精绝，诚万国无有也。欧洲各国美术家，皆至其地学之。美国亦然，其刻华盛顿之名匠，亦学于意者。吾国宋、明制造之品，及画院之法，亦极精工，比诸万国，实为绝出。吾曾于十一国画院中，尽见万国之画矣，吾南宋画院之画美矣。惟自明之中叶，文、董出，拨弃画院之法，诮为匠手，乃以清微淡远易之。而意大利乃有拉非尔出焉，创作油画，阴阳景色莫不逼真，于是全欧为之改变旧法而从之。故彼变而日上，我变而日下。今既欲竞争工艺物品以为理财之本，更不能不师其画法。尤当遣派学生，往罗马及佛罗炼士诸画院学之，兼及刻石，师其画法，以更新全国，且令学校人人普习。然后制造工艺百物，乃可与欧美竞销流也。否则欲理财、富民、富国，犹航绝流断港而之海也，无至之日矣。今中国之学洋画者，皆西班牙法，至为浅薄恶俗，其去意大利之画法远矣，无可用也。

意大利民穷食贱，除购欧洲各国制造品仍自昂贵外，他皆价贱。学者居游千数百元可足，亦当募派人士数百学之。奥国制玻璃仿古之法，比国制五色玻璃之法，皆为绝出，亦宜遣人就学。美纽约有一家创新法，光色尤胜。

至于船、炮二者，则英、德特出，无与比伦，自前言德之克虏伯伏尔鉴、英之麦边阿姆士庄外尚多。则当多派学生，分厂专习之，尽得各国之所长，乃望更出新意。此尤人所易知共知者矣。

若日本乎，与我同文而仅隔一衣带水，一日可渡，有同比邻。吾前十年提倡采法日本，上之为《日本变法考》以进御，且请派学生而译其书焉；下之作为《日本书目志》，且开局大译其书矣。今政法诸公之译书，吾国人既可大明之。而游学者至数千人，岁月滋多，不可数矣。但苦空学者多，而实用者少。日本于物质学虽远不如欧美，然各种实用学，亦已无不具立。地近而文同，费省而学易，以补中国之所无，则为益多矣。《诗》曰：岂其食鱼，必河之鲂。岂其娶妻，必齐之姜。慰情聊胜无，岂不大善？农工商、航海诸业学，皆可就以采法者也。且其农学亦颇有心得，采用亦至近易矣。就学岁费，不过三四百元，此则吾国民间宜人人自求之，不必劳官力矣。官有以保护之、被饰之、引导之可矣。官鼓舞各县，大县岁筹三万，资百人游学；中县三之一，岁以万金，养三十人；小县十之一，岁筹三千金，养十人。中国二千县，凡有数万人，分学各实业；四五年后，收其效者不可穷究也。若夫海陆军乎，则日本新胜，英、美尚派人入学以法之，况我之比邻哉？可专派数千生学于日本足矣。以我之民多财富，一变有余，延匠自教于国。然资遣欧美游学有二难者，一则财力难继，二则资格难备。虽欲讲求物质，急求多人，急求致效，其道无由。无已仍求之于己国，其需费可不大，而得人尤多，此则吾国人所不可不亟亟讲求者乎！

欲大开物质学于己国内地之法有八

一曰实业学校。

二曰小学增机器、制木二科。

三曰博物院。

四曰型图馆。

五曰制造厂。

六曰分业职工学校。

七曰赛会（劝工场附）。

七者交举而并行，互摩而致精，乃可为也。

自开实业学

今各省大市府，如上海、天津之类，开实业学，令各国驻使访求专门名匠，聘为教习，分门设科，虽縻重费不惜也。此事注重，全在得新法之名匠，苟非其人，则以至旧废之法来教，不如不学之之为愈也。今德人工商学之所以大盛者，由不惜重资以聘名匠。法人吝之，此法之所以不如德也。俄彼得之变法也，亦大聘英、法、瑞、荷之名匠，考试其上者而用之。今各国人才至多，争欲自炫其长，若我能出重资而聘之，则各国实业专门绝出之技艺，不数年间可尽收吸之也。闻欧洲各国高才名匠多赴美，以美之修金丰厚故耳，重聘之则皆来矣。今亦有通各国语言文学之人，亦粗足借供译事，其非绝出之特学，若美之电，德、英之炮枪船舰，意之画，则皆可借名匠之力而传授之，亦可多请日人教之。凡有志而通文字、图算之人，皆能习学，以多为贵，收其学费，每人数十元。计每学必有数千人就学，如广、湖、江、浙，且可及万数。人人收数十元，则岁入可得数十万，以供名匠之用，增图器之费，其事至易举。前二十年，粤城书馆凡三千，乡间且勿计；广州应试者三万人，广东且勿计。若予以出身优待之，则厚取其脩，广东人必趋之若鹜，一学而数万人可得也。他省虽无此风，而功利则同，试士亦多，则举此亦不难也。但官先任其成，预备其亏，营一校舍之大厦，广置考验之图器，则学费必能弥其他用。且即不能弥补，科学实为救国之第一事，宁百事不办，此必不可缺者也。

通国小学增设机器、制木二科

物质之事，乃在工艺之粗者。童而习之其事易，长而学之其事难；专门之人学之其业少，人人学之其业多。且童子性好玩物，就其所好，引而导之，且可以怡悦神魂。即为贵胄，小之亦可为运瓮煨灶之体操，大之可为临政察民之实用。故凡在人生，无贵无贱，无不宜一学工艺，不可以为鄙事而不能之。况在竞争之世，国之富强以物质、工艺为托命者乎？美国小学增设机械、制木二科，多为万物缩型，以小木小机与幼童仿造之，离之，合之，削圆作方，点线面体，螺线椭圆，引机牵线，习之极熟，故长而习成自然，故能精思日出，新器多创。即其愚钝贫人，亦可少长而就一业，其谋生计，固已预教于公家小学中矣。美人之胜欧，全在此著。

今举国皆知兴学，而徒事空文，无裨救急之实用。宜令全国小学，立增此二科，大购缩型之物，若宫室、桥梁、市场、道路、铁轨、电线，以及国俗通常器物，乃至各种机器，以多为贵，令儿童每课以一二时为之。久习生精，将来十数年，物质之人才辈出，与美争新而跨英轶德，亦可由此而生矣。学校增设国民学之外，宜先及此。机器图型之物，德价最廉，美国学亦多购于德，况我乎？美国贵昂，几三倍于德，万难购矣。

速开博物院

博物院之法，专采苏格兰制，即照苏格兰博物院各汽机与华盛顿创制专利院之新器，每事购其一具，若力不足，募人捐之。以一省之大，富人之多，悬定价格，募人捐助，不患不成。其电器则照刊奈尔学校之藏电器及德国电机处，各置一具。或官力全置，或悬价格募捐，其捐者以金牌宝星赏之。凡有新出者必置一具，如华盛顿专利创造院物然。吾旅美之人既多，且国人亦有乐助者，先自广东、上海开之，至易也。器物毕具，则大地万器之新法，吾国人皆可一览而得之，乃延匠师于来游者，一一指导。其院即与学校同地，不独学生易于明解，即游客好工艺者，必有公输、墨翟、张衡、葛亮、祖暅之之流，解物推悟，创制新法矣。今国人之难于制器者，实由见闻之不开，而工厂之难举办者，亦由远购机器之太贵，百器不新，百货不出，为此之由。夫游欧美者无几人，穷苦工人尤难远游，若有器物，遍在己国，则性近而有志或智敏者，一见即可心摹而力追之。如此则汽机必日出，且有不待学校之教者。

且商标既立，凡有能创新器者重赏之，或予以专利多年，或荣以爵级，人必争慕。吾于戊戌〔戌〕已奏准，奉旨允行矣，昔者欲为之而无从，今物质学校、博物院皆备，深思好制造者易于措手，必争从事矣。吾闻美人士之心思志想，人人无他欲，但皆欲创一新器。既创得之，则获专利而致大富、得大名矣。故美国人之欲创新器也，犹昔者吾国人之欲研精八股，以得科第也。华盛顿之创造专利院，新制物凡十九万五千也，地球新器尽在此。美之富强非有他，在此院矣，吾游而惊之。吾乡某生，当其未得一衿时，每日必作一文，而精神不足也，则每日必服药一剂，病亦不改。如此者固不可胜数也。中国之得科第者，未必可得富也，不如美创新器者之专利也。麦的森之创电灯、德律风也，一蹴而致富数千万。然则吾国人宁不慕之而为之也？苟予以下手之地，则民得以自富，而国因以强焉。驱一国数千百万之人士，以昔之研求八股者，以研求物质、工艺之学，其能制有新器者，如得上第。如此而中国制造不与欧美比，中国国势不为大地冠者，吾不信也！实业学校、博物院多陈机器，此即昔制义之八股文、书院书馆之师生也，岂犹患其不能欤？

自开型图馆

各国工艺，上者皆制缩型，下者亦全借于图。若欲为工学而无型无图，亦犹航海而在绝流断港也。如土木学，则当备各国宫室、桥梁、市场、厂垒之型图；邮政学，则当备各国邮政馆之型图；如为矿，则备各国矿山之型图；若为农，则备各国农牧之型图；若为铁道，则备各国铁道之型图；若为船舰，则备各国船舰之型图；若为枪炮，则备各国枪炮之型图；若为纺织，则备各国织工、织厂之型图；若为航海，则备各洋海之底质及沙线渐流之型图；若为医，则备各国药材之型图；若治小林，则备各国木材之型图。乃至为陶为乐，为服为玩，微技薄物，皆有其型与图，皆有其学与师。如此者不可胜数，然后一见可识，不劳而能。此非一私人之力所能具也，国不为之，则民力不能办，而欲开民力物质之学，亦犹缘木而求鱼也。各国多立博物院，德柏林则每一业设一型图馆，尤为专而且博，故尤易致精也。今宜每省开一型图馆，聚百国各业之型图，大陈其间，以开民智，此万无惜费之理也。开之则下种有源，既有父母，不患子孙之不众多，其以富民而富国，大利不可言也。惜小费而不为，而惟事罗掘以偿赔款，恐后之赔款无已，致土地、人民既失，则有欲赔款而亦无之一日也。不为中国保存久远之计，而为朝夕弥缝之策，是无两日之远图，谋家且不可，谋国云乎哉？

自开工厂

夫物质若是之要且切也，而吾国人变法数年，大梦昏昏，举国未知求之也，诸报未知呼吁之也，维新之志士未知奔走而成之也，政府未知讲求之也。惟全国若狂，东奔西逐而已，或大呼革命、自由而已，所谓国皆失日也。

为政者或曰："派游学之要，开实业、职工之学，置博物、型图之馆，吾固所愿也，其如财力不足何？方今外困于国债，内夺于兵饷，中困于兴作，无事不欲举，而无一能举，则以无财故。"吾则以为政府与长吏不知其为救命之药而不为之耳，若信以为救命之药，则岂暇顾哉？今以妄行妄战之故，祝寿二万万余，赔日本之饷二万万三千万余，赔八国之款、加赔教案磅价费五万万余。若是八万万者，其从何出？若能以十分之一八千万两为之，则有一万万一千圆，以之办游学，及开各实业、职工学、博物馆、型图馆，以四年分用，每岁有三千万圆。但以其息用之于学，人才已不可胜用矣，况有三千余万之岁费？吾知开自十年前，则今中国强于大地久矣，可令人赔八万万久矣。即自今图之，五年之后，富强可见。然而舍而不为，则后此瓜分之后，虽欲赔款而不可得，况兴学乎？

作而曰：吾欲云亡则亡矣毙矣，如高丽、安南矣。不知政府及通人志士何择为？方今诸公欤，亦岂不欲发愤乎？无如之楚而北行，马疾而愈远也。夫当奇穷之时，用财尤不能不啬，不择而用之，与弃财同也。制百千万枪炮、船舰而不精，则败而资敌，其与未制同科，然丧资斧无数矣。故不动则已，动一事必较于万国，而欲其必胜而后可为也。夫以拥万里之地、抚四万万之民而患贫，亦太无术也。

夫理财之术，极精且奥，诚非浅人所能知。吾爱国既急，亦不避罪嫌，而告之我国上下也。然凡举一事也，皆相牵连，不易其乙也，欲举其甲而不可得也。夫成物质学者在理财，理财之本又在官制，官制之本在人民自治，先立乡官，开省、府、县、乡之议院。能以公民自治，开省、府、州、县、乡之议院，而后以吾理财之法行之，则吾粤顺德一大县，若理之可当一小国，岁可得数千万。不见于丹墨乎？不见于德之汉堡乎？一县已如此，何况二千县之大中国哉！不能行公民自治，开省、府、县、乡之议院，而欲理财，犹欲入而闭之门也。不能理财，则不能治物质学而经营海陆军，则不能立于竞争虎视之世，而中国将不可救。事势迫极，岂能再从容有待乎？吾固不欲多言，哀我种族，忧极沉沉，不能忍此，不能不大声而疾呼之也。理财吾别有《理财新法》一书，然不行地方自治，省、府、县、乡开议院，吾出此无谓，聊复阕其音以有待也。行之无序，则理财者害民而已，吾不敢有所言以累吾民也。

◎附录：论省、府、县、乡议院宜亟开为百事之本

夫今救中国之法，何为最急乎？若民权公议者，亦今日之至急者矣。各国立宪之高义，吾勿敢急述焉，且铁路未通，无从召议员而行之也。今以财政之困弊，外交之压迫也，不若付之民之自任之也。以土地者国民之公有，而金钱者国民之自出也，其自出之多少，以为担任保全国土之公义，民自为之，必较易便于有司之代为之也。假令国议院犹欲缓开，则省、府、县、乡之议院，尤足以助有司之不逮，而于事权无损者，举之则于外交、筹款之事莫不极便焉。夫俄罗斯者，专制之国也，然犹有省、府、县、乡之议院焉，上无损于君权，中有助于有司，下大纾于民气，利无不举，情无不通，款无不筹。今日救中国之第一政，莫先于是矣。凡人问我者曰："子为政，将何先？"吾必曰："开省、府、县、乡之议院为最先。"所谓有非常之大利，而无几微之小害者也。即如今者粤、湘、鄂三省之争铁路而自赎之，官绅竭力而合作，卒能自收利权焉。此亦民权公议之善之一端矣。

今大臣及疆吏，亦不可谓其无忧国变法之人，而日夜忧贫，苦心图变，近者乃闻合词请立宪法，亦可谓难矣。乃于国则请之，而于省、府、县、乡所自治之地，所自有之权，能旋致而立效者，反不为之。然则即使国家开议院焉，亦无其本也。今纵未开省、府、县、乡之议院，而今者各省、

府、县、乡揩绅有志之士，亦既岁月麇聚，而公议所以开学兴农工商之利，及拒外侮者矣。公议之事日多一日，公集之期，今亦日多一日，其势若江河之东流，浩瀚而莫之能御也。夫风俗之已成如是，人心之所赴如是，时势之变趋如是，自非至亡国为奴之日，其必开成省、府、县、乡之议院，不待言也。虽欲压抑之，犹绝江河之流而塞之也，必不成矣。

今之疆吏之权，将以经国乎？固未能也，吾不责之也。若于其所治之地开省、府、县、乡之议院，因其已成之形势而定权限焉，立为章程，奏明定例，此固非朝廷之所深拒也。是不为耳，非不能也。今之疆吏，果有爱国之心，虑亡虞绝之惧，何惮而不速行之？将虑其挠己之事权耶？则今绅士之聚集公议，多且久矣，大权仍在官吏，岂能挠之？其有大不可之事，则今省、府、县、乡，虽无议院，而联合谋议，或上控于京师，明许于枢部，及交通于言官以为抗阻者，则更自古在昔，先民有作，不待至于今之新世界矣。则虽惮之，而无能为焉。抑虑其聚党生变耶？则更相反矣。夫今举国之会党，及谈革命者，率民间少年，或粗人为多。若省、府、县、乡之举议员，则皆揩绅士大夫，及耆旧老成与富商大贾为之，如是之人，皆不肯入会党，而恶谈革命者也。此等人有权以执民间之政，且可使会党消弭而革命止息，而何虑于生变乎？且今革党所借口，民心所怒恨，远引欧美以相比较者，究在民权耳。如开省、府、县、乡之议院，听其议财政外交之事，则民权已得，民气大伸。即革命者，亦无所借口，于是乱萌暗戢，所关尤大。此尤非笔墨空言、威令空文所能服，而非有议院实事，必不能安慰之矣。方今欧美实效如此其著，译书如此其多，民智如此其开，而尚欲不开议院而与民以权，是不啻恶火而助之薪也，只有燎原而已。

若开省、府、县、乡之议院乎，其大效有二。

一、筹款。今日赔款十万万以来，举国民膏尽输于外，近又再加磅价，当再苛征，财政之困敝极矣，征税之苛敛极矣。民穷财尽，而追呼强迫，民虽好义，然无担荷国务之责，而徒以压制行之，铤而走险，急何能择，趋革命之风潮，只有揭竿思乱而已。及其既乱，又徬徨筹款以为兵饷，若今广西然，已费四百五万矣，则贫而益加贫。而且一有兵乱，内则生计萧条，民业销缩，外则强敌干预，借口称兵，其险状不可思议。以近岁之情状观之，事势已迫，岂能再久待乎？且困穷如此，穷尽今官吏之力，妄加苛税，必不能再筹多款。夫以今举国上下，戚戚忧贫，仰屋无术之时，孰若以此付之于民，使其担荷之而自议之。民既不怨，而款可易筹，官得借此卸责，而又可于民求多，岂不一举而三善备焉。且吏俸太薄，实可议增。以一省之议员，地位甚高，其人必皆搢绅仕宦为多，不患其不知官吏之苦况而不恤之也。

　　欧美、日本各国，率皆中央集权，其财政皆由其户部主之，其税则由国会定焉，全国一律。中国财政，不在中央政府，而听各省督抚分任之，户部有所需，则分摊于各省，听各省之自为设法，而中朝不任焉。故若中国之制，财政一事，诚可以无国议会，而不可以无省议会也。盖此如天子之征，贡于诸侯然，户部不与民直隶也。故各省税法不同，听各省督抚之各自为谋，议定施行，仅以一纸空文奉报而已。乃至税赌鬻官，大无耻之事，朝廷亦复俞允。则督抚操财赋之权为已极，而与户部绝无关，至明矣。夫今之督抚所倚以筹款者，一二候补道府及其幕僚耳。当此竞争之世、中国再危之时，而一二僚吏之愚贪无识，不通中外之故，不察小民之情，其所以为赋税者，其必不能洽于民情，不待言也。故有可收税之地，而不知为之；有万不可筹款之处，而强为焉。民无所担，而徒强取之以树怨，而又无所得。则甚失计矣。夫以一二局员幕僚之筹款，与全省千数百绅民之筹款，孰为得也？其一地利熟与不熟，其二民情洽与不洽，其三民心怨与不怨，此其相去，不啻欧人之与亚洲人谋也，不啻仇家之与自身比也。

　　今若开省议院，依德国联邦各国及美国各州之例行之，每省约举议员数百人，以每县五万人以上，举一人为额，不论已仕未仕，听公民投筹而举之。（其举例甚繁，已略见《官制议·公民自治》篇中。）疆吏举应办户部之数，及本省向章外销之数，及欲举行新政，预备非常之数，为一预算表以示之。省议会议员，公同视其各府、州、乡财力之所及，与其可筹之新利（欧美不独印花税、邮政之善于筹款，乃至公债年金亦为极新妙者。要以上益于国而下益于民，或亦无大损于民为主）而担任之，或去其旧税之苛，或增其未备之税，草定税则，而吏执行焉。（如印花税乃极妙之法，而无端忽停之，以为惠民，岂知其他税之尤甚也。）上下相安，吏无谤讟，而民乐输将，岂不美哉？

　　且既授以议事之大权，以铁路之大举犹能任之，则其他开学校，设医院，恤孤贫，立劝工场，开农利局，兴航海，举实业，办银行，皆可自其省、府、县、乡之议局办之。譬若欲遣外洋游学，每县派十人，则令各县、乡会同举其人而自筹经费，则一转瞬间，而中国有二万学生矣。至若欲练重兵，欲立海军，若此重费，更非国民同担义务不为功。既授之权，令人怀国耻，人思自保，人人有亡绝之忧，则人人乐于重担，不待良法之日出，而大力已举矣。

自非然者，虽使刘晏复生，亚丹斯密在位，而巧取于民，亦未有不怨者也。况必不能多取而徒生怨怒乎？今之大臣疆吏，纵无爱国之仁，亦当有审时之智，因势利导，国与民交利，而官亦受其益，而创之者则有大功于中国，万世永赖焉。此而不为，而谓我实忧国，非愚则顽者也。假使今之疆吏，有一人先行之，则各省必当次第效之。若此大义所关，彼疆吏或不能行，我民亦当呼吁而求之。先择今之好名爱国者而力请焉，不得则全省罢市停学焉，再不得则阘署而迫之，再不得则是此疆吏无爱国之心，而坐听中国之亡者也。是其人也，得罪于国民，罪不胜诛，则共逐之放之宜也。《春秋》之义，莒人弑其君庶其。夫庶其，君也，犹以得罪于众而许其弑，况于不仁之疆吏乎！土地赋税者，吾民之物，此权岂可放弃哉？欧洲诸国之言革命也，为争民权也。今吾国外患方殷，若言革命，是内乱而召瓜分也，万不可也。若自求开省、府、县、乡议会，而参与赋税之权，即以之救国，则吾民之责也，必不可失也。今上有仁智之疆吏，而不闻先开省、府、县、乡之议会，以便筹款；下多维新之志士，而不闻力争省、府、县、乡之议会，以自取民权。则是上下交失也。

一、外交。今日之外交，非交也，受命而已。一教堂之毁而取胶州，一借口之词而取旅顺，欲索各省之矿若铁路轮船，则即拱手听之；甚至和议已定，五年赔款已交数次。当时和约，各国赔款皆以银数，故皆曰某国若干百万两焉。安有画押已历数年，忽以金磅为名，索赔乃至千万。师出无名，实为奇事。在欧美人敢于索取，等于欺弄，有失文明；在执政者不加拒绝，反与磋商，卒致赔补，则视之与恐吓小儿等矣。至于东三省为日俄之战而自附中立，西藏为英所取而佯为不知，外交奇局，尤出意外。日本驻英国使林董告我曰："俄使某言中国外部大臣不知外情，或当与者，必不可让，及一言调兵船以吓之，则立即奉命。各国试其术莫不验，中国之可笑若此。"彼各国之以木偶视外部大臣久矣，故与我历论吾外部之人才，十九皆以废物目之。夫吾岂敢谓我外部诸公之非才哉？当竞争之世、霸国主义之时，国欲自立，而内无精练之陆军，外无相当之铁舰，则以子产、俾斯麦为外部大臣，庸有幸乎？夫国家者无道德，惟恃强力，既无强力，何以拒外？则惟有隐缩退让而已。夫国而隐缩退让为事，一切听命于人，则不得为国矣。昔翁常熟奉命为外务大臣，吾力谏之不得，而翁公卒以此中败去。以吾度外部诸公，日受诸国公使之所困迫，外为举国士民之所怨怒，岂独于国大害耶？抑于一己之身名有损。即不为身名计，而索请纷来，进退维谷，应之不可，拒之无术，终岁累载，焦心苦虑以谋之，神魂颠倒，心气不宁，殆亦非诸公所甚乐也。今外部诸公，皆以亲王、宰相兼之，尊贵已极，不过多一外部官衔而增权宠。以一国之尊贵，而日受西邻之责言，何为受此奇辱哉！诸公即公忠体国，而尽主忧臣辱之义，然愈辱而国之权利愈失，己之诟责愈甚，公私不利，何苦而甘受此官哉？吾窃笑诸公之愚而无术也。然则朝廷能罢外交之官乎？固必不能也。以吾谋之，莫若以此官委之于民。

欧洲外交之官，自希腊以来，多以国会选之，近世此例尤多。即如德国之破法，则民举爹亚以与德结约，而获行成焉。各国皆有自主之权，政体固听所自立也。今凡外交之事，外人所索之物，固皆与君主无大损，而于民有大害者也。夫一国之土地物产权利，皆其国之民人自得之，而非他国人所能少为干预也。假如有所割让，若胶州、旅顺、广州湾焉，则是三地之民永为德、俄、法之民矣。是胶州、旅顺、广州湾之民，固中国数千年神圣之裔，可在中国永参政权者也，今一旦沦于异国，永降为隶。我民何辜，而蒙此祸！不过政府不能自强，畏让外国而甘卖鬻之耳。夫政府而不能自保其民，是失其为政府矣。然原政府君若臣之心，虽蒙割弃之耻，卖民亦非所甘心也，但迫于强力，无可如何耳。即以今者赔补磅价，夫岂政府之所愿哉？夫苟有能为政府拒之者，度亦政府所甚喜，而乐许之者也。

今政府虽欲自强，然至急乎，亦非十数年后不能自立也。此十数年中，各强国之所迫压，继踵而来者，岂止失权失地而已哉！乃至有不忍言、不可思议者焉。萧同叔子之质，尽东其亩，或群臣尽絷焉。强国之命，岂有底哉？以吾度之，果有其事耶？则我之政府，亦惟有俯首听命、揾血饮泣而已。宋之孟后、谢后，絷往北地；陈之诸王大臣，徙之长安。旧事已多，此尚其远者。若近年高丽之事，则我尝执其大院君于天津，日本尝杀其闵妃，俄尝絷高丽王于使馆，而杀其宰相闵泳默、鱼允中、李秉珪矣。然则将何术以御之？

吾为之计，除委之民举之外，殆无策也。各省议院既立，请令各省议院公举外部大臣，二十三行省各举一人，以为外部参事员，或听兼办各股事。而于二十余人中，听其自举一人为大臣，而余官皆听其用。举定则请命于朝，而余人副贰之，凡有一切外交之事，索地赔款之举，与及昔之国债、今之国用，皆付之。假令外人有所要索，听其自举二十三省之议员公商与拒，而朝廷受其成焉。夫以合二十三省之绅民而商外交，其财力足以举大事，其怒气足以拒强凌。假令不济，至于用兵，彼各省议院亦必能竭力以筹饷。上下既通，团体甚大，愤气磅礴，大力充盈，举国愤怒，虽强敌亦岂敢肆欺凌乎！观今拒约会可推矣。若其未至用兵之先，则彼外交大臣议员者，预为桑土之绸缪，知非备海陆军不能御外侮。其大臣议员，既为各省之望，一气相承，其于筹海陆军之饷，为理财之谋，亦必易举。其与各疆吏之挟势强迫甚相反也，必如是而后海陆军易举也。故能以外交权付之直省议员之公举，可保后必无割地赔款、失地失利失权之事也。夫同治元年以前，中国固无外部也。外部者非中国欲设之官，乃不得已之举也。舍此一官而付之民之公举，必朝廷数千百年之政体官位无损也，而挽一国之大利无穷，舍此则岌岌无法焉。此则朝廷所宜留意也。（《物质救国论》）

王国维

《静庵文集》自序

余之研究哲学，始于辛、壬之间。癸卯春，始读汗德之《纯理批评》，苦其不可解，读几半而辍。嗣读叔本华之书，而大好之。自癸卯之夏以至甲辰之冬，皆与叔本华之书为伴侣之时代也。其所尤惬心者，则在叔本华之知识论，汗德之说得因之以上窥；然于其人生哲学，观其观察之精锐与议论之犀利，亦未尝不心怡神释也。后渐觉其有矛盾之处。去夏所作《红楼梦评论》，其立论虽全在叔氏之立脚地，然于第四章内已提出绝大之疑问。旋悟叔氏之说，半出于其主观的气质，而无关于客观的知识。此意于《叔本华及尼采》一文中始畅发之。今岁之春，复返而读汗德之书。嗣今以后，将以数年之力研究汗德。他日稍有所进，取前说而读之，亦一快也。故并诸杂文刊而行之，以存此二三年间思想上之陈迹云尔。

　　光绪三十一年秋八月海宁王国维自序。（《静庵文集》）

论叔本华之哲学及其教育学说

　　自十九世纪以降，教育学蔚然而成一科之学。溯其原始，则由德意志哲学之发达是已。当十八世纪之末叶，汗德始由其严肃论之伦理学而说教育学，然尚未有完全之系统。厥后海尔巴德始由自己之哲学，而组织完全之教育学。同时德国有名之哲学家，往往就教育学有所研究，而各由其哲学系统以创立自己之教育学，裴奈楷然也，海额尔派之左右翼亦然也。此外专门之教育学家，其窃取希哀林及休来哀尔、马黑尔之说以构其学说者亦不少，独无敢由叔本华之哲学以组织教育学者。何则？彼非大学教授也。其生前之于学界之位置与门弟子之数，决非两海氏之比。其性行之乖僻，使人人视之若蛇蝎然。彼终其身索居于法兰克福特，非有一亲爱之朋友也，殊如其哲学之精神与时代之精神相反对，而与教育学之以增进现代之文明为宗旨者，俨然有持方枘入圆凿之势。然叔氏之学说，果与现代之文明不相并立欤？即令如是，而此外叔氏所贡献于教育学者，竟不足以成一家之说欤？抑真理之战胜必待于后世，而旷世之天才不容于同时，如叔本华自己之所说欤？至十九世纪之末，腓力特·尼采始公一著述，曰"教育家之叔本华"。然尼采之学说，为世人所诟病，亦无以异于昔日之叔本华，故其说于普通之学界中，亦非有伟大之势力也。尼氏之书，余未得见，不揣不敏，试由叔氏之哲学说，以推绎其教育上之意见。其条目之详细，或不如海、裴诸氏，至其立脚地之坚固确实，用语之精审明晰，自有哲学以来，殆未有及叔氏者也。呜呼！《充足原理》之出版已九十有一年，《意志及观念之世界》之出版八十有七年，《伦理学之二大问题》之出版，亦六十有五年矣，而教育学上无奉叔氏之说者。海氏以降之逆理说，乃弥满充塞于教育界。譬之歌白尼既出，而犹奉多禄某之天文学；生达维之后，而犹言斯他尔之化学，不亦可哀也欤！夫哲学，教育学之母也。彼等之哲学，既鲜确实之基础，欲求其教育学之确实，又乌可得乎？兹略述叔氏之哲学说与其说之及于教育学之影响，世之言教育学者可以观焉。

哲学者，世界最古之学问之一，亦世界进步最迟之学问之一也。自希腊以来至于汗德之生二千余年，哲学上之进步几何？自汗德以降至于今百有余年，哲学上之进步几何？其有绍述汗德之说，而正其误谬，以组织完全之哲学系统者，叔本华一人而已矣。而汗德之学说，仅破坏的而非建设的。彼憬然于形而上学之不可能，而欲以知识论易形而上学，故其说仅可谓之哲学之批评，未可谓之真正之哲学也。叔氏始由汗德之知识论出，而建设形而上学，复与美学、伦理学以完全之系统。然则视叔氏为汗德之后继者，宁视汗德为叔氏之前驱者为妥也。兹举叔氏哲学之特质如下。

汗德以前之哲学家，除其最少数外，就知识之本质之问题，皆奉素朴实在论，即视外物为先知识而存在，而知识由经验外物而起者也。故于知识之本质之问题上奉实在论者，于其渊源之问题上，不得不奉经验论。其有反对此说者，亦未有言之有故，持之成理者也。汗德独谓吾人知物时，必于空间及时间中，而由因果性（汗德举此等性其数凡十二，叔本华仅取此性）整理之。然空间、时间者，吾人感性之形式；而因果性者，吾人悟性之形式。此数者皆不待经验而存，而构成吾人之经验者也。故经验之世界，乃外物之入于吾人感性、悟性之形式中者，与物之自身异。物之自身，虽可得而思之，终不可得而知之，故吾人所知者，唯现象而已。此与休蒙之说，其差只在程度而不在性质，即休蒙以因果性等出于经验，而非有普遍性及必然性；汗德以为本于先天而具此二性，至于对物之自身，则皆不能赞一词。故如以休蒙为怀疑论者乎，则汗德之说，虽欲不谓之怀疑论，不可得也。叔本华于知识论上奉汗德之说，曰："世界者，吾人之观念也。一切万物，皆由充足理由之原理决定之，而此原理，吾人知力之形式也。物之为吾人所知者，不得不入此形式，故吾人所知之物，决非物之自身，而但现象而已。易言以明之，吾人之观念而已。"然则物之自身，吾人终不得而知之乎？叔氏曰否，他物则吾不可知，若我之为我，则为物之自身之一部，昭昭然矣。而我之为我，其现于直观中时，则块然空间及时间中之一物，与万物无异；然其现于反观时，则吾人谓之意志而不疑也。而吾人反观时，无知力之形式行乎其间，故反观时之我，我之自身也。然则我之自身，意志也。而意志与身体，吾人实视为一物，故身体者，可谓之意志之客观化，即意志之入于知力之形式中者也。吾人观我时，得由此二方面；而观物时，只由一方面，即唯由知力之形式中观之，故物之自身，遂不得而知。然由观我之例推之，则一切物之自身，皆意志也。叔本华由此以救汗德批评论之失，而再建形而上学。于是汗德矫休蒙之失，而谓经验的世界有超绝的观念性与经验的实在性者，至叔本华而一转，即一切事物由叔本华氏观之，实有经验的观念性而有超绝的实在性者也。故叔本华之知识论，自一方面观之，则为观念论；自他方面观之，则又为实在论。而彼之实在论，与昔之素朴实在论异，又昭然若揭矣。

古今之言形而上学及心理学者，皆偏重于知力之方面，以为世界及人之本体，知力也。自柏拉图以降，至于近世之拉衣白尼志，皆于形而上学中持此主知论。其间虽有若圣奥额斯汀谓一切物之倾向与吾人之意志同，有若汗德于其《实理批评》中说意志之价值，然尚未得为学界之定论。海尔巴德复由主知论以述系统之心理学，而由观念及各观念之关系以说明一切意识中之状态。至叔本华出而唱主意论。彼既由吾人之自觉而发见意志为吾人之本质，因之以推论世界万物之本质矣；至是复由经验上证明之，谓吾人苟旷观生物界与吾人精神发达之次序，则意志为精神中之第一原质，而知力为其第二原质，自不难知也。植物上逐日光，下趋土浆，此明明意志之作用，然其知识安在？下等动物之于饮食男女，好乐而恶苦也与吾人同，此明明意志之作用，然其知识安在？即吾人之坠地也，初不见有知识之迹，然且呱呱而啼饥，瞿瞿而索母，意志之作用早行乎其间。若就知力上言之，弥月而始能视，于是始见有悟性之作用；三岁而后能言，于是始见有理性之作用。知力之发达，后于意志也如此。就实际言之，则知识者，实生于意志之需要。一切生物，其阶级愈高，其需要愈增，而其所需要之物亦愈精而愈不易得，而其知力亦不得不应之而愈发达。故知力者，意志之奴隶也，由意志生而还为意志用者也。植物所需者，空气与水耳，之二者无乎不在，得自来而自取之，故虽无知识可也。动物之食物，存乎植物及他动物，又各动物各有特别之嗜好，不得不由己力求之，于是悟性之作用生焉。

至人类所需，则其分量愈多，其性质愈贵，其数愈杂，悟性之作用不足应其需，始生理性之作用，于是知力与意志二者始相区别。至天才出，而知力遂不复为意志之奴隶，而为独立之作用。然人之知力之所由发达，由于需要之增，与他动物固无以异也；则主知说之心理学不足以持其说，不待论也。心理学然，形而上学亦然。而叔氏之他学说，虽不慊于今人，然于形而上学、心理学渐有趋于主意论之势，此则叔氏之大有造于斯二学者也。

　　于是叔氏更由形而上学进而说美学。夫吾人之本质既为意志矣，而意志之所以为意志，有一大特质焉，曰生活之欲。何则？生活者非他，不过自吾人之知识中所观之意志也。吾人之本质既为生活之欲矣，故保存生活之事，为人生之唯一大事业。且百年者寿之大齐，过此以往，吾人所不能暨也。于是向之图个人之生活者，更进而图种姓之生活，一切事业，皆起于此。吾人之意志，志此而已；吾人之知识，知此而已。既志此矣，既知此矣，于是满足与空乏，希望与恐怖，数者如环无端，而不知其所终。目之所观，耳之所闻，手足之所触，心之所思，无往而不与吾人之利害相关，终身仆仆，而不知所税驾者，天下皆是也。然则此利害之念，竟无时或息欤？吾人于此桎梏之世界中，竟不获一时之救济欤？曰：有。唯美之为物，不与吾人之利害相关系；而吾人观美时，亦不知有一己之利害。何则？美之对象，非特别之物，而此物之种类之形式，又观之之我，非特别之我，而纯粹无欲之我也。夫空间、时间，既为吾人直观之形式，物之现于空间者皆并立，现于时间者皆相续，故现于空间、时间者皆特别之物也。既视为特别之物矣，则此物与我利害之关系，欲其不生于心，不可得也。若不视此物为与我有利害之关系，而但观其物，则此物已非特别之物，而代表其物之全种，叔氏谓之曰理念。故美之知识，理念之知识也。而美之中又有优美与壮美之别。今有一物，令人忘利害之关系而玩之而不厌者，谓之曰优美之感情；若其物直接不利于吾人之意志，而意志为之破裂，唯由知识冥想其理念者，谓之曰壮美之感情。然此二者之感吾人也，由人而不同。其知力弥高，其感之也弥深。独天才者，由其知力之伟大，而全离意志之关系，故其观物也视他人为深，而其创作之也与自然为一。故美者，实可谓天才之特许物也。若夫终身局于利害之桎梏中，而不知美之为何物者，则滔滔皆是。且美之对吾人也，仅一时之救济，而非永远之救济。此其伦理学上之拒绝意志之说，所以不得已也。

吾人于此，可进而窥叔氏之伦理学。从叔氏之形而上学，则人类与万物，同一意志之发现也。其所以视吾人为一个人，而与他人、物相区别者，实由知力之蔽。夫吾人之知力，既以空间、时间为其形式矣，故凡现于知力中者，不得不复杂。既复杂矣，不得不分彼我。然就实际言之，实同一意志之客观化也。易言以明之，即意志之入于观念中者，而非意志之本质也。意志之本质，一而已矣。故空间、时间二者，用婆罗门及佛教之语言之，则曰摩耶之网；用中世哲学之语言之，则曰个物化之原理也。自此原理而人之视他人及物也，常若与我无毫发之关系。苟可以主张我生活之欲者，则虽牺牲他人之生活之欲以达之而不之恤，斯之谓过。其甚者无此利己之目的，而惟以他人之苦痛为自己之快乐，斯为之恶。若一旦超越此个物化之原理，而认人与己皆此同一之意志，知己所弗欲者，人亦弗欲之，各主张其生活之欲而不相侵害，于是有正义之德。更进而以他人之快乐为己之快乐，他人之苦痛为己之苦痛，于是有博爱之德。于正义之德中，己之生活之欲已加以限制；至博爱，则其限制又加甚焉。故善恶之别，全视拒绝生活之欲之程度以为断：其但主张自己之生活之欲，而拒绝他人之生活之欲者，是为过与恶；主张自己，亦不拒绝他人者，谓之正义；稍拒绝自己之欲，以主张他人者，谓之博爱。然世界之根本，以存于生活之欲之故，故以苦痛与罪恶充之。而在主张生活之欲以上者，无往而非罪恶。故最高之善，存于灭绝自己生活之欲，且使一切生物皆灭绝此欲，而同入于涅槃之境，此叔氏伦理学上最高之理想也。此绝对的博爱主义与克己主义，虽若有严肃论之观，然其说之根柢，存于意志之同一之说，由是而以永远之正义，说明为恶之苦与为善之乐。故其说自他方面言之，亦可谓立于快乐论及利己主义之上者也。

叔氏于其伦理学之他方面，更调和昔之自由意志论及定业论，谓意志自身绝对的自由也。此自由之意志，苟一旦有所决而发见于人生及其动作也，则必为外物所决定，而毫末不能自由。即吾人有所与之品性，对所与之动机，必有所与之动作随之。若吾人对所与之动机而欲不为之动乎，抑动矣而欲自异于所与之动作乎？是犹却走而恶影、击鼓而欲其作金声也，必不可得之数也。盖动机律之决定吾人之动作也，与因果律之决定物理界之现象无异，此普遍之法则也，必然之秩序也。故同一之品性，对同一之动机，必不能不为同一之动作。故吾人之动作，不过品性与动机二者感应之结果而已。更自他方面观之，则同一之品性，对种种之动机，其动作虽殊，仍不能稍变其同一之方向，故德性之不可以言语教也与美术同。苟伦理学而可以养成有德之人物，然则大诗人及大美术家，亦可以美学养成之欤？有人于此而有贪戾之品性乎？其为匹夫，则御人于国门之外可也；浸假而为君主，则掷千万人之膏血以征服宇宙可也；浸假而受宗教之感化，则摩顶放踵、弃其生命国土以求死后之快乐可也。此数者，其动作不同，而其品性则绝不稍异。此岂独他人不能变更之哉？即彼自己，亦有时痛心疾首而无可如何者也。故自由之意志，苟一度自决而现于人生之品性以上，则其动作之必然，无可讳也。仁之不能化而为暴、暴之不能化而为仁，与鼓之不能作金声、钟之不能作石声无以异。然则吾人之品性，遂不能变化乎？叔氏曰：否。吾人之意志，苟欲此生活而现于品性以上，则其动作有绝对的必然性。然意志之欲此与否，或不欲此而欲彼，则有绝对的自由性者也。吾人苟有此品性，则其种种之动作，必与其品性相应。然此气质非他，吾人之所欲而自决定之者也。然欲之与否，则存于吾人之自由，于是吾人有变化品性之义务。虽变化品性者，古今曾无几人，然品性之所以能变化，即意志自由之征也。然此变化，仅限于超绝的品性，而不及于经验的品性。由此观之，叔氏于伦理学上持经验的定业论与超绝的自由论，与其于知识论上持经验的观念论与超绝的实在论无异。此亦自汗德之伦理学出，而又加以系统的说明者也。由是叔氏之批评善恶也，亦带形式论之性质，即谓品性苟善，则其动作之结果如何，不必问也；若有不善之品性，则其动作之结果，虽或有益无害，然于伦理学上，实非有丝毫之价值者也。

　　至叔氏哲学全体之特质，亦有可言者。其最重要者，叔氏之出发点在直观（即知觉）而不在概念是也。盖自中世以降之哲学，往往从最普遍之概念立论，不知概念之为物，本由种种之直观抽象而得者，故其内容不能有直观以外之物；而直观既为概念以后，亦稍变其形，而不能如直观自身之完全明晰。一切谬妄，皆生于此。而概念之愈普遍者，其离直观愈远，其生谬妄愈易。故吾人欲深知一概念，必实现之于直观，而以直观代表之而后可。若直观之知识乃最确实之知识，而概念者仅为知识之记忆传达之用，不能由此而得新知识。真正之新知识，必不可不由直观之知识，即经验之知识中得之。然古今之哲学家，往往由概念立论，汗德且不免此，况他人乎！特如希哀林、海额尔之徒，专以概念为哲学上唯一之材料，而不复求之于直观，故其所说非不庄严宏丽，然如蜃楼海市，非吾人所可驻足者也。叔氏谓彼等之哲学曰"言语之游戏"，宁为过欤？叔氏之哲学则不然，其形而上学之系统，实本于一生之直观所得者，其言语之明晰与材料之丰富，皆存于此。且彼之美学、伦理学中，亦重直观的知识，而谓于此二学中，概念的知识无效也。故其言曰：哲学者存于概念，而非出于概念，即以其研究之成绩，载之于言语（概念之记号）中，而非由概念出发者也。叔氏之哲学所以凌轹古今者，其渊源实存于此。彼以天才之眼，观宇宙人生之事实，而于婆罗门、佛教之经典及柏拉图、汗德之哲学中，发见其观察之不谬，而乐于称道之。然其所以构成彼之伟大之哲学系统者，非此等经典及哲学，而人人耳中目中之宇宙人生即是也。易言以明之，此等经典哲学，乃彼之宇宙观及人生观之注脚；而其宇宙观及人生观，非由此等经典哲学出者也。

更有可注意者，叔氏一生之生活是也。彼生于富豪之家，虽中更衰落，尚得维持其索居之生活。彼送其一生于哲学之考察，虽一为大学讲师，然未几即罢；又非以著述为生活者也，故其著书之数，于近世哲学家中为最少，然书之价值之贵重，有如彼者乎？彼等日日为讲义，日日作杂志之论文（殊如希哀林、海额尔等），其为哲学上真正之考察之时殆希也。独叔氏送其一生于宇宙人生上之考察与审美上之瞑想；其妨此考察者，独彼之强烈之意志之苦痛耳。而此意志上之苦痛，又还为哲学上之材料，故彼之学说与行为，虽往往自相矛盾，然其所谓"为哲学而生，而非以哲学为生"者，则诚夫子之自道也。

至是吾人可知叔氏之在哲学上之位置。其在古代，则有希腊之柏拉图；在近世，则有德意志之汗德，此二人固叔氏平生所最服膺，而亦以之自命者也。然柏氏之学说中，其所说之真理，往往被以神话之面具；汗德之知识论，固为旷古之绝识，然如上文所述，乃破坏的而非建设的，故仅如陈胜、吴广，帝王之驱除而已。更观叔氏以降之哲学，如翻希奈尔、芬德、赫尔德曼等，无不受叔氏学说之影响。特如尼采，由叔氏之学说出，浸假而趋于叔氏之反对点，然其超人之理想，其所负于叔氏之天才论者亦不少。其影响如彼，其学说如此，则叔氏与海尔巴脱等之学说，孰真孰妄，孰优孰绌，固不俟知者而决也。

吾人既略述叔本华之哲学，更进而观其及于教育学说。彼之哲学，如上文所述，既以直观为唯一之根据矣，故其教育学之议论，亦皆以直观为本。今将其重要之学说述之如左。

叔氏谓直观者，乃一切真理之根本，唯直接间接与此相联络者，斯得为真理，而去直观愈近者，其理愈真；若有概念杂乎其间，则欲其不罹于虚妄难矣。如吾人持此论以观数学，则欧几里得之方法，二千年间所风行者，欲不谓之乖谬，不可得也。夫一切名学上之证明，吾人往往反而求其源于直观，若数学固不外空间、时间之直观。而此直观非后天的直观，而先天的直观也。易言以明之，非经验的直观，而纯粹的直观也。即数学之根据存于直观，而不俟证明，又不能证明者也。今若于数学中舍其固有之直观，而代以名学上之证明，与人自断其足而俟辇而行者何异？于彼《充足之理由之原理》之论文中，述知识之根据（谓名学上之根据）与实在之根据（谓数学上之根据）之差异。数学之根据惟存于实在之根据，而知识之根据则与之全不相涉。何则？知识之根据，但能说物之如此如彼，而不能说何以如此如彼，而欧几里得则全用从此根据以说数学。今以例证之。当其说三角形也，固宜首说各角与各边之互相关系，且其互相关系也，正如理由与结论之关系，而合于充足理由之原理之形式；而此形式之在空间中，与在他方面无异，常有必然之性质，即一物所以如此，实由他物之异于此物者如此故也。欧氏则不用此方法以说明三角形之性质，仅与一切命题以名学上之根据，而由矛盾之原理，以委曲证明之。故吾人不能得空间之关系之完全之知识，而仅得其结论，如观鱼龙之戏，但示吾人以器械之种种作用，而其内部之联络及构造，则终未之示也。吾人由矛盾之原理，不得不认欧氏之所证明者为真实。然其何以真实，则吾人不能知之。故虽读欧氏之全书，不能真知空间之法则，而但记法则之某结论耳。此种非科学的知识，与医生之但知某病与其治疗之法，而不知二者之关系无异。然于某学问中，舍其固有之证明，而求之于他，其结果自不得不如是也。

叔氏又进而求其用此方法之原因。盖自希腊之哀利梯克派首立所观及所思之差别及其冲突，美额利克派、诡辩派、新阿克特美派及怀疑派等继之。夫吾人之知识中，其受外界之感动者五官，而变五官所受之材料为直观者悟性也。吾人由理性之作用，而知五官及悟性固有时而欺吾人，如夜中视朽索而以为蛇，水中置一棒而折为二，所谓幻影者是也。彼等但注意于此，以经验的直观为不足恃，而以为真理唯存于理性之思索，即名学上之思索。此唯理论，与前之经验论相反对。欧几里得于是由此论之立脚地，以组织其数学，彼不得已而于直观上发见其公理，但一切定理皆由此推演之，而不复求之于直观。然彼之方法之所以风行后世者，由纯粹的直观与经验的直观之区别未明于世故。迨汗德之说出，欧洲国民之思想与行动皆为之一变，则数学之不能不变，亦自然之势也。盖从汗德之说，则空间与时间之直观，全与一切经验的直观异，此能离感觉而独立，又限制感觉而不为感觉所限制者也。易言以明之，即先天的直观也，故不陷于五官之幻影。吾人由此始知欧氏之数学用名学之方法，全无谓之小心也，是犹夜行之人视大道为水，趑趄于其旁之草棘中，而惧其失足也。始知几何学之图中，吾人所视为必然者，非存于纸上之图，又非存于抽象的概念，而唯存于吾人先天所知之一切知识之形式也。此乃充足理由之原理所辖者，而此实在之根据之原理，其明晰与确实，与知识之根据之原理无异。故吾人不必离数学固有之范围，而独信任名学之方法也。如吾人立于数学固有之范围内，不但能得数学上当然之知识，并能得其所以然之知识，其贤于名学上之方法远矣。欧氏之方法，则全分当然之知识与所以然之知识为二，但使吾人知其前者而不知其后者，此其蔽也。吾人于物理学中，必当然之知识与所以然之知识为一，而后得完全之知识。故但知托利珊利管中之水银其高三十英寸，而不知由空气之重量支持之，尚不足为合理的知识也。然则吾人于数学中，独能以但知其当然而不知其所以然为满足乎？如毕达哥拉斯之命题，但示吾人以直角三角形之有如是之性质：

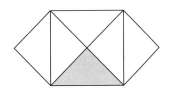

而欧氏之证明法，使吾人不能求其所以然。然一简易之图，使吾人一望

而知其必然及其所以然，且其性质所以如此者，明明存于其一角为直角之故。岂独此命题为然？一切几何学上之真理，皆能由直观中证之。何则？此等真理，元由直观中发见之者，而名学上之证明，不过以后之附加物耳。叔氏几何学上之见地如此，厥后歌萨克氏由叔氏之说以教授几何学，然其书亦见弃于世，而世之授几何学者仍用欧氏之方法。积重之难返，固若是哉！

　　叔氏于数学上重直观而不重理性也如此。然叔氏于教育之全体，无所往而不重直观，故其教育上之意见，重经验而不重书籍。彼谓概念者，其材料自直观出，故吾人思索之世界，全立于直观之世界上者也。从概念之广狭，而其离直观也有远近，然一切概念，无一不有直观为之根柢。此等直观与一切思索以其内容；若吾人之思索而无直观为之内容乎，则直空言耳，非概念也。故吾人之知力，如一银行然，必备若干之金币以应钞票之取求，而直观如金钱，概念如钞票也。故直观可名为第一观念，而概念可名为第二观念。而书籍之为物，但供给第二种之观念。苟不直观一物，而但知其概念，不过得大概之知识；若欲深知一物及其关系，必直观之而后可，决非言语之所能为力也。以言语解言语，以概念比较概念，极其能事，不过达一结论而已。但结论之所得者非新知识，不过以吾人知识中所固有者，应用之于特别之物耳。若观各物与其间之新关系，而贮之于概念中，则能得种种之新知识。故以概念比较概念，则人人之所能；至能以概念比较直观者则希矣。真正之知识，唯存于直观；即思索（比较概念之作用）时，亦不得不借想像之助。故抽象之思索，而无直观为之根柢者，如空中楼阁，终非实在之物也。即文字与语言，其究竟之宗旨，在使读者反于作者所得之具体的知识；苟无此宗旨，则其著述不足贵也。故观察实物与诵读，其间之差别不可以道里计。一切真理唯存于具体的物中，与黄金之唯存于矿石中无异，其难只在搜寻之。书籍则不然，吾人即于此得真理，亦不过其小影耳，况又不能得哉！故书籍之不能代经验，犹博学之不能代天才，其根本存于抽象的知识，不能取具体的知识而代之也。书籍上之知识，抽象的知识也，死也；经验的知识，具体的知识也，则常有生气。人苟乏经验之知识，则虽富书籍上之知识，犹一银行而出十倍其金钱之钞票，亦终必倒闭而已矣。且人苟过用其诵读之能力，则直观之能力必因之而衰弱，而自然之光明反为书籍之光所掩蔽；且注入他人之思想，必压倒自己之思想，久之，他人之思想遂寄生于自己之精神中，而不能自思一物，故不断之诵读，其有害于精神也必矣。况精神之为物非奴隶，必其所欲为者乃能有成。若强以所不欲学之事，或已疲而犹用之，则损人之脑髓，与在月光中读书，其有损于人之眼无异也。而此病殊以少时为甚，故学者之通病，往往在自七岁至十二岁间习希腊、拉丁之文法，彼等蠢愚之根本实存于此，吾人之所深信而不疑也。夫吾人之所食，非尽变为吾人之血肉；其变为血肉者，必其所能消化者也。苟所食而过于其所能消化之分量，则岂徒无益，而反以害之。吾人之读书，岂有以异于此乎？额拉吉来图曰："博学非知识。"此之谓也。故学问之为物，如重甲胄然，勇者得之，固益有不可御之势；而施之于弱者，则亦倒于地而已矣。叔氏于知育上之重直观也如此，与卢骚、贝斯德禄奇之说如何相近，自不难知也。

而美术之知识全为直观之知识，而无概念杂乎其间，故叔氏之视美术也，尤重于科学。盖科学之源虽存于直观，而既成一科学以后，则必有整然之系统，必就天下之物分其不相类者，而合其相类者，以排列之于一概念之下，而此概念复与相类之他概念排列于更广之他概念之下。故科学上之所表者，概念而已矣。美术上之所表者，则非概念，又非个象，而以个象代表其物之一种之全体，即上所谓理念者是也，故在在得直观之。如建筑、雕刻、图画、音乐等，皆呈于吾人之耳目者。唯诗歌（并戏剧、小说言之）一道，虽借概念之助以唤起吾人之直观，然其价值全存于其能直观与否。诗之所以多用比兴者，其源全由于此也。

由是，叔氏于教育上甚蔑视历史，谓历史之对象，非概念，非理念，而但个象也。诗歌之所写者，人生之理念，故吾人于诗歌中，可得人生完全之知识。故诗歌之所写者，人及其动作而已。而历史之所述，非此人即彼人，非此动作即彼动作，其数虽巧历不能计也，然此等事实，不过同一生活之欲之发现。故吾人欲知人生之为何物，则读诗歌贤于历史远矣。然叔氏虽轻视历史，亦视历史有一种之价值。盖国民之有历史，犹个人之有理性。个人有理性，而能有过去、未来之知识，故与动物之但知现在者异；国民有历史，而有自己之过去之知识，故与蛮民之但知及身之事实者异。故历史者，可视为人类之合理的意识，而其于人类也，如理性之于个人，而人类由之以成一全体者也。历史之价值唯存于此，此叔氏就历史上之意见也。

叔氏之重直观的知识，不独于知育、美育上然也，于德育上亦然。彼谓道德之理论，对吾人之动作无丝毫之效。何则？以其不能为吾人之动作之机括故也。苟道德之理论而得为吾人动作之机括乎，必动其利己之心而后可。然动作之由利己之心发者，于道德上无丝毫之价值也。故真正之德性，不能由道德之理论即抽象之知识出，而唯出于人己一体之直观的知识。故德性之为物，不能以言语传者也。基开禄所谓德性非可教者，此之谓也。何则？抽象的教训，对吾人之德性，即品性之善，无甚势力。苟吾人之品性而善欤，则虚伪之教训不能沮害之，真实之教训亦不能助之也。教训之势力只及于表面之动作，风俗与模范亦然，但品性自身不能由此道变更之。一切抽象的知识，但与吾人以动机，而动机但能变吾人意志之方向，而不能变意志之本质。易言以明之，彼但变其所用之手段，而不变所志之目的。今以例证之。苟人欲于未来受十倍之报酬而施大惠于贫民，与望将来之大利而购不售之股票者，自道德上之价值考之，二者固无以异也。故彼之为正教之故而处异端以火刑者，与杀越人于货者何所择？盖一求天国之乐，一求现在之乐，其根柢皆归于利己主义故也。所谓德性不可教者，此之谓也。故真正之善，必不自抽象的知识出，而但出于直观的知识。唯超越个物化之原理，而视己与人皆同一之意志之发现，而不容厚此而薄彼，此知识不得由思索而失之，亦不能由思索得之。且此知识以非抽象的知识，故不能得于他人，而唯由自己之直观得之。故其完全之发现，不由言语而唯由动作。正义、博爱、解脱之诸德，皆由此起也。

然则美术、德性，均不可教，则教育之事废欤？曰：否。教育者，非徒以书籍教之之谓，即非徒与以抽象的知识之谓。苟时时与以直观之机会，使之于美术、人生上得完全之知识，此亦属于教育之范围者也。自然科学之教授，观察与实验往往与科学之理论相并而行，人未有但以科学之理论为教授，而以观察实验为非教授者，何独于美育及德育而疑之？然则叔氏之所谓德性不可教者，非真不可教也，但不可以抽象的知识导之使为善耳。现今伯林大学之教授巴尔善氏，于其所著《伦理学系统》中首驳叔氏德性不可教之说，然其所说全从利己主义上计算者，此正叔氏之所谓谨慎，而于道德上无丝毫之价值者也。其所以为此说，岂不以如叔氏之说，则伦理学为无效，而教育之事将全废哉？不知由教育之广义言之，则导人于直观而使之得道德之真知识，固亦教育上之事。然则此说之对教育有危险与否，固不待知者而决也。由此观之，则叔氏之教育主义，全与其哲学上之方法同，无往而非直观主义也。（《教育世界》第七十五期、七十七期，1904 年）

叔本华与尼采

十九世纪中，德意志之哲学界有二大伟人焉，曰叔本华（Schopenhauer），曰尼采（Nietzsche）。二人者，以旷世之文才，鼓吹其学说也同；其说之风靡一世，而毁誉各半也同。就其学说言之，则其以意志为人性之根本也同，然一则以意志之灭绝为其伦理学上之理想，一则反是；一则由意志同一之假说而唱绝对之博爱主义，一则唱绝对之个人主义。夫尼采之学说，本自叔本华出，曷为而其终乃反对若是？岂尼采之背师，固若是其甚欤？抑叔本华之学说中，自有以启之者欤？自吾人观之，尼采之学说全本于叔氏：其第一期之说，即美术时代之说，其全负于叔氏，固可勿论；第二期之说，亦不过发挥叔氏之直观主义；其末期之说，虽若与叔氏相反对，然要之不外以叔氏之美学上之天才论，应用于伦理学而已。兹比较二人之说，好学之君子以览观焉。

叔本华由锐利之直观与深邃之研究，而证吾人之本质为意志，而其伦理学上之理想，则又在意志之寂灭。然意志之寂灭之可能与否，一不可解之疑问也。（其批评见《红楼梦评论》第四章。）尼采亦以意志为人之本质，而独疑叔氏伦理学之寂灭说，谓欲寂灭此意志者亦一意志也，于是由叔氏之伦理学出，而趋于其反对之方向；又幸而于叔氏之伦理学上所不满足者，于其美学中发见其可模仿之点，即其天才论与知力的贵族主义，实可为超人说之标本者也。要之，尼采之说，乃彻头彻尾发展其美学上之见解，而应用之于伦理学，犹赫尔德曼之无意识哲学发展其伦理学之见解者也。

叔氏谓吾人之知识，无不从充足理由之原则者，独美术之知识不然，其言曰：

一切科学，无不从充足理由原则之某形式者。科学之题目，但现象耳，现象之变化及关系耳。今有一物焉，超乎一切变化关系之外，而为现象之内容，无以名之，名之曰理念。问：此理念之知识为何？曰：美术是已。夫美术者，实以静观中所得之理念，寓诸一物焉而再现之。由其所寓之物之区别，而或谓之雕刻，或谓之绘画，或谓之诗歌、音乐。然其惟一之渊源，则存于理念之知识，而又以传播此知识为其惟一之目的也。一切科学，皆从充足理由之形式。当其得一结论之理由也，此理由又不可无他物以为之理由，他理由亦然。譬诸混混长流，永无淳潴之日；譬诸旅行者，数周地球，而曾不得见天之有涯、地之有角。美术则不然，固无往而不得其息肩之所也。彼由理由结论之长流中，拾其静观之对象，而使之孤立于吾前。而此特别之对象，其在科学中也，则藐然全体之一部分耳；而在美术中，则遽而代表其物之种族之全体，空间、时间之形式对此而失其效，关系之法则至此而穷于用。故此时之对象，非个物而但其理念也。吾人于是得下美术之定义曰：美术者，离充足理由之原则而观物之道也。此正与由此原则观物者相反对。后者如地平线，前者如垂直线。后者之延长虽无限，而前者得于某点割之。后者合理之方法也，惟应用于生活及科学；前者天才之方法也，惟应用于美术。后者雅里大德勒之方法，前者柏拉图之方法也。后者如终风暴雨，震撼万物，而无始终、无目的；前者如朝日漏于阴云之罅，金光直射，而不为风雨所摇。后者如瀑布之水，瞬息变易而不舍昼夜；前者如涧畔之虹，立于鞈鞳澎湃之中，而不改其色彩。（英译《意志及观念之世界》第一百三十八页至一百四十页）

夫充足理由之原则，吾人知力最普遍之形式也。而天才之观美也，乃不沾沾于此。此说虽本于希尔列尔（Schiller）之游戏冲动说，然其为叔氏美学上重要之思想，无可疑也。尼采乃推之于实践上，而以道德律之于超人，与充足理由原则之于天才，一也。由叔本华之说，则充足理由之原则，非徒无益于天才，其所以为天才者，正在离之而观物耳。由尼采之说，则道德律非徒无益于超人，超道德而行动，超人之特质也。由叔本华之说，最大之知识在超绝知识之法则。由尼采之说，最大之道德，在超绝道德之法则。天才存于知之无所限制，而超人存于意之无所限制。而限制吾人之知力者，充足理由之原则；限制吾人之意志者，道德律也。于是尼采由知之无限制说，转而唱意之无限制说，其《察拉图斯德拉》第一篇中之首章，述灵魂三变之说曰：

察拉图斯德拉说法于五色牛之村曰：吾为汝等说灵魂之三变。灵魂如何而变为骆驼，又由骆驼而变为狮，由狮而变为赤子乎？于此有重荷焉，强力之骆驼，负之而趋，重之又重，以至于无可增，彼固以此为荣且乐也。此重物何？此最重之物何？此非使彼卑弱而污其高严之衮冕者乎？此非使彼炫其愚而匿其知者乎？此非使彼拾知识之橡栗而冻饿以殉真理者乎？此非使彼离亲爱之慈母而与聋瞽为侣者乎？世有真理之水，使彼入水而友蛙鼋者非此乎？使彼爱敌而与狞恶之神握手者非此乎？凡此数者，灵魂苟视其力之所能及，无不负也；如骆驼之行于沙漠，视其力之所能及，无不负也。既而风高日黯，沙飞石走，昔日柔顺之骆驼，变为猛恶之狮子，尽弃其荷，而自为沙漠主，索其敌之大龙而战之。于是昔日之主，今日之敌；昔日之神，今日之魔也。此龙何名？谓之"汝宜"。狮子何名？谓之"我欲"。邦人兄弟，汝等必为狮子，毋为骆驼。岂汝等任载之日尚短，而负担尚未重欤？汝等其破坏旧价值（道德）而创作新价值狮子乎？言乎破坏则足矣，言乎创作则未也。然使人有创作之自由者，非彼之力欤？汝等胡不为狮子？邦人兄弟，狮子之变为赤子也何故？狮子之所不能为，而赤子能之者何？赤子若狂也，若忘也，万事之源泉也，游戏之状态也，自转之轮也，第一之运动也，神圣之自尊也。邦人兄弟，灵魂之变为骆驼，骆驼之变而为狮，狮之变而为赤子，余既诏汝矣！（英译《察拉图斯德拉》二十五至二十八页）

其赤子之说，又使吾人回想叔本华之天才论曰：

天才者，不失其赤子之心者也。盖人生至七年后，知识之机关即脑之质与量已达完全之域，而生殖之机关尚未发达，故赤子能感也，能思也，能教也，其爱知识也较成人为深，而其受知识也亦视成人为易。一言以蔽之曰：彼之知力盛于意志而已，即彼之知力之作用远过于意志之所需要而已。故自某方面观之，凡赤子皆天才也；又凡天才，自某点观之，皆赤子也。昔海尔台尔（Herder）谓格代（Goethe）曰巨孩，音乐大家穆差德（Mozart）亦终生不脱孩气，休利希台额路尔谓彼曰："彼于音乐，幼而惊其长老；然于一切他事，则壮而常有童心者也。"（英译《意志及观念之世界》第三册六十一页至六十三页）

至尼采之说超人与众生之别、君主道德与奴隶道德之别，读者未有不惊其与叔氏伦理学上之平等博爱主义相反对者。然叔氏于其伦理学及形而上学所视为同一意志之发现者，于知识论及美学上则分之为种种之阶级。故古今之崇拜天才者，殆未有如叔氏之甚者也。彼于其大著述第一书之补遗中，说知力上之贵族主义曰：

知力之拙者常也，其优者变也。天才者，神之示现也。不然，则宁有以八百兆之人民，经六千年之岁月，而所待于后人之发明思索者，尚如斯其众耶？夫大智者，固天之所吝。天之所吝，人之幸也。何则？小智于极狭之范围内，测极简之关系，此大智之瞑想宇宙人生者，其事逸而且易。昆虫之在树也，其视盈尺以内，较吾人为精密，而不能见人于五步之外。故通常之知力，仅足以维持实际之生活耳。而对实际之生活，则通常之知力固亦已胜任而愉快。若以天才处之，是犹用天文镜以观优，非徒无益，而又蔽之。故由知力上言之，人类真贵族的也，阶级的也。此知力之阶级，较贵贱贫富之阶级为尤著。其相似者，则民万而始有诸侯一，民兆而始有天子一，民京垓而始有天才一耳。故有天才者，往往不胜孤寂之感。白衣龙（Byron）于其《唐旦之预言诗》中咏之曰：

To feel me in the solitude of kings,

Without the power that make them bear a crown.

予岑寂而无友兮，羌独处乎帝之庭。冠玉冕之崔巍兮，夫固局蹐而不能胜。（略译其大旨。）

此之谓也。（同前书，第二册三百四十二页）

此知力的贵族与平民之区别外，更进而立大人与小人之区别曰：

一切俗子，因其知力为意志所束缚，故但适于一身之目的。由此目的出，于是有俗滥之画，冷淡之诗，阿世媚俗之哲学。何则？彼等自己之价值，但存于其一身一家之福祉，而不存于真理故也。惟知力之最高者，其真正之价值，不存于实际，而存于理论；不存于主观，而存于客观，崲崲焉力索宇宙之真理而再现之，于是彼之价值超乎个人之外，与人类自然之性质异。如彼者，果非自然的欤？宁超自然的也。而其人之所以大，亦即存乎此。故图画也，诗歌也，思索也，在彼则为目的，而在他人则为手段也。彼牺牲其一生之福祉，以殉其客观上之目的，虽欲少改焉而不能。何

则？彼之真正之价值，实在此而不在彼故也。他人反是，故众人皆小，彼独大也。（前书第三册第一百四十九页至一百五十页）

叔氏之崇拜天才也如是。由是对一切非天才而加以种种之恶谥：曰俗子（Philistine），曰庸夫（Populase），曰庶民（Mob），曰舆台（Rabble），曰合死者（Mortal）。尼采则更进而谓之曰众生（Herd），曰众庶（Far-too-many）。其所以异者，惟叔本华谓知力上之阶级惟由道德联结之，尼采则谓此阶级于知力道德皆绝对的而不可调和者也。

叔氏以持知力的贵族主义，故于其伦理学上虽奖卑屈（Humility）之行，而于其美学上大非谦逊（Modesty）之德曰：

人之观物之浅深明暗之度不一，故诗人之阶级亦不一。当其描写所观也，人人殆自以为握灵蛇之珠、抱荆山之玉矣。何则？彼于大诗人之诗中，不见其所描写者或逾于自己。非大诗人之诗之果然也，彼之肉眼之所及实止于此，故其观美术也，亦如其观自然，不能越此一步也。惟大诗人见他人之见解之肤浅，而此外尚多描写之余地，始知己能见人之所不能见而言人之所不能言。故彼之著作，不足以悦时人，只以自赏而已。若以谦逊为教，则将并其自赏者而亦夺之乎？然人之有功绩者，不能掩其自知之明。譬诸高八尺者，暂而过市，则肩背昂然，齐于众人之首矣。千仞之山，自巅而视其麓也，与自麓而视其巅等。霍兰士（Horace）、鲁克来鸠斯（Lucletius）、屋维特（Ovid）及一切古代之诗人，其自述也，莫不有矜贵之色。唐旦（Dante）然也，狭斯丕尔（Shakespeare）然也，柏庚（Bacon）亦然也。故大人而不自见其大者，殆未之有。惟细人者，自顾其一生之空无所有，而聊托于谦逊以自慰，不然，则彼惟有蹈海而死耳。某英人尝言曰："功绩（Merit）与谦逊（Modest），除二字之第一字母外，别无公共之点。"格代亦云："惟一无所长者乃谦逊耳。"特如以谦逊教人责人者，则格代之言，尤不我欺也。（同前书第三册二百零二页）

吾人且述尼采之《小人之德》一篇中之数节以比较之，其言曰：

察拉图斯德拉远游而归，至于国门，则眇焉若狗窦，匍匐而后能入。既而览乎民居，粲焉若傀儡之箱，麟次而栉比，叹曰：夫造物者宁将以彼为此拘拘也？吾知之矣。使彼等藐焉若此者，非所谓德性之教耶？彼等好谦逊，好节制，何则？彼等乐其平易故也。夫以平易而言，则诚无以逾乎谦逊之德者矣。彼等尝学步矣，然非能步也，蹩也。彼且蹩且顾，且顾且蹩，彼之足与目不我欺也。彼等之小半能欲也，而其大半被欲也。其小半本然之动作者也，其大半反是。彼等皆不随意之动作者也，无意识之动作者也，其能为自发之动作者希矣。其丈夫既貌焉若此，于是女子亦皆以男子自处。惟男子之得全其男子者，得使女子之位置复归于女子。其最不幸者，命令之君主，亦不得不从服役之奴隶之道德，"我役、汝役、彼役"，此道德之所命令者也。哀哉！乃使最高之君主，为最高之奴隶乎？哀哉！其仁愈大，其弱愈大；其义愈大，其弱愈大。此道德之根柢，可以一言蔽之，曰"毋害一人"。噫！道德乎，卑怯耳。然则彼等所视为道德者，即使彼等谦逊驯扰者也，是使狼为羊、使人为人之最驯之家畜者也。（《察拉图斯德拉》第二百四十八页至二百四十九页）

尼采之恶谦逊也亦若此，其应用叔氏美学之说于伦理学上，昭然可睹。夫叔氏由其形而上学之结论，而谓一切无生物、生物，与吾人皆同一意志之发现，故其伦理学上之博爱主义，不推而放之于禽兽草木不止。然自知力上观之，不独禽兽与人异焉而已，即天才与众人间，男子与女子间，皆有斠然不可逾之界限。但其与尼采异者，一专以知力言，一推而论之于意志，然其为贵族主义则一也。又叔本华亦力攻基督教曰："今日之基督教，非基督之本意，乃复活之犹太教耳。"其所以与尼采异者，一则攻击其乐天主义，一则并其厌世主义而亦攻之，然其为无神论则一也。叔本华说涅槃，尼采则说转灭；一则欲一灭而不复生，一则以灭为生超人之手段，其说之所归虽不同，然其欲破坏旧文化而创造新文化则一也。况其超人说之于天才说，又历历有模仿之迹乎！然则吾人之视尼采，与其视为叔氏之反对者，宁视为叔氏之后继者也。然叔本华与尼采曷为而创此不平等之说欤？曷为而叔本华终于博爱主义，尼采入于个人主义乎？曷为二人其天才之相似如此，而各创其反对之学说乎？此当于下文详论之。

又叔本华与尼采二人之相似，非独学说而已，古今哲学家性行之相似，亦无若彼二人者。巴尔善之《伦理学系统》与文特尔朋《哲学史》中，其述二人学说与性行之关系，甚有兴味，兹援以比较之。巴尔善曰：

叔本华之学说与其生活，实无一调和之处。彼之学说，在脱屣世界与拒绝一切生活之意志，然其性行则不然。彼之生活，非婆罗门教、佛教之克

己的，而宁伊璧鸠鲁之快乐的也。彼自离柏林后，权度一切之利害，而于
法兰克福特及曼亨姆之间定其隐居之地。彼虽于学说上深美悲悯之德，然
彼自己则无之。古今之攻击学问上之敌者，殆未有酷于彼者也。虽彼之酷
于攻击，或得以辩护真理自解乎，然何不观其对母与妹之关系也？彼之母、
妹斩焉陷于破产之境遇，而彼独保其自己之财产。彼终其身惴惴焉，惟恐
分有他人之损失及他人之苦痛。要之，彼之性行之冷酷，无可讳也。然则
彼之人生观，果欺人之语欤？曰：否。彼虽不实践其理想上之生活，固深
知此生活之价值者也。人性之二元中，理欲二者，为反对之两极，而二者
以彼之一生为其激战之地。彼自其父遗传忧郁之性质，而其视物也，恒以
小为大，以常为奇，方寸之心，充以弥天之欲，忧患劳苦，损失疾病，迭
起互伏，而为其恐怖之对象，其视天下人无一可信赖者。凡此数者，有一
于此，固足以疲其生活而有余矣。此彼之生活之一方面也。其在他方面，
则彼大知也，天才也，富于直观之力，而饶于知识之乐，视古之思想家，
有过之无不及。当此时也，彼远离希望与恐怖，而追求其纯粹之思索，此
彼之生活中最慰藉之顷也。逮其情欲再现，则畴昔之平和破，而其生活复
以忧患恐惧充之。彼明知其失，而无如之何，故彼每曰："知意志之过失而
不能改之，此可疑而不可疑之事实也。"故彼之伦理说，实可谓其罪恶之自
白也。（巴尔善《伦理学系统》第三百十一页至三百十二页）

　　巴氏之说固自无误，然不悟其学说中于知力之元质外，尚有意志之元质
（见下文），然其叙述叔氏知意之反对，甚为有味。吾人更述文特尔朋之论
尼采者比较之曰：

　　彼之性质中争斗之二元质，尼采自谓之曰地哇尼苏斯（Dionysus），曰
亚波罗（Apollo），前者主意论，后者主知论也；前者叔本华之意志，后者
海额尔之理念也。彼之知力的修养与审美的创造力，皆达最高之程度。彼
深观历史与人生，而以诗人之手腕再现之。然其性质之根柢，充以无疆之
大欲，故科学与美术不足以拯之。其志则专制之君主也，其身则大学之教
授也，于是彼之理想，实往复于知力之快乐与意志之势力之间。彼俄焉委
其一身于审美的直观与艺术的制作，俄焉而欲展其意志，展其本能，展其
情绪，举昔之所珍赏者一朝而舍之。夫由其人格之高尚纯洁观之，则耳目
之欲，于彼固一无价值也。彼所求之快乐，非知识的即势力的也。彼之一

生，疲于二者之争斗。迨其暮年，知识、美术、道德等一切，非个人及超个人之价值不足以厌彼，彼翻然而欲于实践之生活中发展其个人之无限之势力。于是此战争之胜利者，非亚波罗而地哇尼苏斯也，非过去之传说而未来之希望也，一言以蔽之，非理性而意志也。（文特尔朋《哲学史》第六百七十九页）

由此观之，则二人之性行何其相似之甚欤！其强于意志相似也，其富知力相似也，其喜自由相似也。其所以不相似而相似，相似而又不相似者何欤？

呜呼！天才者，天之所靳，而人之不幸也。蚩蚩之民，饥而食，渴而饮，老身长子，以遂其生活之欲，斯已耳。彼之苦痛，生活之苦痛而已；彼之快乐，生活之快乐而已。过此以往，虽有大疑大患，不足以撄其心。人之永保此蚩蚩之状态者，固其人之福祉，而天之所独厚者也。若夫天才，彼之所缺陷者与人同，而独能洞见其缺陷之处。彼与蚩蚩者俱生，而独疑其所以生，生之何自来，何所归，其原因若何，性质若何，皆彼之所大惑而不得解者也。一言以蔽之，彼之生活也与人同，而其以生活为一问题也与人异；彼之生于世界也与人同，而其以世界为一问题也与人异。然使此等问题，彼自命之而自解之，则亦何不幸之有？然彼亦一人耳，志驰乎六合之外，而身局乎七尺之内，因果之法则与空间、时间之形式束缚其知力于外，无限之动机与民族之道德压迫其意志于内。而彼之知力、意志，非犹夫人之知力、意志也。彼知人之所不能知，而欲人之所不敢欲，然其被束缚压迫也与人同。夫天才之大小，与其知力、意志之大小为比例，故苦痛之大小，亦与天才之大小为比例。彼之苦痛既深，必求所以慰藉之道，而人世有限之快乐，其不足慰藉彼也明矣。于是彼之慰藉，不得不反而求诸自己。其视自己也如君王，如帝天；其视他人也如蝼蚁，如粪土。彼固自然之子也，而常欲为其母；又自然之奴隶也，而常欲为其主。举自然所以束缚彼之知意者，毁之裂之，焚之弃之，草薙而兽狝之。彼非能行之也，姑妄言之而已；亦非欲言诸人也，聊以自娱而已。何则？以彼知意之如此，而苦痛之如彼，其所以自慰藉之道，固不得不出于此也。

叔本华与尼采，所谓旷世之天才，非欤？二人者，知力之伟大相似，意志之强烈相似。以极强烈之意志，而辅以极伟大之知力，其高掌远蹠于精神界，固秦皇、汉武之所北面，而成吉思汗、拿破仑之所望而却走者也。九万里之地球与六千年之文化，举不足以厌其无疆之欲。其在叔本华，则幸而有汗德者为其陈胜、吴广，为其李密、窦建德，以先驱属路。于是于世界现象之方面，则穷汗德之知识论之结论，而曰世界者吾之观念也；于本体之方面，则曰世界万物，其本体皆与吾人之意志同，而吾人与世界万物，皆同一意志之发现也。易言以明之，世界万物之意志，皆吾之意志也，于是我所有之世界，自现象之方面而扩于本体之方面；而世界之在我，自知力之方面而扩于意志之方面。然彼犹以有今日之世界为不足，更进而求最完全之世界，故其说虽以灭绝意志为归，而于其大著第四篇之末，仍反覆"灭不终灭，寂不终寂"之说。彼之说博爱也，非爱世界也，爱其自己之世界而已；其说灭绝也，非真欲灭绝也，不满足于今日之世界而已。由彼之说，岂独如释迦所云"天上地下，惟我独尊"而已哉？必谓"天上地下，惟我独存"而后快！当是时，彼之自视，若担荷大地之阿德拉斯（Atlas）也，孕育宇宙之婆罗麦（Brahma）也。彼之形而上学之需要在此，终身之慰藉在此。故古今之主张意志者，殆未有过于叔氏者也，不过于其美学之天才论中，偶露其真面目之说耳。若夫尼采，以奉实证哲学，故不满于形而上学之空想。而其势力炎炎之欲，失之于彼岸者欲恢复之于此岸，失之于精神者欲恢复之于物质。于是叔本华之美学占领其第一期之思想者，至其暮年，不识不知，而为其伦理学之模范。彼效叔本华之天才而说超人，效叔本华之放弃充足理由之原则而放弃道德，高视阔步而恣其意志之游戏。宇宙之内，有知意之优于彼或足以束缚彼之知意者，彼之所不喜也。故彼二人者，其执无神论同也，其唱意志自由论同也。譬之一树，叔本华之说，其根柢之盘错于地下；而尼采之说，则其枝叶之干青云而直上者也。尼采之说，如太华三峰，高与天际；而叔本华之说，则其山麓之花冈石也。其所趋虽殊，而性质则一。彼等所以为此说者无他，亦聊以自慰而已。

要之，叔本华之自慰藉之道，不独存于其美学，而亦存于其形而上学。彼于此学中发见其意志之无乎不在，而不惜以其七尺之我殉其宇宙之我，故与古代之道德尚无矛盾之处。而其个人主义之失之于枝叶者，于根柢取偿之。何则？以世界之意志，皆彼之意志故也。若推意志同一之说，而谓世界之知力皆彼之知力，则反以俗人知力上之缺点加诸天才，则非彼之光荣，而宁彼之耻辱也；非彼之慰藉，而宁彼之苦痛也。其于知力上所以持贵族主义，而与其伦理学相矛盾者以此。《列子》曰：

周之尹氏大治产，其下趣役者侵晨昏而弗息。有老役夫筋力竭矣，而使之弥勤，昼则呻吟而即事，夜则昏惫而熟寐。昔昔梦为国君，居人民之上，总一国之事。游燕宫观，恣意所欲，觉则复役。（《周穆王篇》）

叔氏之天才之苦痛，其役夫之画也；美学上之贵族主义与形而上学之意志同一论，其国君之夜也。尼采则不然。彼有叔本华之天才而无其形而上学之信仰，昼亦一役夫，夜亦一役夫，醒亦一役夫，梦亦一役夫，于是不得不弛其负担，而图一切价值之颠覆。举叔氏梦中所以自慰者，而欲于昼日实现之，此叔本华之说所以尚不反于普通之道德，而尼采则肆其叛逆而不惮者也。此无他，彼之自慰藉之道，固不得不出于此也。世人多以尼采暮年之说与叔本华相反对者，故特举其相似之点及其所以相似而不相似者如此。（《教育世界》第八十四期，1904 年）

书叔本华《遗传说》后

叔本华之《遗传说》（见本报七十二册"学说"中），由其哲学演绎而出，又从历史及经验上归纳而证之。然其说非其哲学固有之结论也。何则？据叔氏之哲学，则意志者，吾人之根荄，而知力其附属物也；意志其本性，而知力其偶性也。易言以明之，意志居乎形体之先，而限制形体；知力居乎形体之后，而为形体所限制。自意志欲调和形体之与外界之关系，于是所谓脑髓者以生，而吾人始有知力之作用。故脑髓之为欲知之意志所发现，与吾人之形体之为欲生之意志所发现无异。其《意志及观念之世界》及《自然中之意志》两书中所证明，固已南山可移，此案不可动矣。然则吾人之意志，既自父遗传矣，则所谓欲知之意志，又何为而不得自父得之乎？吾人之欲知之意志，与此知力之程度既得之母矣，则他种之意志，何为而不得自母遗传乎？彼以意志属之父，以知力属之母，若建筑上之配置然，举彼平昔所以力诋汗德者，躬蹈之而不自知。故形式之弊，一般德国学者之所不能免也。要之，吾人之形体由父母二人遗传，此人之公认之事实，不可拒也；则为形体之根荄之意志，与为形体一部之作用之知力，皆得自两亲，而不能有所分属。叔氏哲学之正当之结论，固宜如此也。

至其《遗传说》之证据，则存于经验及历史。然经验之为物，固非有普遍及必然之确实性者也。天下大矣，人类众矣，其为吾人所经验者，不过亿兆中之一耳。即吾人经验之中，其熟知其父母及其人之性质知力者，又不过数十人中之一耳。历史亦然。自有史以来，人之姓氏之纪于历史上者几何人？又历史上之人物，其性质知力及其父母子弟之性质知力，为吾人所知者几何人？即其人之性质知力与其父母子弟之性质知力为吾人所知矣，然历史上之事实果传信否，又吾人之判断果不错误否，皆不可不注意也。以区区不遍不赅、不精不详之事实，而遽断定众人公共之原理，吾知其难也。且历史之事之背于此者，亦复不少。吾人愧乏西洋历史之知识，姑就吾国历史上其事实之与叔氏之说相反对者，述之如左：

叔氏所谓母之好尚及情欲决不能传之于子者，吾人所不能信也。乐正后夔，决非贪欲之人也，以娶有仍氏之故，生封豕之伯封，而夔以不祀。周昭王承成康之后，未有失德，而其后房后实有爽德，协于丹朱，卒生穆王，肆其心以游天下，而周室以衰。至父子兄弟性质之相反者，历史上更不胜枚举。黄帝之子二十五宗，唯青阳与苍林氏同于黄帝。颛顼氏有才子八人，而又有梼杌。瞽瞍前妻之子为舜，而后妻则生傲象。尧有丹朱，舜有商均。帝乙之贤否无闻于后世，而微子与纣以异母之故，仁暴之相去乃若天壤。鲁之隐、桓同出于惠公，以异母之故，而一让一弑。晋献荒淫无道，贼弑公族，而有太子申生之仁；夷吾忮刻，乃肖厥父。晋之羊舌氏，三世济美，伯华、叔向，一母所生，并有令德；而叔虎以异母之故，嬖于乐盈，而卒以杀其身；至叔向之子食我而亡羊舌氏，其母则又夏姬之所出也。秦之始皇至暴抗也，而有太子扶苏之仁孝。汉之文帝，恭俭仁恕，而景帝惨纶，颇似窦后。景帝之子十四人，大抵荒淫残酷，无有人理，而栗姬二子，临江王荣以无罪死，为父老所思；河间献王德被服道术，造次必于儒者，非同父异母之事实，其奚以解释之乎？至贤母之子之有名德者，史册上尤不可胜举。曾文正公之太夫人江氏，实有刚毅之性质，文正自谓"我兄弟皆禀母气"，此事犹在人耳目者也。故在吾国，"非此母不生此子"（大概指性质而言，非谓知力也）之谚，与西洋"母之知慧"之谚，殆有同一之普遍性。故叔氏之说，不能谓之不背于事实也。

　　至其谓父之知力不能遗传于子者，此尤与事实大反对者也。兹就文学家言之。以司马迁、班固之史才，而有司马谈、班彪为之父。以枚乘之能文，而有枚皋为之子。且班氏一家，男则有班伯、班斿等，女则前有倢伃，后有曹大家，此决非偶然之事也。以王逸之辞赋，而有子延寿，其《鲁灵光殿赋》且驾班、张而上之。以蔡邕之逸才，而有女文姬。而曹大家及文姬之子反不闻于后世，则又何也？魏武雄才大略，诗文雄杰亦称其人，文帝、陈思，因不愧乃父矣；而幼子邓哀王仓舒，以八龄之弱，而发明物理学上比重之理（《魏志·邓哀王传》注）；至高贵乡公髦，犹有先祖之余烈，其幸太学之问，使博士不能置对（《魏志》），又善绘事，所绘《卞庄刺虎图》，爲宋代宣和内府书画之冠（《铁围山丛谈》），又孰谓知力之不能自祖父遗传乎？至帝王家文学之足与曹氏媲美者，厥惟萧氏。梁武帝特妙于文学，虽不如魏武，固亦六代之俊也。昭明继起，可拟五官。至简文帝、元帝，而诗文之富，度越父兄矣。邵陵王纶、武陵王纪，亦工书记；独豫章王综自疑爲齐东昏之子，宫甲未动，遽然北窜，然其《钟鸣》《落叶》之曲，读者未始不可见乃父之遗风焉。此后南唐李氏父子，亦颇近之。至于杨雄之子九年而与玄文，孔融之儿七岁而知家祸，融固所谓"小时了了"者也。隋之河汾王氏，宋之眉山苏氏，亦皆父子兄弟，回翔文苑。苏过《斜川集》之作，虽不若而翁，固不愧名父之子也。至一家父子之以文学名者，历史上尤不可胜举，则知力之自父遗传，固自不可拒也。

　　兹更就美术家言之。书家则晋有王氏之羲、献，以至于智永。唐则自太宗经高宗、睿宗以至玄宗，及欧阳氏父子，皆人人所知者也。画家则唐尉迟乙僧画佛之妙，冠绝古今，而有父跋质那，有兄甲僧，并善此技。（《唐朝名画录》）与尉迟齐名者唯阎立本，而其父毗在隋以丹青得名，兄立德亦承家学，故曰"大安、博陵，难兄难弟"，谓立德、立本也。（《唐画录》）李思训，世所谓北派之祖也；其子昭道变父之势，妙又过之，故时号曰大李将军、小李将军。（《画鉴》）宋徽宗天纵游艺，论者谓其画兼有顾、陆、曹、吴、荆、关、李、范之长，高宗亦善绘事，同时米家父子亦接踵画苑，极君臣之遇合矣。赵文敏书画独步元初，而有兄孟坚、子雍奕，又其甥王蒙，且与黄公望、倪瓒、吴镇并称元四大画家。夫文敏之有子仲穆，固得以管夫人为之母解之，然上所述之诸家，则将何所借口耶？至明以后，以书画世其家者，尤不胜数。明之长洲文氏，国朝之娄东二王氏，武进恽氏，近者二三世，远者五六世，而流风未沫。此种事实，叔氏其何以解之？夫文学家与美术家，固天才之所为，非纯粹知力之作用耶？而父子、兄弟、祖孙相继如此，则知力不传自父之说，其不可持，固不待论也。

要之，叔氏此说，非由其哲学演绎而出，亦非由历史上归纳而得之者也。此说之根据，存于其家乘上之事实。叔氏之父素有脑疾，晚年以堕楼死。彼之郁忧厌世之性质，自其父得之者也。其母约翰，则有名之小说家，而大诗人格代之友也。彼自信其知力得自母，而性质得自父。彼深爱其父，而颇不快于其母。幼时父令其习商业，素所不喜也；迨父死后，尚居其职二年，以示不死其父之意。后因处理财产之事，与母相怨，又自愤其哲学之不得势力，而名反出其母下也，每恶人语己曰此叔本华·约翰之子也。彼生平以恶妇人之故，甚蔑视妇人，谓女子除服从外无他德，遂以形而上学上本质之意志属诸男子，偶性之知力属诸女子。故曰其遗传说实由其自己之经验与性质出，非由其哲学演绎，亦非由历史上归纳而得之者也。

且叔氏之说之不足持，不特与历史上之事实相反对而已。今夫父母之于子，其爱之有甚于其身者，则以其为未来之我，而与我有意志之关系也。若仅以知力之关系论，则夫师弟朋友之间，其知识之关系，且胜于父子，奚论母子？故仅有知识之关系者，其间爱情不得而存也。而母之爱子也不减于父，或且过之者，则岂不以母子间非徒有知力之关系，且有意志之关系哉？故母之于子，无形体之关系则已，苟有形体之关系，则欲其意志之不遗传，不可得也。（由叔氏之说，意志与形体为一物，而从知力之形式中所观之意志也。）父之于子也亦然，苟无形体之关系则已，苟有形体之关系，则形体之一部分之脑，与其作用之知力，又何故不得传诸其子乎？至意志得受诸父，与知力得受诸母，此说则余固无间然矣。（《教育世界》第七十九期，1904 年）

论近年之学术界

外界之势力之影响于学术，岂不大哉！自周之衰，文王、周公势力之瓦解也，国民之智力成熟于内，政治之纷乱乘之于外，上无统一之制度，下迫于社会之要求，于是诸子九流各创其学说，于道德、政治、文学上，灿然放万丈之光焰。此为中国思想之能动时代。自汉以后，天下太平，武帝复以孔子之说统一之。其时新遭秦火，儒家唯以抱残守缺为事；其为诸子之学者，亦但守其师说，无创作之思想，学界稍稍停滞矣。佛教之东，适值吾国思想凋敝之后，当此之时，学者见之，如饥者之得食，渴者之得饮。担簦访道者，接武于葱岭之道；翻经译论者，云集于南北之都。自六朝至于唐室，而佛陀之教极千古之盛矣。此为吾国思想受动之时代。然当是时，吾国固有之思想与印度之思想互相并行而不相化合；至宋儒出而一调和之，此又由受动之时代出，而稍带能动之性质者也。自宋以后以至本朝，思想之停滞略同于两汉。至今日，而第二之佛教又见告矣，西洋之思想是也。

今置宗教之方面勿论，但论西洋之学术。元时罗马教皇以希腊以来所谓"七术"（文法、修辞、名学、音乐、算术、几何学、天文学）遗世祖，然其书不传。至明末，而数学与历学，与基督教俱入中国，遂为国家所采用。然此等学术，皆形下之学，与我国思想上无丝毫之关系也。咸、同以来，上海、天津所译书，大率此类。唯近七八年前，侯官严氏（复）所译之赫胥黎《天演论》（赫氏原书名《进化论与伦理学》，译义不全）出，一新世人之耳目。比之佛典，其殆摄摩腾之《四十二章经》乎？嗣是以后，达尔文、斯宾塞之名，腾于众人之口；物竞天择之语，见于通俗之文。顾严氏所奉者，英吉利之功利论及进化论之哲学耳，其兴味之所存，不存于纯粹哲学，而存于哲学之各分科，如经济、社会等学，其所最好者也。故严氏之学风，非哲学的，而宁科学的也，此其所以不能感动吾国之思想界者也。近三四年，法国十八世纪之自然主义，由日本之介绍而入于中国，一时学海波涛沸渭矣。然附和此说者，非出于知识，而出于情意。彼等于自然主义之根本思想，固瞢无所知，聊借其枝叶之语，以图遂其政治上之目的耳。由学术之方面观之，谓之无价值可也。其有蒙西洋学说之影响，而改造古代之学说，于吾国思想界上占一时之势力者，则有南海□□□之《孔子改制考》《春秋董氏学》，浏阳□□□之《仁学》。□氏以元统天之说，大有泛神论之臭味，其崇拜孔子也，颇模仿基督教。其以预言者自居，又居然抱穆罕默德之野心者也。其震人耳目之处，在脱数千年思想之束缚，而易之以西洋已失势力之迷信，此其学问上之事业，不得不与其政治上之企图同归于失败者也。然□氏之于学术，非有固有之兴味，不过以之为政治上之手段，荀子所谓"今之学者以为禽犊"者也。□氏之说，则出于上海教会中所译之《治心免病法》，其形而上学之以太说，半唯物论、半神秘论也。人之读此书者，其兴味不在此等幼稚之形而上学，而在其政治上之意见。□氏此书之目的，亦在此而不在彼，固与南海□氏同也。庚辛以还，各种杂志接踵而起，其执笔者，非喜事之学生，则亡命之逋臣也。此等杂志，本不知学问为何物，而但有政治上之目的。虽时有学术上之议论，不但剽窃灭裂而已，如《新民丛报》中之《汗德哲学》，其纰缪十且八九也。其稍有一顾之价值者，则《浙江潮》中某氏之《续无鬼论》，作者忘其科学家之本分，而闯入形而上学，以鼓吹其素朴浅薄之唯物论，其科学上之引证亦甚疏略，然其唯有学术上之目的，则固有可褒者。又观近数年之文学，亦不重文学自己之价值，而唯视为政治教育之手段，与哲学无异。如此者，其亵渎哲学与文学之神圣之罪固不可逭，欲求其学说之有价值，安可得也！故欲学术之发达，必视学术为目的，而不视为手段而后可。汗德伦理学之格言曰："当视人人为一目的，不可视为手段。"岂特人之对人当如是而已乎？对学术亦何独不然！然则彼等言政治则言政治已耳。而必欲渎哲学、文学之神圣，此则大不可解者也。

近时之著译与杂志既如斯矣，至学校则何如？中等学校以下，但授国民必要之知识，其无与于思想上之事，固不俟论。京师大学之本科，尚无设立之日；即令设立，而据南皮张尚书之计画，仅足以养成呫哔之俗儒耳。此外私立学校，亦无足以当专门之资格者。唯上海之震旦学校，有丹徒马氏（良）之哲学讲义，虽未知其内容若何，然由其课程观之，则依然三百年前特嘉尔之独断哲学耳。国中之学校如此，则海外之留学界如何？夫同治及光绪初年之留学欧美者，皆以海军制造为主，其次法律而已。以纯粹科学专其家者，犹无所闻；其稍有哲学之兴味如严复氏者，亦只以余力及之。其能接欧人深邃伟大之思想者，吾决其必无也。即令有之，亦其无表出之之能力，又可决也。况近数年之留学界，或抱政治之野心，或怀实利之目的，其肯研究冷淡干燥、无益于世之思想问题哉？即有其人，然现在之思想界未受其戈戈之影响，则又可不言而决也。

由此观之，则近数年之思想界，岂特无能动之力而已乎？即谓之未尝受动，亦无不可也。夫西洋思想之入我中国，为时无几，诚不能与六朝唐室之于印度较。然西洋之思想与我中国之思想，同为入世间的，非如印度之出世间的思想，为我国古所未有也。且重洋交通，非有身热头痛之险；文字易学，非如佉卢之难也。则我国思想之受动，宜较昔日为易。而顾如上所述者何哉？盖佛教之入中国，帝王奉之，士夫敬之，蚩蚩之氓膜拜而顶礼之；且唐宋以前，孔子之一尊未定，道统之说未起，学者尚未有入主出奴之见也，故其学易盛，其说易行。今则大学分科，不列哲学，士夫谈论，动诋异端，国家以政治上之骚动，而疑西洋之思想皆酿乱之曲蘖；小民以宗教上之嫌忌，而视欧美之学术皆两《约》之悬谈。且非常之说，黎民之所惧；难知之道，下士之所笑。此苏格拉底之所以仰药、婆鲁诺之所以焚身、斯披诺若之所以破门、汗德之所以解职也。其在本国且如此，况乎在风俗文物殊异之国哉！则西洋之思想之不能骤输入我中国，亦自然之势也。况中国之民，固实际的而非理论的，即令一时输入，非与我中国固有之思想相化，决不能保其势力。观夫三藏之书已束于高阁，两宋之说犹习于学官，前事之不忘，来者可知矣。

然由上文之说，而遂疑思想上之事，中国自中国、西洋自西洋者，此又不然。何则？知力人人之所同有，宇宙人生之问题，人人之所不得解也。其有能解释此问题之一部分者，无论其出于本国或出于外国，其偿我知识上之要求，而慰我怀疑之苦痛者则一也。同此宇宙，同此人生，而其观宇宙人生也，则各不同。以其不同之故，而遂生彼此之见，此大不然者也。学术之所争，只有是非、真伪之别耳。于是非、真伪之别外，而以国家、人种、宗教之见杂之，则以学术为一手段，而非以为一目的也。未有不视学术为一目的而能发达者。学术之发达，存于其独立而已。然则吾国今日之学术界，一面当破中外之见，而一面毋以为政论之手段，则庶可有发达之日欤！（《教育世界》第九十三期，1905 年）

论新学语之输入

近年文学上有一最著之现象，则新语之输入是已。夫言语者，代表国民之思想者也。思想之精粗广狭，视言语之精粗广狭以为准，观其言语，而其国民之思想可知矣。周秦之言语，至翻译佛典之时代而苦其不足；近世之言语，至翻译西籍时而又苦其不足。是非独两国民之言语间有广狭精粗之异焉而已，国民之性质各有所特长，其思想所造之处各异，故其言语或繁于此而简于彼，或精于甲而疏于乙，此在文化相若之国犹然，况其稍有轩轾者乎！抑我国人之特质，实际的也，通俗的也；西洋人之特质，思辨的也，科学的也。长于抽象而精于分类，对世界一切有形无形之事物，无往而不用综括（Generalization）及分析（Specification）之二法，故言语之多，自然之理也。吾国人之所长，宁在于实践之方面，而于理论之方面，则以具体的知识为满足，至分类之事，则除迫于实际之需要外，殆不欲穷究之也。夫战国议论之盛，不下于印度六哲学派及希腊诡辩学派之时代，然在印度，则足目出，而从数论、声论之辨论中抽象之而作《因明学》，陈那继之，其学遂定。希腊则有雅里大德勒，自哀利亚派诡辩学派之辨论中抽象之而作《名学》；而在中国，则惠施、公孙龙等所谓名家者流，徒骋诡辩耳，其于辨论思想之法则，固彼等之所不论，而亦其所不欲论者也。故我中国有辩论而无名学，有文学而无文法，足以见抽象与分类二者皆我国人之所不长，而我国学术尚未达自觉（Selfconsciousness）之地位也。况于我国夙无之学，言语之不足用，岂待论哉！夫抽象之过，往往泥于名而远于实，此欧洲中世学术之一大弊，而今世之学者犹或不免焉。乏抽象之力者，则用其实而不知其名，其实亦遂漠然无所依，而不能为吾人研究之对象。何则？在自然之世界中，名生于实；而在吾人概念之世界中，实反依名而存故也。事物之无名者，实不便于吾人之思索。故我国学术而欲进步乎，则虽在闭关独立之时代，犹不得不造新名。况西洋之学术骎骎而入中国，则言语之不足用，固自然之势也。

如上文所说，言语者，思想之代表也，故新思想之输入，即新言语输入之意味也。十年以前，西洋学术之输入，限于形而下学之方面，故虽有新字新语，于文学上尚未有显著之影响也。数年以来，形上之学渐入于中国。而又有一日本焉，为之中间之驿骑，于是日本所造译西语之汉文，以混混之势，而侵入我国之文学界。好奇者滥用之，泥古者唾弃之，二者皆非也。夫普通之文字中，固无事于新奇之语也；至于讲一学，治一艺，则非增新语不可。而日本之学者，既先我而定之矣，则沿而用之，何不可之有？故非甚不妥者，吾人固无以创造为也。侯官严氏，今之日以创造学语名者也。严氏造语之工者固多，而其不当者亦复不少。兹笔其最著者，如 Evolution 之为"天演"也，Sympathy 之为"善相感"也。而天演之于进化，善相感之于同情，其对 Evolution 与 Sympathy 之本义，孰得孰失，孰明孰昧，凡稍有外国语之知识者，宁俟终朝而决哉！又西洋之新名，往往喜以不适当之古语表之。如译 Space（空间）为"宇"，Time（时间）为"宙"是已。夫谓 Infinite Space（无限之空间）、Infinite time（无限之时间）曰宇、曰宙可矣，至于一孔之隙，一弹指之间，何莫非空间、时间乎？空间、时间之概念足以该宇宙，而宇宙之概念不足以该空间、时间。以宇、宙表 Space、time，是举其部分而遗其全体（自概念上论）也。以外类此者不可胜举。夫以严氏之博雅而犹若是，况在他人也哉！且日人之定名，亦非苟焉而已，经专门数十家之考究，数十年之改正，以有今日者也。窃谓节取日人之译语，有数便焉：因袭之易，不如创造之难，一也；两国学术有交通之便，无扞格之虞，二也。（叔本华讥德国学者于一切学语不用拉丁语而用本国语，谓如英、法学者亦如德人之愚，则吾侪学一专门之学语，必学四五度而后可。其言颇可味也。）有此二便而无二难，又何嫌何疑而不用哉？

虽然，余非谓日人之译语必皆精确者也。试以吾心之现象言之，如 Idea 为"观念"，Intuition 之为"直观"，其一例也。夫 Intuition 者，谓吾心直觉五官之感觉，故听、嗅、尝、触，苟于五官之作用外加以心之作用，皆谓之 Intuition，不独目之所观而已。观念亦然。观念者，谓直观之事物，其物既去，而其象留于心者。则但谓之观，亦有未妥。然在原语亦有此病，不独译语而已。Intuition 之语源出于拉丁之 In 及 tuitus 二语，tuitus 者，观之意味也。盖观之作用，于五官中为最要，故悉取由他官之知觉，而以其最要之名名之也。Idea 之语源出于希腊语之 Idea 及 Idein，亦观之意也，以其源来自五官，故谓之观；以其所观之物既去，而象尚存，故谓之念，或有谓之"想念"者。然考张湛《列子注序》，所谓"想念以著物自丧"者，则想念二字，乃伦理学上之语，而非心理学上之语，其劣于观念也审矣。至 Conception 之为"概念"，苟用中国古语，则谓之"共名"亦可（《荀子正名篇》），然一为名学上之语，一为文法上之语，苟混此二者，此灭名学与文法之区别也。由上文所引之例观之，则日人所定之语，虽有未精确者，而创造之新语，卒无以加于彼，则其不用之也谓何？要之，处今日而讲学，已有不能不增新语之势；而人既造之，我沿用之，其势无便于此者矣。

然近人之唾弃新名词，抑有由焉，则译者能力之不完全是也。今之译者（指译日本书籍者言），其有解日文之能力者，十无一二焉；其有国文之素养者，十无三四焉；其能兼通西文、深知一学之真意者，以余见闻之狭，殆未见其人也。彼等之著译，但以罔一时之利耳。传知识之思想，彼等先天中所未有也。故其所作，皆粗漏庞杂，佶屈而不可读。然因此而遂欲废日本已定之学语，此又大不然者也。若谓用日本已定之语，不如中国古语之易解，然如侯官严氏所译之《名学》，古则古矣，其如意义之不能了然何？以吾辈稍知外国语者观之，毋宁手穆勒原书之为快也。余虽不敢谓用日本已定之语必贤于创造，然其精密，则固创造者之所不能逮。（日本人多用双字，其不能通者则更用四字以表之。中国则习用单字。精密不精密之分全在于此。）而创造之语之难解，其与日本已定之语，相去又几何哉！若夫粗漏佶屈之书，则固吾人之所唾弃，而不俟踌躇者也。（《教育世界》第九十六期，1905 年）

杨　度

《游学译编》叙

今日外人之诃我中国也，不曰老大帝国，则曰幼稚时代。我国之人，闻而恶之。呜呼！此无足怪也，过渡时代之现象则然也。今之以老大诃我者，岂不以中国者，与埃及、印度、小亚细亚同称为世界最古之国，立国数千年之久，而今日之政治学术，不惟无以胜于古，且递加衰息焉，故谓之为老大乎？其以幼稚诃我者，又岂不以中国者，亚洲大陆上一土地最广，人民最众之国也，乃远而比于欧美，其程度相千万，近而比于同洲之日本，其程度亦相什伯，虽欲师人而莫知所从，故谓之为幼稚乎？虽然，其论中国则当矣。夫天下万事万物之进化，何一非老大与幼稚两现象后先相禅以成之者耶？又何一非老大与幼稚两现象同时并立以成之者耶？推之欧洲各国而皆然，推之日本亦何莫不然？欧洲自十八世纪以来，思想横溢，沛然如骤雨之下，或主唯神论，或主唯理论，或主唯心说，或主唯物说，或主天赋人权说，或主世界主义，或主个人主义，或主实利主义，或主感觉主义，各挟其专精独到之理论，以争雄于学界，因而弥及于社会，形之于实事，使之有日进千里之势，以成今日之文化。然则自中世末以至今日之欧洲，何日而非倍根、笛卡儿、孟德斯鸠、庐梭、亚丹斯密、达尔文、斯边撒诸贤之精神，相递禅相攘夺以成此过渡时代之现象，至今而未有已也乎？日本由汉学一变而为欧化主义，再变而为国粹保存主义，其方针虽变，其进步未已也。东京高等师范学校教员波多野贞之助之言曰：可悸哉西洋文明进步之速也！日本之留学西洋者，方毕业归国，以之教人，而其所学，又已为西洋所废弃。五年前之书籍，仅可为历史上之材料，而不能为学术上之材料。然则维新三十年来之日本，又何日而不视欧美之进步以为进步，振起直追，惟恐不及，以成此过渡时代之现象，而不知其所止也乎？由此观之，则我中国者，以东洋文明之固有，而得老大之名，以西洋文明之将来，而得幼稚之名，乘此迎新去旧之时而善用其老大与幼稚，则一变而为地球上最少年之一国，夫岂难耶？同人之译是编也，将以为扶持老大、培植幼稚之助也。其创事之始，相约以数事，曰不著论说。非仅以己言之不如人言之足以相警，既非报纸，无取多言也；抑以今日言之而为新论，明日言之而已为常谈，一稿未终，旋将自笑。且论说必取材于他书，是与于译述无异也，如之何其不径译也。夫过渡时代之言论固如此也。曰杂采书报。非仅以读书知古，读报知今，欲使阅者收二种之利益也；抑以现在之书即为过去之报，现在之报又为将来之书，去者不知其所穷，来者不知其所极，无往而非历史，即无往而非新闻，未可区别也。夫过渡时代之事实固如此也。曰不美装潢，非仅以成本轻、邮寄便、购求广、见闻扩故也；抑以骤得之而视为珠玉者，转瞬而同于瓦砾矣，骤得之而藏于宝笥者，转瞬而以覆酱瓿矣，无可珍贵也。夫过渡时代之物事固如此也。虽然，同人犹有说焉：以为译者与阅者同为中国之一国民，游学者与不游学者，同为过渡时代之中国之一国民，国民之积而成国家，则居今日而言救国，其必一国之国民，人人自励，人人自竞，先使一身之学术，无一年、无一月、无一日、无一时而不有其进步，无不为其一身之过渡时代。译者与阅者日以学术相切磋，而同进一寸，斯国民增一寸之热度矣；游学者与不游学者，日以学术相责望，而同进一尺，斯国民增一尺之涨力矣。举国国民之学术既进，然后群起而谋其国，使一国之政事，亦无一年、无一月、无一日、无一时而不有其进步，无不为其一国之过渡时代。夫而后一跃而与日本齐，再跃而与西洋各国齐，由此而追他日之日本，他日之西洋，长此焉以至于无穷，则今日之以老大与幼稚号我者，我等虽长奉之以为达尔文所谓进化之代名词可也。若夫以老大自尊，而坐待其销灭，以幼稚自弃，而不求其长成，则吾所为危惧者，不徒人日进而我日退，不前则却，事无中立，愈离愈远，愈缓愈难，他日图之必无及也。且大忧乎今日之中国，方为世界竞争之中心点，优胜劣败之公例，必为天演所淘汰，自此以后，又将为黄白存亡亚欧交代之过渡时代矣。悲夫！悲夫！《游学译编》成，同人属湘潭杨度弁辞于其首，且为述其篇目及其主义如左。

有精神而后有物质，有理论而后有事实，有学术而后有政治。今日西洋各国之格致学、哲学、政法学、生计学种种发达之象，至于此极者，皆由前此数十辈巨儒硕子之学说来也。日本山路一游之言曰：中国学术，常屈于一尊之下，有保守而无生发，故凡百濡滞，皆无进步。国无进步，焉得不败？是则固有之名理，亦非可恃为自存之实具乎？不然，如埃及、如印度、如巴比伦者，皆世界文明之祖国也；其文明不能自保，而为他族所得，发明光大，转以亡其本国。至今日而文明历史，犹以为其鼻祖，政治历史，则已夷为领地矣。夫不能进步而谓能保守者，此天下必无之理也。日本人之常言曰：孔子之道，不行于支那，而行于日本，支那奉其名而日本行其实，支那以为命题作文之具，而日本以为修身治国之道。不然，今日支那之人心国政，岂可谓为实行孔教者乎？乌乎！是言也，是耶？非耶？如其是乎，则我国民更何所挟以自号为文明者？不惟其所本无者，将取法于泰西，即其所固有者，亦将索还于日本矣。录学术第一。

欧洲大教育家，不下数十，而如披斯脱洛、如黑拍儿其最著者也。披斯脱洛之学，出于路索。路索之为学也，以任放主义而为国民开自由之路，为全欧成革命之功。其言教育也亦然。以为人性皆善，其恶者必由丑恶之社会而来，教育者，所以防社会之丑恶，而发育其善性，使之任放于自然也。披斯脱洛本此旨而实行之，又推其五官教育之理，主实物教授法，使观察自然之物，造其普通观念，以期收真正之知识，而得实地之应用。披斯脱洛之主义，亦自由主义也。及黑拍儿出，则主服从于法律之下，其主国家教育，一本于心理学、论理学，而发为知觉类化五段教授法诸说，类能精深奥博，集前此之大成。欧美各国向之宗披斯脱洛学说者，群变而宗黑拍儿学说矣。日本之始慕美国学风者，今亦变而慕德国学风矣。此岂前之人物不如后之人物乎？抑由前之时代，不如后之时代？准时立说，以救一世所不得不尔也。故凡学术之纯驳，国势之文野，皆有相依并进之自然阶段。非有路索之学说，开出全欧之文明，使人民之思想言论程度骤高，共定法律以保社会之秩序，则后学改良之理论亦无自而生。考欧洲革命、日本维新之往迹，举无不由前之学说，以为鼓舞奋兴之原动力，继而收拾和平，乃进归于后之学说者；亦因丑恶社会，人情习于为恶，非有以洗涤而更新之，不能复其善性，此亦人性之自然者也。日本高等师范学校校长嘉纳治五郎之以教育事务游吾中国也，归而言曰："北清之教育，有如黑暗地狱，南清稍有一线之光。"乌乎，其黑暗也，其仅有一线光也，皆由社会之丑恶故也。今日吾国之言教育，方将萌芽，举国上下，皆以取法泰西、日本为言。吾窃虑夫论者之徒取法夫今日之日本，而忘前日之日本所自来也，徒知日本取法夫今日之泰西，而昧前日之泰西所自来也；势必有颠倒本末、错乱先后，遽欲施性善之教育于性恶之时代，而遗其中间过渡转关之一级。谆谆焉以服从法律为教，则吾未闻中国有国民所公议以自保其生命财产之法律；是所服从者，必非法律而丑恶社会之习惯也。不惟药不符病，文不对题，且将指黑暗为光明，指丑恶为美善，乌能发出其自然之特性，而为国民求善果也哉！嘉纳治五郎又言曰："中国人之生命财产，极其危险，无所恃以自为保存，故惟思得一日之禄位，以少享人生之权利，上之为教，下之为学，意皆如此，此教育之所以不行，实由政法之不良也。"然则中国今日之言教育者，可不准此言以思救时之道，参酌中外古今之学说，求其切当于时宜，而谓可随人趋步，易地皆可为良乎？夫吾国不能自兴教育，而必取于他人，此已为事之不得已者。若但于形式求之，而不于精神求之，则有有教育与无教育等，徒以养成买办、翻译之材而已。若但于精神求之而不于可救今日中国之精神求之，则虽优于形式教育，然以比于时文、试帖、律赋之以忌讳为骨髓，以谀颂为面貌者，要亦不甚相远。

谓其彼善于此则可耳，谓能进吾民族为地球上一光荣美硕之民族，则吾所不敢许也。印度民族之隶属于英也，波兰民族之隶属于俄、德也，不与之教育以愚其种，使无相抗之具，无独立之心，以归于自亡。印度、波兰不自教育，至今日为他人所禁，不必言精神也，即欲为形式教育，亦不得矣。我中国今日犹能言此，是我中国之幸也。我中国今日而不详审其言此之方，而贸然以从事焉，则或以无真精神之故，仍不免为印度、波兰之续者，又岂吾所敢预知哉？录教育第二。

国民云者，对外族而言之也。族与族相争竞，故谋国也不仅使人人有国民之资格，尤必使人人有军国民之资格。故兵者所以争于外而非所以争于内也。德相毕士麻克与李文忠论发捻之役曰："以兵自锄其同种而因以为功，此欧人所不为。"乌乎！此犹忠告之言也。若夫英人之灭印度也，则驱印度人以杀印度人而已。然则不以自卫转以自戕者，必不得谓之为兵。吾国枭杰之士，若犹欲以历史上数千年之所谓英雄事业，行于今日之世界者，非特其理不可也，吾知其势亦必有所不能。今日之世界，以学战，以工商战，兵者特其护此者耳，固未有全恃野蛮之全力，多杀人则为霸，多略地则为王者也。嘉纳治五郎曰："今日虽有汉高、明太不能驱数十万乌合之众，以取天下。"信哉言乎，一二霸者之雄心，何足以敌亿万民族之涨力也！夫民族竞争之世，非各鼓其国民独立之精神，飞入于世界活剧之场，以快活之心，迎困难之事，而毫不反顾，如勇士之赴战场者，岂有其自立之道？地球各国之强盛，英君猛将之为之乎，亦由其军国民之独立独行、自争自胜之精神所膨胀于不得已者也。我中国而不欲自强则已，果其欲之，吾知非全国皆兵，人自为战，无能济者。吾国所用英人赫德为总税务司者著"支那改革论"曰："支那不尚武力主义，无侵略之性质，服从法律，最易统治，今虽经历种种困苦，然其军队，犹不健全强大，不必忌也。"乌乎！此实我民族之所以弱。及今日而提撕其精神，操炼其体魄，犹有可以自救者。赫德又见匪拳之乱，虽属野蛮举动，然知吾国民尚有抵抗之志，各国若昌言瓜分，必有困难，于是又著"中国实测论"，示欧人以处置中国之道。其意谓：义和团之起，亦由其爱国心所发，各国此时但宜行无形之瓜分，而不宜行有形之瓜分。使其权利尽归于我，而不自觉，且当设法顺中国人之感情，使之渐忘其军事思想，而倾服于我欧人。然则中国之无兵，欧人则深喜之矣。我国民将如之何？录军事第三。

　　有人民、有土地、有生产而后成国；人民者，所以利用此土地生产以自供奉者也。文明之国，人人习职业，人人谋实利，下之为儿童之实业，上之为农工商矿各专门之学，程度虽殊，其欲聚一群之人力，以发其天然之美富则其意一也。凡人生无不须此以为生养自奉之具，而当民族相争，国界未破，则必积国民之劳动力，以成国家之劳动力，积国民之竞争力，以成国家之竞争力，各挟其实利主义，以与外来最强最智之民族相遇，而后能同享世界之利益。西人之言曰：全世界三分之二，为无智无能之民族所掌握，不能发宣其天然之富力，以供全球人类之用；此方人满为忧，彼乃货弃于地，故优等民族，不可不以势力压服劣等民族，取天地之利而均享之。其对于各殖民地之意向，皆此旨也。吾中国今日亦其一焉。四十年来，各国探险旅行之人，足迹相望，而其最著者，如德之里特鹨夫，匈牙利之贵族斯訾黑尼伯爵，法之里翁市商会派遣之米洗翁与里若列济，类皆以数年之久，行数千里之地，举我全国之矿产、商务、工业种种关系，归而著书，以告欧人。此外如俄国之阿勃儿之专探北方，或专考一事者，更不可胜数。特以白人方经略他洲，未暇及此，姑置之以供最后之一饱。至今日而群手争攫，即以区区三岛骤起之日本，亦具分羹之大望。高桥邦二郎曰："支那与我一水之隔，是天与我以无尽藏之宝库也；我国民其可不勇往前进，开掘宝库，攫取利源，而能坐抛此天惠耶？"由此言之，则我中国为宜于实业之国，不独我民族所自夸，抑亦外人所同认矣。今乃以数百万里之土地，数千万之物产，而四万万人不能自理，且将举全国之工商矿业，尽取以予人，是岂天之生我民族于非地耶？抑岂天之养我民族为未足耶？则白人之专恃觅殖民地于国外者，其得于天又何如？夫天下无无主之物，己不能有，必以与人，此亦物竞天择之公理也。我国民又将谁尤？录实业第四。

　　埃及之亡国，财政亡之也。世界至今日而生计学之进步，其势力更能使资本家与劳力者，判然分为两级，不为其上，则为其下，无复有中立之地位。十九世纪之末，二十世纪之初，世界之大势，实由政治竞争入于生计竞争之界线也。而各国所竞争之中心点，则麕集于我中国。美国元老院议员洛知氏之言曰："非使世界各国之民，皆服从于我财政之下，则不可止也。"斯言也，非仅为我中国言也，特为与竞争中国者之各国言也。其视各国也如此，其视中国将如何？各国之所以待之者，皆无不出其死力以与争衡。而被争之中国之待之，与其待各国也，又将如何？其能为劳力者乎，则长为牛马而已；其欲为资本家乎，则我国民既无国家之保护，又无合群之公德，人人自利，竞其至小而忘其至大，不能团结自理以相保而竞人。日本山本那之助曰："支那者，世界第一市场也，其面积与物产皆酷似印度，而其人种，则又自大官以至士民皆于商贾有先天敏性之人种也。"西人之言曰："支那人之善谋利，出于天性，虽仆之于地而笞之，彼已掘金于地而去。"我民族之善于营利，实为外人所同忌，此特以现今社会之恶象而以为谴耳。我国民若能移同族自竞之心以竞于他族，移一身自私之见以私于一群，而后其发生之道，管理之方，竞争之术，乃有可言，而他人之夺我利权者，亦不患无攫取以归之一日也。录理财第五。

由家族而成部落，由部落而成国家，至成国家而政府立焉。政府者，所以为国民谋公益者也，所以拒他民族之妨我民族之权利者也；故各国之政府，无不以国民利益之所在，而为举动之方针。今日世界之大利所在，则莫如我中国。赫德又有言曰："各国于支那问题，大率不外三策，一曰瓜分其土地，二曰变更其皇统，三曰扶植满洲政府。然变更皇统之策，无人足以当之，骤难施行。今日之计，惟有以瓜分为一定之目的，而其达此目的之妙计，则莫如扶植满洲政府，使其代我行令，压制其民。民有起而抗者，则不能得义兵排外之名，而可以叛上之名诛之。我因得安坐以收其实利，此即无形瓜分之手段也。"呜呼！此庚子和议之所以成也。依赫德之言，则今日所行之政，犹得为我国自有之内政乎，殆已为各国实有之内政矣。夫各国政府，孰不思夺他国国民之利以自利其国民？我国民若以此而怒人，不如其求自立也。至我政府之甘为人所用，或为人所愚，吾以为皆不必论之。何也？我国民若又以此而咎之，谓其不为国民谋利，而转夺其利以利他国国民，为不足受国民之付托，是则是矣，然而何责之之高也？况此不自咎而咎人之心，已自损失其国民之资格，放弃其所以为国民之天职。法国大儒路索之言曰："政府者，不啻其国民之群求自治相约以成之而共遵守之者。"是则我国民之于国政，其关系之亲切，无以异乎一身衣食之经营，一家庭户之管理，合群力以自谋之可耳。他民族之有妨于我者，合群力以

自御之可耳。怨人之与望人，皆奴性也。不知此者不足与言政事。录内政
第六。

　　读数十年前欧洲之外交史，若神圣同盟、三角同盟、俄法同盟之类，皆
由其内部竞争之故。浸假而国力膨胀，外交上之关系，无一不在欧洲以外
矣。至今日而帝国主义之说昌，国际历史，日以发达，势将压迫第二流以
下之国家，使失其独立。脱来焦氏之言，岂欺我者？而帝国主义之行，则
首施于中国。故欧洲最近之外交政策，其间纵横捭阖，忽离忽合之故，虽
各有其原因，几无不影响于中国者，而其对我又别有圆滑阴险之手段焉。
西哲之常言曰："两平等相遇，无所谓权力，道理即权力也；两不平等相
遇，无所谓道理，权力即道理也。"今日欧洲各国之自为交，与其交于他
洲之国，则二者之区别也。然吾以为此犹据外交上之性质言之耳，若其方
法，则内竞愈剧烈者，其外交愈和平。今各国所施于我国政策，由瓜分主
义，一变而为领土保全主义、门户开放主义。保全、开放云者，扶植我政
府，命令我人民。埃及、印度亡矣，其实为白人之殖民地，而名则君吏皆
至今如故也，以君吏为之傀儡，而自享其一切之实在权利焉。吸其精髓而
遗其骨骼，其意愈恶而其名愈美，其心愈狠毒，而其言愈慈祥。他国不必
论也，日本者，与我同洲同种同文之国，近又以英日联盟保全清韩两国著
称于地球之上，而印入于我国民之脑，而生其感戴者也。而山本邦之助曰：
"英日联盟，以保支那，实为我工商政策之根本，从此与支那改订通商条
约，可乘此机以得和平战争之胜利。我国民不可不猛勇奋进以图之。"故二
国之保全中国而与朝鲜并称者，皆其对俄之外交政策，而于我无所用其外
交焉。日本如此，他国可知。然则支那问题，固为今日世界各国之公共外
交材料也。不然，人何爱于我而必群为保全之，人又何忧于我而必代为开
放之乎？夫天下岂有待人保全而能自存，被人开放而能自守者？我国民而
恶其名也，舍自立无策焉。我国民而甘为狐媚所昵也，是不亡于人而亡于
己也。录外交第七。

　　自法国大革命之风潮起，演成全欧革命，思想言论，以自由而日发达，
遂成今日如锦如荼之世界，此其发生，不过百余年耳。前此上古世之文明，
入中古世之黑暗时代，而黯无生色，亦犹吾国历史战国以前入于秦汉以后
之两时代也。而外人以我之终无进步，则诋支那人种为世界最不进化之人

种。吾闻其言而思之。历史之有荣彩者，必其国民之有精神者也。试于我国学术界中，求一能为国民开自由之路索，为国家定权限之孟德斯鸠，为人群增进化之达尔文者谁乎？儒墨之俦，能当之乎？我国兵事界中，求一乘革命而起，遍播自由于全欧各国如拿破仑；率十三州之众，一战而立自由平等之国于新世界如华盛顿者谁乎？汉高、明太能当之乎？我国政治界中，求一以蕞尔之撒尔尼亚，而成意大利统一之功如加富尔；以濒亡之普鲁士，而建德意志联邦之业如毕士麻克者谁乎？管、晏、诸葛能当之乎？我国文学界中，求一能以文字唤起国民之精神，而使之独立，如德之洛丁、英之意克里夫者谁乎？左、国、司马能当之乎？然则我历史之不如人，我国民之不如人也。欲一洗数千年之昏暗，而为民族历史生未有之光荣，于世界历史占最优之地位，亦在我国民考求他国文明所自来，而发其歆羡之心、嫉妒之心，以与争荣于二十世纪之文明史而已矣。录历史第八。

　　土地相隔，有天然之距离力，而世界进于文明，则能以人群之智慧能力，使之愈缩愈紧。论世界交通之阶级，则第一期为陆路交通，今日非洲之内地是也；第二期为河川交通，今日之中国是也；第三期为内海交通，希腊、罗马之盛时是也；第四期为大洋交通，苏以士河开凿，东西两洋贯通之前后是也。此非徒电学、汽机学发达使之然，亦阁龙、马志仑、立温斯敦诸人之精神所构造，以为世界最优人种之舞台者也。日本地理家矢津昌永之言曰："今日以后，又将由第四期入第五期，而大洋交通仍将变而为陆路交通，舍轮船而用铁道，土地之缩力，又将加紧。今日国力之大小，可于其铁道里数之长短，比较而定其高下。论国者分铁道国与非铁道国为二种。数年后之东方亚细亚，必有铁道如织之观，而支那仍不得为铁道国，何也？以皆他国之资本，则亦他人之铁道也。"呜呼！我中国之不得为铁道国者何哉？白人者，欧人一隅之人种也，其内争既定，人满为忧，于是环顾世界之土地，以为其民族多不足以自守，此天之所以与我也，于是辟美洲而据之，于五洲有其二矣；然我国民殊未之知也。既而又以人满之故而寻殖民地，于是夺澳洲而据之，于五洲有其三矣；然我国民犹未之知也。既而又以人满之故而寻殖民地，于是夺非洲而据之，于五洲有其四矣；然我国民犹未之知也。所余者惟亚细亚一洲而已。然亚洲之印度、波斯、阿拉比亚、阿富汗、皮路直、安南、缅甸、暹罗、朝鲜、西伯利亚，已无不在各国势力范围之中，甚者已为其领土，列于亡国之籍。即附属于中国之满洲、蒙古、回部、西藏，又皆为俄人所压服、所挑拨、所驱使，纷纷以叛之二，又已白人入之手矣。然则今日世界所余者，仅支那本部一片土耳。日本人之忧亡种者，日相警曰：亚洲三分之二，又已白人入之手矣！然我国民犹未之知也。今则支那问题，又已为世界各国所提出，而为公共之问题，群虎于此争其食，群族于此争其居。以群争之故，至引出俄国之起于欧洲圣彼得堡，经西伯利亚、满洲而直达于旅顺；英国之起于非洲亚历山大利亚，经波斯湾沿岸，横贯印度，接缅甸，出四川泸州，而直达于上海之古今无比之两铁道，耸动世界之耳目，变易全球之位置。其余各国，又因而纵横布织之。使第四期之大洋交通，进入于第五期之陆路交通者，支那问题为之也。陆路交通之未成，而先现一大异象，举百年来大西洋繁华炫烂之航业，一移而入于太平洋，以接近东亚大陆支那本部之舞台，由美国，由印度、欧洲，由澳洲，由东洋之四大干线，与其三十一支线，经纬错综，积此一隅。美国又开尼卡拉运河、巴拿马运河，以通两洋之气脉，奖励航业，预谋船埠，遍布海电，蓄其磨刀霍霍之势，以待逞于一割。此在大洋交通，为卷岸之余波，而在陆路交通，为前行之小队，所为金戈铁马，万众奔腾，尚在其后，而其先成此现象者，支那问题为之也。即今日之狂风怒潮，天地异色，举世界之学术家、政治家、兵事家、工艺家、商业家所日而思夜而梦者，皆萦萦于支那一片土，已足迫压我民族，使不能复见天日，而况后此之险象无穷，且将百倍于今日耶？然而我国民犹未之知也。吾由世界上之大势，地理上之关系而观之，美哉乎支那，至今日而得独一无二之价值；危哉乎支那，至今日而处孤立无援之地位！即令我国民有特立不惧之心思，有以一敌万之手段，吾犹虑其不济，而况我国民之长睡永寐，善于不知也如此，则中国之前途，岂仅不得为铁道之国哉，吾恐地球虽大，我民族竟无可以立锥之地矣！脱来焦氏之言曰："白种人必握世界之全权，此无可疑。"乌乎！白人之所得，今已如此，再举黄河、扬子江、西江三流域以奉之，则谓全地球皆为其私产，亦谁敢曰不然者？吾不怪夫彼之得之者，犹以为优胜劣败之公例宜如此也。吾独怪我数千年文明繁盛之民族，至今日而尽举其祖宗立足之地，拱手以让人，曾不少顾惜也。岂以地大为可恃乎？一瓜分而将无余壤矣。岂以瓜分后犹可自振乎？则救死之不暇，而何暇于自振？诸省统一而不能自振，而何望于瓜分以后？危乎！危乎！存也在此时，亡也在此时，我国民如之何不乘此时以奋兴崛起，全国一心，破釜沉舟，背城借一，以为死地求生之法，留此一片土为子孙衣食居游之地也乎？录地理第九。

举自有人类以来变迁进化之往迹，而论其成败之因果者，历史家之言也，过去之事也；推人类所关系之理想以至无穷者，哲学家之言也，未来之事也。而间于二者之间，则为现在。现在之世界，何等世界也？举天下之各民族群起而相竞争，观其谁优谁劣、谁胜谁败，以待天演之裁判之世界也；而又数千年文明繁盛之支那人种存亡生死之关头也。日本德富猪一郎之言曰："入二十世纪方一岁，而世界之经世家、文学家斩新奇拔之议论，已不少矣。其关系于支那者尤多。二十世纪劈头之大问题，总由亚细亚而簇生，亦自然之势所不得已者也。"吾不暇问今日之中国于时论之价值为何如，吾特以中国之价值，必由我国民自评之而自定之。如以为犹可存也，则中国斯存矣；若以为将遂亡也，则中国斯亡矣。其存其亡，争此一时。国民，国民，能不努力！居今日而犹欲有所待，则吾恐数年之后，国事之坏败，愈益不可收拾，即起欧美百余年来之豪杰，而以华盛顿、维廉第一为之君，格兰斯顿、毕士麻克为之相，加里波的、讷尔逊为之将，披斯脱洛、黑拍儿为之师，亦未必能招已死之魂而立方僵之骨也。时乎！时乎！可再失乎？录时论第十。

吾读欧洲近世史，见其贤豪辈出，类能与数千年之旧学、今社会之现行，独立挑战，以求必得之优胜。至今日而政学之发达，似已有满志之快矣。然生计革命、女子革命，尚为社会上一大问题；至于自然科学，则更有愈出愈新之象，此其故何哉？瑞西哲学家醒訾之言曰："人之心亦犹人身也，能运动，有食欲，一物消化，又思他物，必不喜同品之接续而至，此斩新奇拔之功所由成也。"吾以此言推察于我民族，则觉今日之思想事业，犹与数千年前人类进化之始期无以异，诚有如外人所诃为守旧根性最固者。不必论其高大，但以一物一器言之。欧洲之有罗盘针也，自中国传入之，西人得此，又生无数之学理焉，遥度此文明之祖国，其进步不知已至何等。于其始至中国时，即入广东省城，购求此物，则比于曩所得者，无丝毫之改良焉；其人惊疑，不知所解。吾亦因此而自疑，踌躇于醒訾之说。窃以谓心理学，岂亦有黄白人种之异乎？然而日本人亦黄种也，其论黄遵宪所著《日本国志》，以为此十年前之事，若据此以论今日之日本，无异据明史以论清事也。如其言以观察之而果然，其进步之速，直有一日千里之势。是则凡为政治之动物，其心之食欲，亦必无不同者。我国民若能发舒其固有之特性以竞争于思想界，使中国明年之现象，大异于今年之现象，朝夕异状，以为世界之日日新闻，增异常之彩色，此亦岂待他求也哉？录新闻第十一。

凡一国之语言文字，歧而为二者，其国家之教育，人民之进化，必不能普遍于全国上下，而学人以为经世著书之具，务求为高雅闳博之词，则文学反以阻国民之进步。故不独词章家之以雕琢为诗文，取悦一己而不求人知者之不足厕于一国之文学界也；即有心于当世者，亦以此计其功用之大小，而分其品次之高下焉。俄国学者特儿斯特之论艺术也，分广义与狭义，而小说与诗歌、美术等，同在狭义之中。其总论曰："艺术者，使作者之感情传染于人之最捷之具也，作者之主题当如何，则必以直接或间接向于人类同胞的结合，而求其好果，以为感情之用也。彼斯脱洛之为世界大教育家也，以读路索之《也米儿》小说一书而成者也；亲蔗翁之以女子称雄于哲学界也，以有小说十余种之传播也。为其有利于国民，即为有用之文字，岂以体裁之大小而为之区别乎？"日本笹川种郎之言曰："欧洲及我国历史，无不有小说、戏曲之记载，而支那史独否。自宋以前，并无完美之书，至元时始有特异之精彩。其前此之寂寥者，何哉？盖以此方思想，纯在儒教势力范围之中。自儒者观之，以为文章者，经国之伟事；小说戏曲，败坏风俗，何足算也！然如孔云亭之《桃花扇》，亦何尝不本三百篇之旨，而断以春秋之大义哉？"由此论之，则我国民之不进化，文字障其亦一大原因也。夫小说文字之所以优者，为其近于语言而能唤起国民之精神故耳。意大利之诗人当的，编国语以教民族；日本维新之名儒福泽谕吉著书教人，必先令其妻读之，有不解者，辄复更易，以求人人能读，此皆小说之意也。岂非以作一字而非为国民之全体谋公益者，则必不为之乎？然今日竟有意大利统一、日本振兴之实效，则有谓二君不能列于文学界而称为名儒者，其国民能听之否耶？我中国于前者已矣，自今以往，吾诚不知后事之如何，吾亦不知下回之当作何分解也。国民乎！其有以《西游记》活泼不羁之自由主义,《水浒传》慷慨义侠之平等主义,而为《三国演义》竞争剧烈之独立主义者乎?吾知他日小说家之为新中国者,必以为第一回之人物矣,是我民族之幸也。录小说第十二。(《游学译编》第一期,1902 年 11 月)